广视角·全方位·多品种

中国皮书网：www.pishu.cn

BLUE BOOK

权威·前沿·原创

交通运输蓝皮书
BLUE BOOK
OF TRAFFIC TRANSPORTATION

中国交通运输业发展报告
（2010）

ANNUAL REPORT
ON CHINA'S TRANSPORTATION
DEVELOPMENT
(2010)

主　编／中国民生银行交通金融事业部课题组

社会科学文献出版社
SOCIAL SCIENCES ACADEMIC PRESS (CHINA)

法律声明

"皮书系列"(含蓝皮书、绿皮书、黄皮书)为社会科学文献出版社按年份出版的品牌图书。社会科学文献出版社拥有该系列图书的专有出版权和网络传播权,其LOGO( )与"经济蓝皮书"、"社会蓝皮书"等皮书名称已在中华人民共和国工商行政管理总局商标局登记注册,社会科学文献出版社合法拥有其商标专用权,任何复制、模仿或以其他方式侵害( )和"经济蓝皮书"、"社会蓝皮书"等皮书名称商标专有权及其外观设计的行为均属于侵权行为,社会科学文献出版社将采取法律手段追究其法律责任,维护合法权益。

欢迎社会各界人士对侵犯社会科学文献出版社上述权利的违法行为进行举报。电话:010-59367121。

社会科学文献出版社
法律顾问:北京市大成律师事务所

中国民生银行交通金融事业部课题组

负 责 人　韩　峰　崔民选

成　　员　（以姓氏笔画为序）

　　　　　　王军生　冉　旭　任晋阳　朱光彤　朱伯军
　　　　　　刘亚军　严贺祥　李建军　杨博钦　宋　斌
　　　　　　陈义和　苗　宏　孟宪威　赵洪武　赵瀚森
　　　　　　哈　斯　段永传　段建国　郭宝荣　韩　峰

中文摘要

2009年恰逢新中国成立60周年，也是实施"十一五"规划的关键一年，在百年不遇的国际金融危机冲击和国内周期性调整的双向作用下，我国全面实施了一揽子的经济刺激政策，积极应对新世纪以来最严峻的挑战。在短时间内，我国经济企稳回升，在全球经济衰退的逆风中稳健领跑。作为国民经济的基础产业和重要的服务行业，交通运输的基础设施投资大幅攀升，在"保增长、保民生、保稳定"中发挥了重要作用。回眸2009年的交通运输业，物流产业振兴规划出台、武广铁路客运专线通车、城市轨道交通再掀发展高潮、港珠澳大桥开工等重大事件标志着我国交通运输业的不断发育完善，步入了快速发展的轨道。

与此同时，我国也越来越注意到经济增长质量和效益的提高、经济结构调整和经济发展方式的转变对交通运输业的发展模式提出了更高的要求。另外，甲型H1N1流感等重大疫情、恐怖袭击、自然灾害等突发事件的增多对交通运输安全构成了严重威胁。因而，交通运输业需要积极地应对挑战，抓住历史机遇，用现代科学和技术改造传统交通运输业，推进其向现代物流业转型，并努力建设安全高效、资源节约和环境友好型的现代交通运输业。

《中国交通运输业发展报告（2010）》总共分为三部分：第一部分为总报告，第二部分为行业运行篇，第三部分为热点专题篇。总报告立足于后危机时代、中国经济发展面临的新形势，逐一盘点了交通运输各个子行业的运行和发展态势，深入剖析了交通运输行业面临的机遇、变革与挑战；行业运行篇对铁路、公路、航空、水路等交通运输重点行业的发展历程和运行现状进行了分析，在此基础上，展望了各个行业的发展前景；热点专题篇则紧密结合交通运输领域的热点问题，如低碳经济、节能减排、综合交通运输体系、交通管理体制和投融资体制改革、城乡交通服务一体化等进行深入解析，通过借鉴国内外发展经验，并结合中国的具体国情，为我国交通运输业的可持续发展出谋划策。

本报告立足客观翔实的数据，从宏观和微观层面，运用定量与定性相结合的分析方法，紧密结合国内外政治和经济格局的变化，针对气候变化、发展方式转变带来的机遇和挑战，对我国交通运输各行业的运行特征进行了深度剖析与探讨，并提出了对未来走势的预测和切实可行的对策建议，力图为提高交通运输科学发展水平和人民群众安全便捷出行作出一定的贡献。

Abstract

The year 2009 marks the 60th anniversary of the founding of the People's Republic of China, and is a crucial year to implement the Eleventh Five-Year Plan. Under the dual influences of the dire impact of the worst financial crisis in a century and domestic cyclical factors, China has fully carried out economic stimulus package and positively dealt with the paramount challenges since new century. In a short time, our national economy has stabilized with increasing positive changes, and become a forerunner with a contrary wind of global economic recession. As a basic industry of national economy and a key service industry, the infrastructure investment of traffic transportation has climbed up dramatically, and played a crucial rule in sustaining economic growth, ensuring people's well-being and maintaining stability. Looking back the traffic transportation industry of 2009, Logistics Industry Promotion Planning has carried out; Wu-Guang railway passenger special line has had transport service; the construction of urban railway system has lifted a climax again; Hong Kong-Zhuhai-Macao Bridge has started. All of these important events symbolized the constant growth and improvement of traffic transportation, which has stepped into a rapid development channel.

Meanwhile, China pays more and more attention in the quality that economy grows and benefit rises, therefore, adjusting the economic structure and changing the model of economic development has posed the higher requirements for development patterns of traffic transportation. In addition, the increasing of emergency incidents-severe diseases outbreaks such as H1N1, terrorist attack, natural disaster- present a serious threat to transport security. Thus, traffic transportation needs to meet challenges actively, grasp the historic opportunities, and reform the conventional transportation industry with modern technology and techniques, which are conducive to promote its transform to modern logistics, and work together to build a secure and efficient, resource-saving, and environment-friendly modern transportation industry.

Annual Report on China's Transportation Development (2010) contains three parts, each of which is general report, industry operation and hot topics. General report is based on a new economic situation of China in the post-crisis era, makes an inventory of the major industries' operation and development trend, and deeply analyzes the opportunities, changes and challenges that the transportation industry faces. The section of industry operation thoroughly expounds the development courses and current situations of railway industry, highway industry, air industry, and waterway industry. On this basis, it makes the prospect forecasts of them. Hot topics tightly concerns the hot issues of transportation industry, such as low-carbon economy, energy saving and emission reduction, integrated traffic transportation system, the reform of investment and financing mechanism in traffic construction, the integration of urban-rural public transportation service. By referring to the experience both at home and abroad and combining with concrete national conditions of China, it gives advice and suggestions for the sustainable development of transportation industry.

Based on detailed and objective data and closely combined with the changes of international politics and economy structure, this book conducts profound analysis of the running features of industries in transportation from the perspective of both macro and micro, which aims at grasping the opportunities and fighting against the challenges of climatic changes and the transformation of economic development patterns. In the same time, it predicts the future trends and puts forward practical corresponding measures, which strives to make contribution to enhance the scientific development level of transportation, as well as provide secure and convenient travels for masses.

序

交通运输业是国民经济的基础产业和重要的服务行业，攸关一国的经济增长与社会进步。伴随全球一体化进程，国际的区域交流、贸易往来与日俱增，交通运输业的重要性更加凸显。如今，在各国政府的重视和大力投入之下，世界整体交通运输体系日趋完善，经营管理水平不断提升，这对加强国际联系、深化国际分工、促进国际贸易发展起着十分重要的作用。

现代交通运输正朝着高速化、大型化、专业化和网络化方向迈进，加快建立以低碳为特征的交通运输体系成为全球范围内的热点课题。2009年12月闭幕的哥本哈根世界气候变化大会，让全球视角再度聚焦于"节能环保"这一世界主题。交通行业是耗能和二氧化碳排放的大户，因此也是节能减排的重点领域。在能源短缺与环境保护的双重压力之下，提高交通运输的科技含量和运输效率，坚持交通运输高速发展与可持续发展二者并重，实现绿色交通，成为世界各国发展规划中的必然之选。

作为快速崛起的大国，中国交通行业发展状况受世界瞩目。2009年，金融危机肆虐的余威仍在，全球经济依然在低速不振状态中徘徊。我国政府为应对危机而出台的一系列及时、有力的举措成效显著，全年实现8.7%的GDP增速，以引领者的姿态率先迈向复苏。2009年，我国交通运输业成就斐然。这一年，我国交通运输部、中国民航局、国家邮政局"三定"规定公布，大部制改革进一步完善；全年交通运输基础设施投资达1.97万亿元，投资规模创历史之最，交通运输、流通领域的"瓶颈"现象得到初步缓解；交通运输经济企稳回升，对保增长、扩内需、调结构、惠民生的贡献突出；结合重大工程建设，一批具有自主知识产权的科技成果取得突破，一批关键技术获得重大科技成果奖；连通我国最后一个不通公路县的西藏波密扎木至墨脱县城公路新改建工程、世界瞩目的港珠澳大桥等一批具有里程碑意义的公路交通工程相继开工；我国连续第11次当选国际海事组织的A类理事国，并成功举办了香港拆船公约外交大会，接受了

IMO成员国自愿审核，进一步巩固了我国世界海事大国的地位。

我国交通业迎来了跨越式发展的历史机遇期。经济增长及与之相伴的城市化进程加速，带来交通运输内在需求的迅速膨胀；不断完善的外部环境为行业健康发展保驾护航，自主创新、科技进步、体制改革成为行业进步的重要动力之源。在国内市场稳步发展的同时，我国交通市场也成为国际设备制造商和技术提供商角逐的战场。基于我国巨大的市场潜力和广阔前景，未来我国交通运输业在国际舞台上必将发挥更加重要的作用，交通运输大国地位不断彰显。尽管如此，无可回避的还有我国交通行业中现存的种种问题和弊端以及国际竞争的压力和挑战。虽然我国交通行业发展迅猛，但并未改变我国行业起步晚、路网等基础设施落后于发达国家、管理体制不完善、区域运力不平衡、运力存在瓶颈的一系列问题。如何在困难与挑战中抓住机遇，实现"飞跃"，是我国交通行业发展中的重要命题。展望未来，按照建立便捷、通畅、高效、安全的综合运输体系的要求，逐步形成综合运输体系框架下集约的基础设施系统、高效的运输服务系统和科学的体制与政策支持系统，加速现代物流的建设和发展，将是我国交通行业发展中不断努力的方向。

为了更加清晰透彻地说明我国交通领域状况，本书采用了总报告、行业运行篇、热点专题篇三段式结构。总报告深入阐述了我国经济结构调整下的交通运输业的机遇、变革与挑战，以求对行业发展态势进行全面而系统的解读；行业运行篇分别以铁路、公路、航空、水路各重点行业为分析对象，回顾了各重点行业目前运行状况，在深入分析的基础上预测了未来各行业的发展趋势；热点专题篇则选取当下最为热门的交通运输问题，如现代物流、综合交通运输体系建设、金融服务模式创新等加以剖析并深度聚焦。总的来看，本书结构清晰、内容全面、视角独特、分析专业，无论是专业人士还是其他有意了解交通行业的读者，都颇为值得一读！

梁玉堂
中国民生银行副行长
2010年5月5日

目 录

总 报 告

经济结构调整下的交通运输业：机遇、变革与挑战 …………………………… 001

行业运行篇

分报告一　铁路运输：迎着机遇跨步前行 …………………………………… 022
分报告二　公路运输行业：适应改革要求、谋划新发展 …………………… 074
分报告三　航空运输业：现代化民用航空体系初现 ………………………… 112
分报告四　水路运输业：调整后重新起航 …………………………………… 153

热 点 篇

分报告五　交通运输服务向现代物流转型 …………………………………… 186
分报告六　建设资源节约型、环境友好型交通运输业 ……………………… 221
分报告七　构建综合交通运输体系 …………………………………………… 247
分报告八　交通大建设亟待金融服务模式创新 ……………………………… 279

参考文献 …………………………………………………………………………… 307

后　记 ……………………………………………………………………………… 314

皮书数据库阅读使用指南

CONTENTS

General Report

Traffic Transportation in the Background of Economic Restructuring:
Opportunities, Changes and Challenges / 001

Section for Industry Operation

Report 1 Railway Transportation Industry: Grasping the Opportunities
and Moving Forward Quickly / 022

Report 2 Highway Transportation Industry: Adapt the Requirement
of Reform and Plan for New Development / 074

Report 3 Air Transportation Industry: The Original Form of
Modernized Civil Aviation System Emerged / 112

Report 4 Waterway Transportation Industry: Re-start after Adjusting / 153

Section for Hot Topic

Report 5 The Transformation from Traffic Service to Modern Logistics / 186

Report 6 Establishing resource-saving and environment-friendly
transportation industry / 221

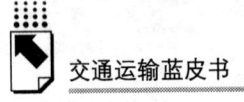

Report 7 Building the Integrated Traffic Transportation System   / 247
Report 8 Large-scale construction of traffic calls for pattern
          innovation of financial service   / 279

Reference   / 307

Postscript   / 314

总报告

General Report

经济结构调整下的交通运输业：机遇、变革与挑战

韩峰 宋斌*

摘 要：我国交通运输业的发展要适应经济结构调整和经济发展方式提出的新的要求。我国交通运输业迎来了大建设、大发展的历史机遇期，同时也面临着构建综合交通运输体系、向资源节约型与环境友好型交通转变、向现代物流转型的变革与挑战。

关键词：经济结构调整 机遇 变革 挑战

交通运输业包括公路、铁路、民航、水运及水利、能源等交通运输子行业。交通是关系国计民生的基础性产业和服务型行业，与国民经济的运行息息相关，并适度超前发展。新中国成立以来，公路、铁路、民航、水运及水利、能源等基础设施建设不断取得新的跨越式发展，运输服务能力显著增强，为经济腾飞和人民生活品质的改善提供了便捷通畅的交通保障，有力地支撑了国民经济和社会发展。在新的历史阶段，中国的交通运输业一方面要适应宏观层面国民经济发展方式转变、经济结构调整的新的历史要求，一方面要在行业自身内部挖掘潜力，通过发展综合交通运输体系提高行业运行效率，更好地为国民经济服务。

---

* 韩峰，经济学博士，高级经济师，现任中国民生银行交通金融事业部总裁、党委书记；曾任中国民生银行北京管理部处长，中国民生银行杭州分行副行长，中国民生银行广州分行副行长，中国民生银行天津分行行长、党委书记等职务；撰写过20余篇交通融资方面的文章与著作。宋斌，中国人民大学经济学博士，研究方向为产业经济学，曾参与多个省部级研究课题，在《财经科学》等期刊发表论文多篇。

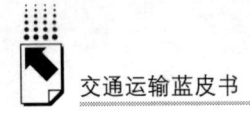

一 经济结构调整与交通运输行业发展

交通运输业是重要的基础性行业,与国民经济的运行息息相关。交通运输直接参与社会经济的生产过程,通过提供运输产品和服务创造价值,直接促进经济增长。交通运输的发展必须要与其他产业的发展紧密结合在一起,才能够共同完成其提供的产品和服务的供给活动。从交通运输提供的产品属性来看,几乎所有的经济活动流程都离不开对它的需求。因此,交通运输实际上是其他产业部门的延续,与其他产业的发展是紧密联系在一起的。交通运输实际上贯穿了经济活动的所有内容及其发生、发展和变化的全过程。交通运输的产业属性决定了交通运输作为一个产业存在的时候,必然要与区域内的其他产业发生联系。这种联系一方面通过社会属性表现出来,体现在交通运输对其他产业的需求总量和需求结构的影响上,比如运输工具的生产、线路等规定设施的制造等;另一方面则体现在交通运输对其他产业的服务和配套支持上,通过提供多层次的运输服务支撑并影响其他产业的发展水平。交通运输属于资本密集型行业,建设周期长,因此导致交通运输的发展对经济活动的影响是长期的;地域性特征决定了交通运输对经济活动的影响具有很大的差异性,影响的大小因交通运输的方式选择、规模以及具体位置而表现出不同。

(一) 中国的经济结构调整

1. 转变经济发展方式、调整经济结构的必要性与紧迫性

党的十七大报告提出了加快转变经济发展方式的战略任务,强调要促进经济增长由主要依靠投资、出口拉动向依靠消费、投资、出口协调拉动转变,由主要依靠第二产业带动向依靠第一、第二、第三产业协同带动转变,由主要依靠增加物质资源消耗向主要依靠科技进步、劳动者素质提高、管理创新转变。国际金融危机使我国转变经济发展方式问题更加突显出来,国际金融危机对我国经济的冲击表面上是对经济增长速度的冲击,实质上是对经济发展方式的冲击。加快经济发展方式转变、调整经济结构,是提高经济发展质量和效益,提高我国经济的国际竞争力和抗风险能力,使我国经济发展质量越来越高、发展空间越来越大、发展道路越走越宽的必然要求。

加快经济发展方式转变是适应全球需求结构重大变化、增强我国经济抵御国际市场风险能力的必然要求，是提高可持续发展能力的必然要求，是在后国际金融危机时期国际竞争中抢占制高点、争创新优势的必然要求，是实现国民收入分配合理化、促进社会和谐稳定的必然要求，是适应实现全面建设小康社会奋斗目标新要求、满足人民群众过上更好生活新期待的必然要求。综合判断国际国内经济形势，转变经济发展方式已刻不容缓。

2. 转发展方式、调结构的历史机遇

结构调整滞后、转变发展方式难是后危机时代的一个大问题。结构调整的紧迫性来自两个方面。一是外部压力大。尽管我国近期出口需求呈现明显的恢复态势，但中长期外需将趋紧，未来较长时间内全球经济增长及贸易增长将是趋势性的放缓，出口作为经济增长动力不会消失，但肯定会明显减弱。未来想通过出口高增长来保持中国经济高增长是难以实现的。我国的产业结构、产品结构如果不在金融危机后进行升级的话，我们的出口不仅增速会放慢，而且份额可能下降。因为我们倚重的劳动密集型产业和加工贸易出口正面临两方面压力：一方面，随着我国国内资源、劳动力等成本的上升，劳动密集型产业和加工贸易的比较优势将趋于下降；另一方面，越南、印度等后起的国家在这方面开始具有较明显的国际竞争力。所以，稳出口份额、保出口适度平稳增长都需要我们加快调整国内产业、产品结构。二是内部压力同样在增大。过去的一年国内经济存在一个不好的现象：2009年经济刺激政策主要靠投资，强化了投资的作用，通过投资增长来抵消出口的下降，导致对投资的依赖不是减弱了而是加强了，这与经济结构调整的长期思路相悖。所以，调结构的一个重要任务就是要逐步减弱对投资的过度依赖，保持内需增长的平衡。投资依赖目前仍是高耗能依赖、高资源依赖，这是无法为继的。投资依赖不改变，转变方式就很难。

首先，2010年的全球经济复苏及过去一年来我国采取的一系列刺激经济增长的政策效应在2010年将继续显现，经济增长将会平稳上升，即政府在刺激短期经济增长上不用再多用力，从而可腾出更多的精力和更多的财力抓结构调整、促方式转变。

其次，后危机时代的国际形势有利于我国的产业结构调整。一方面是外部需求压力大，国际国内竞争加剧，有利于我们推进结构调整。二是我们升级的产业恰好是发达国家面临困难的产业，如汽车业、装备制造业，他们的优势将明显减弱，而我们的自身的大市场为我们结构升级创造了十分有利的条件，后危机时代中国需要也能够建立资本技术密集型产业的国际竞争力，这本身就是结构调整的内涵。此轮全球金融危机及后危机时代，资本技术密集型产业发展的空间在中国，这是中国产业升级的历史机遇。

3. 经济结构调整的重点和方向

加快推进经济结构调整，把调整经济结构作为转变经济发展方式的战略重点，按照优化需求结构、供给结构、要素投入结构的方向和基本要求，加快调整国民收入分配结构，加快调整城乡结构，加快推进城镇化，加快调整区域经济结构和国土开发空间结构。

加快推进产业结构调整，适应需求结构变化趋势，完善现代产业体系，加快推进传统产业技术改造，加快发展战略性新兴产业，加快发展服务业，促进三次产业在更高水平上协同发展，全面提升产业技术水平和国际竞争力。

加快推进自主创新，紧紧抓住新一轮世界科技革命带来的战略机遇，更加注重自主创新，加快提高自主创新能力，加快科技成果向现实生产力转化，加快科技体制改革，加快建设宏大的创新型科技人才队伍，谋求经济长远发展主动权，形成长期竞争优势，为加快经济发展方式转变提供强有力的科技支撑。

（二）经济结构调整对交通运输业的要求

1. 运用科技创新促进交通运输业发展

运用现代科技手段，对现有存量进行更新改造和优化升级，提高现有公路、航道、机场、港口等基础设施和车船飞机等运输工具的运营效能和管理水平，是调整经济结构和经济发展方式的内在要求。信息技术是当今世界创新速度最快、通用性最广、渗透性最强的高新技术之一。大力推进信息化建设，促进信息化和工业化融合是建设创新型国家的重要途径和手段。交通运输行业是信息技术应用和发展的重要领域之一，信息化在转变发展方式、加快发展现代交通运输业中具有重要作用。从整体上讲，目前交通运输信息化建设与经济社会和人民群众日益增长的交通运输需求还不相适应，与日新月异的信息技术发展还不相适应，存在着许多亟待解决的问题，特别是部门和行业分割，信息资源交换和共享难，严重制约了交通运输信息化水平的提高。

2010年，交通运输部提出新建基础设施要在规划、设计、施工、运营等各个环节注重新技术、新工艺、新材料的研究推广应用，努力在公路建设、桥梁建设、机场建设、复杂地质条件下海上设施建设、内河航道整治、邮政物流等领域取得新的突破。不断提高运输装备的科技含量和安全性、舒适性、便捷性。加大决策支持、智能交通、安全保障、减灾防灾等方面的科技研发和应用,提高管理水平。交通运输部还提出了要按照"统筹规划、稳步推进,资源整合、业务协同,示范引领、分类指导"的原则,注重消化吸收信息前沿技术,加大创新,重点开展交通运输行业综合性和区域性信息应用建设,推进政府管理、公众服务、电子商务"三大信息系统"建设,加强资源整合和信息共享,逐步建立统一的政策标准体系和协调机制,形成开放、兼容的现代交通运输信息网络,发挥交通运输信息化整体效益和规模效益,更好地支撑和加快发展现代交通运输业。

2. 向现代物流服务业转型

物流业是融合运输业、仓储业、货代业和信息业等的复合型服务产业。现代物流业是现代服务业的重要组成部分,是提升企业和国家竞争力的重要保证,是促进产业结构优化升级的重要领域,也是落实扩大内需经济发展战略的重点。交通运输作为现代物流发展的基础,既是物流业的重要载体,又是贯穿物流供应链全程的重要因素。改造和提升传统运输服务业,加快现代物流的发展已成为推动经济发展的重要举措。2009年,针对国际金融危机对物流业发展的严重影响,国务院制定了物流业调整和振兴规划,促进物流业健康发展,实现传统物流业向现代物流业转变。

中央把推进经济结构调整作为发展方式转变的重要抓手,加快发展物流配送等现代和新兴服务业,为拓宽交通运输服务领域提供了机遇。发展现代物流业,一是要加强运输与物流服务的融合,鼓励交通运输企业功能整合和服务延伸,加快向现代物流企业转型,积极发展甩挂运输、滚装运输、江海直达运输、集装箱联运等先进运输组织方式。二是做大做强邮政快递物流,重点推进农村邮政物流发展,健全快递物流体系,建立协调机制,加强交通运输与邮政快递物流的规划衔接、政策衔接、基础设施衔接和运营衔接。三是积极拓展港站枢纽服务功能,新建港站枢纽运输功能和物流功能要统一规划、同步建设,现有港站枢纽改造植入物流服务功能,加强港站枢纽与后方物流园区的衔接。四是引导交通运输企业通过整合、兼并、重组,组建跨区域、跨行业、跨所有制的具有较强竞争力的大型物流企业。五是健全完善有关物流市场规章制度,推进行业技术、标准、规范的研究制定和推广应用。

3. 努力建设资源节约型、环境友好型行业

当前，气候变化是全球面临的重大挑战，日益增多的温室气体排放造成日趋变暖的气候变化，对人类生存和发展造成威胁，节能减排和应对气候变化成为普遍关注的世界性问题。国家把应对气候变化作为经济社会发展的重大战略目标，要求大力发展绿色经济，积极发展低碳经济和循环经济，节约能源，提高效能。节约资源和保护环境是国家的基本国策。党的十七大明确要求，把建设资源节约型环境友好型社会放在工业化、现代化发展战略的突出位置，落实到每个单位和每个家庭。

交通运输行业是用能大户，也是节能减排的重点领域。节能减排目标对交通运输行业提出了要求。一是大力发展绿色交通运输，加强高效环保、气候友好的交通运输技术研究和推广，推动新能源和清洁车辆的开发应用。鼓励发展技术先进、经济安全、环保节能的运输装备，加快淘汰技术落后、污染严重、效能低下的运输装备。落实环境保护措施，发展可再生能源，积极推动沥青、钢材等资源的再生和循环利用。二是推进基础设施建设集约发展，加强节水、节地、节材等评估审查，在规划、设计、建设等各个环节，节约利用土地、岸线等稀缺资源，优化结构，提高使用寿命和服务水平。三是要加快建立交通运输行业节能减排指标和相关法规标准体系，落实节能减排目标责任制，完善交通运输环境保护综合协调机制，继续抓好节能减排示范项目。

二 交通运输行业的机遇、变革与挑战

（一）大规模交通运输基本建设已经拉开序幕

随着国家刺激经济政策的出台，交通运输领域的政府投资力度正在不断加大，中国交通运输基本建设市场迎来了跨越式发展的历史机遇。2008年，全球金融风暴席卷而来，这场源自美国的经济危机，波及范围之广、冲击力度之强、连锁效应之快前所未有，给世界各国经济发展和人民生活带来严重影响。为了应对本次百年不遇的经济危机，世界各国纷纷出台大手笔的经济刺激政策，中国也不例外。在中国，"扩大内需"成为我国经济增长的关键词。2008年11月5日，国务院召开常务会议，研究部署了进一步扩大内需促进经济平稳较快增长的十项措施，明确提出要加快铁路、公路和机场等重大基础设施建设，重点建设一批客

运专线、煤运通道项目和西部干线铁路。为此，中国将采取积极的财政政策和适度宽松的货币政策，截至2010年底，用于扩大内需各项政策的总投入将高达4万亿元。"4万亿"大投资的经济刺激计划，其中最大一部分就是投向铁路、公路、机场等行业，用于交通运输基础设施的建设和改造。在政策指引之下，我国交通运输基本建设不仅顺利度过了经济危机，而且找到了跨越式发展的新契机。

1. 铁路基本建设

党的十六大以来，我国铁路发展迎来了极为难得的黄金机遇期。2004年，为从根本上解决铁路供需矛盾，国家制定了铁路中长期规划以及"十一五"铁路建设发展规划。2005年1月7日，温家宝主持召开国务院常务会议，讨论并原则通过了《中长期铁路网规划》。规划以"新建线路"、"客运分离"、"线路改造"为主体思想，明确了我国铁路网中长期建设目标：到2020年，全国铁路营业里程达到10万公里，主要繁忙干线实现客货分线，复线率和电气化率都达到50%，运输能力满足国民经济和社会发展需要，主要技术装备达到或接近国际先进水平。2008年10月31日，中长期铁路网规划再次调整，根据新调整的方案，将2020年全国铁路营业里程规划目标由10万公里调整为12万公里以上，其中客运专线由1.2万公里调整为1.6万公里，电气化率由50%调整为60%，主要繁忙干线实现客货分线，基本形成布局合理、结构清晰、功能完善、衔接顺畅的铁路网络，运输能力满足国民经济和社会发展需要，主要技术装备达到或接近国际先进水平。未来我国将形成总里程达到5万公里以上的快速客运网。调整规划扩大了西部铁路网规模，将新建线长度由1.6万公里调整为4.1万公里。

在扩大内需、刺激经济措施相继推出，铁路供需矛盾依然突出的情况下，政策环境对我国铁路行业的发展显得极为有利。上至中央下至地方，对于发展铁路都表现出极为积极的态度。在国家发改委等有关部门的支持下，2009年集中审批和开工了一大批重点项目，铁路建设全面加快，铁路网建设取得重大进展。各省区市党委政府发展铁路的积极性越来越高，将其作为拉动地方经济的重点、保持经济持续快速发展的基础、构建绿色环保运输方式的举措，全力支持加快铁路发展。作为今后拉动经济增长的重要亮点，政策主导下的铁路大建设已经开始，未来一段时间，中国将有很多重大项目投入施工，而国家将为铁路基础设施建设提供强大的资金支持，市场前景一片光明。

2. 公路建设

高速公路方面。2005年，国家出台了高速公路网规划，《国家高速公路网规划》包括了"五纵七横"国道主干线规划的全部支线，并确立了由7条首都放射线、9条南北纵线和18条东西横线组成的高速公路布局方案，简称为"7918"网，总里程约8.5万公里，其中主线6.8万公里，地区环线、联络线等其他路线约1.7万公里。《国家高速公路网规划》中有40%的里程属原国道主干线规划，其中25%左右的路段需要在原规划基础上进行高速化。从规划路网的构成上看，其目标是在完成"五纵七横"国道主干线规划的基础上，提升现有路网等级，并进一步提高公路密度、加深重点区域连接，从满足需求方式的发展阶段进入专业化布局式的网络化发展阶段。根据规划，国家高速公路网里程年均增速在3500公里左右，而2005～2008年路网里程实际年均增速为6600公里左右，超过计划增速90%左右。按6600公里的年均增长，"7918"网将在2014年提前完成。另据规划静态匡算，2005～2007年年均投资1400亿元，2010～2020年年均投资1000亿元。而2005～2008年实际公路建设过程中，路网改造和重点项目年均投资总额为4458.2亿元，大概为原规划年均投资额度的3倍。

农村公路建设规划。为进一步增加农民收入，刺激内需，保持国民经济持续增长，2005年国务院审议通过了《农村公路建设规划》。根据规划，2010年全国县乡公路（不含村道）里程达到180万公里，全国农村公路（含村道）里程将达到310万公里。2020年，全国农村公路里程达370万公里（见表1）。

表1 "十一五"期间公路建设目标

指　　标	单　　位	2005年	2010年	"十一五"增加
公路网总里程	万公里	193	230	37
高速公路里程	万公里	4.1	6.5	2.4
二级以上公路里程	万公里	32.6	45	12.4
县乡公路	万公里	147.6	180	32.4
乡镇公路通达率	%	99.8	100	0.2
建制村公路通达率	%	94.3	100	5.7
乡镇油路通达率	%	75.4	95	19.6
建制村油路通达率	%	54.2	80	25.8

资料来源：《公路水路"十一五"规划》。

《综合交通网中长期发展规划》以现有主要交通规划（包括上述各公路交通规划）为编制基础，统筹包括公路、铁路、民航、水运、管道在内的五种主要运输方式，规划在2020年左右形成全国性的综合运输网络。据规划，至2010年，公路网规模（不含村道）达到230万公里，这与《公路水路交通"十一五"发展规划》一致；至2020年，公路网规模（不含村道）达300万公里以上，其中二级以上高等级公路65万公里，高速公路10万公里，公路网密度达31.25公里/百平方公里。按目前公路网完成进度与规划里程之间差额，2008～2010年公路里程（不含村道）增速需达到4.37万公里/年，高速公路里程增速需达到3700公里/年。2010～2020年公路里程（不含村道）增速需达到7万公里/年，高速公路里程增速需达到3500公里/年。以目前实际建设速度简单测算，规划里程可在2015年左右提前完成。2005～2007年，我国公路里程（不含村道）年增幅分别为5.99万公里、11.18万公里、12.67万公里，高速公路里程年增幅分别为6717公里、4334公里、8561公里。仅以最近3年平均建设速度测算，完成2020年公路网和高速公路网规划所需时间分别为8.4年、7.1年。

3. 机场建设

构建布局合理的机场网络体系。目前，我国机场整体发展与发达国家机场的差距还比较大，机场总量不足，密度不高。我国20万以上人口城市数已达800个以上，已有的166个民用机场，仅为城市总数的1/5；我国每10万平方公里只有1.6个民用机场，仅为美国的1/4；即使与印度和巴西相比，也相对偏低。目前，全国还有45%的县、38%的人口和18%的经济活动区不能得到航空运输服务。尤其是机场"东密西疏"的格局，与带动中西部地区经济社会发展的矛盾比较突出。我国机场容量、功能不足。目前，我国近40个机场的设施容量，已经饱和或即将达到饱和状态。今后几年，我国将加快机场建设步伐。到2020年，我国机场布局基本完善，机场数量将达到240个以上。到2030年，我国机场数量将达到300个以上，在100公里范围内，全国95%以上的县级行政区、95%以上人口将得到航空服务，所服务区域内的国内生产总值达到全国总量的98%以上。

培育具有国际竞争力的航空枢纽。目前，我国主要是点到点航线结构，中小机场有限的客货流量资源，分散在不同的航线上，加上航班频率过低，当地航空运输市场很难培育。如果建立枢纽网络型航线结构，客货通过区域性枢纽机场中转,扩大了对中小机场的航线辐射范围,等于增加了航线的数量。要从宏观上统筹解决这些问题,逐步形成功能完善的枢纽、干线、支线机场体系,大、中、小层次清晰的机场结构。到2020年,将建成2个以上国际枢纽机场。到2030年,将建成3个以上国际枢纽机场,10个以上全国性和区域性航空枢纽机场。要按照现代综合交通理念,以机场为枢纽,把航空、铁路、公路有机结合起来,使机场与铁路干线网络、公路干线网络、城市轨道交通和城际铁路相连接,形成相互衔接、优势互补的一体化综合交通体系。

(二) 节能减排迫切要求加快建设节能型交通

2009年12月19日,联合国气候变化大会在丹麦哥本哈根闭幕。哥本哈根协议第一条便强调,气候变化是我们当今面临的最重大挑战之一。节约能源、减少二氧化碳排放是大势所趋,是未来全球各国共同努力的目标。中国作为一个负责任的大国,已经先于大会结束之前宣布了我国的碳排放目标:到2020年,我国的单位国内生产总值二氧化碳碳排放将比2005年下降40%~45%。

我国经济发展与资源环境的矛盾突出,石油资源尤为紧缺,人均可采石油资源仅相当于世界平均水平的7.7%,石油消费大量依赖进口,对外依存度已接近50%的警戒线。交通运输是石油消耗大户,全球超过40%的石油消耗在交通运输部门,是全社会仅次于制造业的油品消费第二大行业,是建设资源节约型、环境友好型社会的重要领域之一。2005年交通运输的石油消费总量约占全社会石油消费总量的29.8%,其中营业性公路、水路运输在各种运输方式中的比例分别约为54%和21%。本世纪头20年,我国正处于全面建设小康社会的历史时期,经济社会快速发展,客货运输需求旺盛,交通运输能源需求快速增长。当前我国交通行业能源利用效率与世界先进水平相比明显偏低,其中载货汽车百吨公里油耗比国外先进水平高30%左右,内河运输船舶油耗比国外先进水平高20%以上。因此,必须加快发展现代交通业,转变交通发展方式,不断提高能源利用效率,以最小的资源消耗和环境代价提供更多更好的运输服务。

在交通运输领域,铁路作为一种集约化的运输方式,一直保持着单位能耗和碳排放远远低于公路、航空等其他运输方式的优势。据测算,在等量运输下铁路、公路和航空的能耗(油耗)比为1:9.3:18.6。在能源价格日益高企的情况下，节能压力增大，铁路运输的低耗能优势得以凸显。石油价格的高涨重新增强了铁路运输的吸引力。显然在能源短缺背景下，铁路运输更具发展优势。在目前越来越重视环保、节约的低碳经济发展思路下，为了实现节能减排的既定目标，发展我国的铁路运输已经成为各方共识，政府也给予了政策上的极大支持，节能减排正促使铁路建设提速。船舶、港口、公共交通等对物质资源的消耗巨大，节能减排的道路会比较漫长，也会遇到困难和波折。

（三）交通运输服务向现代物流转型

物流业是融合运输业、仓储业、货代业和信息业等的复合型服务产业。现代物流业是现代服务业的重要组成部分，是提升企业和国家竞争力的重要保证，是促进产业结构优化升级的重要领域，也是落实扩大内需经济发展战略的重点。交通运输作为现代物流发展的基础，既是物流业的重要载体，又是贯穿物流供应链全程的重要因素。改造和提升传统运输服务业，加快现代物流的发展已成为推动经济发展的重要举措。引导道路运输、水路运输、港口装卸、运输代理及多式联运企业大力发展现代物流，对于调整交通运输结构，优化交通资源配置，实现交通运输可持续发展战略，提高交通运输企业的竞争力，更好地为国民经济和社会发展服务，具有重要意义。2009年，针对国际金融危机对物流业发展的严重影响，国务院制定了物流业调整和振兴规划，促进物流业健康发展，实现传统物流业向现代物流业转变。

交通运输业发展现代物流，将加速我国产业结构调整，提高生产力水平。交通运输业发展现代物流是降低我国经济运行成本，提高生产力水平的必然举措。运输成本是物流成本的最大组成部分，相关统计数据显示，我国交通运输费用所占整个社会物流总费用的比重一直在50%以上。交通运输业向现代物流方向转变不仅可以提供高质量的可靠的运输服务，同时还将提供全方位的物流服务，加速产品周转和流通，压缩库存，最终实现零库存的高效生产模式，优化经济结构。

交通运输业自身的发展需要进入物流市场，提高竞争力和效益。我国货物运输业存在组织化程度低、企业规模小、管理手段落后和效益差等问题。要改变现状，就要发挥运输企业的规模经济，抓住市场机遇，就必须开拓物流市场，提高服务的综合效益。交通运输企业通过开展物流服务，进军物流市场，将实现

"三赢三利"。一是生产企业或销售企业与物流公司之间的分工,提高了各自的竞争力;二是使运输企业找到了新的市场,在使用户获利的同时,也提高了运输企业自身的效益;三是通过社会物流成本的降低和企业生产效率的提高,最终使消费者获益。

交通运输业发展现代物流,是我国更好地应对国际竞争的挑战,抢占物流市场的需要。在加入 WTO 后,我国道路货运业面临巨大挑战。我国道路货运业对物流发展尚处于研究和起步阶段,加上我国道路货运市场开放程度低,货运市场的快速开放将对我国道路货运业产生强大冲击,跨国性的物流企业将抢占中国道路货运市场。我国货运企业由于组织化程度不高、企业规模偏小,将面临严峻的挑战。随着全球经济联系的日趋紧密,我国交通运输也要加快向现代物流的转型,积极抢占物流市场,促进物流业的有效规划和跨越发展,扩大我国的国际贸易份额,提升我国的国际竞争力。

(四) 构建综合交通运输体系

改革开放 30 年来尤其是 20 世纪 90 年代以来,国家将交通运输作为优先发展的战略目标,实现了交通基础设施规模总量的快速增长,我国综合运输网络初步形成。交通运输设施网络里程从 1978 年的 123.5 万公里增加到 2007 年的 456.1 万公里,是 1978 年的 3.7 倍,平均每年增长 4.6%。其中,公路里程从 1978 年的 89.0 万公里增加到 2007 年的 196.2 万公里(不含村道),是 1978 年的 2.2 倍,平均每年增长 2.8%;铁路里程从 1978 年的 5.2 万公里增加到 2007 年的 7.8 万公里,是 1978 年的 1.5 倍,平均每年增长 1.4%;管道输油气里程从 1978 年的 0.8 万公里增加到 2007 年的 5.4 万公里,是 1978 年的 6.6 倍,平均每年增长 6.7%;2007 年主要港口生产用码头泊位 11404 个,比 1978 年增加 10669 个,其中沿海万吨级以上泊位 967 个,增加 834 个;民航航线里程从 1978 年的 14.9 万公里增加到 2007 年的 234.3 万公里,是 1978 年的 15.7 倍,平均每年递增 10.0%,民用机场 2007 年达到 148 个,比 1978 年增加 78 个(见表 2)。

综合运输是交通运输业发展到一定阶段的内在要求。经过多年来大规模的基础设施建设和超常发展,我国综合交通体系在设施总量规模、运输能力供给和服务质量等方面取得了较大成就。我国交通运输对经济社会发展的"瓶颈"制约基本缓解,交通运输的发展初步摆脱了短缺局面,当前和今后发展的任务不再是

表2 我国五种运输方式线路长度

单位：万公里

年份	合计	铁路	公路	内河	民航	管道
1978	123.5	5.2	89.0	13.6	14.9	0.8
1980	125.4	5.3	88.8	10.9	19.5	0.9
1985	139.6	5.5	94.2	10.9	27.7	1.2
1990	171.8	5.8	102.8	10.9	50.7	1.6
1995	247.6	6.2	115.7	11.1	112.9	1.7
2000	311.8	6.9	140.3	11.9	150.3	2.5
2005	416.7	7.5	192.5	12.3	199.9	4.4
2006	428.7	7.7	192.5	12.3	211.4	4.8
2007	456.1	7.8	196.2	12.3	234.3	5.4

资料来源：交通运输部网站。

单纯解决"通"的问题，而是开始转向更高效率、更节约资源和服务更优质的集约化发展阶段。交通运输已开始进入各种运输方式协调发展，能力扩张与质量提高并进，全面建设现代综合交通体系的新发展阶段。如何实现各种运输方式的合理分工和有机衔接，如何充分发挥交通运输系统的整体效率与效益，即推进综合运输体系的建设，是在交通运输发展面临良好机遇的形势下我国交通运输发展必须面对的问题。综合运输体系是各种运输方式在社会化的运输范围内和统一的运输过程中，按照技术经济特点组成分工协作、有机结合、联结贯通、布局合理的交通运输综合体系。

在我国铁路、公路、水运、航空和管道等五种运输方式中，各种运输方式功能作用、技术经济特征等方面有着较大差异，这些运输方式在适应的范围、运量、服务要求方面有各自的比较优势和劣势，对运输方式不同的选择和组合结果，将直接决定系统能力适应性和效率、资源消耗以及服务水平。因此，如何根据交通运输发展规律和技术进步，综合发展、综合利用，以较好地适应国民经济和社会发展，在满足运输需要和提高人们生活质量的同时有效节约资源，这就是发展综合运输、构建综合运输体系的本源。我国综合运输发展的重点就是建设节约集约型交通、可持续型交通和友好和谐型交通综合运输体系。在运输的发展上，交通干线网络和交通综合枢纽、城市轨道交通和快速公交系统、能源运输系统和集装箱运输系统、农村交通和国防交通、交通科技进步和智能交通、交通安全和交通应急反应体系等方面的建设，将成为未来的重点和主要发展领域。

2009年，交通运输部结合交通行政管理体制改革和"三定"方案的落实，对推进综合运输体系发展提出了明确要求，做了工作部署和安排。各地交通运输部门也结合机构改革和"三定"规定赋予的职责，在推进综合运输体系发展中进行了积极的探索，北京、江苏、重庆、深圳等省市已见到了成效。2010年交通工作会议对推进综合运输体系建设进一步作出了部署。一要建立健全综合运输规划体系，统筹各种运输方式在规划上的衔接，充分发挥各种运输方式的比较优势，合理布局，优化通道资源利用。二要促进现代综合运输枢纽建设，特别是连接航空、铁路、公路、水运、城市公交等各种运输方式的中心城市综合枢纽建设，合理配置运输资源，促进各种运输方式的有效衔接，逐步实现客运"零距离换乘"和货运"无缝隙衔接"。三要加强综合运输政策和标准规范的研究制定，促进各种运输方式政策标准的衔接，加快推进多式联运，促进交通运输一体化发展。四要加快综合运输管理和公共信息服务平台建设，形成各种运输方式既自成管理体系、高效运行，又优势互补、相互衔接的格局，促进各种运输方式之间的信息资源共享，进一步改善公众出行信息服务，提高交通运输管理效能和服务水平。

2010年及"十二五"期间，形成综合运输体系框架下集约的基础设施系统、高效的运输服务系统和科学的体制与政策支持系统是综合交通运输体系的重点。各地交通运输部门将按照建立便捷、通畅、高效、安全的综合运输体系的要求，履行职责，结合实际，继续探索，扎实推进，逐步形成综合运输体系框架下集约的基础设施系统、现代的运输装备系统和科学的组织保障系统。通过合理配置资源，调整优化通道资源，促进综合运输枢纽合理布局和各种运输方式优势互补，逐步实现各种运输方式"无缝衔接"。通过加强多式联运等综合运输政策和标准规范的研究制定和推广应用，以及推进综合运输管理和公共信息服务平台建设，逐步实现信息资源共享，提高管理效能和服务水平。

三　中国交通运输业的前景预测与展望

（一）铁路投资大幅攀升，综合服务能力提升

1. 铁路投资大幅攀升

目前，中国铁路正以空前的速度加快建设，按照规划，我国未来几年铁路建

设将持续高增长。根据铁道部于2009年全国铁路工作会议提出的工作目标，基本建设投资2009～2012年将达到年均6000亿元以上；2013～2020年路网完善阶段年均投资达到3000亿元以上，铁路固定资产投资总额达到5万亿元。2010年我国铁路建设阶段目标：全国铁路网营业里程9万公里以上，客运专线建设规模7000公里，复线率、电气化率均为45%以上。到2012年，我国铁路营业里程将达到11万公里以上，电气化率、复线率分别达到50%以上。到2012年，我国发达完善铁路网将初具规模，铁路运输能力紧张状况初步缓解。

根据2010年全国铁路工作会议上公布的投资计划，2010年铁路投资将达人民币8235亿元，投资规模再创新高。其中基本建设投资7000亿元，较2009年增长16.7%；计划新线铺轨3690公里，复线铺轨3150公里，新线投产4613公里，复线投产3438公里，电气化投产6401公里。预计2010～2013年，我国大规模铁路建设、新线投入运营、新技术装备制造运用都将进入历史最高峰。到2012年底，我国铁路营业里程将达到12.5万公里以上，其中客运专线和城际铁路将达到1.5万公里，复线率和电气化率分别达到50%以上，建成新客站800多座。新线投产达到3万公里，其中客运专线10000公里。

2020年，我国铁路将基本实现现代化。主要干线实现客货分线，贯通东、西、南、北、中的区际干线网全面建成。铁路营业里程将达到12万公里以上，其中，客运专线1.8万公里，我国主要城市密集地区将建成城际铁路网，运输能力总体适应国民经济和社会发展需要，人民群众"人便其行、货畅其流"的愿望将真正变成现实（见图1）。

2. 综合服务能力提升

从国际经验上看，"安全、准确、快速、方便、舒适"是铁路客运与货运发展的共同要求。未来，随着铁路现代化技术改造的深入，重载、高速运输和信息技术的突破，运输组织方式的科学化以及管理体制与理念的革新，我国铁路运输服务将向国际一流水平靠拢。

铁路客运的高速化趋势，将让乘客享受到速度与舒适并存的愉快旅程。随着工业化、城市化进展的加快，城市交通紧张问题成了首先要加以解决的重点。轨道交通由于其拥有的污染小、占地少的优势，成为世界各国城市实现现代化和可持续发展的基本选择之一。由于轨道交通的不断发展，城市交通环境将得到有效改善。市郊铁路与地下铁道、轻轨铁路紧密合作，共线、共站，共同组成大城市

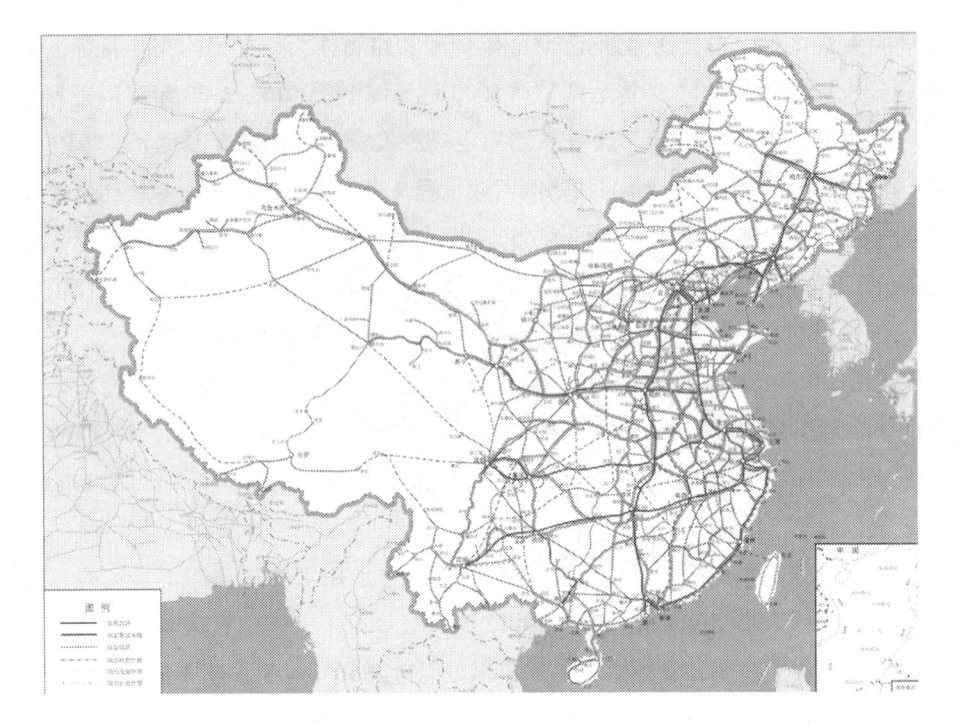

图 1 我国中长期铁路网规划图（2008 年调整）

资料来源：铁道部。

的快速运输系统，这是各国解决人口密度较大地区客运繁忙问题的有效措施。在未来的铁路发展中，我国大城市快速运输系统将同全国铁路网连接，紧密配合，形成客运统一运输网，提供更加方便快捷的出行服务。

在货物运输方面，我国将继续向集中化、单元化和大宗货物运输重载化的方向努力迈进，并以市场为导向，通过改善服务内容，为顾客提供"门到门"、"一站式"等人性化服务。此外，根据市场和客流结构的变化趋势，铁路将不断调整和推出客运、货运新产品，提供适应市场变化和客户要求的多样化、个性化的运输产品，满足不同客户的各个层面的需求。

（二）公路运输与现代物流融合，向快速、长途专重载发展

近年来，我国交通基础设施和运输装备不断改善，为公路运输市场的快速发展创造了有利条件，也使公路客货运输的平均运距不断延长。受益于良好的宏观经济环境以及旺盛的市场需求等因素，公路运输业继续保持快速增长态

势。公路客运量、旅客周转量、货运量、货物周转量保持快速增长。公路作为最主要的运输方式，依然承担着91.84%的客运量和73.29%的货运量。但与日益增长的运输需求相比，公路运输仍存在着有效供给不足的问题。随着我国经济的进一步发展，公路运输需求将继续保持快速增长。在公路货运中大宗货物、初级产品所占的份额呈下降趋势，对运输服务质量和服务水平的要求日益提高。

物流业作为一种新的经济运行方式，已成为国民经济的重要服务部门之一。由第三方物流企业组成的新的物流服务行业，是中国经济发展新的生产力。随着公路运输需求水平的逐步提高，公路货运中小批量、多品种、高价值的货物越来越多，在运输的时间性和服务质量方面的要求越来越高。因此，公路运输企业必须提高自身的物流服务水平，以满足日益提高的客户服务的要求。公路运输加速向现代物流的发展和融合，不仅是为了面对现有的国内市场的需求，同时更是为了应对经济全球化潮流和我国加入 WTO 后所带来的压力和挑战。在此背景下，近年来一些大型公路运输企业的物流意识迅速增加，一些嵌进的企业已开始从单纯的客货运公司发展成为能够提供多种物流服务的现代物流公司。

随着区域经济的发展以及公路基础设施和车辆的不断改进，中长距离公路运输需求增加，公路货运向快速、长途、重载方向发展。大吨位、重型专用运输车因高速安全、单位运输成本低而成为我国未来公路运输车辆的主力。专用车产品向重型化、专用功能强、技术含量高的方向发展。厢式运输车、罐式运输车、半挂汽车列车、集装箱专用运输车、大吨位柴油车及危险品、鲜活、冷藏等专用运输车辆将围绕提高运输效率、降低能耗、确保运输安全大目标发展。

（三）民航运输业稳步增长，结构不断优化

未来几年，中国民航业一方面全行业面临着高速增长与资源短缺的矛盾，面临着国际竞争力偏弱的不足，面临着保障能力需要进一步提高的压力，面临着其他交通运输方式发展带来的新要求，面临着节能减排的艰巨任务。但另一方面，国家加大经济结构调整力度，扩大居民消费需求，稳定发展对外贸易，落实重点产业调整振兴规划，培育战略性新兴产业，促进现代服务业发展，以及世界经济触底回暖，又为民航发展提供了不断攀升的空间。据国家民航局预测，到2020年，全国乘坐飞机出行的旅客人数要达到7亿人次，航空运输成为大众化的出行方式。

1. 行业稳步增长

未来几年，我国民航业运输总周转量、旅客运输量和货邮运输量将稳步增长。运输增长结构发生积极变化，呈现四个特点：国内运输增长快于国际运输增长；客运增长快于货运增长；中、小城市机场业务量增长快于大、中城市机场增长；西部、中部、东北地区运输增长快于东部地区增长。2010年中国民航发展的主要预期指标：全行业运输总周转量493亿吨公里，旅客运输量2.6亿人，货邮运输量498万吨，分别比上年增长15.4％、13.1％和11.8％；通用航空作业飞行小时比上年增长15％；固定资产投资总规模900亿元。中长期来看，在经济平稳较快发展、国民旅游业和对外贸易的有力支撑下，预计全国机场运输总周转量、旅客吞吐量、货邮吞吐量将分别保持15％、13％和12％的年均增长速度（见表3）。

表3 2010～2013年我国民航业发展指标预测

年 份	GDP增长率(％)	总周转量(亿吨公里)	旅客运输量(亿人)	货邮运输量(万吨)
2009	8.7	427.1	2.3	445.5
2010	9	493	2.6	498
2011	9	569.1	2.9	556.7
2012	8.5	656.9	3.3	622.3
2013	8.5	758.2	3.8	695.6

数据来源：课题组整理预测。

2. 优化航空公司的结构，培育具有国际竞争力的大网络型航空公司

航空公司是整个航空运输产业链的主体，具有强大国际竞争力的航空公司，是我国建设民航强国的首要标志。目前，我国航空公司总体规模仍然偏小，存在市场定位和战略同质化等问题，而全球航空运输业已形成了以洲际网络型、区域型和低成本为主体的三种航空公司运营模式，传统的区域型航空公司面临前狼后虎的困境。中国民航局将全力支持我国航空公司做强做优做大，培育具有国际竞争力的大网络型航空公司。通过政府引导、市场运作，推动联合重组，壮大企业规模，形成两三家大网络型航空公司。通过完善市场准入制度，适当提高注册资本金，完善扶持政策，大力发展支线航空公司，推进低成本航空公司发展。通过鼓励大型航空公司和支线航空公司之间建立股权和非股权联盟合作关系，形成分工合理、共同发展的格局。通过着力引导航空公司尽快形成差异化的市场和战略定位，打造具有不同运营模式的高品质航空公司。通过着力发展货运航空，鼓励货运航空公司进行并购、重组和业务合作。到 2030 年，我国要拥有 1 个以上全球知名品牌的航空公司，综合实力进入世界前 5 名；形成 1 家有国际竞争力的航空货运公司，综合实力进入世界前 5 名。

3. 机场总量不断增加，体系结构和功能定位不断趋于合理

2009 年全行业完成固定资产投资总额约 600 亿元。民用机场航站楼总建筑面积增加 66 万平方米。新增腾冲驼峰、玉树巴塘、伊春林都、大庆萨尔图、鸡西兴凯湖和佛山沙堤（军民合用）6 个运输机场，全国颁证运输机场从 2008 年底的 160 个增加到 166 个。目前，我国近 40 个机场的设施容量已经饱和或即将达到饱和状态。今后几年，随着经济总量的不断扩大以及经济活动区域分布的调整，对支线航空的需求将不断增大，我国将加快支线机场建设步伐，干支线之间进一步协作发展。到 2020 年，我国机场布局基本完善，机场数量将达到 240 个以上。我国年旅客吞吐量超过 3000 万人次的机场将达到 13 个，年旅客吞吐量 2000 万～3000 万人次的机场将达到 6 个，年旅客吞吐量 1000 万～2000 万人次的机场将达到 10 个。到 2030 年，我国机场数量将达到 300 个以上，在 100 公里范围内，全国 95% 以上的县级行政区、95% 以上人口将得到航空服务，所服务区域内的国内生产总值达到全国总量的 98% 以上。逐步形成功能完善的枢纽、干线、支线机场体系，大、中、小层次清晰的机场结构。到 2020 年，将建成 2 个以上国际枢纽机场。到 2030 年，将建成 3 个以上国际枢纽机场，10 个以上全国性和区域性航空枢纽机场。按照现代综合交通理念，以机场为枢纽，把航空、铁路、公路有机结合起来，使机场与铁路干线网络、公路干线网络、城市轨道交通和城际铁路相连接，形成相互衔接、优势互补的一体化综合交通体系。

（四）全球海洋运输业发展趋势

1. 全球航运业将进入较长的并购重组整合期

当前，航运业复苏乏力，这是由运力过剩的市场格局及产业自身特性决定的。金融危机之前，航运业形势较好，导致整个行业急速扩张，新造船订单大幅增加，造成目前以至今后一段时期的运力严重过剩局面。当前，尽管新订单数量大幅减少，提早避免了航运危机的发生，但船舶交付数量在未来两三年仍会明显增加,这有可能导致贸易好转之后的运力供给增长继续快于需求增长,继而对整个航运业的重新复苏和繁荣产生抑制作用。同时,由于航运业是资本、技术十分密集的行业,也是高投入、高风险行业,其资产、技术特性决定了资产重置周期长,落后产能淘汰慢。在落后产能充斥市场的情况下,全行业低迷徘徊的局面很难改观。金融危机还将导致国际贸易格局发生较大变化,进而使全球航运业进入结构调整期。落后运力终将被淘汰,伴随这一过程,航运企业将出现大规模的并购和整合重组,全球航运市场将会形成垄断竞争格局。中国政府在《关于推进国有资本调整和国有企业重组的指导意见》中,明确提出国有经济要对航运业等七个重要行业保持绝对控制力。在提升中国航运企业国际竞争力、保障中国运输安全的背景下,未来中国航运企业的整合也是大势所趋。

国际干散货市场预计将处于低迷状态,鉴于未来两年全球钢铁市场呈明显的减缓态势,2010~2011年的干散货的航运增长量将明显下降。全球经济逐渐恢复,促使世界钢铁生产商逐步地重新开启了产能,钢铁产能利用率呈现了回升的态势,预计短期以内世界和中国的钢铁产量将有所上升。铁矿石的海运量将会小幅回落。2009年由于主要货物出口产量下降,工业能力减弱,并且受金融危机的影响,因此国际市场需求将保持在一个较低水平上。

国际集装箱运输市场预计将增长缓慢,由于美国和中国实体经济有所好转以及消费需求的反弹,外贸进出口在2009年第四季度较上年同期有所好转。但是政策的影响使得复苏带有不确定性。运价提升较为迟缓,且东西向的供需不稳定,市场反应冷淡。

2. 合作联盟将成为未来航运市场的一大主流

加强航运合作,可以降低成本,分散世界经济带来的风险,提高竞争力。在经济萧条期,航运企业与物流企业、航运物流企业与大货主企业都应通过抱团取暖、共享资源,走联合发展之路。即使是存在竞争关系的各大航运企业之间、综合物流企业之间,也应提倡竞争合作,共度时艰,走共赢之路。目前,在20大班轮公司中,除了排名最靠前的三家保持独立经营为主,其他各家都在三大东西主干航线开展了大规模的联盟活动。即使是Maersk、MSC和CMA,也与其他集装箱班轮经营人开展了一定范围的航线合作活动。

3. 航运产业链将进一步延伸

航运业是物流业的一部分,航运业和现代物流业存在很强的互补性。在经济萧条期，航运企业为弥补主业下滑，需要沿供应链上下游进行整合，开展综合物流服务。建立现代物流服务体系将成为航运企业经营发展战略上的一个主攻方向，这既是世界经济贸易发展和市场需求推动的结果，也是航运企业自身发展的需要。为此，航运企业应在海运的两端延伸服务上下工夫，加快内陆网点的建设，完善公路、铁路和水路等多式联运的通道，为特殊客户提供定制的全程物流服务。

4. 世界航运中心将向中国转移

世界航运中心经历了由欧洲转向美洲再转向亚洲的演变历程。20世纪70年代末中国实行改革开放以来，国际商品、资本、生产要素加快了向亚洲地区转移的速度，中国也持续保持着经济的快速增长，逐步融入全球经济一体化的"链条"，已经成为世界经济发展的引擎之一。在亚洲地区经济贸易快速发展的推动下，亚洲航运业得到长足的发展，国际航运资源向亚洲地区进一步集聚，其重心正在向东亚尤其是向中国转移。当前，中国正在建设以渤海湾、长三角、珠三角三大港口群为依托的三大国际航运中心，即以天津、大连、青岛等港口为支撑的北方航运中心，以江浙为两翼、上海为中心的上海国际航运中心，以深圳、广州、香港为支撑的香港国际航运中心，正是顺应了世界经济中心东移和中国经济快速发展的要求。

Traffic Transportation in the Background of Economic Restructuring：Opportunities, Changes and Challenges

Abstract：The development of traffic transportation of China needs to adapt the new requirements of economic restructuring and the pattern of economic development. And it steps into a strategic period of large scale construction and rapid development. At the same time, it also faces the challenges and the changes of building integrated traffic transportation system, transforming into resource-saving, environment-friendly traffic service, and further updating to modern logistics.

Key Words：Economic restructuring; Opportunities; Changes; Challenges

行业运行篇
Section for Industry Operation

分报告一
铁路运输：迎着机遇跨步前行

王军生　丁润逸*

摘　要： 当前，我国铁路行业正处于跨越式发展的机遇期。节能减排压力之下，铁路交通的低成本、低污染、安全、高效优势日益凸显。在政府政策支持、经济刺激措施出台、内外部需求高涨的影响之下，我国铁路投资大幅攀升，铁路建设提速。依靠不断增强的技术自主创新能力，我国铁路装备市场持续走强，海外市场扩张值得期待。目前，我国铁路运输市场呈现垄断竞争格局，客运高速化和货运重载化是我国铁路运输发展的重要方向。展望未来，我国将加快铁路管理体制改革步伐，市场环境逐步优化，融资渠道不断拓宽，运力瓶颈有效缓解，综合服务能力全面提升。

关键词： 铁路　装备　运输　发展

一　世界铁路的兴起与发展

（一）世界铁路行业概况

1. 铁路运输广受重视

铁路是人类社会文明进步的重要产物，也是促进世界经济社会发展的重要基

---

* 王军生，经济学博士，研究员；现任中国民主同盟中央经济委员会副主任，兼任中国社会科学院中国经济技术研究咨询有限公司研究员；主要研究领域为产业经济学与金融市场理论；多年来致力于金融市场理论、能源政策与产业能源发展战略的研究与实践，撰写著作10余部，论文数十篇；曾参与组织中国能源可持续发展论坛，中国新能源与产业博览会等活动。丁润逸，北京航空航天大学硕士，现任中咨公司研究员，主要研究领域为能源政策、现代企业管理。

础设施，至今已有170多年的历史。铁路运输是最有效的陆上交通方式之一，由于其具有公路、水运、航空、管道运输所无法比拟的安全程度高、运输速度快、运输距离长、运输能力大、运输成本低、污染小、潜能大、不受天气条件影响等系统优势，使其在世界范围内广受重视。如今在全球两百多个国家和地区之中近150个设有铁路运输（包括全世界最小的国家在内），其中约90个国家提供客运铁路服务。美国是目前铁路最发达的国家，除了纵横交错的本国铁路外，美国铁路系统还拥有非本国在国内修建但掌控使用权的铁路两万余公里，营业里程位居世界第一位。

世界铁路在发展的过程中也曾陷入困境，在发达国家，铁路运输业甚至一度被评价为"夕阳产业"。但是，随着世界经济发展，铁路的价值被重新认识。当前，能源危机、环境污染、交通安全等问题困扰全球，铁路因其所具有的技术经济优势和与可持续发展战略的一致性越来越受到世界的重视。在欧盟27国，公路运输排放的 CO_2 约占全部交通方式的71%；而铁路排放量仅仅占大约2%，并完成了10%的运输量（见图1）。在减少温室气体排放的背景下，欧洲正计划大力发展铁路运输，主要是建设泛欧洲铁路交通网。根据欧盟委员会的预测，铁路网的建设每年对GDP的贡献约在0.2%~0.3%，并可创造100万个永久就业岗

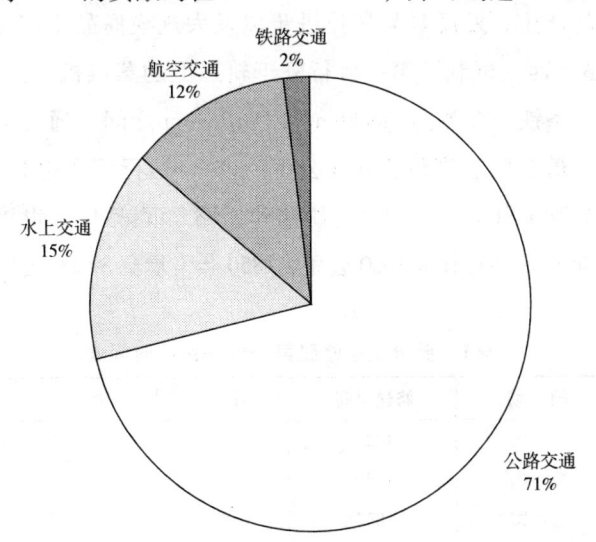

图1 欧盟各交通方式 CO_2 排放比重

资料来源：欧洲铁路工业联盟（UNTFE）。

位和300万个临时就业岗位，每年节省旅途开支80亿欧元，交通堵塞减少14%，并且减少4%的温室气体排放。1994年的欧洲委员会会议决定实施新建和扩建泛欧交通网（TEN）的决议，并把关系到欧洲共同利益的14项交通基础设施计划列为更高优先项目。欧盟委员会确定的欧洲交通网有14个优先项目，总投资约为910亿欧元，计划到2010年逐步在共同体范围内实施。其中，约80%用于铁路高速运输和传统的铁路运输工程，10%用于公路新建工程，9%用于两种交通工具的联结工程。世界范围内对铁路的重视程度从欧盟的做法上可窥一斑。

环视全球，各国纷纷调整铁路发展战略，掀起铁路改革浪潮。在可持续发展战略的推动下，在高新技术的促进下，世界铁路呈现迅速发展之势，迎来了蓬勃发展的新时代。

2. 世界铁路发展历程

自1825年9月27日英国第一条铁路建成并投入使用以来，铁路为人类社会的文明进步与经济发展作出了巨大贡献。回顾世界铁路的发展历程，大致经历了迅速兴起——衰退——复苏三个阶段。

（1）铁路运输的兴起。

世界铁路的产生、发展是与科技进步以及大规模商品生产分不开的。1804年英人R.特雷维西克试制了第一台行驶于轨道上的蒸汽机车。1825年9月27日，世界上第一条铁路在英国Stockton和Darlington之间开通，当时的列车利用蒸汽机车牵引，最初的速度仅为4.5公里/小时，运行距离也只有36公里。此后，比较发达的欧美资本主义国家纷纷修建铁路（见表1），世界铁路规模不断增长。1840年世界铁路总长为8000公里，1850年发展到39000公里，1860年达到

表1 部分国家修建第一条铁路的时间表

序号	国家	修建时间	序号	国家	修建时间
1	英国	1825	6	加拿大	1836
2	美国	1830	7	俄国	1837
3	法国	1832	8	奥地利	1838
4	比利时	1835	9	荷兰	1839
5	德国	1835	10	意大利	1839

资料来源：根据相关资料整理。

105000 公里。1870～1913 年第一次世界大战前这段时间是铁路早期快速发展的重要时期,在此期间全球每年平均修建铁路 20000 公里以上,世界铁路营业里程从 1870 年的 21.0 万公里,迅速增长到 1913 年的 110.4 万公里,英、美、德、法、俄等主要资本主义国家是铁路集中建设的主要阵地,殖民地、半殖民地国家铁路的修建也在逐步发展。可以说,19 世纪末 20 世纪初,铁路运输业进入第一个兴旺发达时期。

(2) 发展的衰退时期。

进入 20 世纪以后,汽车、航空、水运和管道运输迅速发展,汽车的短途客货运输量逐渐超过了铁路运输量。尤其是高速公路网的形成,不仅吸引了大量的中短途旅客,而且大型集装箱的运输能快捷方便地到达目的地。此时,各国铁路客货运输量逐年下降趋势尤其是发达国家出现了大幅度下降,连年经营亏损。第一次世界大战后,受战争及前期盲目建设的影响,许多主要资本主义国家的铁路基本停止发展,而殖民地、半殖民地、独立国、半独立国的铁路则成为这段时间世界铁路发展的主要力量。

第二次世界大战中,西欧各国的铁路受战争破坏,直到 1955 年前后才恢复旧貌。战后,公路和航空运输发展很快,竞争更为剧烈,加之资本主义的经济萧条不断发生,铁路客货运量的比重日益减少,很多铁路无利可图、亏损严重。不少国家不得不将铁路收归国有,并继续封闭、拆除铁路,如美国铁路营业里程 1916 年为 40.8 万公里,1955 年为 35.5 万公里,1980 年为 31.8 万公里,六十几年缩短了 9 万公里;英国 1929 年为 3.28 万公里,1955 年为 3.08 万公里,1980 年为 1.7 万公里,缩短了 46%;法国 1937 年为 6.48 万公里,1955 年为 4.53 万公里,1980 年为 3.39 万公里,缩短了 47%。总体来看,20 世纪 30 年代到 60 年代初,一方面资本主义世界铁路营业里程有所萎缩,另一方面亚非拉与部分欧洲国家铁路营业里程有所增长,所以世界铁路营业里程基本保持在 130 万公里左右。

(3) 行业的复苏时期。

20 世纪 60 年代末期,铁路的发展又重整旗鼓。特别是 20 世纪 70 年代中期世界石油危机后,由于铁路能源消耗较飞机、汽车低,噪声污染较小,运输能力大,安全可靠,作为陆上运输的骨干地位被重新确认。20 世纪 80 年代后,公路和航空运输的弊端逐渐暴露出来,公路交通堵塞,交通事故日益增多,空气污染和噪声日趋严重,航空运输成本居高不下,铁路运输的优势日益凸显出来。如今,铁路行业正在迎来全球范围内的复苏。

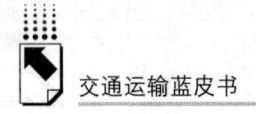

（二）发展中的重要启示

1. 基础设施是行业基石

纵观世界铁路运输业的发展史，基础设施建设始终是行业发展最重要的基石。因此，世界各国十分重视线路等基础设施的投入和改造，不断推进技术创新，使基础设施不断完善。铁路路网是铁路运输的重要基础设施。铁路路网的规模、结构和质量，不仅直接反映一个国家铁路的发展水平，也深刻地影响着一个国家铁路甚至整个国民经济的发展速度。路网在铁路发展和国民经济发展中具有基础地位和重要作用，铁路路网不断优化和发展，是每一个国家铁路发展中的必经之路。为了优化铁路路网，世界各国一方面加大投资修建新线路，另一方面则花大力气进行既有线路的改造，着眼铁路长远发展不断完善路网布局，提升路网质量，提高线路通过能力。许多国家制定了长远路网总体发展规划，指导铁路建设和发展。如德国有"Netz21"路网发展规划、法国有"高速铁路总体计划"、意大利有"T型高速路网规划"、日本有"整备新干线计划"、印度有"统一轨距工程"等。这些长远规划，明确勾勒出通过优化和发展路网，实现以高速、重载、安全、高效为主要方向的现代铁路发展趋势。

2. 技术革新是发展动力

技术的不断革新为世界铁路运输行业注入了新的活力。近几十年来，先进技术被世界铁路交通行业广泛采用：牵引动力改革、集装箱和驮背运输发展、通信信号改进、轨道结构加强、管理自动化迅速发展，在不断创新的技术引领之下，世界铁路运输行业开始一路高歌猛进式的发展。

20世纪中期以来，在世界范围内，铁路以信息技术带动整体技术迅猛发展。主要发达国家的铁路实现了客货快运网络化、市场营销信息化、行车指挥自动化、安全装备系统化，使传统产业的面貌焕然一新。以微电子、光电子、计算机、网络通信和软件技术为代表的信息技术在铁路的广泛运用，大大提升了铁路的综合竞争实力，为世界铁路的现代化发展插上了腾飞的翅膀。目前，发达国家已利用信息技术对铁路的生产经营、运输组织和管理决策全过程进行优化，将生产和管理各环节的数据、流程、目标措施和结果准确及时地加以记载，使运输资源得到充分利用，不断提高生产、经营和管理水平，提高了运输经济效益。

由于新技术的应用，当今世界发达国家铁路的机车车辆已经实现了标准化、系列化、模块化和信息化，其设备的可靠性、可维修性和经济性已达到了很高的水平。机车的发展趋势是不断完善网络控制技术、交流传动技术、高速和重载技术，使机车整体水平不断提高；客车以高速、舒适度和人性化为主攻方向，货车以重载、提速和高可靠性为主要发展方向。

（三）两个发展的热点方向

1. 高速铁路方兴未艾

在全球铁路运输行业新一轮的急速成长进程中，高速铁路的迅猛发展表现得最为引人注目。1964年10月，日本建成世界第一条现代化高速铁路——东海新干线，运营速度为210~230km/h，实现了与航空竞争的预期目的。这条高速线在几十年的运营中，吸引了东京至大阪90%的乘客，列车运行时间误差低于1分钟，耗能为汽车的1/5，无废气排放，取得了举世瞩目的成就。由此，高速铁路运输引起世界各国关注，很多发达国家纷纷兴建新线和改建旧线，建设高速铁路。

高速铁路备受重视与推崇，缘于其在技术和社会经济方面具有独特优势。首先，以高科技为支撑的高速铁路，在速度、运输能力、安全性与舒适性等方面优势突出。在200~1000公里的距离范围内，与航空、公路相比，高速铁路的总旅行时间是较短的，高速列车内宽大的空间为旅客提供了更为舒适的旅行环境。其次，高速铁路对社会经济的发展发挥了积极作用。以实例来看，日本新干线对日本经济的高速发展起到了直接推动作用，欧洲高速铁路的发展促进了欧洲经济一体化。再次，高速铁路的经济效益也十分可观，比如，日本的东海新干线开通仅7年就收回了全部建设资金，自1985年以后，每年纯利润2000亿日元。另外，从环保的角度看，高速电气化铁路基本上消除了粉尘、油烟和其他废气的污染，与公路、航空相比噪声污染也是最低的。最后，高速铁路能耗低和可替代能源丰富的特性，也是其受重视的重要原因之一。日本近年来的一系列统计表明，乘小汽车和飞机出行，每人每公里的能耗分别是高速铁路的5.77倍和5.24倍。

随着能源、环境等问题的日益突出，依赖航空、公路运输等交通方式的国家遭遇前所未有的压力，高速铁路在世界范围内受重视的程度更是有增无减。在美国，奥巴马执政后，决定从政府7870亿美元经济刺激计划中拨出80亿美元，用于在全美建设高铁走廊，以缓解交通拥堵和节约能源，目前6条高铁路线已获立项。远景规划是建立一个长度达1.7万英里的先进高铁网络,并分期执行。在欧洲,西班牙计划在2010年超过日本,建成世界上最大的高速铁路网;英国拟耗资近340亿英镑在2030年前修建一条连接苏格兰和伦敦的高速铁路(2400公里);法国希望将高速铁路总长度提高1倍,在2020年达到2500英里;波兰将于2014年开始兴建国内第一条高速铁路,计划2020年完工;瑞典正在筹划15亿克朗的国家公路与铁路建设计划,并在进行一项1500亿克朗的高速铁路方案调研。在亚洲,印度未来5~8年内,将投资27万亿卢比(约540亿美元)建设铁路。其中,2010~2011的两年内,投资有望达8千亿~9千亿卢比(包括总长度为2800公里的"货运走廊"项目);越南南北高速铁路项目(全长1570公里)是越南政府业已批准的2020年越南铁路总体规划和2030年展望中最重要的项目;泰国批准投资1000亿铢修建4条高速铁路计划。中东地区,自1918年阿拉伯的劳伦斯兴建希贾兹铁路以来,中东地区的铁路并未得到明显发展,但近年来世界铁路巨头纷纷进军中东市场,巨资投入当地铁路运输业。根据海湾国家的规划,卡塔尔及科威特两国将分别投资100亿美元,兴建国内铁路网;阿联酋则计划投资近200亿美元,兴建包括轻轨、高速铁路及地铁在内的立体铁路运输网;沙特为提升国内交通运输能力、保证其地区大国地位,制定总额150亿美元的铁路扩建计划,拟将其国内铁路总里程提升5倍,特别是在2011年的朝觐期间,穆斯林民众可搭乘时速高达360公里的列车往返于麦加和麦地那之间。此外,沙特还计划将铁路延伸以连接国内所有城市,该计划将耗费约140亿美元。

2. 货物重载快速发展

铁路运输另一个发展方向是货物重载。在高速客运取得成功不久,世界许多国家开始发展铁路重载运输技术。20世纪70年代,美国、加拿大和墨西哥三国进行了大规模路网合理化改造和建设,消除运营壁垒,完成一体化进程,同时开始发展以提高轴重、加大列车编组数量为特征的重载技术,通过开行重载单元列车提高运输能力,降低了运输成本,提高了生产效率。1980~1999年,重载运输成本降低了65%,铁路货运在全部货运市场占有份额从37.5%增加到40.3%,2000年增加到41%,事故率降低了64%。

目前,世界范围内的货物列车重载运输技术迅速发展,重载运输技术已被国际公认是铁路货运发展的方向。重载运输代表了铁路货物运输领域的先进生产力,随着社会的进步,重载技术也将得到进一步提升。

如今,重载化和快捷化已经成为世界铁路货运发展最重要的战略目标之一,并成为行业竞争中巩固市场份额和争夺新市场的强大武器。

二 中国铁路建设市场:迎来跨越式发展的历史机遇

(一) 我国铁路建设发展现状

1. 我国铁路建设之路

由于历史的原因,中国铁路的起步较晚,且早期发展比较缓慢。20世纪初,当美国人经过持续60余年的大规模筑路高潮,形成了长达40.9万公里的世界最大路网时,由中国人主持修建的第一条铁路京张铁路才刚刚通车;当我国于1952年生产出第一台解放型蒸汽机车时,世界铁路已经进入了内燃机车时代。

从无到有,我国铁路建设大致经历了以下五个时期。

(1) 开创时期(1876~1893年)。1840年鸦片战争前后,有关铁路的信息、知识开始传入中国。1876年,中国大地上出现了第一条铁路——吴淞铁路。五年后,在清政府洋务派的主持下,于1881年开始修建唐山至胥各庄铁路,从而揭开了中国自主修建铁路的序幕。由于清政府的昏庸愚昧和其闭关锁国的政策,到1893年,近二十年的时间里仅修建约400多公里铁路。

(2) 缓慢发展时期(1894~1948年)。1894年,清政府在中日甲午战争中战败后,八国联军攫取中国的铁路权益。一万多公里的中国路权被吞噬和瓜分,形成帝国主义掠夺中国路权的第一次高潮。随后,他们按照各自的需要,分别设计和修建了一批铁路,标准不一,装备杂乱,造成了中国铁路的混乱和落后局面。

(3) 抢修和恢复铁路运输生产时期(1949~1952年)。新中国成立以来,中国铁路建设取得了长足的进步,仅1949年一年就抢修恢复了8278公里铁路,全国铁路营业里程和客货周转量均大幅增长。1952年6月18日,满洲里至广州开行了第一列直达列车,全程4600多公里畅通无阻。至1952年底,全国铁路营业里程增加到22876公里,客货换算周转量达802.24亿吨公里。

（4）铁路网骨架基本形成时期（1953～1980年）。从1953年开始，国家进入有计划发展国民经济的时期。至1980年，中国铁路经过了五个五年计划的建设，取得了辉煌的成绩。中国共产党十一届三中全会以后，出现了伟大的历史转折，国家工作的重点转移到社会主义现代化建设上来，并提出"调整、改革、整顿、提高"的方针，铁路工作又逐步恢复和发展，铁路网骨架基本形成。

（5）铁路快速发展新时期（1980年以后）。20世纪80年代以来，国民经济开始了新的发展时期。1982年提出的"北战大秦，南攻衡广，中取华东"的战略极大地促进了铁路建设的发展。至1985年底，全国铁路营业里程达52119公里，客货换算周转量突破1万亿吨公里。进入21世纪，中国铁路开始迈向跨越式发展的新时期，截至2009年底，我国铁路营业里程达到8.6万公里。中国铁路建设的部分代表性成就见表2。

表2 中国铁路建设的部分代表性成就

年份	事件
1952	成渝铁路建成，这是新中国成立后建设的第一条铁路
1957	建成了长江上第一座铁路桥——武汉长江大桥
1958	宝成铁路开通，这是中国的第一条电气化铁路
1970	成都至昆明铁路建成，是中国铁路网中的重要干线，改善了西南少数民族地区的交通状况
1983	京秦铁路通车，这是中国新建的第一条双线电气化铁路
1992	大秦铁路全线贯通，大秦铁路是中国第一条重载列车线路；第一条实现微机化调度集中系统线路；第一条采用全线光纤通信系统的线路，科技含量达到了国际水平。大秦铁路股份有限公司于2006年8月在上海证券交易所上市
1994	广深铁路建成，这是中国第一条准高速铁路。广深铁路股份有限公司于1996年5月在香港和纽约上市，是目前中国唯一一家在境外上市的铁路公司
2006	世界上海拔最高、线路里程最长的高原铁路——青藏铁路提前一年建成通车
2008	京津城际铁路开通，这是时速最高的铁路，时速最高超过了350公里/小时，是中国第一条拥有完全自主知识产权、具有世界一流水平的高速铁路
2009	世界上里程最长、时速350公里/小时的武广高速铁路开通运营，成为中国高速铁路发展史上的又一里程碑

资料来源：《中国经济导报》。

2. 铁路基本建设投资大幅增长

21世纪的前几年，我国铁路基本建设投资增长缓慢，2005年开始出现改观，

"十一五"期间是我国铁路基本建设大跨步发展时期,铁路基本建设投资逐年攀升,2010年有望超过700亿(见图2)。"铁路'十一五'规划"提出,到2010年,中国要建设新线1.7万公里,其中客运专线7000公里;建设既有线复线8000公里;既有线电气化改造1.5万公里。2010年,全国铁路营业里程将达到9万公里以上。按照这一目标,中国铁路基建总投资超过1.2万亿,每年需要完成2000亿投资规模,是"十五"建设投资规模的近4倍。"十一五"期间铁路建设规模之大、标准之高,是中国铁路发展史上从未有过的。实施如此大规模的铁路建设,正是着眼于满足经济社会全面协调可持续发展对铁路运输的需要,立足于从根本上解决铁路制约国民经济发展的"瓶颈"问题,体现了科学发展的要求。

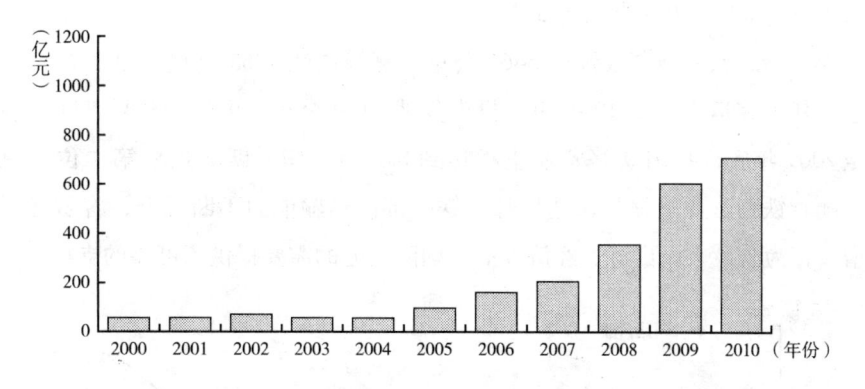

图2 中国铁路建设基本投资

资料来源:铁道部网站。

在全球经济陷入衰退的背景下,为拉动国内经济增长,政府将铁路建设作为重点投资方向。2008年,国务院批复的"十一五"铁路投资总规模已经提高到了2万亿元,铁路成为下一个阶段国家加大投资的主要领域。

3. 2009年铁路建设成绩斐然

2009年是我国铁路历史上投资规模最大、投产最多的一年。全年完成基本建设投资6000亿元,比上一年增加2650亿元,增长79%,超过"九五"和"十五"铁路建设投资总和,为拉动内需、促进经济增长发挥了重要作用。目前我国在建新线规模达到3.3万公里,投资规模达到2.1万亿元。上海—杭州、南京—杭州、杭州—宁波、南京—安庆、西安—宝鸡等客运专线,兰新铁路第二双线、山西中南部铁路通道等区际干线，以及贵阳市域快速铁路网、武汉城市圈、中原城市群城际铁路等相继开工。在建工程项目进展顺利，京沪高速铁路累计完成总投资的56.2%，哈尔滨至大连、上海至南京客运专线线下工程基本完成；北京至石家庄、石家庄至武汉、天津至秦皇岛、广州至深圳（香港）、上海至杭州等客运专线和上海至武汉至成都、太原至中卫（银川）、兰州至重庆、贵阳至广州、南宁至广州等区际大通道项目加快推进。一批重点项目建成投产，宁波至温州、温州至福州、福州至厦门等客运专线相继建成通车，特别是世界上里程最长、时速350公里/小时的武广高速铁路开通运营，成为中国高速铁路发展的又一里程碑。武汉、长沙南等104座新客站投入使用，那曲物流中心竣工运营。2009全年开展前期工作的项目达200多项，批复立项75个，批复可行性研究项目150个，全年新开工项目123个。

2009年，共完成新线铺轨5461公里、复线铺轨4063公里；投产新线5557公里，其中客运专线2319公里；投产复线4129公里、电气化铁路8448公里。截至2009年底，我国铁路营业里程达到8.6万公里，跃居世界第二位（见图3）。随着铁路营业里程的快速增加，铁路部门运输能力不断提升，客货运量持续增长，为满足人民出行、经济发展、国防交通的需要提供了可靠的支撑。

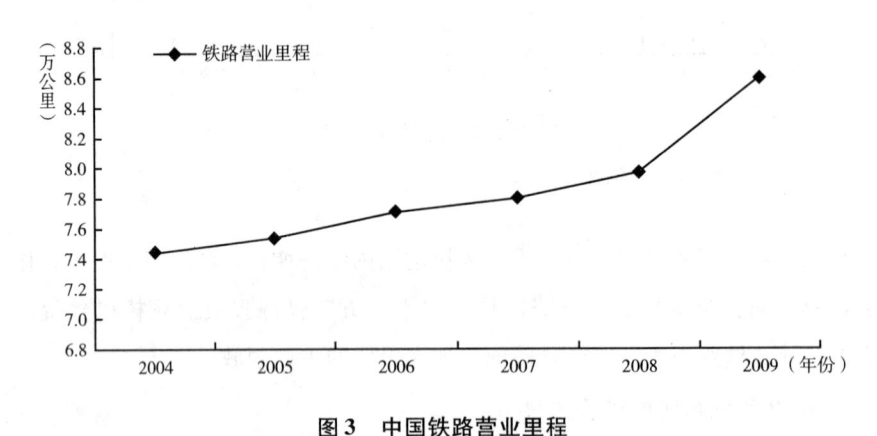

图3　中国铁路营业里程

资料来源：《中国统计年鉴（2009）》，铁道部网站。

2009年中国新开工300～350公里铁路19条，总里程达到7863公里，规划投资规模为10551亿元人民币，其中投资额超过1000亿元的线路包括京沈客运专线、杭长客运专线和兰新客运专线。新开工200～250公里铁路17条，总里程达5747公里，预计总投资额达7409亿元。在2009年新开工高铁项目中，14条线路属于国家规划的"四纵四横"客运专线，16条线路为城际客运专线，5条为西部开发性新线，还有2条西部开发性新线定于2010年开工以配合国家西部开发战略和对西部省份的大规模投资计划。这些高铁线路建成将我国东部、中部和西部的重要经济区域连接起来，能够辐射我国70%的50万以上人口的城市，覆盖人口达7亿多。

中国铁路营业里程的巨量增长是与国家发展的历史性进程相伴随的。与此同时，国家经济社会发展也对铁路建设提出了更高的要求。加快发展低排放、少耗油的轨道交通运输方式，是建设符合中国国情、以低碳为特征的交通体系的迫切要求。

（二）我国铁路建设中的问题分析

1. 铁路建设严重滞后于经济发展

改革开放以来，我国经济增长迅猛，全社会货运和客运需求均增长了10倍以上。与高速发展的经济相比，我国铁路建设严重滞后，增长缓慢，已成为制约国民经济发展的薄弱环节。1978年中国铁路营业里程5万公里，2008年达到8万公里，30年增长了60%，年均复合增长1.4%。对比来看，2008年我国实现国内生产总值300670亿元，是1978年数值的82倍还多，年均GDP增速高达9.4%（见图4）。铁路发展的滞后成为制约国民经济发展的瓶颈。

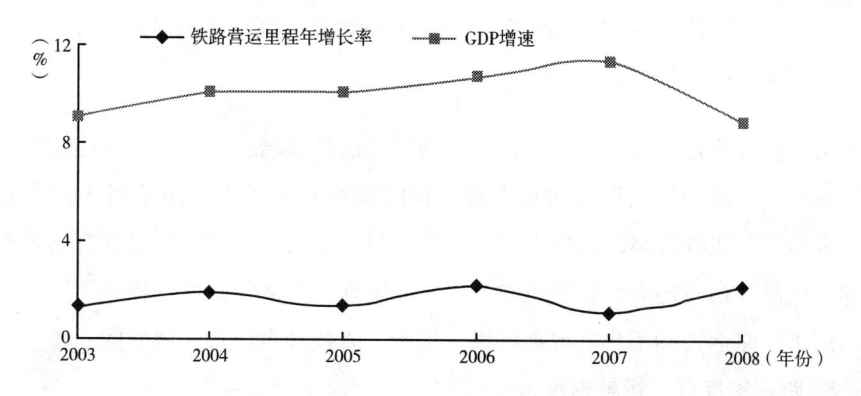

图4 我国铁路营运里程增速与GDP增速对比

资料来源：Wind资讯。

随着我国经济的快速发展，城市化进程的加速，落后的铁路路网越来越无法适应客运及货运需求的膨胀，加之我国铁路运力在地区分布上的严重失衡，更使得部分地区铁路运力捉襟见肘。落后的铁路建设成为经济发展中不可忽视的问题之一。

2. 投资不足造成供需矛盾

铁路建设前期建设投入巨大，一条干线少则数百亿，多则上千亿。历史上我国铁路投资的不足是造成如今铁路运力紧张的主要原因之一。近几年来，我国铁路建设投资明显增长，但是铁路建设资金匮乏的问题依然存在。从铁路投资的规模上分析，近年来我国的铁路固定资产总和绝对数量虽然在增加，但其在全社会固定资产中的占比却明显偏低，从另一个侧面反映铁路投资的不足。2008年，我国铁路城镇固定资产投资4073.2亿元，占全国城镇固定资产投资的27.4%，相比之下，公路运输投资7411.5亿元，投资总额比铁路投资多了近一倍（见图5）。

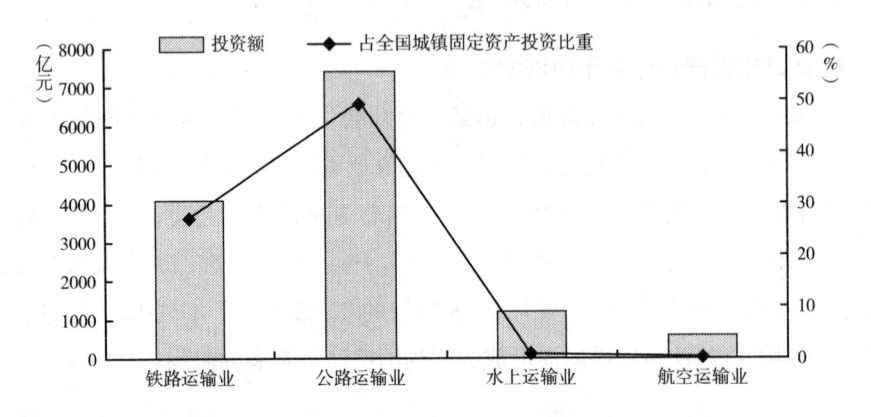

图5　2008年中国铁路运输与其他运输业城镇固定投资对比

资料来源：《中国统计年鉴（2009）》。

由于投入不足，加之社会对铁路运输需求的持续增长，我国铁路运输供需缺口越拉越大。从营运里程的增长上看，我国铁路营业里程增速落后于公路和航空。客运的紧张导致高峰时段人们出行的困难，而货运的供需缺口则直接影响到了部分产品的消费能力，特别是对于煤炭、钢铁、石油等高度依赖铁路运输的产品，由于铁路运力的不足造成地区供需失衡，直接导致经济发展中的问题。

3. 路网密度低、运输密度大

我国铁路的路网密度低，但运输密度大。发达国家，如德国、英国、法国、日本的铁路路网密度高、规模大，整个路网运输能力普遍富余。按国土面积平均的路网密度，中国铁路路网密度只有 74.89 公里/百万平方公里，而德国为 1009.2 公里/百万平方公里、英国为 699.1 公里/百万平方公里、法国为 538.3 公里/百万平方公里、日本为 533.62 公里/百万平方公里、印度为 191.73 公里/百万平方公里。按国土面积平均的路网密度，中国在世界上排名在 60 位之后（见图 6）。按人口计算，中国铁路路网密度为 0.56 公里/万人，而加拿大为 16.18 公里/万人、俄罗斯为 5.9 公里/万人、美国为 5.55 公里/万人、法国为 5 公里/万人、德国为 4.4 公里/万人、英国为 2.85 公里/万人、日本为 1.59 公里/万人、印度为 0.63 公里/万人。就是说，中国仅为加拿大的 3.5%、美国的 10%，世界排名在百位之后（见图 7）。虽然路网密度低，但是我国的运输密度却非常大，我国货运密度达 3052.23 万吨/公里，居世界首位（见图 8），客运密度 925.57 万人/公里，

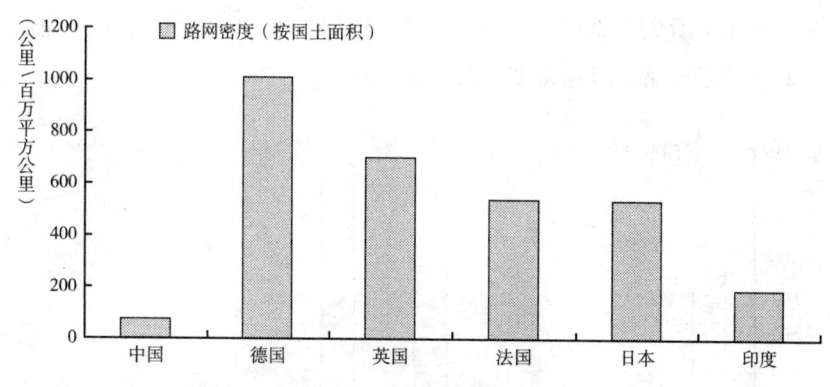

图 6　我国国土铁路路网密度与国际对比

资料来源：根据相关资料整理。

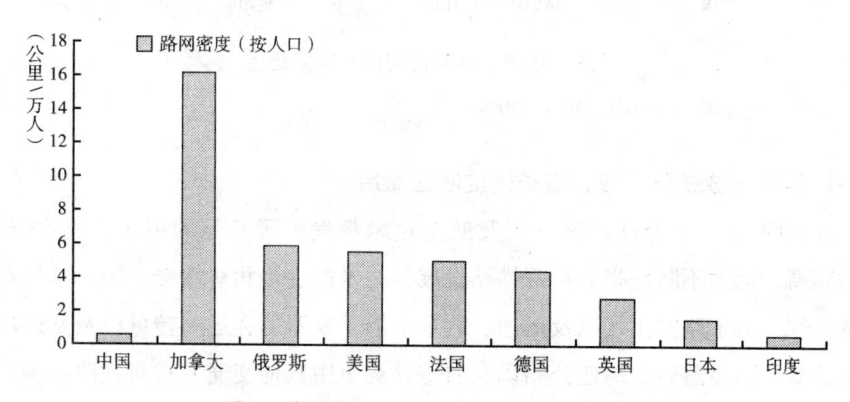

图 7　我国人口铁路路网密度与国际对比

资料来源：根据相关资料整理。

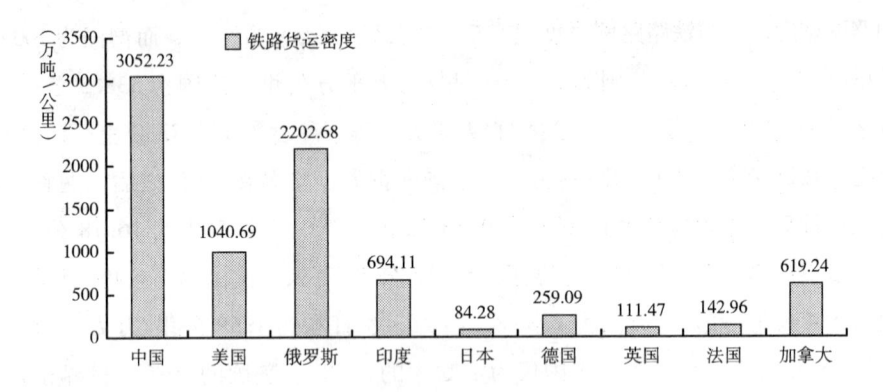

图8 我国铁路货运密度与国际比较

资料来源：《中国铁道年鉴（2008）》。

居世界前列（见图9）。2006年，我国铁道以世界铁道6%的营业里程完成了世界铁道25%的运输量，运输密度之大可见一斑。

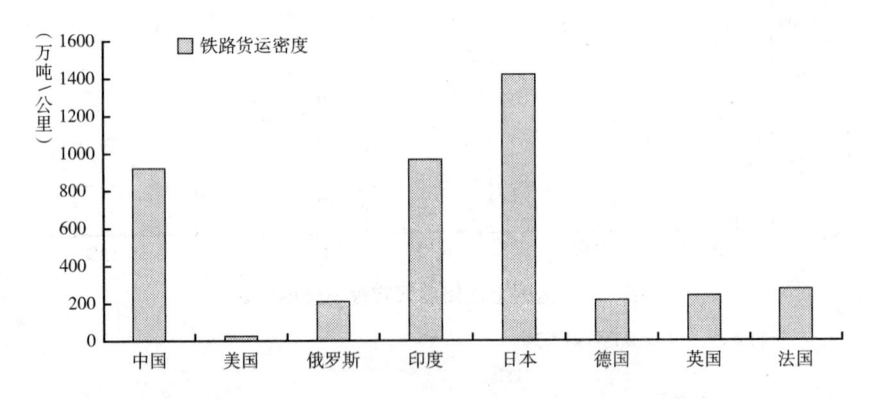

图9 我国铁路客运密度与国际比较

资料来源：《中国铁道年鉴（2008）》。

4. 竞争造成挤压效应，增长速度明显滞后

过去的20年，全球的汽车以及航空技术都发生了长足的进步，成本降低、效率提高，运力不断增强。反观铁路发展，技术的进步相对缓慢，运力依然存在明显瓶颈。由于路网不足以及运速、载重不够，铁路的客运周转量以及货运周转量增长都要明显落后于高速公路以及航空，竞争中其他交通方式对铁路运输形成挤压效应。公路和航空分别在中短距离以及长距离运输上对传统的铁路运输构成强烈冲击，无论在客运还是货运领域，中国铁路运输的份额均被侵蚀。由于运力瓶颈，在长期供不应求的状态下，铁路也被迫将原本属于自身的客、货流量拱手让于其他运输方式。

另外，铁路运输在旅客周转和货物周转两个市场的比重均持续下降。2008年，铁路在客运市场和货运市场的占有率分别为33.5%和22.8%，相比于1989年分别下降了16.5和17.9个百分点。在各种运输方式中，铁路的客运和货运的复合增长率都是最低的。1989～2008年，铁路的客运周转量和货运周转量的复合增长率仅为5.1%和4.8%（见图10）。

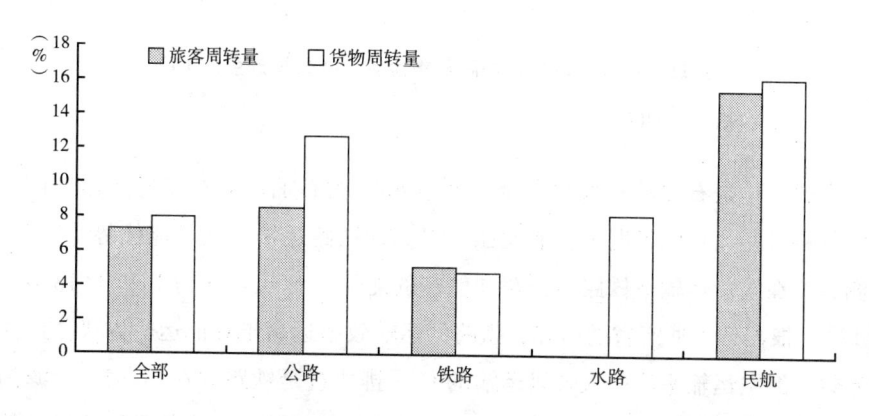

图10　1989～2008年各种运输方式的客运和货运的复合增长率

资料来源：中经网。

（三）跨越式发展的历史机遇

如今，大规模铁路建设已经拉开序幕。随着国家刺激经济政策的出台，铁路领域的政府投资力度正在不断加大，中国铁路基本建设市场迎来了跨越式发展的历史机遇。

1. 节能减排促使铁路建设加速

在交通运输领域，铁路作为一种集约化的运输方式，一直保持着单位能耗和碳排放远远低于公路、航空等其他运输方式的优势。铁路运输是最低碳环保的运输方式，最符合当下节能减排的全球趋势。据统计，交通运输部门排放的CO_2约占全球人为排放总量的21.8%，是全球人为排放温室气体的第二大来源。从欧洲铁路工业联盟（UNIFE）的数据来看，铁路运输中每吨载重运输500公里产生7克CO_2，相比于航空运输66克的CO_2排放量，尚不足其11%（见图11）。

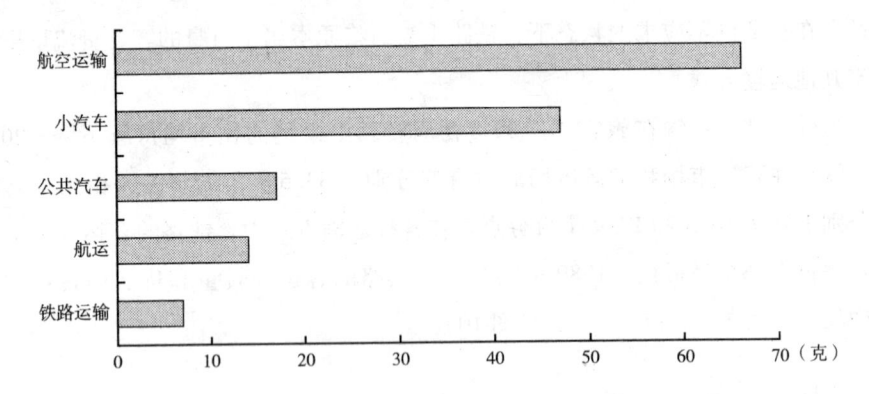

图 11　各种运输方式每吨载重运输 500 公里产生的 CO_2

资料来源：UNIFE。

交通运输是石油消耗大户，全球超过 40% 的石油消耗在交通运输部门。在能源价格日益高企的情况下，节能压力增大，铁路运输的低耗能优势得以凸显。据测算，在等量运输下铁路、公路和航空的能耗（油耗）比为 1∶9.3∶18.6（见图 12）。根据日本通产省的研究，铁路的运输效率远高于其他运输方式。以铁路为基数，航空运输平均每人公里运输的 CO_2 排放量是铁路的 6.17 倍，能源消耗是其 4 倍以上，汽车、公交车等运输方式的能耗和气体排放也都是铁路运输的好

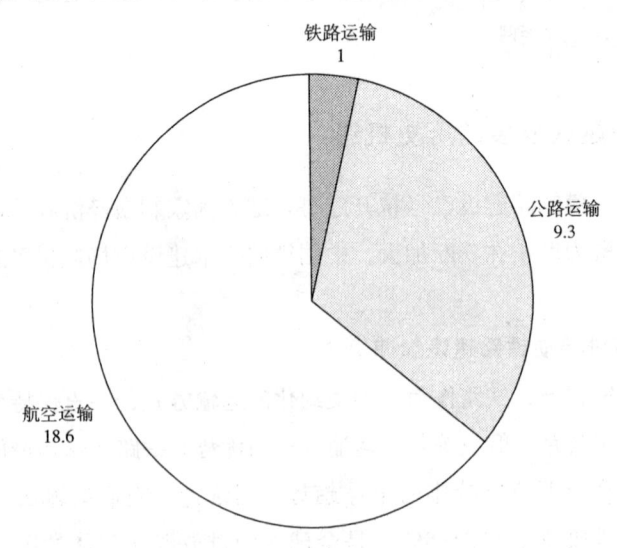

图 12　各种运输方式能耗比

资料来源：东方证券研究所。

几倍（见图13）。石油价格的高涨重新增强了铁路运输的吸引力。显然在能源短缺背景下，铁路运输更具发展优势。

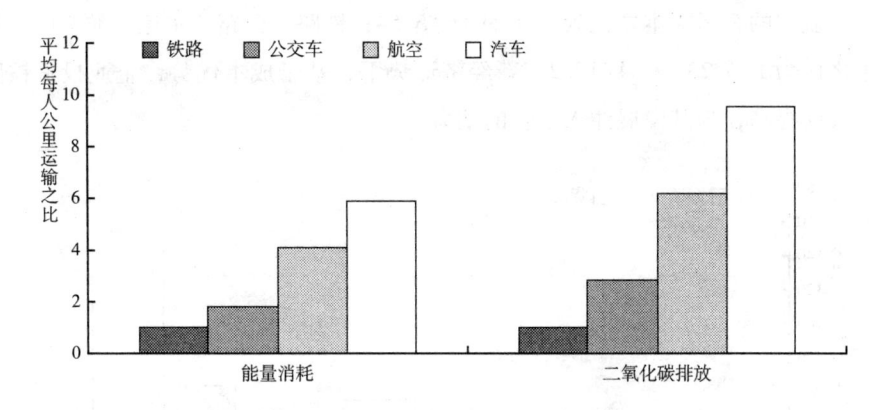

图 13　几种交通方式的运输效率比较

资料来源：日本通产省。

在目前越来越重视环保、节约的低碳经济发展思路下，为了实现节能减排的既定目标，发展我国的铁路运输已经成为各方共识，政府也给予了政策上的极大支持，节能减排正促使铁路建设提速。

2. 经济危机转成铁路成长动力

2008年，全球金融风暴席卷而来，这场源自美国的经济危机，波及范围之广、冲击力度之强、连锁效应之快前所未有，给世界各国经济发展和人民生活带来严重影响。为了应对本次百年不遇的经济危机，世界各国纷纷出台大手笔的经济刺激政策，中国也不例外。在中国，"扩大内需"成为经济增长的关键词。2008年11月5日，国务院召开常务会议，研究部署了进一步扩大内需促进经济平稳较快增长的十项措施，明确提出要加快铁路、公路和机场等重大基础设施建设，重点建设一批客运专线、煤运通道项目和西部干线铁路。为此，中国将采取积极的财政政策和适度宽松的货币政策，截至2010年底，用于扩大内需各项政策的总投入将高达4万亿元。"4万亿"大投资的经济刺激计划，其中最大一部分就是投向以前供求关系紧张的铁路行业，用于铁路基础设施的建设和改造。在政策指引之下，我国铁路建设不仅顺利度过了经济危机带来的冲击，而且找到了跨越式发展的新契机。

此外，受经济危机影响，全球经济疲软，低成本的高效运输方式更受重视。

从总体运输成本上看，铁路运输具有明显的成本优势。我国铁路运输的客运成本是 11.65 分/人每公里，货运成本是 9.02 分/吨每公里（见图 14），铁路、公路、水运、航空的客运成本之比为 1∶1.59∶6∶5.54；铁路、公路、水运、航空的货运成本之比为 1∶6.23∶0.64∶17.2。新经济形势下，基于成本优势，企业投资铁路的积极性提高，为其发展注入了新的动力。

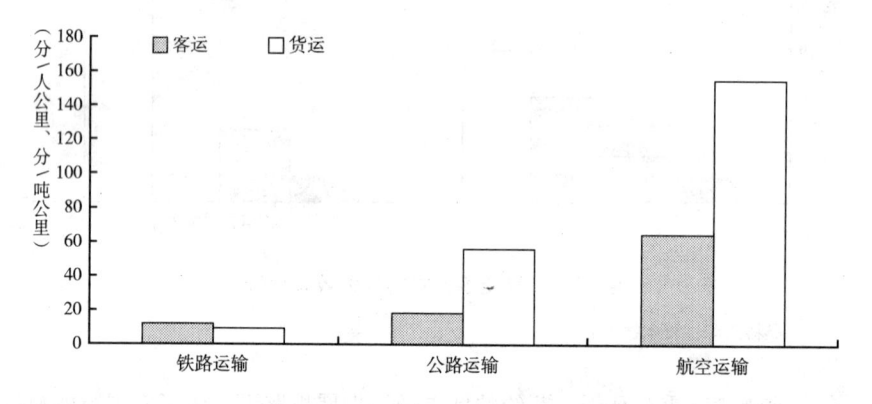

图 14　三种运输方式运输成本比较

资料来源：东方证券研究所。

3. 政府政策护航铁路持续发展

党的十六大以来，我国铁路发展迎来了极为难得的黄金机遇期。2004 年，为从根本上解决铁路供需矛盾，国家制定了铁路中长期规划以及"十一五"铁路建设发展规划。2005 年 1 月 7 日，温家宝主持召开国务院常务会议，讨论并原则通过了《中长期铁路网规划》。规划以"新建线路"、"客运分离"、"线路改造"为主体思想，明确了我国铁路网中长期建设目标：到 2020 年，全国铁路营业里程达到 10 万公里，主要繁忙干线实现客货分线，复线率和电气化率分别达到 50%，运输能力满足国民经济和社会发展需要，主要技术装备达到或接近国际先进水平（见表 3）。2008 年 10 月 31 日，中长期铁路网规划再次调整，根据新调整的方案，将 2020 年全国铁路营业里程规划目标由 10 万公里调整为 12 万公里以上，其中客运专线由 1.2 万公里调整为 1.6 万公里，电气化率由 50% 调整为 60%，主要繁忙干线实现客货分线，基本形成布局合理、结构清晰、功能完善、衔接顺畅的铁路网络，运输能力满足国民经济和社会发展需要，主要技术装备达到或接近国际先进水平。未来我国将形成总里程达到 5 万公里以上的快速客运网。调整规划扩大了西部铁路网规模，将新建线长度由1.6万公里调整为4.1万公里。

表3 铁道建设"十一五"规划和中长期规划

	2010年目标		2020年目标	
	原规划	调整后	原规划	调整后
建设新线(公里)	12000	17000	16000	41000
其中:客运专线(公里)	5000	7000	12000	16000
既有线复线(公里)		8000	13000	19000
既有线电气化改造(公里)	15000	15000	16000	25000
铁路营业里程(公里)	85000	90000	100000	120000
复线、电气化率(%)	41	45	50	60
快速客运网规模(公里)		20000		
煤炭通道能力(亿吨)		18		
西部路网总规模(公里)		35000		

资料来源：铁道部网站。

在扩大内需、刺激经济措施相继推出，铁路供需矛盾依然突出的情况下，政策环境对我国铁路行业的发展显得极为有利。上至中央下至地方，对于发展铁路都表现出极为积极的态度。在国家发改委等有关部门的支持下，2009年集中审批和开工了一大批重点项目，铁路建设全面加快，铁路网建设取得重大进展。各省区市党委、政府发展铁路的积极性越来越高，将其作为拉动地方经济的重点、保持经济持续快速发展的基础、构建绿色环保运输方式的举措，全力支持加快铁路发展。作为今后拉动经济增长的重要亮点，政策主导下的铁路大建设已经开始，未来一段时间，中国将有很多重大项目投入施工，而国家将为铁路基建提供强大的资金支持，市场前景一片光明。

三 中国铁路机辆装备市场：自主创新能力提高

（一）铁路投资带来装备市场配套增长

中国铁路营运里程在1952～2008年增长了248%，投资规模持续扩张。铁路装备投资额一般占铁路总投资额的20%左右，铁路建设的跨越式发展必然带动装备的配套发展，同时也带来铁路机车车辆的升级换代。目前，我国铁路工业产品的需求正在逐步提高，铁路机车车辆及动车组制造业、铁路机车车辆配件制造业和铁路专用设备及器材、配件制造业等这些细分行业的销售规模明显上升。2009年我国购置铁路装备的花费高达980亿元，以目前我国铁路投资的规模和增长速度来看，估计2010年我国铁路装备购置的金额将会超过1300亿元人民币（见图15）。

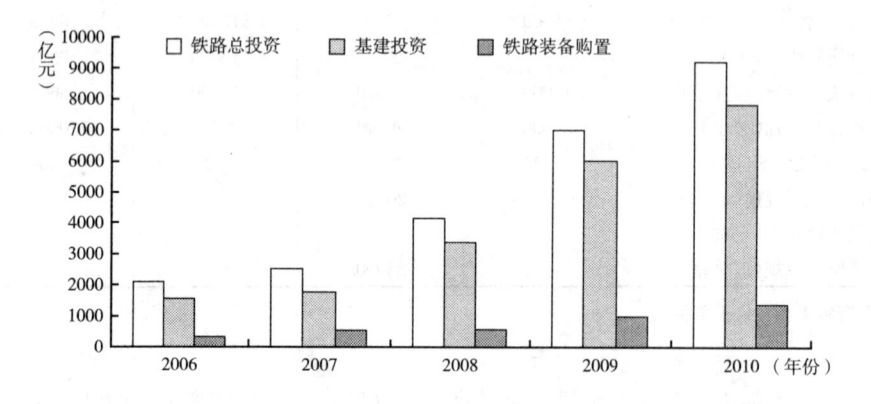

图15 我国铁路投资及铁路装备购置额

资料来源：铁道部网站。

（二）中国高铁拉动装备市场同步扩张

高铁被誉为20世纪后期及21世纪最具革命性的交通工具，它代表着新时代铁路安全、快捷、舒适、绿色的人文理念，能大大缩短城市间的时空距离，在200公里至1000公里或以上的范围内拥有极大优势。由于高速铁路本身的独特优势，近几年我国高速铁发展异常迅猛。高速铁路网将成为连接各大经济区域之间、城乡之间的大动脉，加强经济交流，促进区域经济平衡发展，加速产业从东部沿海向中西部转移，给中西部带来大量投资和就业机会，有利于改善我国经济发展不平衡的状况。

改革开放以来，我国铁路积极组织科技攻关，加强自主创新，不断提升技术装备水平。特别是党的十六大以来，铁道部瞄准世界先进水平，明确提出"先进、成熟、经济、适用、可靠"的技术方针，以增强铁路自主创新能力为核心，全面推进原始创新、集成创新和引进消化吸收再创新，走出了一条有中国特色的铁路自主创新道路，建立了完全拥有自主知识产权的高速铁路技术标准体系。从无到有，从落后到先进，中国的高速铁路获得了长足的发展，技术装备水平不断提升，已经达到了世界一流。

我国高铁的快速发展必然会拉动装备市场的同步扩张。除了购置新机车的巨大需求以外，由于目前我国高铁的基础建设已逐步进入大面积施工阶段，轨道设备、轨枕设备、道岔设备等施工养护设备需求也将明显提升。高铁建设拉动机械设备需求。根据铁道部的有关数据测算，在高速铁路总造价结构中，铁路固定设施投资（包括轨道采购与铺设，桥梁、隧道、车站的建设，信息系统、仪器设备安装，电气配套等）约占50%；基建约占35%，车辆购置（包括铁路机车、车辆的整车和配件）占15%左右（见图16）。2010年所有在建高铁项目总投资规模将接近3万亿元，这将对铁路运输设备产生约4500亿元的需求。此外，基于技术优势，我国高铁装备也将在国际市场上占有重要阵地，目前已有包括美国在内的多个国家要求与我国加强铁路合作，并纷纷表达了引进我国高速铁路技术装备、开展相关合作的意向。

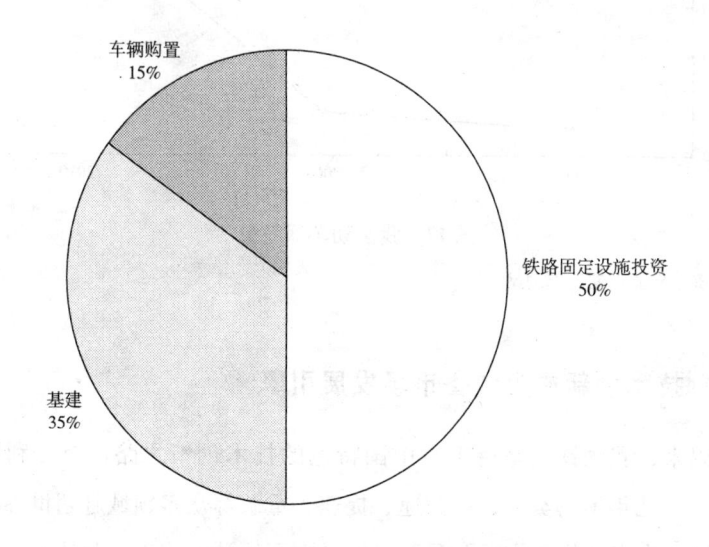

图16 高速铁路总造价投资结构

资料来源：铁道部网站。

尤为值得关注的是与高铁建设密不可分的动车组需求。动车组的需求来自客运专线和城际铁路，其中客运专线是实现客货分运、提升铁路整体运力、提升铁路速度和服务质量的重点工程,而城际铁路旨在提供大中城市圈内部往来的快速通道,可视为城市轨道交通的延伸或者联结。随着"四横四纵"的客运专线和"六大城市圈"的城际铁路陆续开工建设,动车组将进入快速增长期。根据"十一五"铁路建设规划,我国铁路客运专线将采用时速200公里/小时以上及300公里/小时以上动车组,而既有提速干线将采用时速200公里/小时的动车组,由此可见200~300公里/小时速度等级动车组在客运专线有很大市场。预计到2010年动车组保有量将达到1000列左右(见图17)。至2008年底,我国动车组保有量为176列,尚有六倍的增长空间。按照规划,在2012年国内建成的高铁运营里程为16327公里,动车组保有量约为8800列,其保有量密度仅有0.5辆/公里,远低于日本和德国平均1.81辆/公里的保有量密度。由此分析,未来动车组的需求市场将会是不断增长的巨大市场。

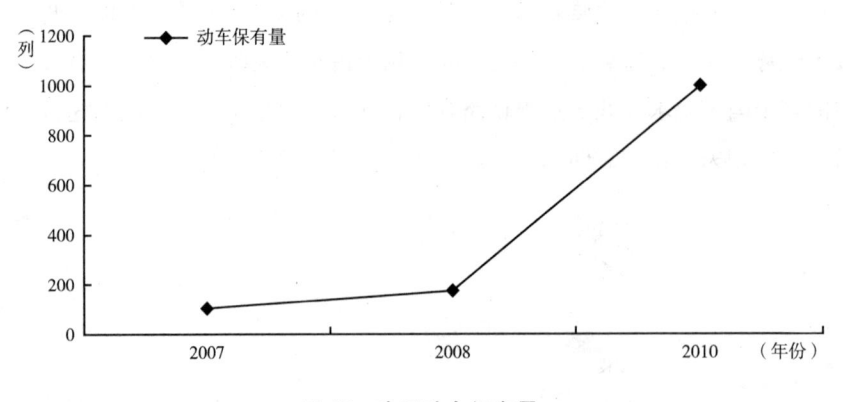

图17 我国动车保有量

资料来源:铁道部网站。

(三) 技术创新成为装备市场发展引擎

一直以来,我国铁路坚持走有中国特色的技术创新之路,充分利用后发优势,经过短短几年不懈努力,在高速、提速、重载等众多领域赶超世界铁路先进水平。特别是在高速铁路方面,我国已经掌握了设计、施工、制造和运营管理的成套先进技术,建立了完全拥有自主知识产权的技术标准体系,具备了较强的国际竞争力和影响力,可以说我国铁路技术自主创新之路已经越走越宽。从2008年8月建成通车的京津城际铁路,再到2009年12月正式运营的武广高铁,都具有我国自主知识产权。武广高铁是目前我国高速铁路技术的集大成者。武广高铁以350公里/小时的速度，仅用3小时即可穿越湖北、湖南、广东三省1000余公里的距离，无论是从建设难度、线路质量还是高速列车的运行品质上看，这条铁路都堪称世界一流。

中国铁路之所以能够引领世界铁路发展潮流，关键在于以增强自主创新能力为核心，走出了一条有中国特色的铁路自主创新道路，从而展开了大规模、高标准的现代化铁路网建设，为国民经济和社会持续发展提供了强大运力支撑。目前，在铁路装备制造领域，我国已形成了由10余家企业为龙头的创新产业群体。机车车辆方面，国产速度350公里/小时动车组实现批量生产，在京津城际铁路、武广高速铁路表现出优良的运行品质。深化高速动车组关键技术研究，确定了新一代高速动车组的系统设计方案，并开始生产。大功率机车关键技术创新取得重大进展，6轴7200千瓦、6轴9600千瓦大功率电力机车和6000马力大功率内燃机车投入批量生产。70吨级新型货车大量交付使用，货车升级换代加快推进。工程建设方面，在线路基础、通信信号、牵引供电、列车控制、调度指挥、旅客服务等方面深化重点技术攻关，我国高速铁路技术标准体系进一步完善。成功突破宜万铁路世界级风险岩溶隧道修建难题，全线高风险岩溶隧道2009年底全部贯通。通信信号和信息化方面，铁路数字移动通信系统（GSM-R）覆盖范围进一步扩大，初步建成具有完全自主知识产权的CTCS-3级列控系统技术标准体系和技术平台。新一代调度集中系统（CTC）应用范围不断增加，货运安全检测监控系统建设加快推进，客票发售与预订系统和货票信息管理系统实现优化升级。技术创新已经成为我国装备市场发展新引擎。

专栏　由京津铁路看我国高铁技术创新

作为中国高速铁路的示范性工程，京津城际铁路通过多项技术创新，推动中国高速铁路走到了世界前列，走出了一条具有中国特色的高速铁路自主创新之路。

京津铁路建设过程中，实现了多项首创：首次采用并系统验证了具有自主知识产权的CRTSII型板式无砟轨道系统和路基、桥梁设计施工成套技术；首次集成创新建成了CTCS-3D列车运行控制系统；首次采用具有自主知识产权的国产时速350公里/小时高速动车组；首次采用满足350公里/小时运行的牵引供电及接触网系统；首次采用自主研制的250公里/小时综合检测列车。作为京津城际铁路的重要组成部分，北京南站和天津站的建设采用了大量先进技术。比如，北京南站屋面采用了大跨度钢框架结构，最大跨度达到67.5米，无站台柱雨棚采用了A型塔架和大跨度悬垂梁结构，最大跨度为66米，这些设计不仅造型独特，而且解决了建筑形式与结构受力巧妙结合的问题，给旅客提供了宽敞、明亮、完美的空间。由我国自主研发的高速铁路客运服务系统首次应用于京津城际铁路。这一系统涵盖了自动售票、自动检票、发布客运服务信息、广播、导向、查询、求助等功能，实现了铁路客运业务的集中管理、系统融合、信息共享、联合操控和应急联动，能够为旅客提供及时方便的全方位服务。发展高速铁路可以通过较长的产业链，对建材、钢铁、机械制造、电子信息等行业产生积极的拉动作用，对提高国家整体自主创新能力和建设创新型国家具有重要意义。

（四）中国机辆装备市场将持续走强

正如前文所分析的，受铁路投资高速增长拉动，中国铁路设备制造业正迎来持续、快速发展的新阶段，中国将成为全球最重要的铁路设备需求国，并具有成为重要铁路设备制造国的潜能。按照"十一五"规划对铁路装备的发展要求，至2010年将实现以下目标：电力机车承担运输工作量的比重达到80%以上，尽快实现交流传动机车的国产化。2010年机车保有量达到1.9万台左右，动车组配置达到1000列左右。2011~2012年，需要采购动车组1000列，总金额为1000亿元。2011~2020年，中国铁路的电气化率将显著提高，高速铁路修建将大幅增加。从规划中不难看出，我国铁路机辆装备的成长道路将更宽、更长。

目前我国经济正处于由重工业化初期向中期转变的阶段，而重化工业需发展长距离、大运量运输方式，铁路运输需求旺盛，铁路机车和线路高速、重载化的变革势在必行，装备市场的同步扩张顺理成章。因此，不断增长的铁路投资、飞速发展的中国高铁以及越来越自信的技术自主创新能力无疑将成为中国机辆装备市场持续走强的强大支撑力。

巨大的国际市场使我国铁路装备市场持续发展的后劲十足。根据铁路投资拉动效应推算，我国铁路装备在2015年之前将依靠内需拉动实现持续高增长。随着全球各国铁路基建逐渐完成，2015年之后我国铁路装备还将在出口拉动下继续保持高增长许多年。与国际铁路装备业巨头比较，我国装备业具有先进的高速铁路装备制造技术和突出的成本优势，一旦积极拓展海外市场，增长潜力巨大。

四 中国铁路运输市场：客运与货运同步发展

2009年，全国铁路旅客发送量完成15.25亿人，同比增加6321万人，增长4.3%；货物发送量完成33.20亿吨，同比增加6113万吨，增长1.9%；总换算周转量完成33118.06亿吨公里，同比增加233.17亿吨公里，增长0.7%。旅客发送量和货物发送量均创历史新高，但同比增速略有下降。从月度数据上来看，客运受季节影响波动明显，春节、五一、十一形成明显的客运高峰。货运数据环比一直维持增长态势，表明货运市场处于持续的回升之中。2010年全国铁路运输能力将进一步增强（见图18、19）。

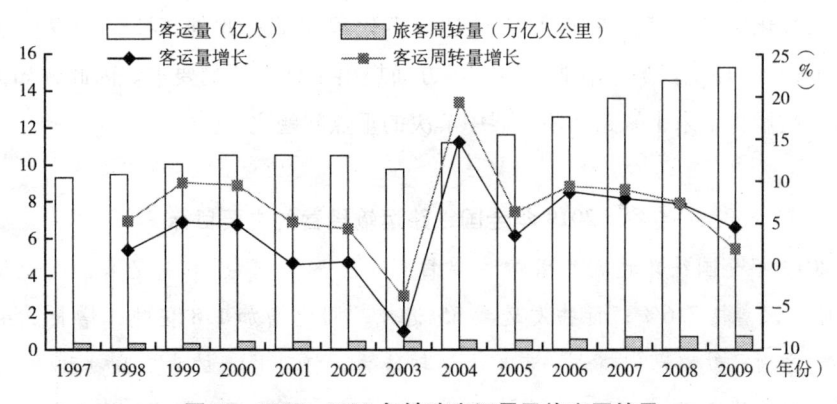

图18　1997～2009年铁路客运量及旅客周转量

资料来源：中信证券。

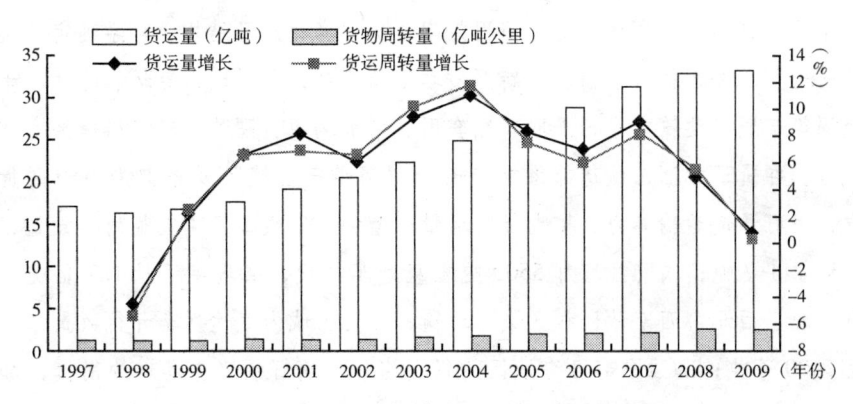

图19　1997～2009年铁路货运量及货物周转量

资料来源：中信证券。

运输工具的大型化、高速化、自动化和交通运输的一体化是当代运输业发展的新方向，而铁路客运高速化和货运重载化顺应了这一历史潮流。在高速化和重载化方面，我国铁路已迈出了自己的步伐。我国铁路客运专线的建设表明，到2010年铁路主要通道上可以实现客运高速化；目前，中国铁路牵引动力已全部实现了内燃化和电气化，在铁路干线上也初步实现了大宗散货运输重载化，既有线改造取得重大进展。

中国铁路运输正处于发展的关键时期，一方面，政策的支持、经济的需求、建设者的热情使得中国铁路运输拥有前所未有的发展机遇和发展空间；另一方面，需求扩张的同时也对铁路运输服务质量提出了更高的要求。客运要求要进一步提高列车运行速度，提高旅行的舒适度，方便旅客买票、进站、上车、换乘，体现人性化服务；货运要求及时送达，简化程序等；此外，社会的发展也在"运输安全、环境保护、节能降耗"等方面提出了许多新的要求。因此，如何提高服务质量将是未来铁路运输发展中解决的重点问题之一。

专栏　2010年全国铁路运输经营的主要目标

2010年全国铁路运输经营的主要目标：旅客发送量16.4亿人，同比增加1.2亿人，增长7.6%；货物发送量35亿吨，同比增加1.8亿吨，增长5.4%。在客运方面，铁路部门将进一步扩大运输能力，把新投产的武广高铁和甬台温、温福、福厦等客运专线以及今年即将投入运营的沪宁、昌九等客运专线能力运用好。铁路部门还将不断增加动车组列车和新造直供电客车上线运营数量，及时调整客车开行方案，提高运力资源使用效率；优化客运产品结构，科学确定各类客车开行比例，并根据市场需要不断开发客运新产品；科学制订春运、暑运、十一黄金周等节假日运输方案，采取车底套用、增加编组、硬卧代座等措施努力增加客运量。在货运方面，铁道部将重点抓好"两线三区域"及东部沿海地区货源开发，用好通道运输能力，扩大货物运量；增加大秦线2万吨重载列车数量，实现年运量4亿吨；侯月线增加5500吨重载列车数量，实现年运量1.7亿吨；组织好东北、西北、西南地区和区域间运输，加大区域内直达列车开行数量，实现增运5400万吨；加强东部沿海地区的货运组织，搞好铁路与港口的衔接，加大货物列车重来重去和客车化开行组织力度，实现东部沿海铁路和其他地区增运3100万吨；积极开发适应客货分线的货运产品，加快铁路物流发展研究，在提高既有"五定"班列开行质量的基础上灵活开行小编组城际快速货运班列和"点对点"集装箱快速班列,扩大高附加值物流市场的占有份额。同时,铁路部门将进一步抓好煤炭、石油、粮食、军事、抢险救灾等重点物资运输,完善与地方政府、重点企业的协调机制,实施运力倾斜政策,提高重点物资运输保障能力。

(一) 铁路客运市场分析

1. 客运快速化成发展主流

我国铁路客运向快速化发展的时机已经成熟。从需求上看,目前我国铁路客运需求进入快速增长期。预计2010年我国城镇化率将提高到47%,转移农业劳动力新增4500万人,比"十五"翻一番,旅客集散地以大中城市为中心的趋势更加凸显。随着城乡居民收入的不断提高,旅游、交通方面的支出将成为居民消费的重要部分,居民出行量也将相应增长。据有关部门预测,2010年铁路旅客发送量、旅客周转量都将大幅度增长。从基础建设上看,我国铁路客运已经具备发展条件。党的十六大以来,大规模铁路建设全面展开,铁路路网日趋完善,高速铁路等客运专线和城市密集地区的城际铁路建设顺利推进,新建和改建的现代化客站能力充足、功能完善。从技术支持上看,我国发展高速铁路的技术也已经成熟。2009年,武广高铁的开通运营,标志着我国高铁建设进入新阶段。随着我国高速铁路分段施工的全面推进,到2012年,我国以"四纵四横"客运专线为骨架的高速铁路里程将达到1.3万公里。届时,将形成以北京为中心到全国绝大部分省会城市的1~8小时交通圈。以上海、郑州、武汉、广州、西安、成都、沈阳等中心城市与周边城市半小时至1小时的交通圈,辐射我国70%的50万以上人口的城市,覆盖人口达7亿多。

中国发展高铁源于强劲的内部需求,受我国地少人多的先天条件限制,通过技术手段使有限的线路发挥最大的运输效能成为不二选择。速度的提升,对普通老百姓的生活方式以及国家宏观经济结构都将带来一个质的影响。高速铁路客运专线的通车运营所改变的已经不仅仅是交通的方式,更改变了人们的生活观念和生活方式,形成"同城效应",推动区域经济一体化,拉动了区域经济发展。长期以来,我国铁路运力与需求的矛盾非常突出。实施既有线路提速,是短时间内扩充运输能力最有效的办法。我国高速铁路的迅猛发展是以1997～2007年铁路六次大提速为基础的。六次大提速以较小的代价和较短的时间提高了运输能力，仅第五次和第六次提速，就提高了50%以上。尤其是第六次提速，在跨区域的中心城市之间和城市密集地区大量开行"和谐号"动车组列车，速度达到200～250公里/小时，成为我国进入高速铁路时代的标志。

铁路客运高速化为铁路客运市场的进一步完善提供了新的契机。中国铁路大投资的主要目标就是初步建成以客运专线为骨干，连接全国主要大中城市的2万公里快速客运网络；其中，既有主要干线提速至200公里/小时，南北向客运专线速度达到300～350公里/小时，东西向部分客运专线达到速度200～250公里/小时。通过客运专线的建成，我国主要干线上将实现客货分离，由客运专线承接大部分客运、既有线路承接货运和小部分普速客运业务。

如今，以高铁为主流，我国客运的发展正使我们的出行变得更加方便、快捷和舒适。为了满足不同的需求而推出的普通旅客列车、夕发朝至列车、一站直达列车、高速动车组列车等多种客运产品使人们出行有了更多选择；我国省会城市之间以及大的中心城市之间列车运行时间比第一次提速前普遍压缩了一半以上，铁路旅行更加快捷；新型客车大量投入运营，旧的车辆进行全面改造，动车组列车为旅客提供的高品质乘车条件，使得旅客的旅行更加舒适。

专栏　高铁建设让出行提速

规划中的沪汉蓉高速铁路，如一条腰带，自西向东连接成都、重庆、武汉、合肥、南京等大城市，形成东西走向的沿江大通道，并在南京与京沪高速铁路接轨直达上海。目前，武汉—合肥—南京的客运专线已经开通速度250公里/小时的动车组，从武汉仅需3小时就到达南京、5小时到达上海。同时，该线路将从武汉向重庆延伸。正在建设的武汉至宜昌段是汉蓉大通道中最后开工兴建的重要一段，西端将与正在全面施工的宜（昌）万（州）铁路相连，预计2012年可实现全线贯通。届时，重庆到上海坐火车，也只要7小时；而经武汉到北京，也只需7小时。

随着高铁的建设，到2012年，从北京出发：1小时内，能到达天津、石家庄、唐山、秦皇岛等城市；2小时内，能到达沈阳、济南、郑州、太原等城市；3小时内，能到达长春、大连、南京、合肥、呼和浩特、包头等城市；4小时内，能到达哈尔滨、上海、杭州、武汉、西安等城市；8小时内，除乌鲁木齐、拉萨等较远城市外，能到达全国其他所有省会城市。届时，还将建成长三角、珠三角、环渤海地区及其他城市密集地区的城际铁路系统，形成以上海、郑州、武汉、广州、西安、成都、沈阳等中心城市与周边城市半小时至1小时的交通圈。发达的现代铁路网初步形成，辐射我国70%的50万以上人口的城市，覆盖人口达7亿多，人民群众将享受到更加安全、快捷、方便、优质的运输服务。

2. 客运紧张压力依然存在

中国客运运力紧张似乎已经成为我们的生活常态，在运输高峰时期，大部分线路都存在严重的车票短缺现象。一票难求局面不仅影响了人民的生活质量，而且也使得铁路部门饱受指责。因此如何缓解客运压力，提升客运运力成为铁路部门和广大群众共同关心的问题。

客运紧张，从根本上说当然是运力不足造成的，归根结底要靠提高并科学使用铁路运力来解决。由于我国幅员辽阔、人口众多，区域间经济发展极不平衡，因此必然造成客运交通需求巨大。但是，由于铁路发展长期滞后，运输需求与运输能力存在巨大矛盾，运力紧张也就成为必然的结果。尽管近几年我国铁路建设提速，客运能力不断提升，但是截至目前，我国客运供需矛盾仍未能够得到彻底解决。从另一个角度来看，资源分配的不平衡也是当前客运运输中存在的主要问题。我国的铁路客运运输具有明显的季节特性，淡季、旺季区分鲜明。在春节等黄金周、寒暑假等运输旺季，由于农民工返乡、大学生放假和出游人数增加等原因，客流量加大，现有运力无法满足出行需求；而在平时的运输淡季，铁路运力又会出现"吃不饱"的情况。因此，铁路提升运力的同时，更要深入实际，平衡资源分配，合理安排提高现有及新增铁路利用率，避免出现运力提升后的资源闲置与浪费。

在铁路客运运营的高峰时期，我国售票机制的合理性也成为大众关注的焦点问题。一直以来，铁路部门车票的供应是否做到了公平、透明，渠道是否合理都广受争议。2010年1月30日春运的第一天，深圳火车站发出的首趟L252次开往武汉的列车，本可搭乘1000多名乘客的列车却只迎来了100多名乘客，上座率仅8%。本趟列车共有18节车厢，除了两节卧铺车厢外，竟然有16节车厢闲置。

而事实上,早在1月22日,广铁集团就已经确认了这趟开往春运热点城市武汉的临时旅客列车的开行安排,1月24日,广州铁路集团公司就发布信息,称截止到2月1日之前的所有火车票基本售完。因此,如何形成这样的怪现象一时间成为媒体和网络上的热门话题,有些网友甚至猜测这是铁路部门和黄牛联手炒票的一次失败经历,要求严查铁路部门是否存在内部操作。事件之后,铁路部门解释称:九成旅客错过了乘车,原因可能是因为请不了假或者其他不明原因。此言一出,舆论为之哗然。有媒体称,其实每年春运都有这样的怪现象,一面是一票难求,一面却是车厢空空如也,中间的利益纠葛有多深还真是难以琢磨。随后,深圳火车站对于媒体报道的"春运首趟临客空车"再次作出回应,称1月30日L252次列车上座率低并非放弃订票所致,而是客流需求不足。另外,火车站方面表示,由于L252次列车车票属实名制车票,从1月26日起均有票可售,不存在"黄牛"屯票行为。不论公众对于官方的解释是否买账,从这一现象中折射出来的我国铁路客运票源的供应问题才是关键,如果供应机制更为合理,无疑会有助于缓解我国客运运力紧张局面。

从目前的发展趋势分析,我国的客运运力紧张局面并不是一朝一夕就可以解决的,未来几年仍将持续。但是,随着我国铁路的大规模建设,压力的缓解也将是必然趋势。按照目前的规划,到2012年,我国发达完善铁路网将初具规模,运输能力紧张状况将初步缓解,"一车难求、一票难求"状况将得到较大改观。到2020年,我国铁路将基本实现现代化,人民群众梦寐以求的"人便其行、货畅其流"的愿望将真正变成现实。

3. 实名制引发各界热议

火车票实名制是指公民在购买火车票和乘坐火车时,需要登记、核查个人真实身份的一种实名制度。迫于交通压力,我国火车票实名制的呼声越来越高。2010年春运广铁集团、成都铁路局开始试行火车票实名制。通过初步尝试,我国火车票实名制初见成效,但同时也引发了一些质疑之声。

从积极的方面看,实名制的施行将极大压缩炒票"黄牛"的生存空间,在一定程度上遏制了"黄牛"倒票,也体现了售票方式的公开、透明,提高资源的寻租成本,从而有效地阻断其利益链条。火车票实名制除了可以打击票贩外,还可以预防、控制和打击铁路站、列车上的盗抢等其他犯罪行为等,从人身安全保障和乘车管理方面起到不可忽视的作用。火车票实名制还能促进铁路客运服务更加规范,提高服务水平。火车票实名制之后,丢失车票可以挂失,不必担心被倒卖,而且由于在购买车票时登记了个人信息,信息跟踪更加完善。另外,由于实名制的关系也使得电话订购车票更为便捷。

实名制的实施在增加了铁路管理成本的同时,也由于现场购票、验票手续复杂、转票不方便等原因给旅客带来诸多不便之处。在新的制度下,一旦乘客忘记带证件,将可能无法购票和乘车。另一困扰旅客的麻烦与旅途行程变动有关,一旦有人买了火车票,但因为有事不能成行,即便想原价转让或者赠送给熟识的人,也变成不可能的事情。而团体票无法退票更让许多农民工感到为难,由于是工厂统一订购,在改变行程后只能自己承担损失,似乎也不太合理。

火车票实名制中另一个亟待解决的弊端是有关个人信息的保护。当火车票实名制被试点推行后,票面上除了名字之外,还有身份证号码等个人身份信息,如果这些真实的信息不能被善加保护的话,很可能被人利用并导致严重的后果。有关媒体报导,实名制下甚至诞生了一个新的行业——"捡票族"。据这些专门捡拾火车票的人称,自从实名制火车票试点后,就有人专门出钱购买这些乘客用过的车票,每张出价15元,购买人拿到这些车票后,主要是利用票面上的个人信息,制作假证件,或者是用于其他途径。

尽管实名制有很多的不如意之处,并暴露一些弊端,但是由于其对于缓解购票难等问题的显著效果,其积极的意义不容置疑。因此,逐步在全国范围内推广实名制是大势所趋。但是,如果实名制操作的种种细节得不到完善,质疑之声恐怕在短期内难以平息。业内人士认为,实名制要在全国推行,首先,需要完善顾客信息系统管理,改进信息保护制度,并提高对旅客身份信息采集的科技含量,方便顾客在忘记携带身份证件的时候顺利乘车。其次,完善实名制火车票的平价转让机制,建立团体票退票的灵活制度。再者,要力求简化购票、检票程序,防止因成本增加而过分加重购票者负担。

毕竟,我们尚处于火车实名制的早期尝试阶段,由于制度的粗糙和不完善会引发一些麻烦也在所难免。况且,由于实名制背负了太多的期望,一旦实施中出现阻力,会招致更多的不满。未来随着制度的不断细化相信实名制将会越走越好。

专栏 实名制火车票试点实施

广州铁路集团公司和成都铁路局在部分车站试行火车票实名制范围和时间:

春节前，2010年1月30日至2月13日，在广铁集团公司的广州、广州东、广州北、佛山、深圳、深圳西、东莞东、惠州、汕头9个车站试行火车票实名制（广深线动车组列车、广九直通车、武广高速铁路动车组列车除外）。春节后，2010年2月14日至3月10日，在广铁集团公司的岳阳、长沙、株洲、衡阳、耒阳、郴州、张家界、吉首、怀化、铜仁、常德、益阳、娄底、邵阳、永州、溆浦、新化17个车站试点火车票实名制。在成都铁路局的成都、成都南、重庆、重庆北、南充、达州、贵阳、遵义、内江、万州、攀枝花11个车站试行火车票实名制。

购买方法：实名制火车票的预售期为10天，自2010年1月21日7时起，开始发售1月30日及以后的实名制火车票。旅客凭有效身份证件购买试行实名制车站车票。旅客在全国各火车站购买在试行实名制车站上车的异地、联程等车票也需要凭有效身份证件。试行实名制的车票票面上增印旅客身份信息，旅客进站要持本人有效身份证件和车票，车站核对相符后，方可进站上车。旅客可以通过各火车站售票窗口、铁路设立的集中售票处、火车票代售点、电话订票等4种渠道购买实名制车票。如果使用二代居民身份证，售票系统将自动读取身份信息，而使用其他有效身份证件，则由售票员录入旅客身份信息。售票员将核实有效身份证件，旅客也要认真核实票面身份信息，避免车票和有效身份证件信息不一致，而影响进站上车。电话订票仅受理居民身份证。改签或退票时，同样需要核实票、证的一致性，不一致的不办理改签、退票。春运外来工团体票则由订票企业在确认受理计划阶段，通过订票网站逐一对应提交乘车员工的姓名、居民身份证号码、居民身份证类型。

（二）铁路货运市场分析

1. 为经济建设提供保障

铁路在经济发展中发挥着至关重要的作用。全国铁路90%以上的货运运力用于保障关系国计民生的重点物资运输，全社会85%的木材、85%的原油、80%的钢铁及冶炼物资、60%的煤炭、大量的"三农"物资运输是由铁路完成的。在抗洪抢险、抗击低温雨雪冰冻灾害、抗震救灾和应对各类突发事件中，铁路在人员和物资运输中也发挥了不可替代的作用。铁路为我国西部大开发、中部崛起、东北等老工业基地振兴、东部地区率先发展和社会主义新农村建设提供了有力支持。青藏铁路是世界铁路建设史上的一个伟大壮举,我国在攻克多年冻土、高寒缺氧、生态脆弱三大世界性难题上取得重大成果,建成了世界一流高原铁路,而且实现了青藏铁路安全平稳运营,有力地促进了青藏两省区经济社会发展。

随着西部大开发的推进和社会主义新农村的建设,矿产资源、冶炼物资、石油以及粮食、化肥、农药等涉农物资运输量也将持续增长,带动铁路货运的需求上涨。随着产业结构升级以及消费市场的日趋活跃,产成品、高附加值及外贸商品需求旺盛,铁路在集装箱、冷藏、鲜活、行包等运输市场也将有较快的发展。

新中国成立后,铁路作为国民经济的大动脉,实现了货运的大发展,为经济建设和国防建设作出了重要贡献。2008年,我国铁路货物发送量达33亿吨,是1949年的近60倍;货运周转量达24817亿吨公里,是1949年的135倍,运输效率居世界第一。据有关部门预测,2010年铁路货物发送量将达到35亿吨左右,比2005年增加8亿吨;货物周转量将达到27000亿吨公里,比2005年增加6274亿吨公里。

未来几年,我国铁路货运能力将进一步增强,为经济建设提供有力保障。在大规模铁路建设中,将加快建设一批连接东中西部的区际干线和煤运通道,到2012年底,将新增1.3万公里区际干线,形成横跨东西、纵贯南北的大能力货运通道。

2. 集装箱获得长足发展

集装箱运输是世界上占有主导地位的增加运能方式。美国铁路运输产品就以大宗货物重载运输和集装箱联合运输为主,在运输组织上均开行重载列车,如大宗货物重载单元列车和双层集装箱列车。日本的货运公司为了发展铁路货运,采取了一系列的措施,加快加大了采用集装箱运输、特快货运列车、为大批量的货物设立专门的货运中心等运输方式的改革力度和幅度。1988年3月,印度铁路成立了集装箱运输公司,其宗旨是发展现代化的多式联运物流服务。20世纪80年代中期以后,法国铁路巩固整列直达运输、推动联合运输和拯救集结式运输。促进了运输结构的调整,形成了庞大的公路、铁路、集装箱联合运输网络。

长期以来,我国集装箱行业基础设施薄弱,管理体制僵化,发展严重滞后。近十年尤其是在"十一五"规划时期,我国集装箱行业获得了长足的发展,增长势头迅猛。与发达国家相比，我国集装箱运输尚有巨大的市场潜力有待挖掘。2008年，我国铁路集装箱发送量约为348万TEU、货运量6863万吨，集装箱化率仅为2.1%，而欧美发达国家的这一指标一般在30%～50%（见图20）。即使只考虑目前9%～10%的适箱货物比例，我国的铁路集装箱运量也有4倍的上升空间。

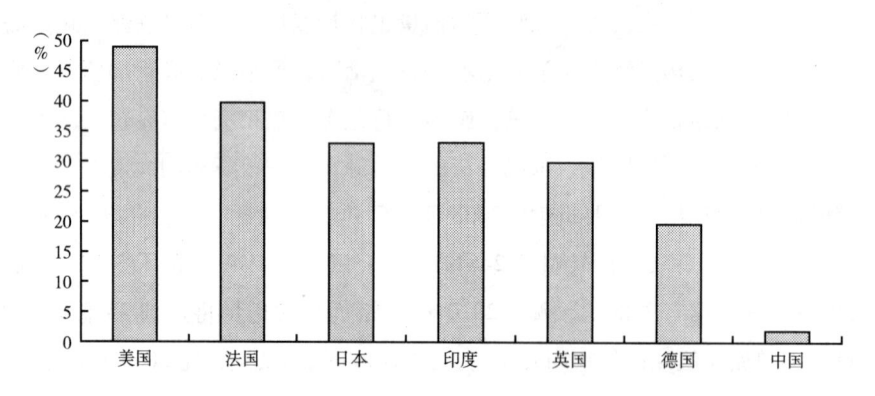

图20 我国铁路集装箱化率与国际的比较

资料来源：申万研究。

集装箱运输是一种高效的运输形式，同时也需要很高的投入。为此，铁道部《中长期铁路网规划》、《铁路"十一五"规划》中明确规划了要在全国建设18个集装箱中心站和40个专门办理站。截止到2009年底，上海、成都、大连、郑州、重庆、西安、青岛、武汉、昆明等九个城市的中心站都已建成并投入使用；2010年哈尔滨、兰州、宁波、天津、沈阳、北京，2011年广州、深圳、乌鲁木齐等城市的中心站也将陆续完工。铁路集装箱中心站使得大规模处理、中转、发送集装箱成为可能，为多式联运提供坚实基础。通过中心站之间对开直达的方式扩大了集装箱"五定班列"的开行范围，未来将覆盖全国主要集装箱货源集散地，班列发送率占比达到50%以上。

双层集装箱运输是铁路系统所特有的一种集装箱运输方式，通过必要的技术改造使得一个平车上能够装载两个20尺和一个40尺集装箱；最大的优点就是其他限制条件不变的情况下运能就能够实现翻番，单位运营成本能有效降低25%～40%，单箱的资产周转率得到极大提升。美国目前有70%的铁路集运都采用了双层运输的方式，而在我国只有京沪线上试行了双层集装箱班列，尚未形成规模和网络效应。通过对现有隧道、线路的技术改造,我国将形成1.6万公里的双层集装箱运输通道,能够有效提升我国铁路集装箱运输的运行效率。

受集装箱行业发展滞后的制约,我国铁路的多式联运尤其是海铁联运发展现状也不太理想。目前我国港口的疏港仍然以公路疏港为主,铁路疏港和海铁联运发展缓慢,公路、水路、铁路三种方式的疏港比例分别为78%:20%:2%（见图21）,远低于国际港口铁路10%~30%的疏港比例。随着集装箱运输的发展,未来几年我国的海铁联运将迈入快速发展的阶段。

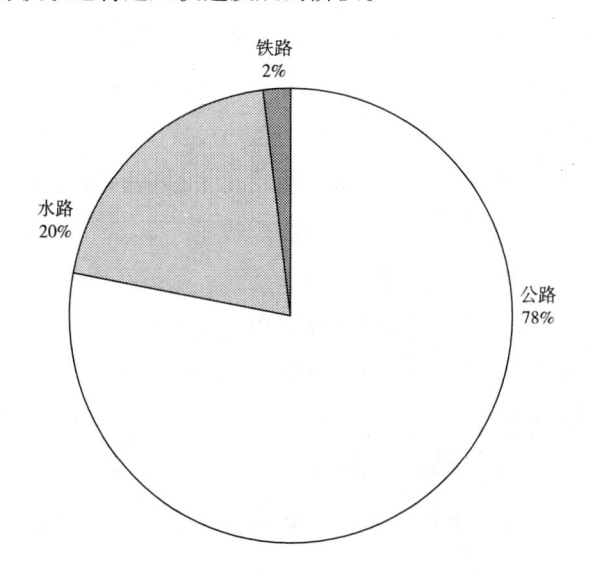

图21　我国三种运输方式的疏港比重

资料来源：根据相关资料整理。

3. 重载技术取得突破

铁路重载货物运输的主要特点是列车编组加长,重量加大,实现全程直达运输,通过采用大功率交流传动机车、大轴重和低自重货车、列车控制同步操纵等技术,使铁路运量大、成本低的优势更加凸显,大幅提高铁路在中长距离、大宗货物运输市场的竞争力。自20世纪60年代以来,铁路重载货物运输在许多国家引起广泛重视。

党的十六大以来,中国铁路重载运输快速发展,2003年以来,我们依靠自主创新发展重载运输,在世界铁路重载运输舞台上抢占了制高点。大秦铁路是我国新建的第一条双线电气化重载运煤专线,1992年底全线通车,2002年运量已达到 1 亿吨设计能力。为最大限度发挥大秦铁路作用，有效缓解煤炭运输紧张状况，2004 年起，铁道部对大秦铁路实施持续扩能改造。2004 年 12 月 12 日，大秦线进行了 2 万吨列车牵引试验，并取得圆满成功。采用大功率机车、大轴重货车、列车控制同步操纵等新技术，密集开行 1 万吨和 2 万吨重载列车，2008 年大秦铁路煤炭运量达到 3.4 亿吨，是原设计能力的 3.4 倍，成为世界上年运量最高的铁路，创造了世界铁路重载运输的奇迹。

大秦线开行 2 万吨重载组合列车是一项复杂的系统工程。2 万吨重载组合列车长达 2700 米，大秦线地处山区，隧道多，坡度大，必须解决好"山区铁路通信可靠性、长大下坡道周期制动、长大列车纵向冲动"三大技术难题。铁道部先后安排了 60 多项科研项目，以攻克三大技术难题为主要目标，在列车同步操纵、无线数据传输、牵引技术、制动技术、车辆重载技术、基础设施强化技术、牵引供电强化技术、重载运输组织技术、重载组合列车优化操纵、综合维修技术等方面开展了一系列技术创新工作，形成了大秦线 2 万吨组合列车重载运输技术体系。通过系统集成创新，中国铁路成功掌握了 2 台和谐型机车牵引 2×10000 吨重载组合列车的成套技术，掌握了 4 台韶山 4 型机车牵引 2×10000 吨和 4×5000 吨重载组合列车的成套技术。这在全世界也是绝无仅有的，标志着中国铁路重载运输成套技术装备取得重大突破，开创了世界铁路重载史的新篇章。2008 年，"大秦铁路重载运输成套技术应用"荣获国家科技进步一等奖。

4. 煤运瓶颈有所缓解

在大宗货物运输方面，满足煤炭运输需求是铁路货物运输的重点。我国煤炭储量北多南少、西富东贫，资源分布极不均衡，煤炭资源主要集中在中西部地区，山西、内蒙古和陕西的储量占全国总储量的 75%，山西省是资源储量最多的省份，占全国总储量的 30%，而东南沿海地区等煤炭的主要消费地区资源不足，长期处于煤炭资源短缺状态。这种错位布局决定了煤炭需要大规模的运输，而"西煤东运"、"北煤南运"成为煤炭运输的总体流向。从历年的数据来看，煤炭和焦炭也是我国铁路运输的主要货物，运量基本上都会占到每年铁路运输总量的一半以上。另一方面，我国煤炭产量的大部分也需要依赖铁路货运完成。因此，可以说煤炭运输和我国的铁路货运息息相关，密不可分，甚至可以说一定程度上相互依存。我国资源分布和工业布局特点，决定了煤炭运输的基本格局，短期内煤炭运输对铁路的依赖不会改变。

作为煤炭运输的主渠道，铁道部每年都会把五大发电集团所需煤炭的运量分配到各个路局，作为重点计划量，优先运输。然而受运力所限，煤运瓶颈始终未能根本解决。2009年末，在寒潮侵袭下，南方多个地区出现了煤荒、电荒现象，个别地方拉闸限电、部分企业错峰生产、煤炭等能源价格暴涨，导致生产、生活用电受到严重影响。究其原因，煤炭流通环节薄弱成为不可回避的一大症结。如果不能理顺我国的电煤供应链，受影响的将不仅仅是煤厂、电厂，更重要的是会直接影响到我国的能源保障与经济发展，并与人民生活紧密相关，因此，解决煤运瓶颈问题显得至关重要。

近几年，伴随我国铁路的大规模投资建设，铁路运力稳步提升，铁路部门加大宏观调控力度也对缓解煤运压力起到了很好的促进作用。以我国"西煤东运"主干线——大秦线为例，2009年大秦铁路创纪录地实现了全年运量3.3亿吨的惊人成绩。这已比铁道部下达的3.1亿吨年任务超运2000万吨。2009年12月22日，连接我国东西部的重要煤炭资源运输通道——山西中南部铁路大通道项目开工建设，这条全长1260公里的山西中南部煤炭下海大通道，西起山西兴县瓦塘站，穿越吕梁山、太岳山、太行山、沂蒙山，途经山西、河南、山东3省12市，终点为山东省日照市，其中山西、河南、山东3省境内分别为579公里、255公里和426公里。这条铁路设计标准为国铁Ⅰ级、双线电气化，设计时速120公里/小时，设计年运能力2亿吨/年，客车15对/日。项目总投资998亿元，建设工期为4年半，预计2014年竣工。山西中南部铁路出海通道项目以货运为主，并以运煤为主要任务，其起点吕梁所在的河东煤田，就是中国最大的炼焦煤生产基地，此线建成之后，仅进入山东省的最大煤炭运输量每年可达9000万吨，到2030年有望达到1.2亿吨。山西中南部出海铁路通道建成后，将跨越山西河东、汾霍、沁水、晋东南煤田、河南鹤壁矿区、山东兖州矿区等中国重要的煤焦生产基地，可极大缓解煤炭能源铁路运输的压力，保障国家能源需求。

与我国快速增长的火电装机容量相比，我国铁路运力增速仍然滞后。有数据显示，2004～2008年，我国火电装机容量年均增速达16%，通过重载扩能改造和提速，铁路煤炭运输量年均增速为11.5%，落后于火电装机增速。未来如何解决煤运干线的紧张局面，仍将是铁路部门思考的重点问题之一。

（三）运价上行不可避免

1. 运价市场化趋势

铁路运输行业具有准公共物品和自然垄断等特性，因此其运输价格通常都会受到一定程度的政府管制。但是，运价市场化是大势所趋。从行业发展规律和国际经验来看，逐步放松铁路运价管制和铁路运价的市场化进程是改革的必经之路，运价水平应能充分反映不同交通运输方式之间的竞争格局、社会平均投资收益率等因素，同时考虑运量分配、收入结算等环节的公平性；另一方面，市场化的定价方式可以提升行业赢利能力，缩短投资周期，吸引社会资本参与铁路建设，促进行业可持续发展。

2. 运价长期被低估

和我国其他运输方式比较而言，铁路货运、客运价格均低于公路和民航运价。目前铁路货物平均运价为 0.0955 元/吨公里（其中含 0.033 元/吨公里的铁路建设基金），仅相当于航空货物运价率的 3.1% 和公路货物运价率的 24.4%；铁路客运价格也低于公路和民航的运价（见表4）。目前，铁路硬座票价在 0.053～0.079 元/人公里之间，运价率相当于公路的 50%，航空的 15% 左右；硬卧在 0.11～0.17 元/人公里之间，相当于公路的 70%、航空的 20% 左右。和国外铁路运价相比，亦是严重落后。世界主要拥有铁路的 41 个国家的货物平均运价为 4.2 美分/吨公里，相当于人民币 28.7 分/吨公里；而目前我国铁路货运统一运价（含建设基金）为 9.55 分/吨公里，仅相当于国外平均水平的 33.3%。铁路客运价格更是远低于国外水平，以美国为例，美国旅客票价由铁路公司自己决定，一级铁路平均费率折合人民币为 0.906 元/人公里。

表4　各种运输方式平均运价比较

	平均货运价格（元/吨公里）	平均客运价格（元/人公里）
航　空	3.12	0.75
公　路	0.39	0.15～0.25
铁　路	0.0955	0.053～0.079（硬座）
		0.11～0.17（硬卧）

资料来源：铁道部网站。

3. 定价改革一触即发

我国铁路客运价格由国务院批准，国家发改委和铁路主管部门联合制定和调整。朔黄铁路、达成铁路、三茂铁路等股份制和合资铁路享受特殊运价机制，这是铁路运价"先改增量"的结果。这样，在铁路行业内部就形成了国有铁路和股份制铁路、合资铁路的价格双轨制。从发展趋势上看，这种价格双轨制将逐渐合二为一，并实现铁路运价的市场化形成机制。如今，有关铁路运价改革的呼声愈来愈高，铁道部也多次表达了定价改革的决心，定价改革的条件已经成熟。综合分析看来，未来伴随定价改革的步伐，运价的上行似乎不可避免。

（四）垄断竞争格局出现

我国的铁路系统中包含国家铁路、地方铁路和合资铁路、专用铁路几种。国家铁路是由中华人民共和国铁道部管理，铁道部对国家铁路实行高度集中、统一指挥的运输管理体制。地方铁路主要是由地方自行投资修建或者与其他铁路联合投资修建，担负地方公共旅客、货物短途运输任务的铁路，由地方人民政府管理。合资铁路由铁道部和地方政府共同投资建设，是在中国改革开放后出现的新事物，对于中国铁路建立适应市场经济的新体制是一种有益的探索。专用铁路是指由企业或者其他单位管理，专为本企业或者本单位内部提供运输服务的铁路。一般来说，专用铁路大都是大中型企业自己投资修建，自备机车车辆，用来为完成自己企业自身的运输任务的铁路。也有一些军工企业、森林管理部门为运输生产需要修建了一些专用铁路。

一直以来，我国的国有铁路占据着垄断性的优势地位，不论从规模上还是运营能力上都是其他铁路不可比拟的。但是，随着多种铁路系统的不断发展完善，这种一枝独秀的格局正在被逐步打破，竞争格局初步显现。合资铁路打破了多年来我国铁路建设投资主体单一的局面，调动了中央和地方的积极性，拓宽了筹资渠道，初步形成了铁路建设投资主体多元化的格局。随着我国经济市场化改革的不断深入，加快铁路投资和管理体制改革势在必行。近年来，我国合资建路的规模进一步扩大，投资规模快速增长。新建的山西中南部铁路出海通道项目总投资998亿元，资本金499亿元，由铁道部、山西、河南、山东省等多个投资主体共同投资兴建（见图22）。山西出海铁路通道的运营，可以减少中间环节收费，降低运输成本，进而对国铁形成竞争。

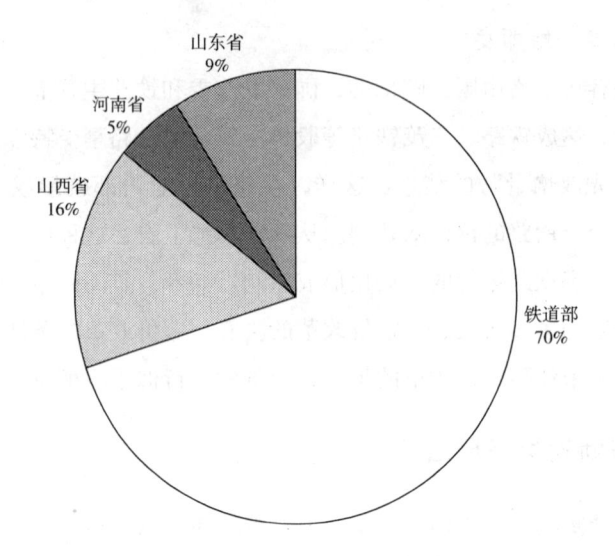

图 22　山西中南部铁路通道项目出资情况

资料来源：新华网。

垄断竞争格局的形成对于我国铁路行业发展具有重要意义。在不断完善的市场环境中，竞争压力将会有力地促进国铁管理体制改革加速，促使其改善经营机制，加强管理，降低成本，提升服务质量，加快市场化进程。长远来看，打破垄断，鼓励竞争是铁路行业的改革目标。

五　中国铁路行业发展前景展望

（一）铁路投资大幅攀升

目前，中国铁路正以空前的速度加快建设，按照规划，我国未来几年铁路建设将持续高增长。根据铁道部于2009年全国铁路工作会议提出的工作目标，基本建设投资2009～2012年将达到年均6000亿元以上；2013～2020年路网完善阶段年均投资达到3000亿元以上，铁路固定资产投资总额达到5万亿元。2010年我国铁路建设阶段目标：全国铁路网营业里程9万公里以上，客运专线建设规模7000公里，复线率、电化率均为45%以上。到2013年，我国发达完善铁路网将初具规模，铁路运输能力紧张状况初步缓解。到2020年，我国铁路将基本实现现代化。主要干线实现客货分线，贯通东、西、南、北、中的区际干线网全面建成。铁路营业里程将达到12万公里以上，其中，客运专线1.8万公里。我国主要城市密集地区将建成城际铁路网，运输能力总体适应国民经济和社会发展需要，人民群众梦寐以求的"人便其行、货畅其流"愿望将真正变成现实（见图23）。

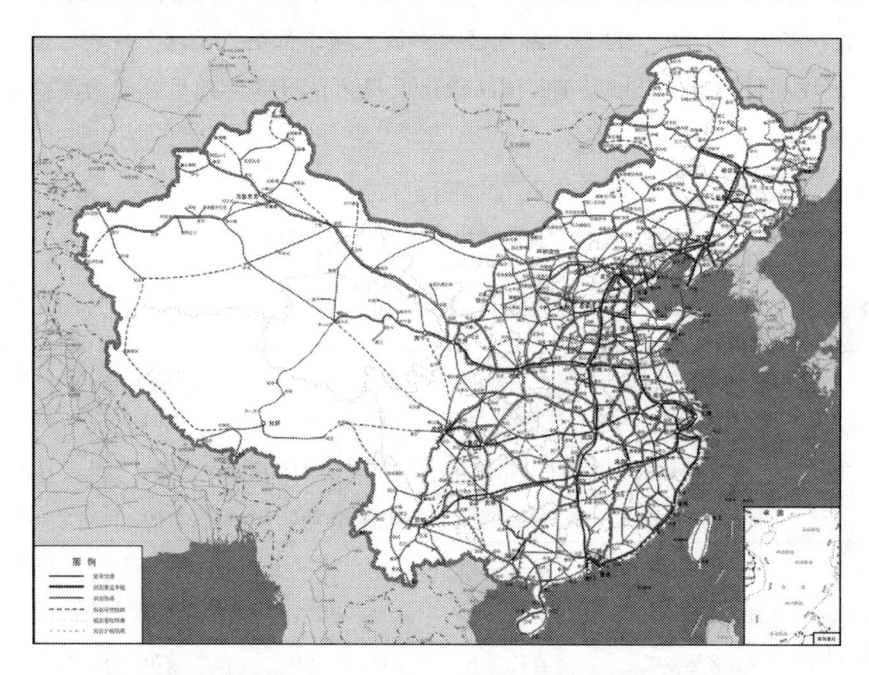

图23　我国中长期铁路网规划图（2008年调整）

资料来源：铁道部。

根据2010全国铁路工作会议上公布的投资计划，2010年铁路投资将达人民币8235亿元，投资规模再创新高。其中基本建设投资7000亿元，较2009年增长16.7%；计划新线铺轨3690公里，复线铺轨3150公里，新线投产4613公里，复线投产3438公里，电气化投产6401公里。预计2010～2013年，我国大规模铁路建设、新线投入运营、新技术装备制造运用都将进入历史最高峰。到2013年，我国铁路营业里程将达到12.5万公里以上，其中客运专线和城际铁路将达到1.5万公里，复线率和电气化率分别达到50%以上，建成新客站800多座。新线投产达到3万公里，其中客运专线10000公里。

在未来几年的铁路建设投资中，有两个领域值得重点关注。一个是目前全球范围内都成为热点的高铁建设，另一个是在我国具有巨大开发空间的城市轨道交通的建设。这两个重点领域将成为拉动铁路投资的两大引擎,资金需求量巨大。

按照我国近期高速铁路规划,2013年以前,我国将建成客运专线42条,总里程1.3万公里,其中速度250公里/小时的线路有5000公里,速度350公里/小时的线路有8000公里（见表5）,全国将形成"四纵四横"铁路快速客运通道（见表6、7）,东部、中部和西部地区大多数大城市都纳入了这个规划。根据已审批高铁项目数据,未来五年我国高铁建设提速,2013年前后将成为高铁竣工高峰期。

表5 我国"四纵四横"铁路客运专线建设情况

规划项目	客运专线	起点站/终点站	开工/完工时间	总里程（公里）	总投资（亿元）
"四纵"客运专线	京沪客运专线	北京/上海	2008.4/2013.6	1318	2200
	京广客运专线	北京/广州	2005.6/2012.6	2260	2939
	京哈客运专线	北京/哈尔滨	2007.10/2013.12	1700	1466
	杭甬深客运专线	杭州/深圳	2004.12/2011.12	1600	1097
"四横"客运专线	徐兰客运专线	徐州/兰州	—	1400	1680
	杭长客运专线	杭州/长沙	2009/2012.12	880	680
	青太客运专线	青岛/太原	2005.6/2020	770	417
	宁汉客运专线	南京/成都	—	1900	2118
合计	—	—	—	11828	12597

资料来源：中长期铁路网规划。

伴随经济发展和城市化进程加快,铁路也开始在城市轨道交通体系中扮演重要角色,城市轨道交通成为缓解世界许多国家大中城市交通拥挤堵塞的一个有效措施。目前我国人口城市化比率不断提高,人口城镇化趋势将持续下去。城市化的深入发展对出行运输方式的选择有着深刻的影响,推动城轨铁路需求进一步上升。从国外发展情况来看,城轨系统已经成为城市交通的支柱,然而与发达国家对比,我国的大城市城轨系统的发展还十分落后,发展空间巨大。据统计,我国25个城市正在进行城市轨道交通的前期工作,总规划里程超过5000公里,总投资估算超过12000亿元,城市轨道交通逐渐成为各大城市未来建设的重点。

表6　中国部分300~350公里/小时铁路修建计划

竣工时间	项目名称	铁路里程（公里）	备注	建设时间	铁路投资（亿元）
2008年	京津城际铁路	115	四纵之京哈线	2005.7~2008.7	123
2009年	郑西客运专线	455	四横之徐兰线	2005.9~2009.12	370
	武广客运专线	989	四横之京港线	2005.6~2009.12	930
2010年	京沪高速铁路	1318	四纵之京沪线	2008.4~2010	2200
	沪宁城际铁路	296	城际客运系统	2008.7~2010.7	440
	广深港铁路	145	四纵之京港线	2008.8~2010	248
	沪杭甬客运专线（沪杭段）	158	四纵之东南沿海线	2009.2~2010.5	276
2011年	哈大客运专线	904	四纵之京哈线	2007.8~2011年底	923
	津秦客运专线	258	四纵之京哈线	2008~2011	342
	京石客运专线	280	四纵之京港线	2008.10~2011.12	403
	石武客运专线	840	四纵之京港线	2008.10~2011.6	1168
	宁杭客运专线	249	城际客运系统	2008.12~2011年底	314
	沪杭甬客运专线（杭甬段）	150	四纵之东南沿海线	2009.4~2011.12	187
	盘营客运专线	90	四纵之京哈线	2009.5~2011	115
	津滨城际铁路	45	京津城际铁路延长线	2009.10~2011	114
2012年	京沈客运专线	676	四纵之京哈线	2009~2012	1042
	合蚌客运专线	131	京台线	2009.1~2012.6	136
	京唐城际铁路	160	城际客运系统	2009.9~2012	336
	西宝客运专线	148	四横之徐兰线	2009.11~2012	200
2013年	郑徐客运专线	357	四横之徐兰线	2009~2013	501
	宝兰客运专线	403	四横之徐兰线	2009~2013	564
	哈齐城际铁路	286	城际客运系统	2009.5~2013	290
	沈丹城际铁路	208	城际客运系统	2009.7~2013.9	267
	渝万城际铁路	240	城际客运系统	2009.9~2013	230
	西成客运专线（西安至江油段）	519	完善路网布局和西部开发性新线	2009.12~2013	689
	杭长客运专线	933	四横之沪昆线	2009.12~2013	1309
	成渝城际铁路	305	城际客运系统	2009.12~2013	432
	西汉成客运专线	509	完善路网布局和西部开发性新线	2009.12~2013.6	719

资料来源：招商证券研发中心。

表7　中国部分200～250公里/小时铁路修建计划

竣工时间	项目名称	铁路里程（公里）	备注	建设时间	铁路投资（亿元）
2008年	合宁铁路	166	四横之沪汉蓉线	2005.6～2008.4	43
	胶济铁路	363	四横之青太线	2007.1～2008.12	96
2009年	甬台温铁路	268	四纵之东南沿海线	2004.12～2009.9	170
	达成铁路扩能改造	386	四横之沪汉蓉线	2005.5～2009.9	110
	石太客运专线	190	四横之青太线	2005.6～2009.4	171
	合武铁路	351	四横之沪汉蓉线	2005.8～2009.4	168
	福厦铁路	298	四纵之东南沿海线	2005.9～2009.12	144
	温福铁路	273	四纵之东南沿海线	2005.10～2009.9	180
2010年	宜万铁路	377	四横之沪汉蓉线	2003.12～2010.4	225
	广珠城际铁路	144	城际客运系统	2005.12～2010.10	115
	龙厦铁路	171	完善路网布局和西部开发性新线	2006.12～2010	65
	长吉城际铁路	96	城际客运系统	2007.5～2010	86
	昌九城际铁路	131	城际客运系统	2007.6～2010.6	85
	成灌城际铁路	57	城际客运系统	2008.11～2010.5	130
2011年	海南东环铁路	308	城际客运系统	2007.9～2011.3	168
	厦深铁路	502	四纵之沪广线	2007.11～2011	288
	向莆铁路	604	完善路网布局和西部开发性新线	2007.11～2011	497
	汉宜铁路	292	四横之沪汉蓉线	2008.9～2011.12	238
	遂渝铁路二线	132	四横之沪汉蓉线	2009.1～2011年底	48
	武汉城市圈城际铁路（武汉至孝感、黄石、咸宁）	248	城际客运系统	2009.3～2011	374
2012年	南广铁路	559	完善路网布局和西部开发性新线	2008.11～2012	259
	渝利铁路	260	四横之沪汉蓉线	2008.12～2012	262
	成绵乐城际铁路	319	城际客运系统	2008.12～2012年底	392
	宁安城际铁路	258	城际客运系统	2008.12～2012	257
	柳南城际铁路	227	城际客运系统	2008.12～2012	211
	莞惠城际轨道交通	98	城际客运系统	2009.5～2012年底	113
	青烟威荣城际铁路	299	城际客运系统	2009.7～2012	357
	广清城际轨道交通	68	城际客运系统	2009.9～2012	153
	西宝客运专线	138	四横之徐兰线	2009.9～2012	182
	津保城际铁路	148	城际客运系统	2009.11～2012	240
	石济客运专线	319	四纵之青太线	2009.12～2012	449

续表 7

竣工时间	项目名称	铁路里程（公里）	备注	建设时间	铁路投资（亿元）
2013 年	赣龙铁路复线电气化改造	274	海峡西岸铁路	2009～2013	63
	京张城际铁路	174	城际客运系统	2009.8～2013	272
	广佛肇城际轨道交通	87	城际客运系统	2009.9～2013	195
	丹大城际铁路丹东—庄河段	158	城际客运系统	2010～2013	147

资料来源：招商证券研发中心。

（二）综合服务能力提升

铁路作为陆上运输的主力军，在长达一个多世纪的时间里居于垄断地位。但是自 21 世纪以来，随着汽车、航空和管道运输的迅速发展，铁路不断受到新浪潮的冲击。在热点地区，不同交通运输方式的竞争日趋激烈，迫于压力，铁路运输必须全面提升综合服务能力，才能在竞争中争取更加有利的地位。

从国际经验上看，"安全、准确、快速、方便、舒适"是铁路客运与货运发展的共同要求。未来，随着铁路现代化技术改造的深入，重载、高速运输和信息技术的突破，运输组织方式的科学化以及管理体制与理念的革新，我国铁路运输服务将向国际一流水平靠拢。

铁路客运的高速化趋势，将让乘客享受到速度与舒适并存的愉快旅程。随着工业化、城市化进展的加快，城市交通紧张问题成了首先要加以解决的重点。轨道交通由于其拥有污染小、占地少的优势，使其成为世界各国城市实现现代化和可持续发展的基本选择之一。由于轨道交通的不断发展，城市交通环境将得到有效改善。市郊铁路与地下铁道、轻轨铁路紧密合作，共线、共站，共同组成大城市的快速运输系统，这是各国解决人口密度较大地区客运繁忙的有效措施。在未来的铁路发展中，我国大城市快速运输系统将同全国铁路网连接，紧密配合，形成客运统一运输网，提供更加方便快捷的出行服务。

在货物运输方面，我国将继续向集中化、单元化和大宗货物运输重载化的方向努力迈进，并以市场为导向，通过改善服务内容，为顾客提供"门到门"、"一站式"等人性化服务。

此外，根据市场和客流结构的变化趋势，铁路将不断调整和推出客运、货运新产品，提供适应市场变化和客户要求的多样化、个性化的运输产品，满足不同客户的各个层面的需求。

（三）海外市场持续扩张

经济全球化使我们面临了一个更加开放的国际环境，这为中国在这场世界性产业结构的大调整和大创新的条件下发展高速铁路，提供了新的机遇和更广阔的平台，使铁路可以在更大范围、更广领域和更高层次上参与国际经济技术合作和竞争。

我国南车、北车两大集团现已经拥有完整的轨道交通产品组合。其中包括国际先进的电力机车和内燃机车研发与制造能力和国际先进的动车组、货车建造能力，产品多次打破高速铁路运行时速纪录，铁路装备出口50多个国家与地区。同时，我国的铁路装备产品在国际竞争中具有突出的成本优势。我国自行设计和建造的铁路装备产品在人力成本和原材料成本方面都远低于国际同类企业，整车的整体成本比国外企业低20%～30%，具有很强的国际竞争力。而且我国铁路产业出口尤其是对发展中国家的出口可以采取"一条龙服务"模式，从铁路基建工程，到铁路装备配，再到铁路通信信号系统配套由铁道部统一统筹出口，从而可由铁路建设拉动装备出口，扩大海外市场份额。

依托技术上的先进优势，我国铁路装备海外市场的发展潜力值得期待。尤其是在高速铁路方面，由于全球各国纷纷推出高速铁路建设规划，未来5～10年将掀起一阵全球范围的铁路投资热潮（见表8），根据欧洲铁路工业联盟的统计，2008年全球轨道交通装备市场年均容量高达740亿欧元。西欧、北美和亚太地区是最大的三个市场，共占80%以上的市场份额，其中欧洲占了38%的市场份额，北美和亚太分别约占22%和21%。UNIFE预测到2016年之前整个铁路设备市场保持2.5%～3%的年均增速，到2016年整个行业的规模将达到1110亿欧元，并预计亚太市场将超过北美成为全球第二大铁路设备市场。目前中国北车集团和中国南车集团两大公司在全球铁路设备制造商中的市场份额分别仅有5%左右（见图24），未来随着整个市场容量增大及企业自身做大做强，将为我国的铁路装备开拓海外市场开辟一条阳关大道，出口的比重将进一步提升。

表8　美国等国家部分高速铁路投资计划

国家	高铁规划里程	计划投资	线路
美国	1000 公里	130 亿美元	加州线、太平洋西北线路、墨西哥海岸铁路线、新英格兰地区线路
欧盟	7200 公里	900 亿欧元	泛欧高速铁路网络（TEN）
印度	3400 公里	360 亿美元	普纳—孟买—艾哈迈德阿巴德，德里—阿姆利则—昌迪加尔线，塞康德拉巴德—维杰亚瓦达—金奈线，金奈—班加罗尔—哥印拜陀—科钦线
巴西	1800 公里	380 亿美元	圣保罗至里约热内卢(518km)，圣保罗至贝罗哈利桑塔(594km)，圣保罗至库里奇巴(410km)，圣保罗至桑托斯(80km)，巴西利亚至戈雅尼亚(200km)
俄罗斯	1500 公里	250 亿美元	莫斯科至加里宁格勒，莫斯科至索契，莫斯科至下诺夫格罗

资料来源：东方证券研究所。

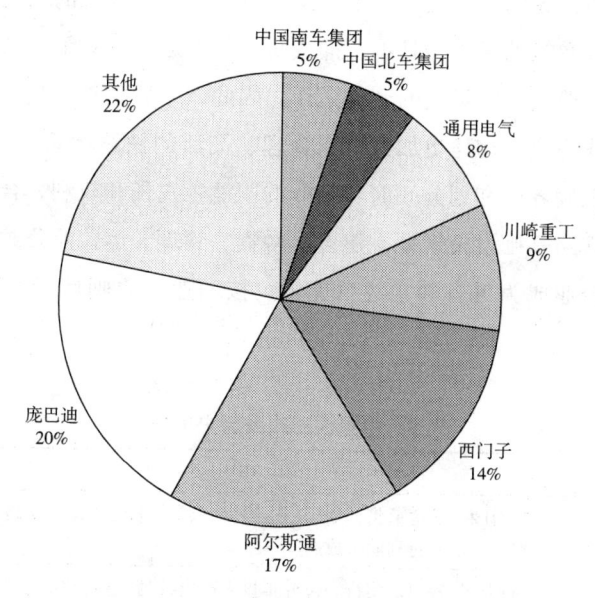

图24　全球铁路设备制造商市场份额

中国南车集团 5%
中国北车集团 5%
通用电气 8%
川崎重工 9%
西门子 14%
阿尔斯通 17%
庞巴迪 20%
其他 22%

资料来源：欧洲铁路工业联盟。

目前已经有多个国家明确表达了与我国合作的意愿。为此，着眼提升铁路全行业的国际竞争力，大力开展铁路对外交流与合作，铁道部成立了中美、中俄、中巴、中沙、中委、中缅、中吉乌、中波、中印等境外合作项目协调组，组织国内有关企业开拓境外铁路工程承包和装备出口市场。广泛参与双边、多边及区域铁路合作，积极推进泛亚铁路建设，大力发展铁路口岸运输。未来，国际市场必将为我国铁路装备业提供一个大展拳脚的大舞台。

（四）管理体制日趋完善

发达国家铁路改革历程证明：政企分开、市场化经营是铁路发展的必经之路，铁路管理体制的改革是我国铁路业走向市场化、取得大发展的关键。中国铁路一直实行国有化政策和统一经营管理体制，铁道部扮演着既是铁路资产拥有者和行业管理者，又是铁路运输服务提供者的双重角色，并因此导致中国铁路运营政企不分、产权不清、赢利能力不强等问题的产生，加之长期处于垄断地位而形成的竞争意识缺乏，严重制约了铁路运输业的发展。现今，加快、加大我国铁路管理体制改革的步伐已经成为政府与社会各界的共识，并开始迈出了初步尝试的步伐。参考发达国家的发展经验，不论是实行网运分离政策的欧盟各国，还是实行有限网运分离政策的美国、日本，抑或是实行网运合一政策的俄罗斯，其管理的核心理念都是要实施市场化的企业运作。因此，今后几年，我国也必将朝着市场化的运营模式迈进，构建更加完善、合理、灵活的铁路运营管理体制。为此，我们必须做到正确界定和划分政府与企业的职能、责任和权利，合理调整各级政府和企业之间铁路基础设施规划、建设、融资、管理、运营及公共服务等方面的分工，使运输企业成为具有独立经营能力、按商业化原则运行的经济实体（见表9）。

表9　中国铁路改革历史进程

年份	事件
1982~1985	放权让利：铁道部将计划、财务、物资、人事等权力下放下属路局，扩大铁路局经营自主权，实行利润留成制度
1986~1991	全行业经济承包：实行一包五年投入产出，以路建路和以路养路的全路经济承包责任制，但此次改革在运行六年后终以一连串的安全事故的结局被迫结束
1992	建立现代企业制度试点：1993年成立广铁集团，1995年成立大连铁道有限公司
1996	广深铁路海外上市
1998	局部政企分开：工程、建筑、工业、物资、通信五大总公司结构性分离
2000	昆明等直管站段铁路局和广铁集团开始模拟客运公司运营；铁路工业等五大集团公司与铁道部脱钩

续表 9

年份	事件
2001	实施新财务制度,客货网分账核算,开始网运分离试点,1 年 9 个月后客运公司严重亏损,改革停止
2003	工业职能继续移交国资委
2005	由四级管理体制变为三级管理体制,撤销41个铁路分局和两个铁路公司,成立太原、武汉、西安铁路局
2006	大秦铁路、广深铁路上市
2008	大部制改革,铁道部未并入交通部
2009	公检法剥离铁道部并入地方

资料来源：铁道部,方正证券研究中心。

未来几年,合资铁路的大批建设、民营资本的进入等都将使竞争格局进一步优化,市场更加开放,并将促使铁路改革向更深层次推进。为了适应铁路运输的快速发展,体制改革中的管理创新至关重要。在深化管理体制和机制创新中,不断完善运输安全管理,确保安全生产是体制改革的重要课题。

（五）投融资渠道多样化

铁路建设对资金需求巨大,因此,为了保障行业的可持续发展,必须构建健全、灵活的投融资体系,以保障充足的资金供给。对于中国铁路来讲,原有的投资体制在许多方面均构成了对投资主体的制约和束缚,形成了投资主体单一、融资渠道单一的状况。这不仅满足不了铁路建设对资金的需求,而且也影响了企业的积极性。随着经济社会的发展,铁路根据自身建设和发展的需要,拓展投融资渠道成为必然之选。

我国铁路建设正在跨越式的向前发展,资金缺口巨大。由于现有条件下的权益融资极其有限,大规模的建设融资不得不靠增强发债和贷款力度来支撑,这也令铁路建设资金来源中债务融资比例快速上升,债务融资额越来越大,由 2005 年的 48.83% 上升至 2008 年的 64.26%,2009 年占比超过 70%（见图 25）。

铁路运输具有公益性,国家作为投资的主体理所当然,不过发达国家铁路发展的历史也告诉我们,灵活多样的投融资方式将为铁路行业的生存和发展注入新的生命力。近两年,为了改善铁路融资环境,我国加大了对相关企业的股份制改造力度,通过上市等举措在投融资方式多样化方面取得了长足进步。以"存量

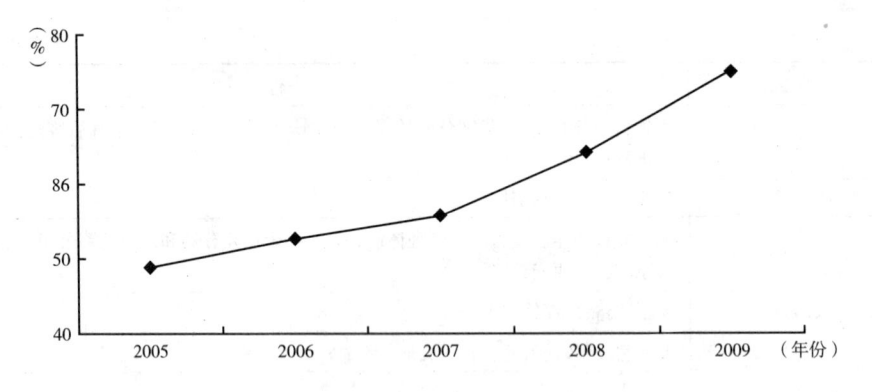

图 25　2005～2009 年铁道部债务融资占比

资料来源：铁道部。

换增量"为指导思想的股份制改革的成功，一方面为扩大铁路股权融资提供了可行的方式，另一方面为革除投资主体单一、筹资渠道单一、融资方式单一、投资管理方式落后等弊端开辟了一条有效途径。《国务院关于投资体制改革的决定》的颁布为铁路的投融资改革提供了政策上的支持，金融市场的健康发展为铁路的投融资改革提供了广阔的平台。2010 年 3 月 5 日上午，国务院总理温家宝在十一届全国人大二次会议上所作的《政府工作报告》中提到，今年将推进国有企业改革和支持非公有制经济发展，积极支持民间资本参与国有企业改革，今后将鼓励、支持和引导非公有制经济发展，落实放宽市场准入的各项政策，积极支持民间资本进入基础设施、公用事业、金融服务和社会事业等领域。温总理的表态再次重申了国家的立场，增强了投资者的信心。未来，坚持谋求投资主体多元化的方针，进一步拓宽融资渠道，是铁路发展的一个重要方向。

Railway Transportation: Grasping the Opportunities and Moving Forward

Abstract: The railway industry of China is in the strategic opportunity time of great-leap-forward development. Under the pressure of energy conservation and emission reduction, the strength of railway transportation has become more and more obvious, such as low cost, low pollution, safe and high efficiency. With the support of government policies, the economic stimulating measures and the rising of external and internal demands, the investment in railway climbs up dramatically, and the construction of railway speeds up. Meanwhile, relying on the enhancement of independent innovation, the rail equipment market has remained strong, and the expansion of overseas market is being anticipated. Currently, the railway transportation market has showed monopoly competition pattern, so the significant development direction is high-speed of passenger transport and heavy-load of freight. Looking forward to the future, China will accelerate the reform of railway management system, gradually perfect the market environment, broaden the financing channels, ease the bottleneck of capacity, and promote the multi-service capability comprehensively.

Key Words: Railway; Equipment; Transportation; Development

分报告二
公路运输行业：适应改革要求、谋划新发展

杨博钦　吕瑞贤　王敬敬*

  摘　要：交通运输行业的重要性随着世界经济、社会的不断发展而快速提高并成长为各国国民经济发展的重要部分，而在其中公路运输又成为运输行业的重中之重。世界各国，尤其是发达国家，纷纷致力于本国公路运输业的大发展。综合来看，欧美等国公路运输发展迅速，已建成比较发达的公路运输网络，公路运输在运输业中跃居主导地位。为适应经济、社会发展新形势，我国近年来加大了对公路运输行业的投入，在宏观经济企稳回升、总体向好的大环境下，出台了一系列政策以求多管齐下促进公路运输行业的发展，取得了不俗成就。本报告共分四部分，第一部分介绍了世界各国公路发展概况、运营特点及我国公路运输运行现状；第二部分对我国公路运输行业作了全面分析；第三部分深入剖析了公路运输重点行业及相关行业发展态势；第四部分在综合前面各部分分析的基础上，对2010～2013年中国公路运输行业发展前景给出了综合性分析。

  关键词：公路运输　运行现状　整体环境　前景展望

---

* 杨博钦，现任交通银行交银金融租赁有限责任公司业务总监，兼任上海市租赁行业协会副秘书长、江西省租赁协会副会长；著有多篇关于融资租赁、投资银行的理论探讨与实务操作的创新研究或总结性文章。吕瑞贤，中国社会科学院研究生院硕士，主要研究方向为制度经济学、能源经济学。王敬敬，中国社会科学院研究生院硕士，主要研究方向为制度经济学、能源经济学。

一 公路运输行业运行现状分析

(一) 世界公路发展概况与运营特点

1. 世界公路发展概况

目前世界各国的公路总长度约 2000 万公里，约 80 个国家和地区修建了高速公路，建成通车的高速公路已达 20 万公里。其中美国、英国、德国、法国、意大利、日本、加拿大和澳大利亚这些主要经济发达国家公路里程约占世界公路总里程的 55%、高速公路里程约占世界高速公路里程的 80% 以上。

美国现有公路总里程和高速公路里程最长，分别约占世界公路总里程和高速公路总里程的 30% 以上和近 50%，已经形成了约 6.9 万公里的州际高速公路网，公路已成为美国人日常生活必不可少的一部分。西欧各国和日本，由于国土面积小，公路网基础好，高速公路也逐步成网，公路运输一直为内陆运输的主力。相比之下，俄罗斯和印度、巴西等发展中大国公路里程较少，道路质量差，公路铺面率低，汽车运输在整个交通运输体系中的地位和作用远低于美、日以及西欧诸国。

从 20 世纪 50 年代起，欧美等国家开始认识高速公路的巨大作用，并大力兴建高速公路。1960 年世界各国有高速公路 3 万公里，1970 年为 7 万公里，1980 年为 11 万公里，目前估计已达 20 万公里。

目前，许多国家的高速公路已不再是互不连接的分散的线路，而是向高速公路网的方向发展，欧洲正将各国主要高速公路连接起来，逐步形成国际高速公路网。总之，当今世界公路基础设施的发展趋势是发达国家以完善、维护和提高现有路网和通行能力为主，发展中国家则是普及和提高相结合，在增加公路通车里程的同时，大力提高干线公路的技术水平。

2. 世界公路运输行业营运特点

国外公路运输业发展状况自 20 世纪 20 年代左右到现在，随着社会经济的发展，公路基础设施、车辆等运输条件的不断改善，以汽车运输为代表的现代公路运输已在经济发达国家交通运输体系中具有举足轻重的地位。

(1) 公路货物运输稳定增长趋势。

在国土面积较小的国家里，公路运输在各种运输方式中居主导地位。美国国土面积较大，各种运输方式各有所长和不足的特点十分明显，1986年货运周转量中公路占25.48%、铁路占35.94%、国内水运占15.06%、管道运输占23.24%、国内航空占0.28%，公路运输居第二位。

汽车运输承运货物的比重，美国1987年机械制造品占74%，水泥和水果、蔬菜占80%，所有的牲畜和运距在500公里以内的，全部由汽车来完成。日本1987年97%以上的食品、水果蔬菜、水产品、机械制造品、纤维工业品、木材、木炭、金属制品、特种制品等由汽车运送，所有的牲畜、全部日用品由汽车来完成。

在汽车货物运输中，又分为营业性运输和自用性运输两大部分。1988年美国自货自运车辆约600万辆，比营业性运输车辆多50%，也就是说，美国营业性运力占40%，自用性运力占60%；城间货物周转量中，自用车完成约60%，营运车完成约40%；单车平均生产效率营运车和自用车大致相同。1970～1986年经合组织（OECD）在欧洲的9个主要成员国营业性运输货运周转量基本保持在65%左右。比较而言，日本营业性运输车辆所占比重略低，但运输效率很高，1986年营业性运输车辆占8.8%，自用性运输车辆占91.2%，但同期完成的货运量中营运车占38.83%，自用车占61.17%。

营业性货物运输主要包括包裹运输、零担运输、整车运输以及特种运输四种形式，在发达国家中美国有很强的代表性。

（2）公路旅客运输占绝对优势。

目前国外主要经济发达国家，公路旅客运输在交通运输体系占有绝对的优势，客运周转量基本上占90%左右。铁路旅客运输十分发达的日本，1988年公路客运周转量也占到62%，但公路客运周转量中绝大部分是自用轿车来完成的。

从旅客运输看，国外发达国家已基本形成了国内以私人小汽车为主的自用性旅客运输为主体的公路客运体系。1988年北美洲的美国和加拿大两国公共汽车完成的客运周转量不到3%，日本、意大利公共汽车完成的比重较高，也只有15%左右。私人小汽车是国外发达国家公路客运的主要交通方式。公路旅客运输中，除私人小汽车以外，还包括以公共汽车为主体的营业性旅客运输。以美国为例，美国城市间公共汽车客运服务业主要包括州际专线服务、专车或包车客运服务、区域城间客运服务、旅游客运服务和其他兼营服务五个基本方面。

（3）公路运输行业少数规模很大的大企业与大量、分散的中小企业并存。

国外发达国家在包裹运输、快件运输、零担运输以及城间客运等方面都有全国甚至国际范围的企业集团，主导着相关行业的发展。例如在城间客运方面，加拿大灰狗汽车客运公司（与美国灰狗公司无关）和美国灰狗汽车客运公司均为所在国唯一一家全国性的客运公司，其营运总收入分别占全国城间公共汽车营运总收入的40%和70%，灰狗汽车客运公司在北美是家喻户晓。在包裹运输、快件运输方面，美国有UPS和DHL等大公司，澳大利亚有TNT等大公司，这些全国甚至国际化的运输集团均占据了当地绝大部分有关运输市场。而且少数大型企业规模仍逐步扩大，在上述诸领域越来越占据主导地位。

另一方面由于公路运输市场的多样化，为大量分散的中小企业提供了很大的经营空间，特别是在区域运输、中短途运输、货物整车运输以及客运旅游和专车或包车运输等方面，中小型企业由于机动灵活、一次性资本投入少、成本低等优势，仍发挥着十分重要和积极的作用。根据经合组织（OECD）1987年对部分成员国按企业拥有车辆数对营业性企业进行的分类，瑞典60%的企业为只有一辆车的企业或个体经营者，英国60%以上的企业不足5辆车，葡萄牙90%的企业不足3辆车，丹麦81%的企业为个体经营者，西班牙98%以上的企业在5辆和5辆车以下、平均每个企业拥有车辆数为1.4辆。

（4）公路运输进一步向着专业化方向发展。

国外发达国家社会分工和运输需求进一步深化，促使公路运输市场细化，公路运输进一步向着专业化方向发展。许多汽车运输企业均按照专业化分工的要求建立起来，如专为搬家服务的搬家运输公司、专门运送汽车产品的汽车专运公司以及运输各类液体（油品、化工产品）和干散货的其他专运运输公司等。即使许多大型汽车运输企业，也根据专业化分工，划分成若干专业化的子公司，如澳大利亚TNT运输集团公司在澳大利亚本土有40多个各类专业化子公司，各子公司经营业务分别涵盖着除传统的整车、零担外，还包括车辆租赁、信件、服装甚至花卉等。

（5）公路运输业正逐步向工商物流的全过程拓展。

物流从广义上讲，是指产品经生产、流通一直到消费者的全过程，包括生产企业的原材料供应，生产过程中半成品的周转、成品制造，商品的分类、包装、储存、搬运、装卸、运输、发送，一直到消费者手中各个环节。

目前在发达国家，工商企业物流活动社会化已成为发展趋势。一方面工商企业面对日益激烈的市场竞争，将其主要精力集中于本行业的核心业务（Core business）上来，而将原自身生产活动一部分的物流活动转给提供社会性物流服务的经营者；另一方面运输业者也不断拓宽经营领域，由单一的运输服务向工商企业物流全过程渗透，为一些工厂或商业部门提供产品和货物的包装、储存、代发代销、组织运输等服务，因此越来越多的汽车运输企业从事各种物流社会化服务，以扩大市场提高自身的经济效益。

（6）逐步扩大与其他运输方式的多式联运。

国外公路与其他运输方式的多式联运，大大提高了运输中转的装卸效率，减少了货物的在途时间等，是一种先进的生产方式，因此得到了广泛的发展。联运一般采用集装箱和载车运输两种形式。

目前不少国家的集装箱运输是以铁路为主（国际集装箱运输则以海运为主），而以汽车作为接运工具。但在汽车运输较为发达的美国，集装箱陆上运输则以汽车运输为主，每年进出口约700万TEU的国际集装箱运输中，有2/3由汽车转运，运距多在800公里范围内。

载车运输，在铁路上叫"驮背运输"，在水运上叫"滚装运输"。它是由牵引车直接将载货的半挂车拖（吊）上轮船或火车，到达港或站后，再由牵引车将载货的半挂车从车或船上拖下，然后直接送到目的地。有资料表明，美国以"驮背运输"方式完成的货运量约占铁路货运总量的1/3，公铁联运是近些年来美国铁路货运得以复苏、发展的一个重要因素。

（7）运输组织与管理方法先进。

在国外发达国家，大中型汽车运输企业为提高服务质量和管理水平，一般均广泛采用了现代化通信和计算机技术作为运输组织和管理的手段。

在日常管理方面，一般都建立了生产经营、车辆调度、保养维修、人事劳资、财务统计等方面的计算机管理信息系统，以提高工作效率和决策的科学性。在车辆调度方面，广泛采用了车载通信技术，一些大公司甚至采用了卫星通信以及GPS技术，以便及时准确地掌握车辆动态，对车辆进行科学调度，减少空驶里程，提高运输效率。在运输服务方面，一些大公司利用条形码技术将货物的品名、规格、数量、收发货人及地点等信息输入计算机，通过EDI实现计算机异地信息的传输，建立起货物追踪系统，以便货主及时了解所托运货物的动态。在长途运输组织方面，实行昼夜行车运输组织制度。自货自运以及小型企业和个体运输往往一辆车配备两名驾驶员，采取轮流驾驶的方式（驾驶室内备有卧铺供司机休息）。大中型营业性运输企业一般采用在中途更换驾驶员的方式，一种方法是车辆开到中途后，会有新的驾驶员将原来的驾驶员换下来，将车开到下一站或终点；另一种方法是两辆车对开到中点后，互换驾驶员，驾驶员将互换的车辆送至终点。通过上述运输组织方式，既保证了驾驶员得到合理的休息，又大大提高了车辆的利用效率，满足了货物快速直达的需要。

（二）我国公路运输行业运行现状

1. 公路固定资产投资飞速提升

随着2008年11月国务院出台了十项具体的"扩内需、促增长"措施，4万亿经济刺激计划拉开序幕，基础设施建设则是这次拉动内需的"火车头"。从数据看，公路建设固定资产投资持续走高，保持高速增长。国家对实体经济的刺激，有效地起到了促进经济回暖的作用，三个季度GDP增速就是最好的诠释。放眼2010年的投资形势，为确保前期投资项目顺利进行，基建类投资力度有望持续（见图1）。

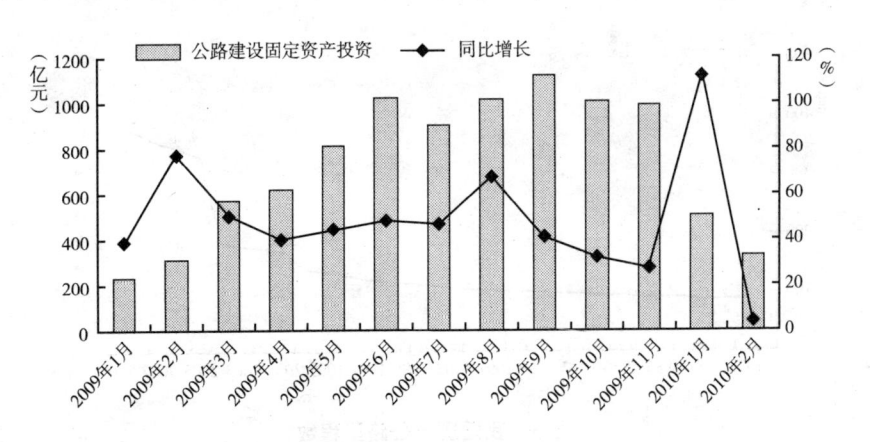

图1 公路建设固定资产投资当月值

数据来源：交通运输部。

从图1中可以看出，公路固定资产投资在2008年末开始触底反弹，2009年前10个月累计投资额同比飙升。一大批公路项目集体上马，未来几年建成通车的路产将进一步完善我国的路网，"7918"规划的进程也有望随之提速（见图2）。

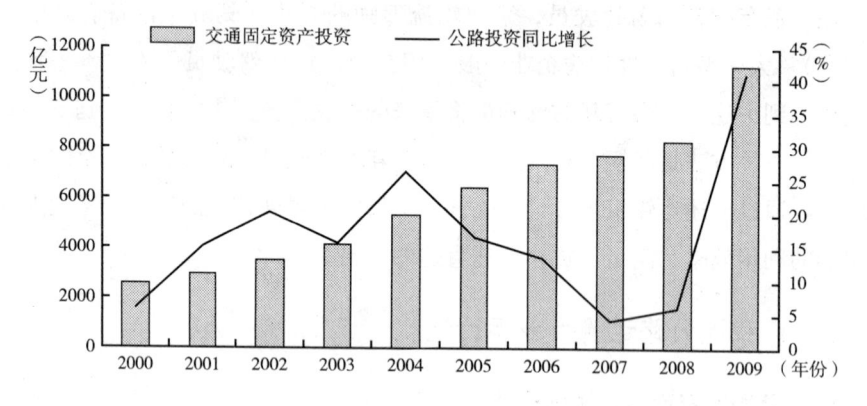

图 2　公路固定资产投资完成额

数据来源：交通运输部，国家统计局。

2. 路网建设速度加快

公路里程大幅增加。近五年以来，我国加大了路网建设速度，2005年全国公路里程数为193.1万公里，截至2009年底，我国公路里程数为385.1万公里，翻了近一番，路网建设取得巨大成就（见图3）。

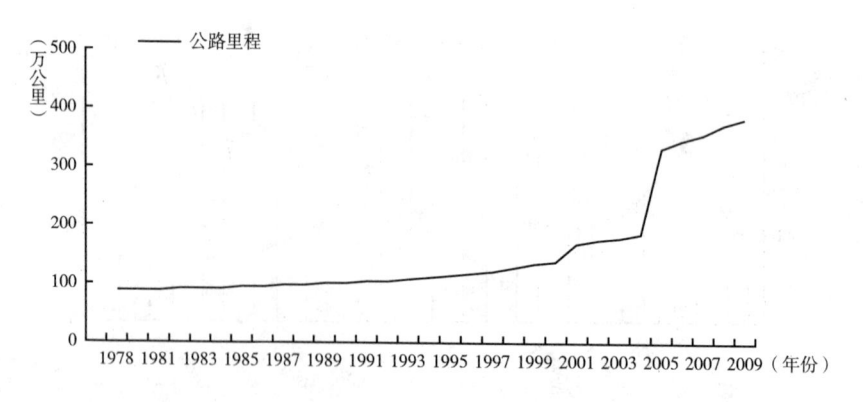

图 3　我国历年公路里程数

数据来源：《中国统计年鉴》。

等级公路建设速度加快，路网质量仍有待提升。2008年我国公路里程总计为373万公里，其中等级公路里程为278万公里，等级公路里程比上年增加24.3万公里；等级公路里程比重为74.5%，比上年增加3.8个百分点。分等级构成来看，其中二级以下公路占我国公路里程大多数，高速公路发展仍需加快步伐（见图4、5）。

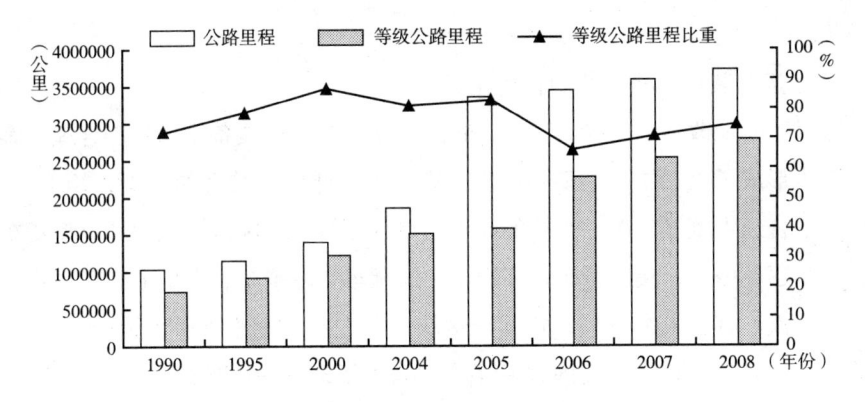

图4 1990~2008年我国等级公路里程情况

数据来源：国家统计局。

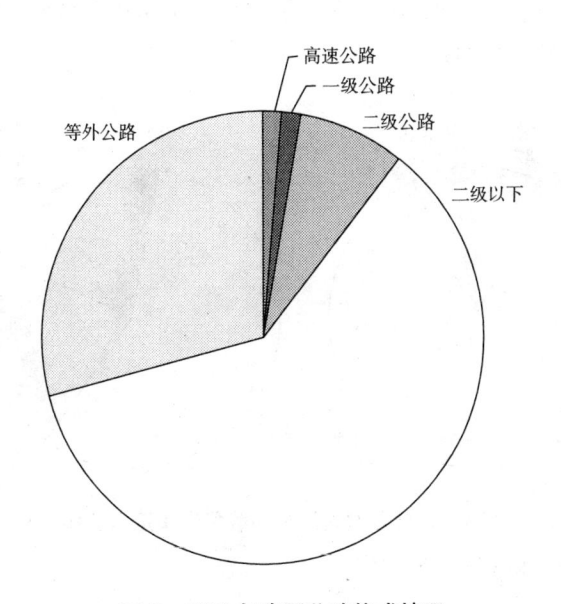

图5 2008年我国公路构成情况

资料来源：国家统计局。

3. 运输装备发展再上新台阶

（1）运输装备总量规模明显扩大。

截至2008年底，我国民用汽车总计5099.61万辆，其中载客汽车3838.92万辆，载货汽车为1126.07万辆。与2007年相比，我国民用汽车总计增长741.25万辆，增幅为17%，其中载客汽车同比增长642.93万辆，载货汽车同比增长72.01万辆。

（2）运输装备结构不断调整优化。

通过不断地改造、升级和革新，我国公路运输行业装备结构趋于合理。客运车辆初步形成了大、中、小型相配套，高、中、低档相结合的格局，20世纪80年代以前普通大型客车单一结构的面貌已得到改善；大吨位、低油耗重型货车和轻型货车逐年增加，集装箱车、零担车、油罐车、冷藏车、大型平板车和散装货物等专用汽车有了较大发展，货运车辆缺"重"少"轻"的局面得到了很好的改善。截至2008年底，我国民用客运车辆为3838.91万辆，其中大型客车100.39万辆，中型客车143.19万辆，小型客车3271.14万辆，微型客车324.19万辆；载货汽车总计1126.07万辆，其中重型货车200.84万辆，中型货车249.73万辆，小型货车540.88万辆，微型货车134.62万辆。2008年载客汽车和载货汽车运力结构如图6所示。

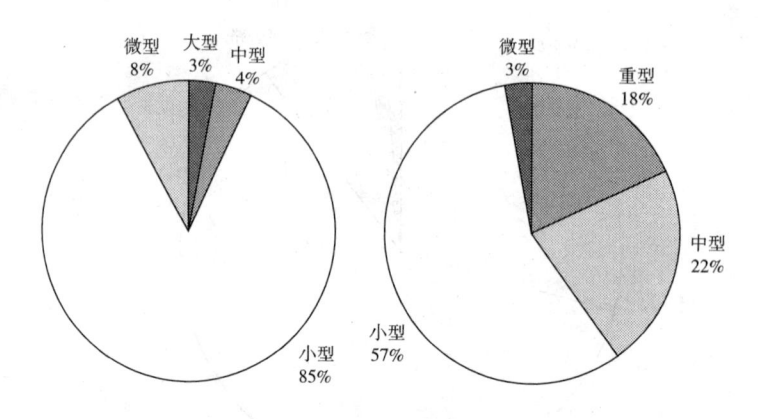

图6 2008年载客汽车和载货汽车运力结构

数据来源：国家统计局。

4. 客运量继续增加，增幅放缓明显

自改革开放以来，随着交通设施的完善和经济的全面发展，我国客运量持续增加。1978年全国客运量总计为25.4亿人，2009年全国客运量总计为297.7亿人，增长了10.7倍；其中2009年公路客运量为278亿人，与1978年公路客运量14.9亿人相比，增长17.6倍。从各运输方式承载的客运量占全社会客运总量的比例来看，1978年公路客运量占全社会客运量的比例为58.8%，之后逐年上升，至2009年增加到93.4%。这一数据充分表明，当前我国公路客运是最主要的客运方式（见图7）。

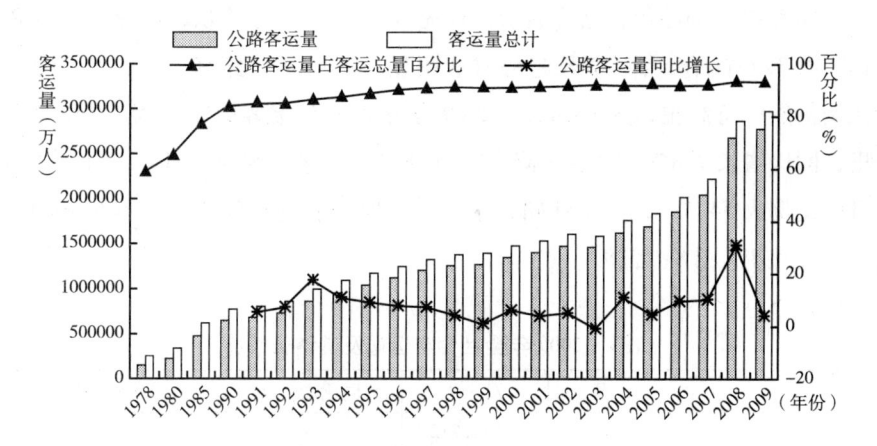

图7　1978～2009年我国公路客运量与全社会客运总量情况

数据来源：国家统计局。

从旅客周转量统计情况来看，1978年全国旅客周转量为1743.1亿人公里，2009年全国旅客周转量总计为24764.7亿人公里，增长了13.2倍；其中2009年公路旅客周转量为13450.7亿人公里，与1978年公路旅客周转量521.3亿人公里相比，增长24.8倍。从各运输方式承担的旅客周转量占全社会旅客周转总量比例来看，1978年公路旅客周转量占全社会旅客周转总量比例为29.9%，2009年则为54.3%，增加了24.4个百分点（见图8）。

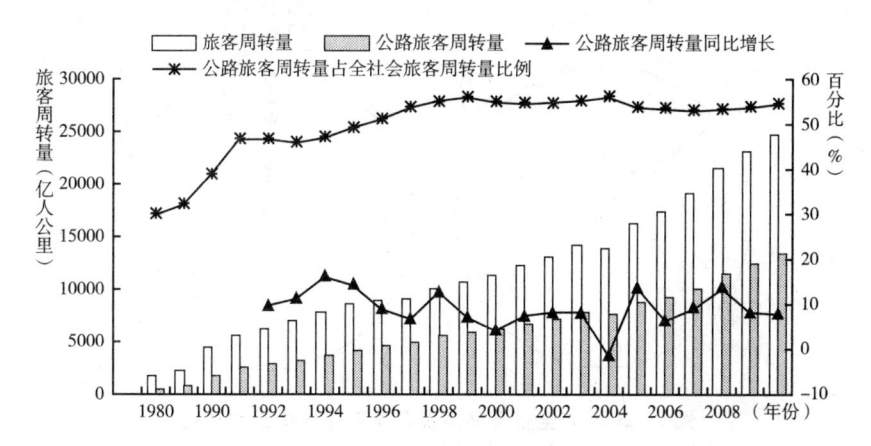

图8　1980～2009年我国公路旅客周转量与全社会旅客周转量情况

数据来源：国家统计局。

具体来看，2009年公路客运量累计完成297.7374亿人次，同比增长3.8%，增幅下滑3.9个百分点，增长趋势放缓明显。2009年公路客运量占全社会客运量比例仍然保持高位，为93.4%。2009全年，公路旅客周转量为13450.7亿人公里，同比增长7.8%，增速下降2个百分点。公路旅客周转量占全社会旅客周转量的比例为54.3%，高于铁路、水运、民航等其他运输方式旅客周转量所占比例（见表1、图8、图9）。

表1 2009年全社会客运量及其增长情况

名　称	单　位	累　计	同比增长(%)	2008全年增长(%)
铁　路	亿人次	15.212	4.5	10.6
公　路	亿人次	277.999	3.6	7.6
水　运	亿人次	2.2241	2.9	6
民　航	亿人次	2.3023	19.6	3.3
客运量合计	亿人次	297.7374	3.8	7.7
铁　路	亿人公里	7870	1.8	7.1
公　路	亿人公里	13450.7	7.8	9.8
水　运	亿人公里	69.1	5.8	-3.8
民　航	亿人公里	3374.9	17.1	2.6
旅客周转量合计	亿人公里	24764.7	7	7.9

资料来源：交通运输部，中咨公司。

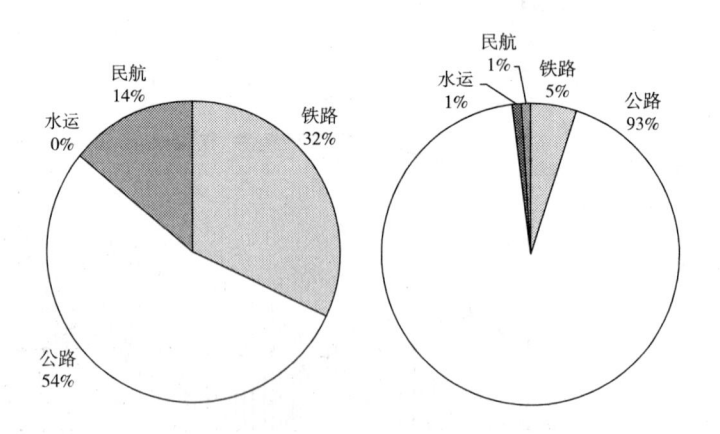

图9 2009年全社会客运量及旅客周转量比例结构

从平均运距来看，2009年全国公路客运平均运距为48.38公里，比上年同期有较大幅度下降。

5. 货运量持续上升，增速减缓

经济的发展为货物运输带来了巨大需求。自1978年起，我国货运量持续上升。依据统计数据，1978年我国货运量总计为248946万吨，到2009年增长为2744329万吨，增长了10倍；公路货运量由1978年的85182万吨增长到2009年的2096882万吨，增长了23.6倍，大大超越了同期全社会货运总量增长幅度。从各运输方式完成的货运量占全社会货运总量的比例来看，1978年公路货运量占全社会货运量的比例为34.2%，之后逐年上升，至2009年增加到76.4%。这充分表明，当前我国公路承担了货物运输量的绝大部分完成量（见图10）。

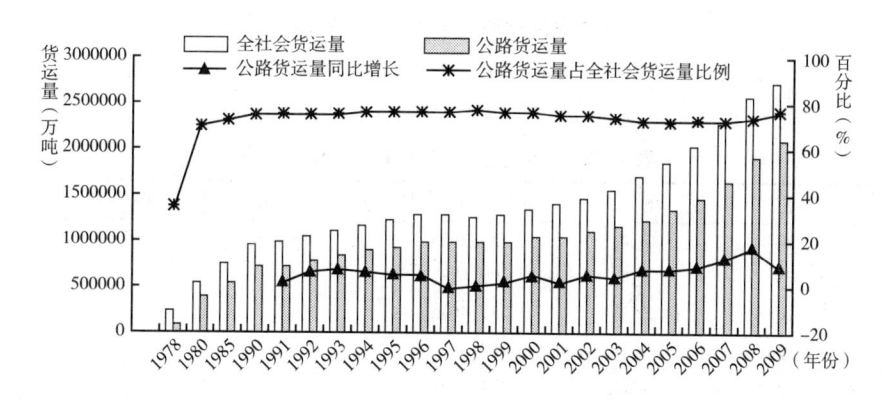

图10　全社会货运量与公路货运量情况

数据来源：国家统计局，中咨公司。

从货物周转量统计情况来看，1978年全国货物周转量为9829亿吨公里，2009年全国货物周转量总计为119188.5亿吨公里，增长了11.1倍；其中2009年公路货物周转量为36383.5亿吨公里，与1978年公路货物周转量274.1亿吨公里相比，增长了近132倍。从各运输方式承担的货物周转量占全社会货物周转量比例来看，1978年公路货物周转量占全社会货物周转总量比例为2.8%，2009年则为30.5%，增加了27.7个百分点（见图11）。

2009年全年，全社会累计完成货运量274.43亿吨，同比增长7.5%，增速比上年同期下降1.8个百分点。公路仍然是最主要的货运方式，占全社会累计完成货运量的76.41%，累计完成货运量209.69亿吨，同比增长9.4%，增速比上年同期下降了1.5个百分点。公路货物周转量累计达36383.5亿吨公里，占全社会货物周转量的30.5%（见表2）。

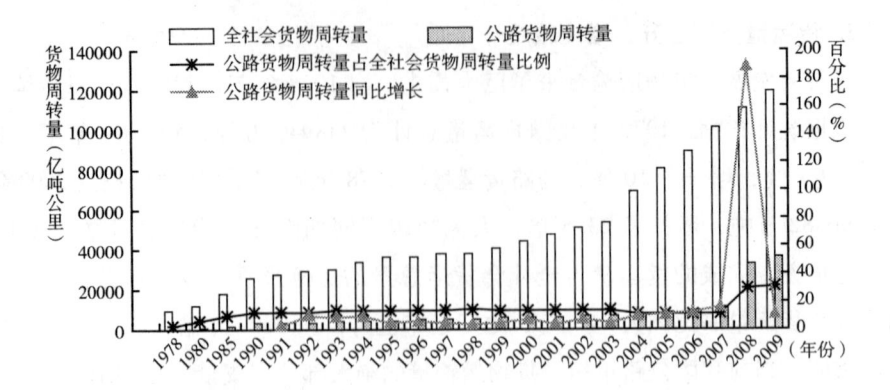

图 11　全社会货物周转量与公路货物周转量情况

数据来源：国家统计局，中咨公司。

表 2　2009 年全社会货运量及其增长情况

名　称	单　位	累　计	同比增长(%)	2008 年增长(%)
铁　路	亿吨	33.2988	0.8	4.6
公　路	亿吨	209.6882	9.4	10.9
水　运	亿吨	31.4015	3	5.7
民　航	万吨	443.9	8.9	0.3
货运量合计	亿吨	274.4329	7.5	9.3
铁　路	亿吨公里	25238.8	0.5	3.7
公　路	亿吨公里	36383.5	10.7	14.5
水　运	亿吨公里	57439.9	14	1.5
民　航	亿吨公里	126.3	5.6	1.9
货物周转量合计	亿吨公里	119188.5	9.9	3.5

资料来源：交通运输部。

二　我国公路运输行业整体环境分析

（一）宏观经济企稳回升，总体向好

公路运输行业与宏观经济走势密切相关。其中公路客运量主要取决于以下几个方面：居民收入水平、汽车拥有量、人口数量、城市化水平、未来自驾旅游出行方式的兴起等；货运量主要取决于宏观经济的发展，尤其是公路辐射区域内的

经济发展。此外，突发性的重大事件也会对公路运量产生脉冲式的冲击。

1. 经济总量持续攀升，增速减缓

根据 IMF 的最新预测，2009 年全球宏观经济增长 -1.4%，全球贸易量增长 -12.2%，2010 年全球宏观经济增长 2.5%，全球贸易量增长 1.0%，全球宏观经济复苏符合预期。

我国自进入 21 世纪以来，一直保持着经济总量高速增长的态势。2009 年，在全球经济陷入低迷的大环境下，经济增速有所减缓，但仍保持了较高的增长速度，成为拉动全球经济复苏的重要力量。根据国家统计局初步测算，全年国内生产总值 335353 亿元，按可比价格计算，比上年增长 8.7%，增速比上年回落 0.9 个百分点。分季度看，一季度增长 6.2%，二季度增长 7.9%，三季度增长 9.1%，四季度增长 10.7%。分产业看，第一产业增加值 35477 亿元，增长 4.2%；第二产业增加值 156958 亿元，增长 9.5%；第三产业增加值 142918 亿元，增长 8.9%。

2. 投资持续快速增长，涉及民生领域的投资增长明显加快

2009 年全年全社会固定资产投资 224846 亿元，比上年增长 30.1%，增速比上年加快 4.6 个百分点。其中，城镇固定资产投资 194139 亿元，增长 30.5%，加快 4.4 个百分点；农村固定资产投资 30707 亿元，增长 27.5%，加快 6.0 个百分点。涉及民生领域的投资大幅增长。全年基础设施（扣除电力）投资 41913 亿元，增长 44.3%。其中，铁路运输业增长 67.5%，道路运输业增长 40.1%，城市公共交通业增长 59.7%。居民服务和其他服务业增长 61.8%，教育增长 37.2%，卫生、社会保障和社会福利业增长 58.5%。全年房地产开发投资 36232 亿元，增长 16.1%，增速比上年回落 4.8 个百分点。

3. 城乡居民收入水平稳步上升

2009 年全年城镇居民家庭人均总收入 18858 元。其中，城镇居民人均可支配收入 17175 元，比上年增长 8.8%，扣除价格因素，实际增长 9.8%。在城镇居民家庭人均总收入中，工资性收入增长 9.6%，经营净收入增长 5.2%，财产性收入增长 11.6%，转移性收入增长 14.9%。农村居民人均纯收入 5153 元，比上年增长 8.2%，扣除价格因素，实际增长 8.5%。其中，工资性收入增长 11.2%，第一产业生产经营收入增长 2.2%，第二、三产业生产经营收入增长 10.0%，财产性收入增长 12.9%，转移性收入增长 23.1%。全年城镇就业人员比上年净增910万人。年末农村外出务工劳动力1.49亿人，比一季度末增加170万人。

按国际惯例，当人均收入超过3000美元时，居民消费升级将成为常态。我国2009年城乡居民的恩格尔系数分别降低到37%和43%左右，按照联合国粮农组织的标准，可以说总体上已经达到从小康到宽裕的居民消费阶段。住房和汽车等大额家庭消费开始进入普及阶段，教育、医疗、通信、旅游、文化等消费支出的比例迅速增加，这些特征都表明，我国总体上已经开始进入大众消费的新成长阶段。根据预测，到2010年底，我国人均GDP有望达到4000美元。消费结构的升级换代无疑为打开汽车消费市场，带动公路行业需求提供了良好契机。

4. 城市化水平逐步提高

交通运输是国民经济发展的基础，是社会生产、流通、分配、消费各环节协调发展的先决条件，对保障国民经济持续健康快速发展，改善人民生活和促进国防现代化建设具有十分重要的作用，同时也是城市化进程中一个不可缺少的条件和组成部分。城市化的过程，实际上是一个人口移动、要素聚集的过程，而交通条件的明显改善，使若干"点"上形成一种区位优势，吸引资金、技术、劳动力等生产要素向这些点聚集，逐渐发展为高经济密集点，为城市化进程提供了条件。尤其是通过快速便捷的公路交通，大大缩短时空距离，既为小城镇接受中心城市辐射提供便利的硬件，也实现了小城镇与中心城市的基础设施共享，减少重复建设，提高城市综合功能之目的，进一步推动了城市化的进程。

实践证明，公路交通的建设，带动当地经济发展，城市崛起的效果是十分明显的，公路建设不仅带来了自身的投资效益，更是为现代化建设提供了区位优势，为人口移动、要素集聚创造了基础条件。反过来，城市化进程的加快又对公路交通的发展提出新的要求，促进了公路交通的快速发展。

随着工业化步伐加快，中国城市化水平不断提高。2009年全国城镇人口62186万，占全国总人口比重为46.6%，城市化水平比2005年提高3.6个百分点。分区域看，2009年我国东、中、西部城市化水平分别为56.1%、42.4%和36.7%。分地区看，城市化水平最高的是上海，为88.7%，其次为北京和天津，分别为84.3%和75.7%。

（二）行业政策继续松绑，多管齐下促发展

1. 交通管理体制改革步伐加快

交通管理体制改革是我国经济体制改革的重要组成部分。改革开放30年来，在国家经济体制改革的总体框架下，交通运输业按照国家经济体制改革的总体部署，始终坚持市场化改革方向，基本实现了从计划经济体制向市场经济体制的根本性转变，取得了不俗成就。总体来看，交通管理体制改革主要沿着三大主线展开：一是实现政府在管理体制中管理职能行使的转变；二是理顺中央政府与地方政府的管理权限，由中央集权向分权演化；三是将企业从行政附属机构改造为真正的市场主体。根据改革在不同阶段表现出的不同特征，交通管理体制改革可大致划分为三个阶段：交通市场化改革的探索阶段（1978~1991年）、交通市场化改革的推进阶段（1992~2001年）和交通市场化改革的深化阶段（2002年至今）（见图12）。

```
┌─────────────────┐    ┌─────────────────┐    ┌─────────────────┐
│ 交通市场化改革的探索阶段 │ ⇨  │ 交通市场化改革的推进阶段 │ ⇨  │ 交通市场化改革的深化阶段 │
│  （1978~1991年）   │    │   （1992~2001年）  │    │   （2002年至今）   │
└─────────────────┘    └─────────────────┘    └─────────────────┘
```

图12 交通管理体制改革三个阶段

（1）第一阶段。20世纪80年代，交通运输各行业以政企分开、扩大企业经营自主权为突破口，在市场化改革的道路上进行了有益的探索。公路行业，主管部门简政放权，实行政企职责分开，将人、财、物及生产经营管理权下放给企业。同时，先后颁布了一系列法规，对运输企业开业停业、客货运输、汽车维修、运输工具等作出了明确规定。设置省—地（市）—县（区）—乡镇四级运输管理机构，作为对公路运输、汽车维修、运价监管等实行行业管理的组织机构。到1986年底，全国已有15个省、自治区撤销了省级运输公司，将企业管理权限下放到中心城市。1987年，又将部属的成都汽车保修机械厂等交通工业企业下放给所在中心城市归口管理。同年10月，国务院发布《中华人民共和国公路管理条例》，规定公路工作实行统一领导、分级管理原则，即国道、省道由省级公路部门负责修建、养护和管理；县乡道路分别由县乡人民政府负责修建、养护和管理。该条例的颁布从法律上确立了公路管理"条块结合"的基本体制模

式。与此同时，从1987年开始，对运输企业推行各种形式的承包经营责任制，1989年全国运输企业普遍推行承包经营责任制，进行企业内部配套改革，改善企业经营机制。

（2）第二阶段。改革进一步深入，公路建设稳步发展，高速公路建设实现零的突破。与之相适应，公路管理体制重在稳固"条块结合、以条为主"的框架，公路管理机构的作用得以加强。1995年交通部发布了《交通部关于全面加强公路养护管理工作的若干意见》，提出要改革完善公路养护管理运行机制，确立了"管养分离、事企分开"的改革目标，全国各地纷纷开展养护运行机制改革的试点。这一阶段，交通部将客运审批权限不断下放，2000年以后，省际客运班线的审批权逐步由交通部下放到省一级的运输管理机构。企业方面，部属企业管理机制进一步得以理顺，企业组织结构逐步优化。先后组建了中远集团、长航集团等，在这些企业内部进行管理体制改革，并按国家统一安排对一批交通企业进行股份制改造试点和在国内外上市。

（3）第三阶段。2002年党的十六大报告提出全面建设小康社会的战略部署，据此，交通运输各行业继续深入推进管理体制改革，政府职能进一步向行业管理和公共服务职能转变，市场的基础性作用得到加强，交通市场化改革进入全面深化阶段。2005年9月，国务院办公厅下发《农村公路管理养护体制改革方案》，从管理职责、资金渠道和养护运行机制等方面明确了农村公路管理养护体制。交通运输部也于2008年出台了《农村公路养护管理暂行办法》，进一步细化了"资金筹措与管理、养护工程管理、路政管理"。2006年，交通部发布了《更好地为公众服务——"十一五"公路养护管理事业发展纲要》，提出按照"分级管理"和"事权统一"的原则，科学界定各级公路交通主管部门对路网管理的职责，并首次提出将公众利益作为公路养护事业的核心价值取向。这些文件不仅明确了各级政府在公路管理养护上的责任，而且凸显了政府在交通发展上的公共服务职能。2008年3月23日，交通运输部正式挂牌。作为本次大部制改革新组建的机构，交通运输部整合了原交通部、原中国民用航空总局、原国家邮政局以及原建设部的城市客运职能，标志着我国综合交通管理体制迈出新的一步。

2. 行业发展规划全面提速

国家发改委、交通运输部、国家计委等部门制定的交通发展规划对我国未来公路建设有非常重要的指导意义。

（1）《关于划定国家干线公路网的通知》。

该通知规划了 11 条以北京为中心的放射线、28 条南北纵线、30 条东西横线，总里程 10.92 万公里，称为"国家干线公路网"，简称"国道网"。国道网规划起到的，也仅仅是标志性作用。1981~1992 年中国公路新增里程仅为 16 万公里，年复合增长率 1.5%（见图 13）。

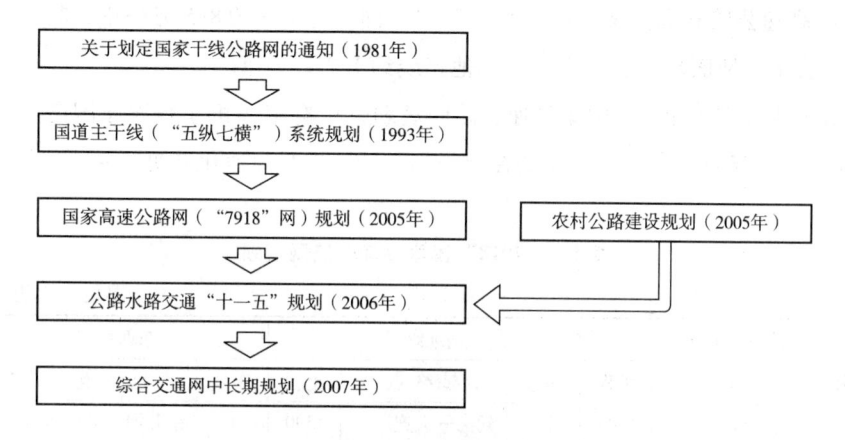

```
关于划定国家干线公路网的通知（1981年）
            ↓
国道主干线（"五纵七横"）系统规划（1993年）
            ↓
国家高速公路网（"7918"网）规划（2005年）  ←  农村公路建设规划（2005年）
            ↓
公路水路交通"十一五"规划（2006年）
            ↓
综合交通网中长期规划（2007年）
```

图 13　历年较重要国家级路网规划

资料来源：交通运输部，中咨公司，民生银行交通金融事业部。

（2）国道主干线系统规划。

改革开放后，我国国民经济迅猛发展，交通运输需求剧增，为缓解交通基础设施对经济发展的制约，交通部于 1992 年在国道网基础上提出"五纵七横"国道主干线系统规划（见表 3）。

表 3　"五纵七横"干线公路网里程

五　纵			七　横		
序号	起终点	里程（公里）	序号	起终点	里程（公里）
1	同江—三亚	5700	1	绥芬河—满洲里	1280
2	北京—福州	2540	2	丹东—拉萨	4590
3	北京—珠海	2310	3	青岛—银川	1610
4	二连浩特—河口	3610	4	连云港—霍尔果斯	3980
5	重庆—湛江	1430	5	上海—成都	2770
			6	上海—瑞丽	4900
			7	衡阳—昆明	1980

资料来源：交通运输部。

"五纵七横"系统总里程36700公里,其中高速公路、一级公路、二级公路分别占比75%、4%、21%。当时规划总投资9000多亿元,预期于2020年建成。

(3)国家高速公路网规划。

《国家高速公路网规划》于2005年出台,包括了"五纵七横"国道主干线规划的全部支线,并确立了由7条首都放射线、9条南北纵线和18条东西横线组成的高速公路布局方案,简称为"7918"网,总里程约8.5万公里,其中主线6.8万公里,地区环线、联络线等其他路线约1.7万公里。

从里程对比可得,《国家高速公路网规划》中有40%的里程属原国道主干线规划,其中25%左右的路段需要在原规划基础上进行高速化(见表4)。

表4 "7918"国家高速公路网规划

单位：公里

北京放射线			南北纵线			东西横线		
序号	起终点	里程	序号	起终点	里程	序号	起终点	里程
1	北京—上海	1245	1	鹤岗—大连	1390	1	绥芬河—满洲里	1520
2	北京—台北	2030	2	沈阳—海口	3710	2	珲春—乌兰浩特	885
3	北京—港澳	2285	3	长春—深圳	3580	3	丹东—锡林浩特	960
4	北京—昆明	2865	4	济南—广州	2110	4	荣成—乌海	1820
5	北京—拉萨	3710	5	大庆—广州	3550	5	青岛—银川	1600
6	北京—乌鲁木齐	2540	6	二连浩特—广州	2685	6	青岛—兰州	1795
7	北京—哈尔滨	1280	7	包头—茂名	3130	7	连云港—霍尔果斯	4280
			8	兰州—海口	2570	8	南京—洛阳	712
			9	重庆—昆明	838	9	上海—西安	1490
						10	上海—成都	1960
						11	上海—重庆	1900
						12	杭州—瑞丽	3405
						13	上海—昆明	2370
						14	福州—银川	2485
						15	泉州—南宁	1635
						16	厦门—成都	2295
						17	汕头—昆明	1710
						18	广州—昆明	1610

资料来源：国家高速公路网规划。

从规划路网的构成上看,其目标是在完成"五纵七横"国道主干线规划的基础上,提升现有路网等级,并进一步提高公路密度、加深重点区域连接,从满足需求方式的发展阶段进入专业化布局式的网络化发展阶段。

依据规划,国家高速公路网里程年均增速在3500公里左右,而2005~2008年路网里程实际年均增幅为6600公里左右,超过计划增速90%左右。按6600公里的年均增长,"7918"网将在2014年提前完成。

另据规划静态匡算,2005~2007年年均投资1400亿元,2010~2020年年均投资1000亿元。而2005~2008年实际公路建设过程中,路网改造和重点项目年均投资总额为4458.2亿元,大概为原规划年均投资额度的3倍。

(4)农村公路建设规划。

为进一步增加农民收入,刺激内需,保持国民经济持续增长,2005年国务院审议通过了《农村公路建设规划》。

根据规划,2010年全国县乡公路(不含村道)里程达到180万公里,全国农村公路(含村道)里程将达到310万公里。2020年,全国农村公路里程达370万公里。

规划在"十一五"期间的具体目标为:① 5年新增里程81万公里,其中东部地区约20万公里,中部地区约50万公里,西部地区约11万公里(未含村通公路里程)。② 国家每年用于农村公路建设的资金在200亿元以上,即"五年千亿元计划",改建沥青(水泥)路约50万公里,即通畅工程。③ 实施通达工程,投资400亿元,确保全国具备条件的乡镇和建制村实现通公路目标。

(5)公路水路交通"十一五"发展规划。

《公路水路交通"十一五"发展规划》中,公路建设的重点有四个方面(见表5):①在高速路网建设方面,除汇总《国家高速公路网规划》的建设目标,还重点强调了国家高速公路网中"五射两纵七横"的建设。国家对干线重点项目倾斜的态度,有如1998年大兴基建时,提出重点建设国道主干线中的"两纵两横三个重要路段"。②在农村公路建设方面,与《农村公路建设规划》的建设目标相同,即完成"通达工程",加快"通畅工程"。③加快国省干线,尤其是瓶颈路段的扩容改造进度。④强调了运输枢纽的建设。

从历次五年计划公路建设情况可以看出:在"九五"、"十五"已完成大量高速公路建设,拉动内需刺激经济已见效果的情况下,国家在制定"十一五"规划时,对公路建设开始有所控制。

表5 "十一五"期间公路建设目标

指 标	单 位	2005年	2010年	"十一五"增加
公路网总里程	万公里	193	230	37
高速公路里程	万公里	4.1	6.5	2.4
二级以上公路里程	万公里	32.6	45	12.4
县乡公路	万公里	147.6	180	32.4
乡镇公路通达率	%	99.8	100	0.2
建制村公路通达率	%	94.3	100	5.7
乡镇油路通达率	%	75.4	95	19.6
建制村油路通达率	%	54.2	80	25.8

资料来源：《公路水路交通"十一五"发展规划》。

按规划，2006~2010年中国公路总里程、高速公路里程、县乡公路里程年均增幅分别为7.4万公里、0.48万公里、6.48万公里。而2006~2007年相应路种的实际里程年均增幅分别为11.9万公里、0.64万公里、1.86万公里。公路总里程、高速公路里程建设方面分别超过规划60.8%、34.3%，但县乡公路里程建设落后规划达71.3%。

(6) 国家综合交通网中长期规划。

《综合交通网中长期发展规划》以现有主要交通规划（包括上述各公路交通规划）为编制基础，统筹包括公路、铁路、民航、水运、管道在内的五种主要运输方式，规划在2020年左右形成全国性的综合运输网络。因为规划目标是运输大通道和重要枢纽的建设，所以没有涉及农村公路建设。

依据规划，至2010年，公路网规模（不含村道）达到230万公里，这与《公路水路交通"十一五"发展规划》一致；至2020年，公路网规模（不含村道）达300万公里以上，其中二级以上高等级公路65万公里，高速公路10万公里，公路网密度达31.25公里/百平方公里。

按目前公路网完成进度与规划里程之间差额，2008~2010年公路里程（不含村道）增速需达到4.37万公里/年，高速公路里程增速需达到3700公里/年。2010~2020年公路里程（不含村道）增速需达到7万公里/年，高速公路里程增速需达到3500公里/年。

以目前实际建设速度简单测算，规划里程可在2015年左右提前完成。2005~

2007年，我国公路里程（不含村道）年增幅分别为5.99万公里、11.18万公里、12.67万公里，高速公路里程年增幅分别为6717公里、4334公里、8561公里。仅以最近3年平均建设速度测算，完成2020年公路网和高速公路网规划所需时间分别为8.4年、7.1年。

3. 道路运输准入政策松绑

完善的基础设施网络仅仅是提供了交通运输服务的硬件基础，要提供完好的运输服务，还必须打破改革前封闭自守和各自为政的运输市场形态。大力改革市场准入制度，打破行政性和地区性的行业垄断，引入多种经济成分培育运输市场竞争主体，成为改革开放以来公路运输市场建设的主体。

1982年交通部率先提出"要努力把交通搞通、搞活、搞上去"；1983年3月又提出，"有路大家走，支持各部门、各行业、各地区一起干。国营、集体、个人以及各种运输工具一起上。"1984年2月国务院发布《关于农民个体或联户购置机动车船和拖拉机经营运输的若干规定》，正式允许个体户进入运输市场。这些政策初步打开了公路运输市场的多种经济成分并存和竞争的市场格局，形成了国有、集体、私营、个体、中外合资（合作）运输企业和各种车船维修户以及运输代理户等运输市场格局。

公路交通行业市场机制的建设标志是取消了计划经济时代的统一分配货源、统一调度、统一运输价格的"三统一"管理模式，实行"六放开"政策，即运力进入市场放开、经营线路放开、货源管理放开、维修市场放开、车站的建设与使用放开、搬运装卸与货运代理等运输服务业放开。各种市场准入机制的松绑释放了全社会的交通运输潜力，很快形成了覆盖全国、通达城乡的公路汽车运输网络。

道路运输业在改革开放之初在市场准入方面是放松管制，实行登记制，自由进入市场，使得整个道路运输市场发展迅速，很快形成了相互竞争的市场态势。随着运输企业和运力供给的不断增加，出现了运营主体高度分散、粗放经营、过度竞争的局面。自1986年底起，交通部开始提高准入门槛，实行审批制和"经营许可证"、"道路运输证"等较为严格的管制政策，并进行了一定的市场治理整顿。1986年12月发布了《公路运输管理暂行条例》，将客货运输由登记制变为审批制。随后又于1987年发布《公路运输统一单证使用和管理规定》，实行"经营许可证"，标志着较为严格的市场准入管制时期的开始。1992年下发《关于启用〈中华人民共和国道路运输证〉的通知》，实行"道路运输证"管理，运输经营者必须同时拥有"经营许可证"、"道路运输证"两证才能从事道路运输活动，进一步加强了市场准入管制。这些措施取得了显著效果，个体运输户逐渐由私营走向联合，同时淘汰了部分经营规模小、管理水平低、竞争力弱的运输企业，市场竞争趋于缓和。

1992年以后，运输企业规模和运力得到进一步迅速增长，同时又加剧了运营主体分散、粗放经营、过度竞争的市场态势。从2000年起，国家开始整顿道路运输市场秩序，进行结构调整，推动道路运输企业向规模化、集约化、专业化发展。如交通部2000年颁布了《道路旅客运输经营资质管理规定》、《关于清理整顿道路客货运输秩序的意见》，2001年下发了《道路货物运输企业经营资质管理办法》、《关于整顿和规范道路运输市场秩序的若干意见》，2002年下发了《关于继续开展道路运输市场秩序清理整顿的通知》，2004年实施了《中华人民共和国道路运输条例》，2005年发布实施了《道路货物运输及站场管理规定》、《道路旅客运输及客运站管理规定》。这些政策的实施，使我国道路运输业由以数量扩张为主要特征的粗放式发展阶段开始转入以结构优化、产业升级和整体素质提高为特征的集约式发展阶段。

4. 公路收费政策转型助推公路行业发展

我国公路按收费与否可分为收费公路与非收费公路两种，而在收费公路中，又分政府还贷性收费公路和经营性收费公路两种（见图14）。在政府同意的情况下，政府还贷性收费公路可以转让成经营性收费公路，但是目前该政策暂停执行。

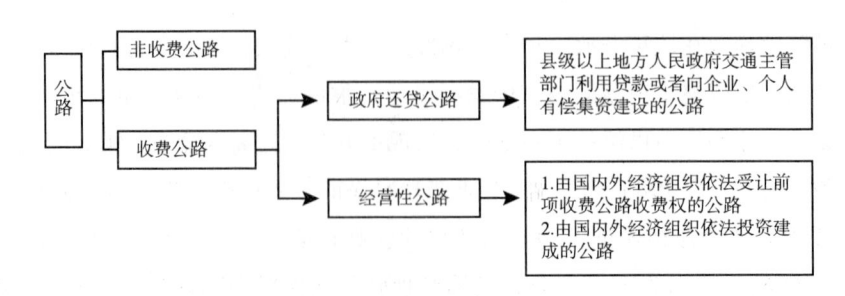

图14 公路按经营模式分类

资料来源：中金公司。

我国的收费公路政策在我国的公路建设急需资金的情况下出台，对我国公路建设特别是高等级公路的建设发挥了巨大的作用。但是近年来由于收费公路建设、管理和收费权转让等方面出现了诸多负面的问题，民众对收费公路的意见越来越大，我国的收费公路政策开始趋于严厉。目前对中、西部地区二级和以下公路的收费开始严格控制，禁止东部地区的二级路收费，暂停了政府还贷性收费公路的收费权益转让。

不收费阶段（1949~1983）：从1958年开始，国家将除国防公路以外的公路建设下放到地方，但是由于资金缺乏，公路建设进展缓慢。改革开放以后，国民经济迅速发展，公路通过能力不足的问题严重阻碍了经济的发展，如何解决公路建设资金缺乏的难题尽快发展我国的公路成为交通部门要考虑的最迫切问题。

收费政策出台（1984）：1984年12月，国务院出台了"贷款修路、收费还贷"政策，即用银行贷款修建公路，通过收取通行费偿还贷款。这项政策突破了公路建设完全依靠政府的单一投资体制，增加了公路建设的筹资途径和投资力度，赋予公路基础设施公益性以外的更富有生命力的商品属性。

《中华人民共和国公路法》出台，公路收费从此有法可依（1997）：1997年出台的《公路法》对"贷款修路、收费还贷"政策从法律的层面进行了明确和规范。《公路法》明确了民间资本与外资均可依法投资经营收费公路。《公路法》还明确规定收费期限、收费标准、收费站点的设置均由省一级政府依照法律规定设定和批准。

《国家收费公路管理条例》（2004）：2004年国务院颁布《收费公路管理条例》，对加强收费公路管理、规范收费公路市场行为、维护收费公路经营管理者和使用者的合法权益起到了巨大的促进作用。收费公路管理条例明确了我国公路发展应当坚持非收费公路为主，适当发展收费公路；除法律规定的例外情况，二级以下（含二级）公路不得收费。

《关于进一步规范收费公路管理工作的通知》（2006）：2006年12月，交通部下发的《关于进一步规范收费公路管理工作的通知》中强调，新立项的收费公路建设项目，必须在国家和本省级人民政府批准的公路发展规划之内，必须符合《国家收费公路管理条例》第十八条规定的技术等级和里程规模要求。东部地区的二级公路和中西部地区现有二级公路上进行的路面改造或大中修工程项目禁止批准为收费公路项目。中西部地区要严格控制增设新的二级公路收费站点。严格界定政府还贷收费公路和经营性收费公路，任何单位不得以任何方式非法设立经营性公路或人为改变政府还贷公路性质。在国家新的《收费公路权益转让办法》颁布实施之前，暂停政府还贷公路收费权益转让。

《收费公路权益转让办法》（2008）：《收费公路权益转让办法》的出台规范了行业经营行为，盘活了部分资产，提高了资本使用效率，对收费公路行业产生有利影响；成品油税费改革将六项税费统一调整为燃油税，收费公路有利于提高车辆燃油利用效率，这增强了收费公路的运输成本优势，燃油税改革将为行业带来长期正面影响。该办法的出台新增了一大批优质的可供转让的收费公路资源，对地方政府和收费公路公司而言是双赢的举措。对地方政府而言，经过20多年的快速扩张，地方政府在公路尤其是收费公路上沉淀了大量的建设资金；另一方面，由于农村道路等低等级公路建设进入快速发展阶段，低等级公路融资难已经成为制约地方政府道路发展的主要障碍。《办法》的出台有助于地方政府以路产转让等形式盘活现有路产，用存量换取增量，促进公路建设的持续推进。对收费公路经营公司而言，可以发挥其融资平台的作用，通过收购成熟路产，获得外延式成长，在目前的宏观环境下，这为资本的保值增值提供了更为广泛的途径。我们认为，该《办法》的出台将会改变收费公路收费权转让时的无序局面，能够有效规范转让行为，对高效利用资本、促进行业持续发展具有积极意义。对收费公路公司而言，《办法》使得他们能够利用自身的融资、管理等优势，通过公平竞争的手段获得更多更好的收费公路，从而获得更大的收益。

5. 燃油税费改革为公路行业发展带来新契机

《成品油价税费改革方案》于2009年1月1日起实施，方案就逐步取消养路费、取消政府还贷二级公路收费、成品油定价转向燃油税的机制等制定了新的规则。据此，政府并没有增加新的税种，燃油税是通过提高消费税的形式征收，从量定额征收的方式也有利于油价的预期。同时，方案以不增加社会总体负担和不提高现行成品油价为出发点，增加的消费税收入与方案中取消的养路费等行政性收费基本持平，因此该方案对大众而言是可以接受的。

成品油税费改革对收费公路行业长期而言是正面影响。一方面原有税制体系下六项税费取消并以燃油税替代，而收费公路是以过路费、过桥费为主要收入来源，税费改革基本不会影响收费公路的使用量；另一方面，政府将会利用燃油税来控制国内燃油消费，而收费公路在中长途运输中的燃油使用效率更高，因而能从较低等级的公路抢占市场份额。随着公路客货运需求的增加，车型结构将朝着重型化、大型化方向发展，收费公路有利于节约时空资源和燃油成本，收费公路在计重收费和使用率较高等有利因素的影响下，能够提高货物和旅客的输送能力，增加收费收入。

三　公路运输重点行业及相关行业发展分析

（一）高速公路行业：资源整合加速

1. 高速公路行业的产业周期分析

产业存在的基础是产品，高速公路产业的生命周期同产品的存在属性、成长规律相关。高速公路个体具有公共物品及商品的双重属性并具有随着特许经营期限的临近其商品属性逐步弱化的特征，这一特征决定了高速公路行业的产业生命周期的复杂性。

从经营生命来看，高速公路个体经过建设期、经营期和转入公共物品使用期三个阶段；从技术生命来看，高速公路个体要经历功能形成期（投入生产要素的建设期）、服务维修期（维持建成初期的使用功能和技术水平）、技术升级期（增加技术投入、提高通行能力和服务水平）和可能的衰退期（高速公路逐步被其他运输方式取代）四个阶段。

高速公路产业的生命周期就是由高速公路个体的经营生命和技术生命合成，据此我们可以得出高速公路产业发展的三个阶段。

产业发展期。在这个阶段，由于产业化实施释放了高速公路产业发展的潜在动力，高速公路进入快速、持续的增长期。高速公路逐步网络化，即主骨架形成后，进一步加大干线公路的密度，形成网络状的、更为合理的高速公路结构形态，该阶段为技术升级和资本扩张综合发展期。

产业持续期。在这个阶段，高速公路通车里程增长缓慢、资本扩张趋缓，高速公路的发展重点是高速公路运营管理智能化，应用新技术提高整个路网的通行能力，维护系统的安全性、高效性和衔接性，靠技术提高来保持高速公路在综合运输体系中的主导地位。

产业的可能衰退期。出现这一现象的可能性在于：高速公路个体逐步退出收费期，收费公路的减少使得高速公路直接经营产值下降；其他运输方式的兴起使得高速公路的地位逐步削弱，或因环保等需要限制汽车保有量的增长而使高速公路维持运营所需的通行费用收入逐步减少致使高速公路的功能及作用逐步退化。但由于汽车作为交通工具不可能完全被替代，因此这个阶段呈现衰而不亡的特征。

根据上述对高速公路产业周期各个阶段特征的分析，目前我国的高速公路行业应处于产业发展期。我国高速公路主干线已具规模，但高速公路总量仍然不足，网络还未完全形成。在未来较长的时间内，我国高速公路建设处于网络化的关键阶段。

2. 2010年左右，高速公路的网络效应将得到明显体现

随着高速公路网络建设的不断推进，许多目前收益不理想的高速公路个体将逐步释放出其潜能。"网络效应"是未来我国高速公路车流量高速增长的重要推动力，也是高速公路行业业绩快速增长的重要驱动因素之一。

全国高速公路网将于2010年底建成。到2010年，国家高速公路网总体上将实现"东网、中联、西通"的目标，建成5万~5.5万公里，完成西部大开发8条公路干线中的高速公路，基本贯通"7918"网中的"五射两纵七横"14条路，即北京—上海、北京—福州、北京—港澳、北京—昆明、北京—哈尔滨、沈阳—海口、包头—茂名、青岛—银川、南京—洛阳、上海—西安、上海—重庆、上海—昆明、福州—银川、广州—昆明。东部地区基本形成高速公路网，长三角、珠三角、环渤海形成较为完善的城际高速公路网络；中部地区实现承东启西、连南接北，东北与华北、东北地区内部的连接更加便捷；西部地区实现内引外联、通江达海，建成西部8条省级通道（见表6）。

3. 中国汽车量增加将保证高速公路车流量的快速增长

目前，中国的汽车拥有量无论是总量还是普及率都非常低。数据显示，目前美国的汽车保有量为2.35亿辆，汽车普及率是78.7%；中国的汽车保有量只有6000多万辆，扣除农用车还不到5000万辆，普及率不到5%。从中国的经济发展前景、人均收入和消费增长、汽车产业的发展等来看，中国的汽车消费将不断增长。

表6 一些重要省份的高速公路"十一五"规划

省 份	2005年(公里)	2010年(公里)	新增长度(公里)	新增占比(%)
山 东	3163	5000	1837	58.08
广 东	3140	5000	1860	59.24
江 苏	2886	4000	1114	38.60
河 南	2678	5000	2322	86.71
河 北	2135	2700	565	26.46
浙 江	1866	4000	2134	114.36
辽 宁	1773	4000	2227	125.61
四 川	1758	3160	1402	79.75
山 西	1686	3000	1314	77.94
湖 北	1649	3500	1851	112.25
江 西	1559	3000	1441	92.43
安 徽	1510	2000	490	32.45
广 西	1411	3000	1589	112.62
湖 南	1403	3000	1597	113.83
陕 西	1226	5000	3774	307.83
福 建	1208	2000	792	65.56
甘 肃	1006	3006	2000	198.81
内蒙古	1001	2000	999	99.80
合 计	33058	62366	29308	88.66

资料来源：Wind 资讯。

2009年，为应对国际金融危机、确保经济平稳较快增长，国家出台了一系列促进汽车、摩托车消费的政策，有效刺激了汽车消费市场，汽车产销呈高增长态势，我国首次成为世界汽车产销第一大国。2009年，汽车产销分别为1379.1万辆和1364.5万辆，同比增长48.3%和46.15%。其中乘用车产销分别为1038.38万辆和1033.13万辆，同比增长54.11%和52.93%；商用车产销为340.72万辆和331.35万辆，同比增长33.02%和28.39%。中国的汽车保有量，2008年达到6467万辆，2009年汽车保有量为7600余万辆，年增幅为17.5%。2010年我国汽车市场再度呈现较快增势，2010年一季度汽车保有量的增幅明显超过2009年同期，同比上升近1个百分点。随着汽车拥有量的高速增长，公路的车流量增长将有坚定的支撑。

4. 高速公路行业效益将保持稳步上升

据统计，2009年1~11月公路客运周转量累计1.3万亿人公里，增长7.8%，货运周转量累计3.6万亿吨公里，增长10.7%。从行业前景来看，目前在我国高速公路建设仍处于黄金时期。根据交通部国家高速公路网规划，到2010年全国公路客货周转量将分别达到14300亿人公里、9800亿吨公里；2020年分别达到25000亿人公里和15000亿吨公里，高速公路客货运具有巨大的增长空间。通常高速公路客货周转量增速高于公路客货周转量增速，因此，2010年高速公路客货周转量增速将在10%以上，并且认为优势高速公路增速将更高。同时，2010年，客运业务有望实现9.5%左右的增长。随着4万亿投资计划的落实和工业生产的持续好转，预计货运业务仍将延续目前的向好趋势。2010年货运增速预计在10%左右。但是公路投资加速将会导致投资回报率降低。随着国家高速公路主骨架的形成，高速公路路网带来了分流效应。未来公路建设将以加快国家高速公路网主骨架、"断头路"、扩容路段和农村公路为重点，积极推进国省干线改造，公路投资回报率的降低不可避免。同时，车流量是影响公司赢利的关键变量，2009年汽车消费创新高奠定高速公路增长基石。车流量从公路企业的收入和成本两方面影响高速公路企业的效益。预计2010年在国内经济复苏，区域经济日渐活跃的带动下，在GDP增长8.5%的预期下，主要高速公路车流量将有望同比增长超过12%。

5. 我国高速公路行业将在未来20年保持快速增长

依据国际高速公路网发展的经验，高速公路形成网络的过程中，将同步带来车流量高速增长的时期，其后车流量增长基本与GDP的增长同步。因此，从2010年末我国完成5.5万公里里程，实现"东网、中联、西通"的目标，基本贯通"7918"网中的"五射两纵七横"14条主干线路开始，到2030年我国完成"7918"网所规划的所有8.5万公里的高速公路里程里的这段时间，我国高速公路都将保持快速增长的态势。

从我国公路和高速公路的发展来看，客货周转量在过去25年里的年均复合增长率保持在10%以上，基本与我国经济发展相一致，说明随着经济增长，公路客货周转量保持同步增长基本是没有问题的。我国国民经济保持持续快速增长趋势，经济总规模不断扩大，工业化进程将以制造业规模快速扩张为主要特征，对能源、原材料需求大幅度增加，市场活力增强，物流和人流加快，必然使公路客货运输需求保持持续增长势头。

（二）汽车行业：进入高增长时代

受国际金融危机影响，我国汽车市场从2008年8月份开始出现负增长，汽车行业发展面临严峻形势。2009年，在中央扩内需、调结构、保增长一系列政策措施的积极作用下，在《汽车产业调整和振兴规划》的大力推动下，我国汽车产业实现了平稳较快发展。汽车产销稳定增长，市场需求结构得到优化，企业兼并重组取得重大进展，自主品牌汽车市场比例扩大，企业技术改造能力增强，汽车摩托车下乡取得显著成效，新能源汽车战略稳步推进。

1. 汽车产销量超1360万辆，产销量已居世界第一

2009年2月份，我国汽车市场结束下滑势头，产销量逐步回升，从3月份开始产销量月月超过百万辆，全年汽车产销、乘用车产销实现双双超过千万辆的历史性跨越。

据中国汽车工业协会统计，我国2009年累计生产汽车1379.10万辆，同比增加48.3%；销售汽车1364.48万辆，同比增长46.2%，相较我国2002年汽车销售同比增长37%的历史纪录高近10个百分点；产销增幅同比提高了43.3个百分点和39.6个百分点。其中，乘用车产销1038.38万辆和1033.13万辆，同比增长54.1%和52.9%；商用车产销340.72万辆和331.35万辆，同比增长33%和28.4%。其中，2009年12月汽车产销分别完成152.47万辆和141.36万辆，同比增长145%和92%。

2009年，汽车销售环比、同比保持较高增长态势。1~4季度汽车销售环比增长分别为24.8%、27.8%、4.1%、11.8%，同比增长分别为3.6%、31.6%、73.8%和85.6%（见图15~18）。

2. 1.6升及以下排量乘用车市场占有率大幅提高，市场需求结构日趋优化

在1.6升及以下排量乘用车购置税减半征收政策的作用下，2009年，1.6升及以下排量乘用车销售719.55万辆，同比增长71.3%，占乘用车销售市场的69.7%，占汽车销售市场的52.7%，同比提高了8个百分点。2009年汽车销量同比增加430.86万辆，其中，1.6升及以下排量乘用车销量同比增加了299.45万辆，占69.5%（见图19）。

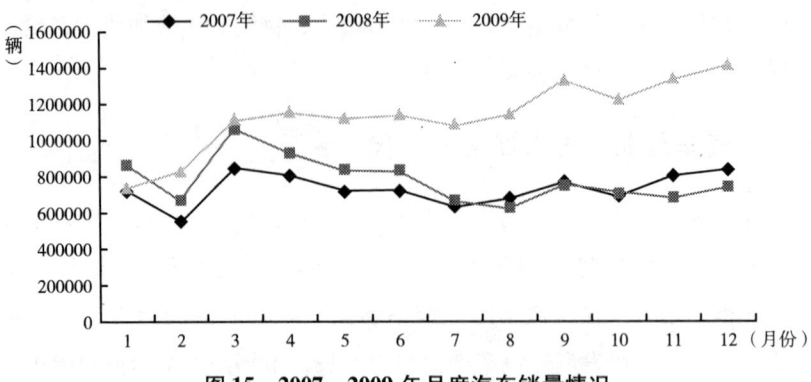

图 15　2007~2009 年月度汽车销量情况

数据来源：CEIC。

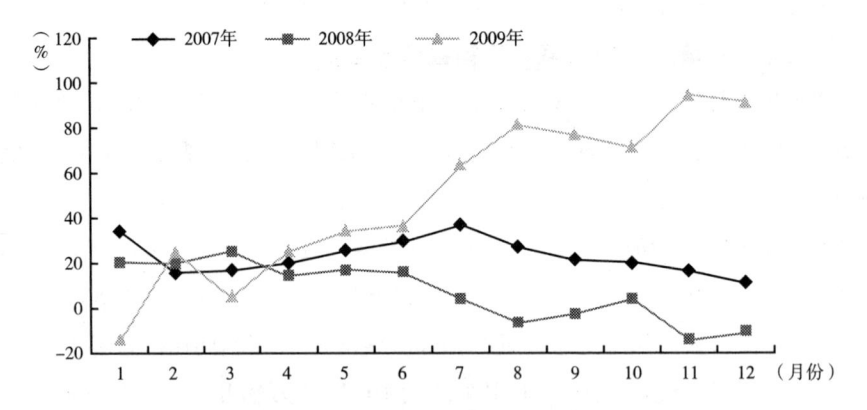

图 16　月度汽车销售量同比增长情况

数据来源：CEIC，中经网。

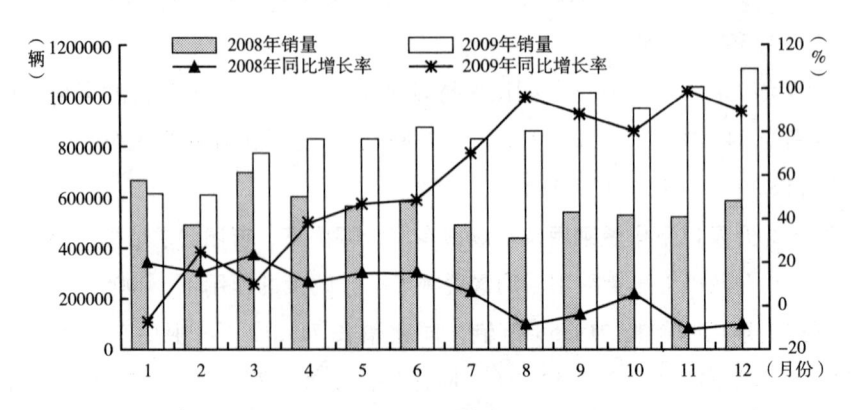

图 17　月度乘用车销量及同比变化情况

数据来源：CEIC，中经网。

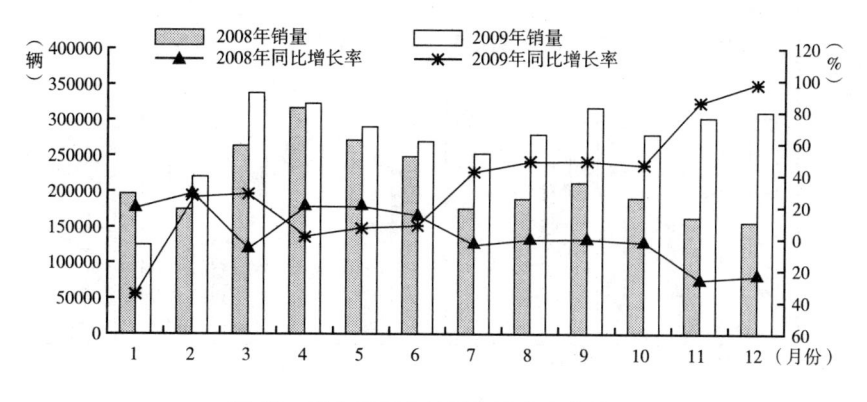

图18　月度商用车销量及同比变化情况

数据来源：CEIC，中经网。

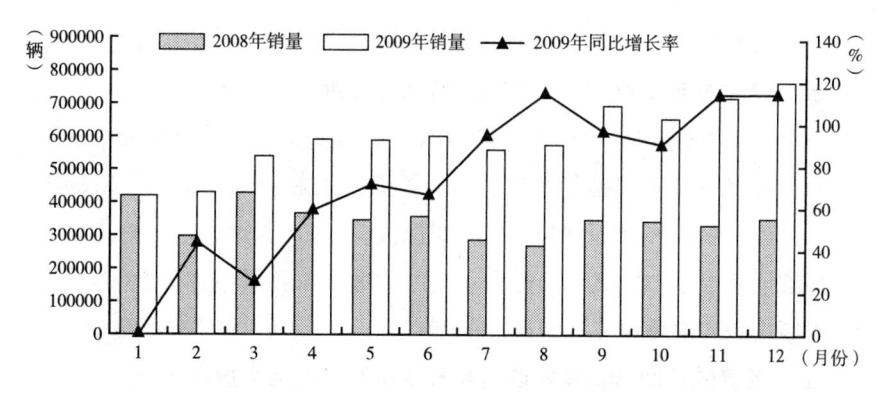

图19　1.6L及以下排量乘用车月度销量情况

数据来源：CEIC，中经网。

3. 自主品牌汽车市场份额扩大，乘用车、轿车分别达44%、30%

2009年，自主品牌乘用车销售457.7万辆，占乘用车销售市场的超过44.3%。轿车销售747.31万辆，其中自主品牌轿车销售221.73万辆，占轿车市场的29.7%，市场份额同比提高近4个百分点，较排名第二的日系车高近5个百分点（见图20）。

4. 汽车下乡使百万户农民得实惠，推动了农民生产生活条件的改善

全国共有258家汽车摩托车生产企业与财政部、工业和信息化部签订汽车摩托车下乡协议。汽车6300多个车型、摩托车9200多个车型参加汽车摩托车下乡活动。

据财政部统计，截至2009年12月底，全国已补贴下乡汽车摩托车583万

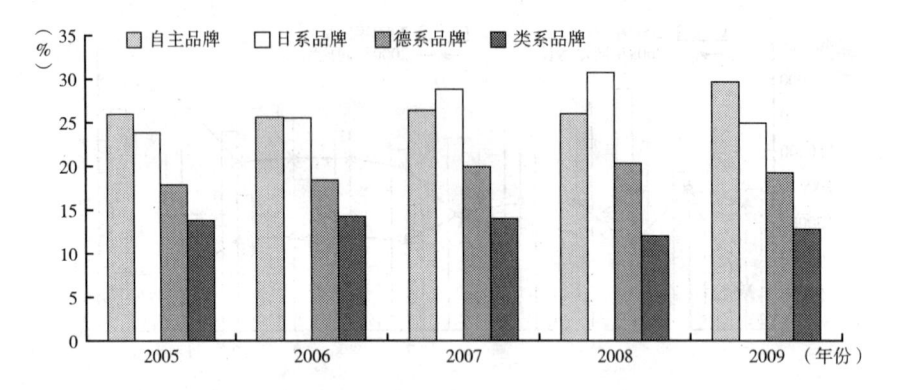

图20 国内轿车市场份额变化比较

数据来源：中经网。

辆，兑付补贴资金86.8亿元；其中，汽车补贴167万辆，摩托车补贴416万辆。

5. 新能源汽车示范推广工程启动，技术法规进一步完善

2009年，24家汽车生产企业的47个型号的新能源汽车产品列入节能与新能源汽车示范推广应用工程推荐车型目录，并通过工业和信息化部《车辆生产企业及产品公告》发布。已制订和实施新能源汽车标准39项，基本形成新能源汽车技术标准体系框架和测试评价能力。纯电动乘用车技术条件等23项标准制订工作取得新进展，部分标准已经通过评审。

6. 企业经济效益回升，技术改造和技术研发投入能力提高

2009年1～11月，全国汽车行业规模以上企业累计实现主营业务收入28054.33亿元，同比增长21%；累计实现利润总额1988.27亿元，同比增长52%；累计实现利税总额3309亿元，同比增长45%。从7月份起，汽车工业重点企业（集团）累计实现利润总额同比转为正增长，扭转了自2008年11月开始出现的累计实现利润总额同比负增长局面。

2009年1～11月，17家重点企业（集团）累计完成工业总产值12368.66亿元，同比增长24.7%；累计完成工业增加值2722.34亿元，同比增长28.6%；累计实现主营业收入13392.34亿元，同比增长23.3%；累计实现利润总额1065.43亿元，同比增长63.8%，增幅同比提高63.3个百分点；累计实现利税总额1981.49亿元，同比增长53.1%，增幅同比提高51.5个百分点（见图21）。

7. 汽车企业兼并重组取得重大进展，产业集中度进一步提高

2009年，我国汽车销量前十名的企业集团共销售汽车1189.33万辆，占汽

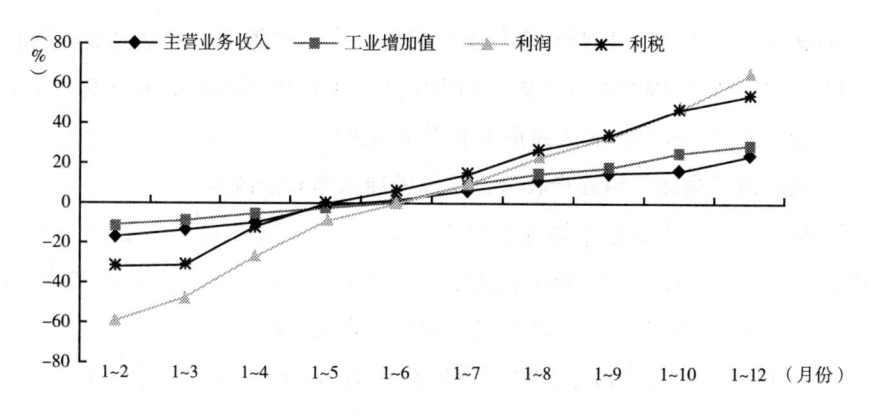

图21　2009年汽车工业经济指标同比变化情况

数据来源：CEIC，中经网。

车销售总量的87%，同比提高4个百分点。5家企业（集团）销量过百万，其中上汽集团汽车销量突破200万辆，达到270.55万辆，一汽、东风、长安和北汽分别达到194.46万辆、189.77万辆、186.98万辆、124.30万辆。上述5家企业（集团）2009年共销售汽车966.05万辆，占汽车销售总量的71%，同比提高9个百分点，汽车产业集中度进一步提高（见图22）。

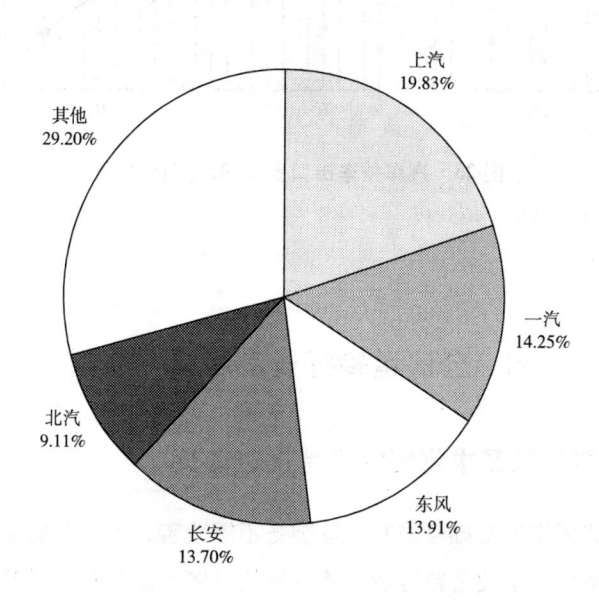

图22　2009年国内汽车销售市场占有率

数据来源：CEIC。

2009年5月21日，广州汽车集团与湖南长丰汽车集团正式签订股权转让协议。11月10日，中国兵器装备集团和中国航空工业集团重组中国长安汽车集团在北京正式签约。汽车企业兼并重组取得重大进展。

8. 汽车出口同比降幅逐步收窄，持续低迷状态有所改善

2009年，我国汽车整车累计出口33.24万辆，同比下降46%，其中乘用车出口14.96万辆，同比下降57%；商用车出口18.28万辆，同比下降32%。1~11月，汽车整车累计进口35.89万辆，同比下降4.3%。

2009年1~4季度，汽车出口同比增长分别为 -61.2%、-55.8%、-50%和 -32.3%。2009年11月、12月汽车出口同比实现正增长，扭转了自2008年8月以来持续负增长态势（见图23）。

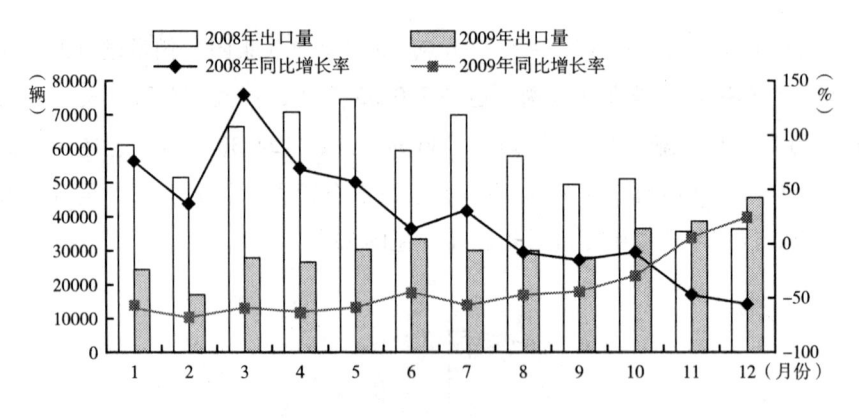

图23 汽车整车出口量及同比变化情况

数据来源：CEIC，中经网。

四 公路运输行业发展前景展望

（一）公路运输需求将继续保持快速增长

近年来，我国交通基础设施和运输装备不断改善，为公路运输市场的快速发展创造了有利条件，也使公路客货运输的平均运距不断延长。受益于良好的宏观经济环境以及旺盛的市场需求等因素，公路运输业继续保持快速增长态势。公路客运量、旅客周转量、货运量、货物周转量保持快速增长。公路作为最主要的运输方式，依然承担着 91.84% 的客运量和 73.29% 的货运量。

但与日益增长的运输需求相比，公路运输仍存在有效供给不足的问题。随着我国经济的进一步发展，公路运输需求将继续保持快速增长。在公路货运中大宗货物、初级产品所占的份额呈下降趋势，对运输服务质量和服务水平的要求日益提高。

（二）智能运输系统是未来公路运输的发展方向

智能运输系统（ITS），是将先进的信息技术、数据通信传输技术、电子控制技术及计算机处理技术等有效地综合运用于整个地面运输管理体系，使人、车、路及环境密切配合、和谐统一，使汽车运行智能化，从而建立一种在大范围内、全方位发挥作用的实时、准确、高效的公路运输综合管理系统。

ITS 将汽车、驾驶员、道路及其相关的服务部门相互联结起来，并使汽车在道路上的运行功能智能化。从而，使公众能够高效地使用公路交通设施和能源。具体地说，该系统将采集到的各种道路交通及服务信息经交通管理中心集中处理后，传输到公路运输系统的各个用户，出行者可实时选择交通方式和交通路线；交通管理部门可自动进行合理的交通疏导、控制和事故处理；运输部门可随时了解车辆的运行情况，进行合理调度。从而，使路网上的交通流运行处于最佳状态，改善交通拥挤和阻塞，最大限度地提高路网的通行能力，提高整个公路运输系统的机动性、安全性，降低汽车运输对环境的污染，提高汽车运输生产率和经济效益。随着智能运输系统技术的发展，电子技术、信息技术、通信技术和系统工程等高科技在公路运输领域将得到广泛应用，物流运输信息管理、运输工具控制技术、运输安全技术等均将产生巨大的飞跃，从而大幅度提高公路网络的通行能力。

（三）公路运输将与现代物流日益融合

物流业作为一种新的经济运行方式，已成为国民经济的重要服务部门之一。由第三方物流企业组成的新的物流服务行业，是中国经济发展新的生产力。随着公路运输需求水平的逐步提高，公路货运中小批量、多品种、高价值的货物越来越多，在运输的时间性和服务质量方面的要求越来越高。因此，公路运输企业必须提高自身的物流服务水平，以满足日益提高的客户服务的要求。公路运输加速向现代物流的发展和融合，不仅是为了面对现有的国内市场的需求，同时更是为了应对经济全球化潮流和我国加入 WTO 后所带来的压力和挑战。在此背景下，

近年来一些大型公路运输企业的物流意识迅速增加，一些嵌进的企业已开始从单纯的客货运公司发展成为能够提供多种物流服务的现代物流公司。

（四）集约化、规模化是公路客运发展的方向

公路客运是为经济社会发展和人民出行提供最广泛服务的重要产业，在综合运输体系中起着基础性作用。随着国民经济持续发展和人民生活水平不断提高，公路客运市场需求发生了转折性的变化，从要求"走得了"向"走得好"转变。同时，随着公路基础设施建设的大规模投入、高等级公路尤其是高速公路的快速发展，为提高公路客运营运质量提供了条件。

社会经济发展的大环境以及通达能力、运行条件改善的小环境，都对公路客运发展方向提出了战略性转变的要求。集约化经营、规模化发展成为现阶段中国公路客运发展战略的主要取向。在这种趋势下现有公路客运经营主体"多、小、散、弱"的状况，已不能适应市场需求的变化。因此，公路客运企业应以"安全、快捷、舒适"为基本要求，提高营运质量，走集约化经营、规模化发展之路。

（五）公路货运将向快速、长途、专重载方向发展

随着区域经济的发展以及公路基础设施和车辆的不断改进，中长距离公路运输需求增加，公路货运向快速、长途、专重载方向发展。大吨位、重型专用运输车因高速安全、单位运输成本低而成为我国未来公路运输车辆的主力。专用车产品向重型化、专用功能强、技术含量高的方向发展。厢式运输车、罐式运输车、半挂汽车列车、集装箱专用运输车、大吨位柴油车及危险品、鲜活、冷藏等专用运输车辆将围绕提高运输效率、降低能耗、确保运输安全大目标发展。

Highway Transportation Industry:
Adapt the Requirement of Reform and
Plan for New Development

Abstract: This report introduces the development status, operational features of global highway transportation and the current operation of highway transportation in China. In addition, it comprehensively analyzes the highway transportation industry in China, and deeply dissects the development trends of key industries and related industries. Based on the information above, it forecasts the prospects of highway transportation industry from 2010 to 2013 of China.

Key Words: Highway Transportation; Current Operation; Overall Environment; Prospect Forecast

分报告三
航空运输业：现代化民用航空体系初现

刘亚军 郝 吉*

摘 要：全球民用航空业在金融危机中遭遇重创。全球民航业既要应对持续亏损的挑战，又要应对CO_2减排的严峻形势，全球航空运输市场格局将在危机中生变。中国的民用航空运输市场将在竞争中不断重组和整合。民用机场建设不断前进，干支线协作发展渐成趋势。随着大飞机战略的逐步展开，我国航空布局逐渐形成。

关键词：航空运输 民用机场 大飞机制造

一 全球民用航空行业的挑战与变革

（一）全球航空业将持续亏损

过去两年，全球民用航空业在金融危机中遭遇重创。全球经济衰退使民航旅客市场回到两年半前、空中货运市场更回到三年半前水准。根据国际航空运输协会（IATA）的统计，2000~2009年，全球航空业的亏损高达491亿美元，平均每年亏损50亿美元。仅2009年一年就亏损多达110亿美元，营业收入减少800亿美元。航空业最大的年度亏损金额是2001年的130亿美元，但当年是"9·11"恐怖袭击所致。2009年全球航空公司平均客座率为75.6%，平均货舱利用率为

---

* 刘亚军，高级经济师，现任中国民航总局中南管理局局长，曾任民航总局安全办公室主任等职务；郝吉，中国社会科学院研究生院经济学硕士，主要研究方向为宏观经济、制度经济、产业经济，在《中国化工报》等报刊发表论文多篇。

49.1%。从航运需求上看,2009 年是航空业史上衰退最严重的一年。以旅客人数乘以飞行距离计算的全球运量,2009 年平均衰减 3.5%,欧洲、北美、亚太地区的减幅则超过 5%。2008 年以来,全球已有 34 家航空业者关门大吉。新加坡航空(SIA)、英国航空(BA)等陷入亏损窘境,亚洲最大的日本航空公司(JAL)更沦落到申请破产保护的境地。

2009 年底,国际航空运输业出现了逐渐好转的迹象,12 月份的客运需求比上一年同期增长了 4.5%,货运需求同比增长了 24.4%。全球航空业亏损虽然减少却仍将继续,未来全球航空业的复苏之路崎岖难行。IATA 在 2009 年 12 月调整全球航空业 2010 年财务预测,预计净亏损将达 56 亿美元,高于此前预期的 38 亿美元的亏损额。由于债务和失业问题,2010 年发达国家航空业的亏损将最为严重,其中欧洲地区的亏损额预计将达到 25 亿美元,北美地区的亏损额将达到 20 亿美元。亚太地区 2010 年的亏损额约为 7 亿美元,与 2009 年持平。2010 年以来,尽管一些关键的统计指标已经向好的方向变化,需求正在持续提高,航空业非燃油成本将下降 1.3%,但航油成本正在上升,加之航空运力供给增加,航运价格具有下调的压力,航空业重拾获利将难上加难,这对于航空业的营业收入来说依然是个灾难(见表 1、图 1)。

表 1　全球航空业净利润

单位:十亿美元

地　区	2007 年	2008 年	2009 年	2010F 年
全　球	12.9	-16.8	-11.0	-5.6
北　美	5.3	-9.5	-2.9	-2.0
欧　洲	5.4	0.2	-3.5	-2.5
亚　太	2.1	-5.5	-3.5	-0.7
中　东	-0.1	-1.0	-1.2	-0.3
拉　美	0.1	-0.7	0.1	0.1

据 IATA 预测,2010 年行业收入将达到 4780 亿美元,比 2009 年增加 220 亿美元,增长 4.8%。然而,这一数值仍然要比 2008 年低 570 亿美元(-11%),比 2007 年低 300 亿美元。

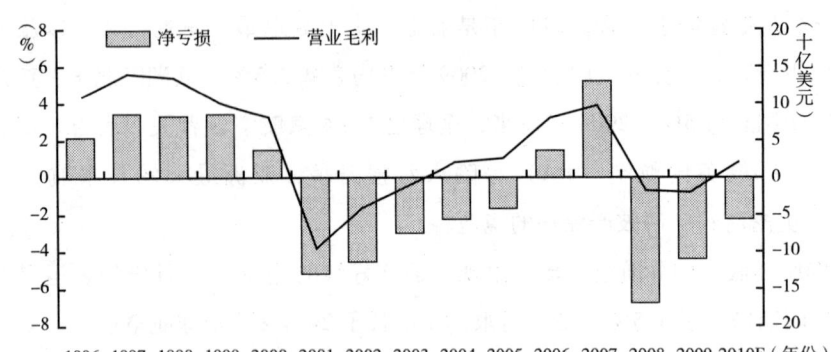

图1 全球航空公司赢利情况

客运需求在2009年下降4.1%的基础上，在2010年将增长4.5%。2010年航空客运量将达到22.8亿人次，恢复到2007年的高峰水平。货物运输方面，2010年货运需求将在2009年下降13%的基础上，增长7%，达到3770万吨。货运总量将比2007年的高峰期低10%。由于全球经济正处于补充库存的过程，货物航运需求的增长要快于国际贸易的增长。一旦补充库存的过程结束，货物行业将与国际贸易的增长水平持平（见图2、图3）。

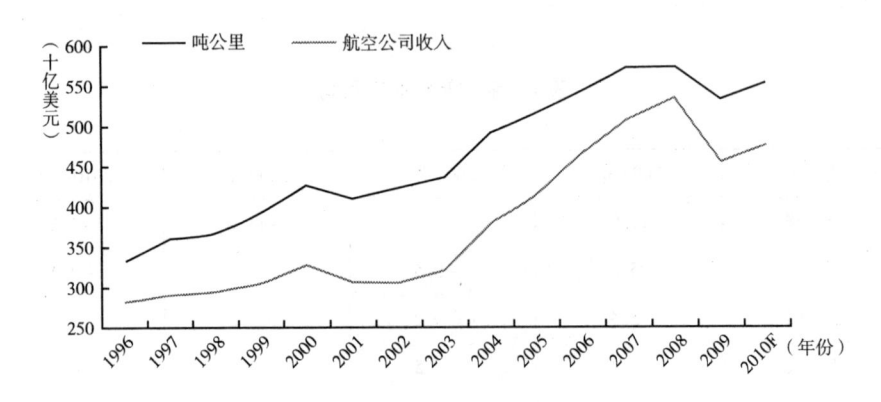

图2 航空公司收入与通量

收益率方面，2009年客运和货运收入分别下降了12%和15%。货运收益率预期提高0.9%，客运收益率尽管目前的水平已经很低但预期仍不会有所提高。这是由市场航空运力的过剩和商务旅行预算的削减两方面原因造成的。2009年航空运力的调整是以航空利用率的调整（下降6%）为代价的，而2010年1300

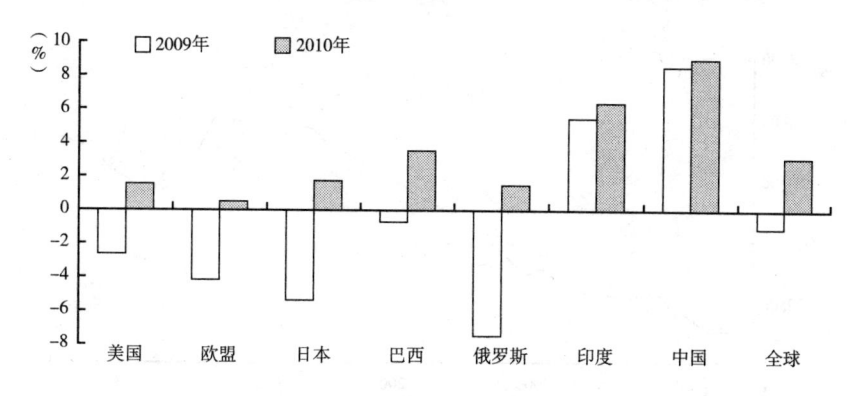

图 3　IMF 主要国家 2010 年经济增长率预测

架飞机交付使用，将使全球运力增长 2.8%，这给收益率的提高形成了压力。由于 2009 年头等舱价格较低，2010 年商务旅行的预算将参照 2009 年的价格水平而被削减（见图 4～图 6）。

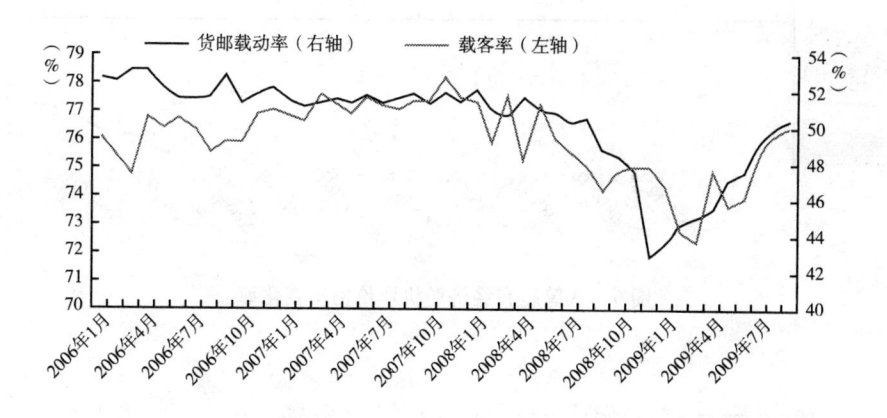

图 4　载客率与货邮载运率

燃油价格将在 2010 年达到 75 美元/桶，比 2009 年 61.8 美元/桶的价格大大上升。燃油占到运营成本的 26%，大大低于 2008 年 32% 的水平，但也是 2001～2002 年 13% 水平的两倍（见图 7）。

（二）全球航空业 CO_2 减排形势严峻

气候变化是一个全球性的问题，是 21 世纪人类面对的最大的挑战之一。据统计航空部门 CO_2 总的排放量占到全球排放量的 2%，其中 40% 来自国内航空业

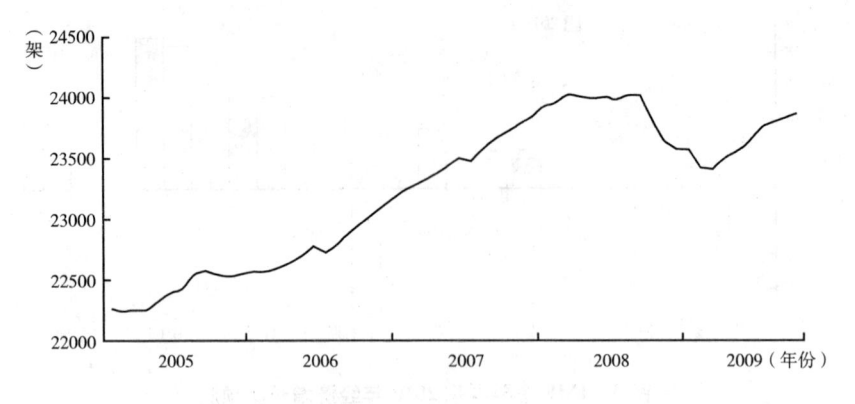

图 5　航空公司机队规模

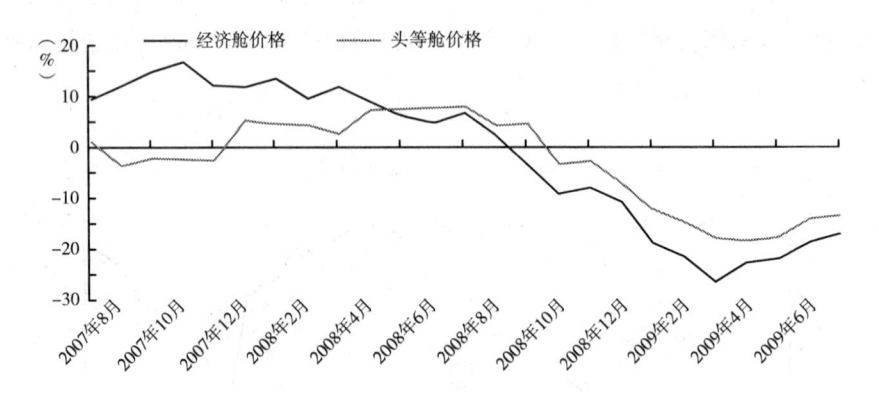

图 6　头等舱和经济舱机票价格年变化率

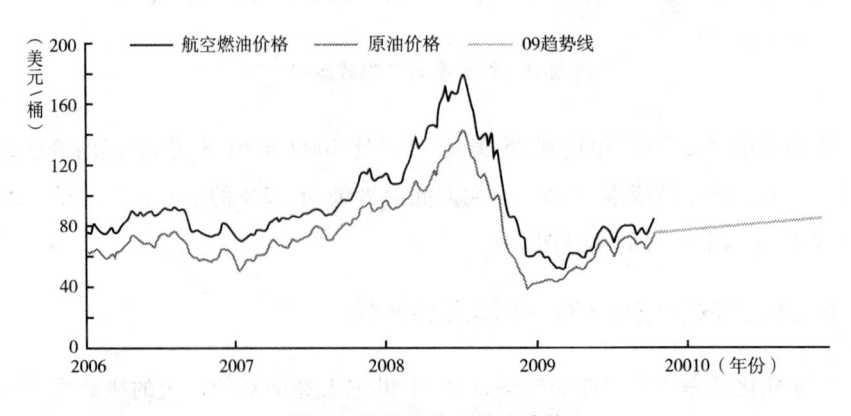

图 7　原油和航空燃油价格

的排放。航空业也是一个全球性的行业。由于航空业的排放可以是跨地域、跨国界的，适用于地面排放污染源的管理机制不会在航空业收到成效，因此对航空行业来说，需要一个全球性的解决方案，才能有效地解决气候变化问题。

2009年12月，国际航空运输协会（IATA）向联合国提交了一份有关国际航空业应对气候变化的建议书。该建议书概述了国际航空业在气候变化问题上的三大承诺目标，即2009～2020年航空燃料的燃效每年平均提高1.5%；到2020年实现碳中和增长，即航空业的CO_2排放量以2020年为顶峰，此后不再增长；到2050年该行业的CO_2排放量削减为2005年的50%。国际航协代表了全球200多家航空公司，其成员公司的运输量占到了全球国际定期航班运输量的90%以上。国际航协提出的上述面对2050年的节能减排目标，向全世界展示了一幅国际航空业未来40年进行"绿色飞行"的美好蓝图，是全球范围内首个跨国行业协会提出的类似的应对气候变化规划。

尽管航空运输业CO_2总的排放量仅占全球排放量的2%，但航空运输业的快速增长使得航空运输业气体减排形势严峻。全球定期航班在2001～2008年保持了4%的平均增长率。虽然以客公里表示的全球航空运输业预计在2009年下降4%，但随着经济的复苏，2010年航空运输业将增长3.3%，2011年这一指标将达到5.5%。定期航班交通预期在2025年之前年平均增长4.6%。国际航空运输业在2005年排放了6.37亿吨CO_2，到2008年这一数据增长为6.66亿吨。2009年的航空业CO_2排放量将低于2005年的水平，比2008年减少7%。其中5%是来自国际金融危机造成的飞行航班减少，2%则来源于航空基础设施的改善、运营效率的提高等因素。在未来一段时间内，随着全球经济的增长，各国间的人员流动更加频繁，货物运输与日俱增，航空运输业务量将随之攀升，广大发展中国家为满足经济社会的发展需要，还要不断地扩建或新建机场，添加新的航空器材。如何确保包括航空公司、机场、导航服务供应商和制造商在内的整个航空业排放的CO_2在2020年后不再增加，并在2050年后削减到3.2亿吨以下，这对于国际航空业来说是个严峻的挑战（见图8、图9）。

根据国际民航组织航空与环境保护委员会（CAEP）的初步分析，全球航空燃油消耗预期将从2006年的190兆吨（Mt）增至2050年的280兆～1430兆吨之间的水平（很可能为730兆～880兆吨）。如不计入代用燃料的影响，则预计CO_2将从2006年的600兆吨增至2050年的890兆～4520兆吨（很可能为2300

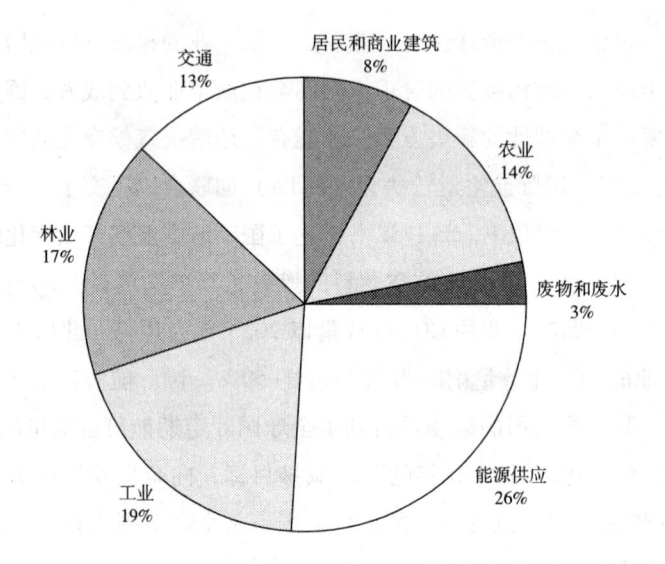

图8 2004年交通部门GHS排放比重

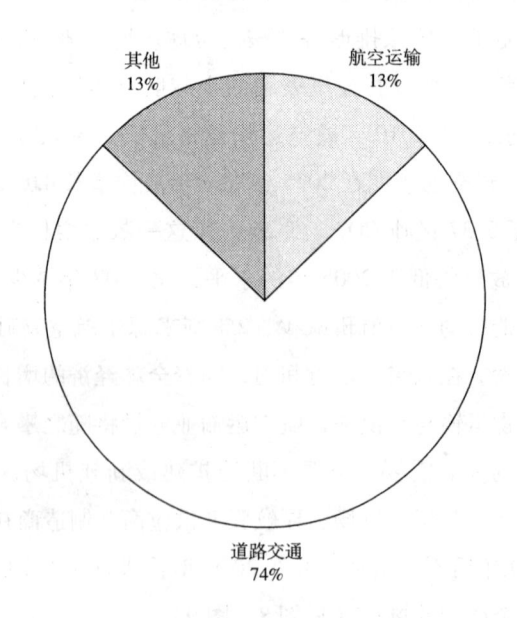

图9 交通运输CO_2排放比重

兆~2800兆吨)。按照每次飞行计算,则预期燃油效率会持续改进,直至2050年。然而,即使按照最雄心勃勃的技术预测设想,预期通过技术进步和运行措施改善所实现的这一效率增益也不能抵消预期的需求驱动带来的排放增长。因此为了实现航空业的未来可持续发展，必须采取其他干预行动。将代用燃料的使用、未预见的技术进步、运行措施改善和基于市场的措施在内的多种措施结合起来，采取多方面做法，有可能实现这一目标。

CO_2 的减排无疑将增加航空公司的成本，这对于全球经营惨淡的航空运输业来说影响是深远的。2008年7月，欧洲会议通过了将航空业纳入欧盟温室气体排放交易机制，根据最终达成的妥协，从2012年起航空业温室气体排放总额将被限制在2004~2006年参考水平的97%，2013年进一步降至95%。此外，在最初阶段，85%的排放配额将免费发放给航空公司，其余15%将通过拍卖方式有偿发放。届时，凡是进出欧盟机场的航空公司，都将被纳入这一交易机制，即航空公司将被分配一定的温室气体排放限额，排放总量低于限额的航空公司可出售其限额剩余部分，而排放总量超标的则必须购买超出限额的部分。根据IATA估计，第一年航空公司将增加35亿欧元成本，以后每年逐步增加。此举将对世界航空业产生不小的负面影响。

（三）全球航空运输市场格局的变化

近年来，国际航空市场格局发生了巨大变化，行业内部合作与区域合作在同步加快，业务合作与资产重组都在不断深化。行业内部合作突出表现为"星空"、"天合"、"寰宇一家"三大航空联盟的快速发展。而区域合作则表现为欧美主要经济区域内航权自由化趋势的不断扩大。国际航空业的兼并和重组事件也接连不断，比较著名的案例有法航与荷兰航的联合重组、汉莎航兼并瑞士航、美国合中航与美国西部行合并、日本航空与佳速航合并、印度捷达航（Jet Airways）兼并撒哈拉航（Air Sahara）、印度 Air India 和 India Airlines 合并以及新加坡低成本航空公司（ValuAir）与捷亚航空公司（Jetstar Asia）的合并等。

2009年，世界航空运输业遭遇了历史上衰退最严重的一年。欧洲、美洲、亚洲众多航空公司陷入亏损窘境，亚洲最大的日本航空公司（JAL）更沦落到申请破产保护的境地。自2008年以来，全球已有34家航空业者关门大吉。而未来全球航空业的复苏之路崎岖难行。危机加剧了世界航空运输业的竞争，同时也孕育着航空运输业竞争格局的变革，未来世界航空业的竞争是巨型航空公司的竞争。

一是美国和欧洲航空运输业迅速地完成跨国的和超规模的资本并购重组，从而形成新的世界航空运输市场势力划分版图。新版图以新一代国际航空巨头为代表，以跨大西洋的航空市场为核心，形成全球性几乎是无所不达的航空市场运输网络。这样的国际航空网络结构，从积极意义来看，将促进全球航空交通的便捷，增强世界各国的经济文化交流往来；从负面意义来看，有可能由此将形成对欧美国家相对平衡而对亚洲国家和全球其他发展中国家航空市场超级垄断的格局。

二是全球航空市场一体化依然是全球航空公司巨头孜孜追求的目标，并且，他们的要求将比过去更为迫切，行为更为强势，行动更为具体。同时，在全球航空市场一体化进程中，"你中有我、我中有你"，经济利益交织、社会权责不清，将成为世界航空运输业的一种常态，国际航空市场的竞争将更为残酷和激烈。

三是全球航空市场的竞争对抗将呈现集团化、集约化、战略化和行政化，也就是新的国际航空市场竞争从企业直接面对面的小规模市场竞争格局转变为"联盟对抗式"、"产业链对抗式"、"制高点对抗式"、"政府干预式"的大规模市场竞争格局。政府的角色（或者以法律的名义）会越来越多地从"后台"走向"前台"，全球航空市场的胜负，将决战于各国宏观策略的较量。

四是新的航空市场格局、新的航空技术应用和新增长的航空市场需求，不仅使航空运输业与世界经济联系更为紧密，同时使航空运输业与世界国际政治的联系也更为紧密，全球航空运输业在世界政治经济发展中的地位、作用、影响和价值将更加突出。

二 民用航空运输市场：竞争、重组与整合

（一）国际民航兼并重组的浪潮

世界民航业正在发生巨大变化。欧美民航业进行行业整合，集中度大大提高，已经形成巨型航空公司主导世界民航业的竞争格局。

1. 欧洲：三大巨型航空公司主导竞争

为了应对低成本航空公司的挤压和日益激烈的市场竞争，欧洲的大型航空公司在欧洲"单一天空"政策的指导下，打破原有的国家界限，纷纷开展跨国的兼并重组。法航通过一系列兼并收购，于2003年成功组建了营业收入世界第一的法航—荷航集团，形成了以巴黎戴高乐和阿姆斯特丹机场为双枢纽的庞大的航线网络，经营利润2004年为4.14亿欧元，2005年为5.5亿欧元，随着整合的进

一步成功，协同效应越来越大，2006年利润达到9.36亿欧元，成为世界上最赢利的航空公司。法航与荷航的整合取得了巨大的成功，2008年初又得到意大利政府的批准，开始收购意大利航空公司。德国汉莎通过收购亏损的瑞士航空，进一步扩大了自己的规模，获得了瑞士航空的优质航线和客户资源，增强了自己的竞争力，巩固了自己在欧洲第二的地位，2006年经营性利润为8.45亿欧元，比2005年增长46.4%，汉莎整合瑞士航空同样取得圆满成功。欧洲其他航空公司面临加入哪个阵营的选择。业界一般认为，意大利航空最终将加入法荷集团。以法航—荷航集团、汉莎航空、英航为核心的欧洲三大巨型航空公司基本成形而且还在不断壮大。

2. 美国：开始考虑前六大航空公司的整合

为了应对"9·11"以后面临的困境以及欧洲超级航空承运人的威胁，同时在资本市场的积极推动下，美国的航空公司也在酝酿新的行业重组与合并，几乎主要的航空公司都已牵扯其中，美国前六大航空公司很可能整合成为三家。美国联合航空公司CEO 2007年底发表公开谈话，承认美国的航空公司的整合由于美国特有的破产保护法和工会的阻挠，已经落后欧洲，在未来的全球性竞争中处于不利的地位。美国监管当局的态度也已经向积极方向转变，美国运输部积极推动行业整合以应对来自欧盟的天空开发的挑战，美国司法部在美国反垄断法方面已有松动的迹象。美国政府出于保护本国利益，乐于见到本国有强大实力的巨型航空公司出现。

3. 天空开放协议：将加快全球航空公司行业的兼并重组

欧盟和美国2007年3月签署"开放天空"协议。这一协议的核心内容是欧盟国家任何一家航空公司均能从欧盟境内任何一个城市飞往美国境内任何城市，反之亦然，美国的航空公司也可开辟前往欧盟境内的任意航线。比如说，德国汉莎航空公司目前飞往美国的航线只能从法兰克福、斯图加特等德国城市起飞，而在新协议生效后，汉莎可以在法国巴黎、西班牙马德里等开通直飞纽约等美国城市的航班，回程也可以飞往欧盟境内任何城市。这一协议将大大加速世界民航业正在进行的合并、重组热潮。英航在"开放天空"协议签署之后，加快了兼并西班牙航空公司的步伐。合并与收购会成为航空业各航空公司间合作的首选，行业整合最终带来基于多中枢、大网络的世界级的巨型航空公司，形成巨型航空公司主导世界民航业的竞争格局。

欧美民航业未来将呈现"3+3"的局面，即各被这3家超级航空公司控制，欧洲三大航空集团对阵美国三大航空公司。

4. 亚洲：巨变的前夜

世界民航业的发展格局将深刻影响着亚洲。日本的日航与JAS于2005年10月合并成日航集团，成为日本第一的航空公司。国泰航空于2006年完成对港龙航空的收购，完成了香港航空运输业的整合。澳大利亚政府总理则公开力促澳大利亚国家航空公司快达航空和新加坡航空合并，新加坡政府立即予以支持。亚洲目前最咄咄逼人的航空公司显然是中东地区的阿联酋航空（Emirates），石油价格的暴涨不仅使其腰包满满，同时大大鼓舞了其令全球民航业十分惊讶的雄心壮志——将迪拜打造成为全球的远程航线中转枢纽。到2007年底，阿联酋航空投入600亿美元巨资，打造一支拥有246架远程宽体机队，其中包括58架A380，未来航线网络计划覆盖8小时航程以内的地区，包括亚洲、欧洲、非洲和中东地区，人口达到55亿。亚洲一家巨型航空公司的雏形已显现。

（二）中国民航整合的内在要求

1. 我国航空运输业重组整合的市场结构原因

2002年的民航大重组，我国航空运输市场形成了明显的三级市场格局：以国航、东航、南航三个大型航空公司为主，海南航、川航、深航、山东航等中型、区域性航空公司为辅，春秋航、鹰联航、奥凯航等新兴航空公司为补充。民航的重组有效促进了我国民航业的发展，但从整体而言，我国民航业的布局和结构仍不合理。在世界民航业趋向大型化、集团化和高效化的发展潮流中，我国的航空公司明显处于小规模、分散经营状态。联合、联营意识薄弱，定位不明确、航线网络发展趋同，规模和势力扩张效率低下。这一格局是在政府的指导下短期内有计划、有步骤地形成的，并没有经过充分的市场竞争，因而缺乏长期的稳定性。一旦遇到外界环境的变化，这一格局将会受到巨大冲击而发生变化。而金融危机的蔓延以及影响造成的我国市场结构的先天不足给航空运输业蒙上了一层阴影，需求约束、成本压力和外部竞争所形成的市场驱动以及行政主动推动，将促使我国航空运输产业结构的调整，企业间的兼并重组蓄势待发。

2. 我国航空运输业重组整合的需求驱动

经济下滑、供大于求，是我国航空运输业走向重组整合的需求驱动。2008

年一季度以来，受全球经济危机的影响，国际航空运输市场的需求增速明显放缓，中国也难以幸免。根据中国民航的统计数据，2008年中国民航运输周转量累计403万吨，同比仅增长0.3%；进入2009年，货运增长迅速下滑，1月份同比增长-28%，直到9月份该指标才恢复正数。2008年客运量同比增长不断下降，直到2008年9月份止跌，2009年1月份后反弹恢复至2007年的增长水平。

从供给方面来看，航空公司运力从2007年底开始进入平稳增长阶段。由于飞机引进从订单签订到交接飞机需要2~3年的时间，航空公司的运力调整往往滞后于市场需求的变化。我国航空公司飞机月进口数量从2008年3月开始保持了较高且平稳的增长。飞机进口所形成的运力供给在短期内难以消化，形成了航空运力供大于求的局面。航空公司很少能有手段应对这一局面。因为退租或者延期接收飞机需要赔付大量罚金。而提前大修、降低飞机日利用率、暂时缩减航线航班等降低运力的手段都是权宜之计，高固定成本逼迫航空公司不能持续地缩减运力供给。面对2008年下半年快速下滑的航空运输市场，民航总局于2008年12月出台相关措施，包括落实支线航空补贴政策、退免征2008年下半年以来的民航基础设施建设基金以及严格控制2009年新增引进飞机项目的审批。由于飞机采购的交付期较长，2009年1~9月份以来国内飞机引进数量仍然保持较高的数量。从供需情况来看，2006年至今国内航空公司运力投放增加较快、飞机订单存量较多，行业飞机运力供给仍然维持在较高水平，而总需求的增速相对运力增速较缓，短期内航空运输行业仍将面临一定的运力过剩问题。我国主要航空公司运力过剩导致客座率较上年同期略有降低，国内航线的票价水平也较去年同期有所下降，给航空公司带来一定的运营压力。同时，随着我国高速铁路（时速250公里/小时以上）、公路等快速交通方式的发展，我国航空运输行业将面临日趋激烈的竞争，尤其是中短途航线将面临高速铁路的分流影响，航空公司票价上涨空间有限（见图10）。

运力供过于求的局面会逼迫航空公司之间展开价格战，但价格的持续下降会给航空公司的财务带来负面影响，长期的价格战必将造成利润的大幅下滑甚至亏损。当亏损变得越来越大或者远远超过市场和政府的预期时，各航空公司必然希望通过资源整合和规模经济来降低成本、提高收益，新一轮的兼并重组不可避免（见图11、12）。

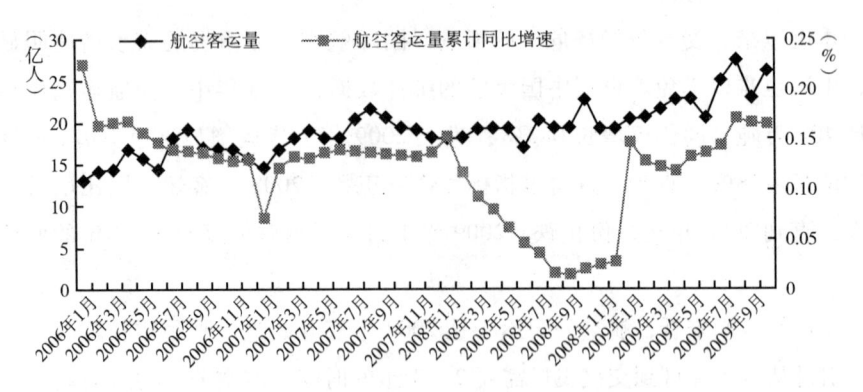

图10　中国航空客运量情况

数据来源：Wind 资讯。

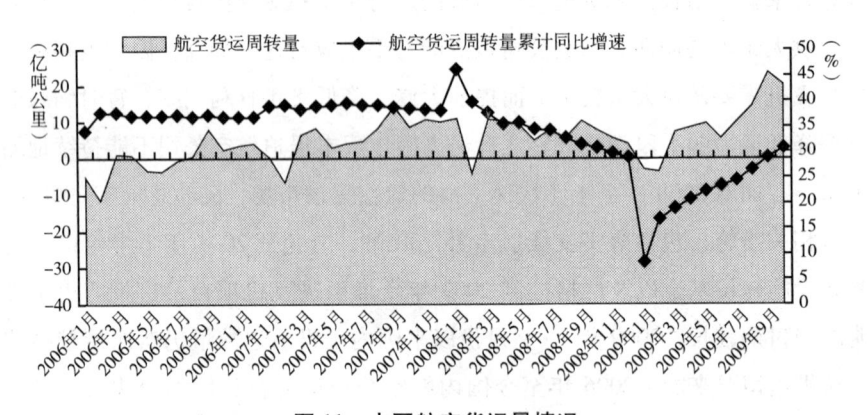

图11　中国航空货运量情况

数据来源：Wind 资讯。

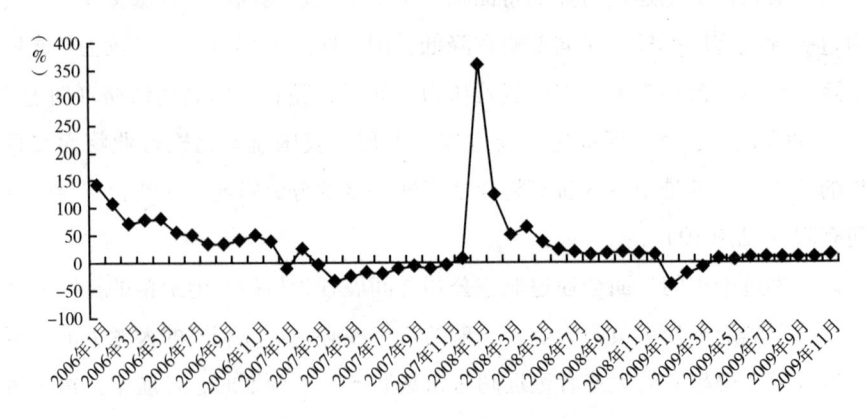

图12　中国飞机进口量累计同比增速

数据来源：Wind 资讯。

3. 我国航空运输业重组整合的成本驱动

油价震荡、利润下滑，是我国航空运输业走向重组的成本驱动。航油成本是航空公司占比最大的成本之一，约占总成本的30%~40%。2008年油价高位运行，全球已有几十家航空公司因为财政负担激增而倒闭。2009年至今国际油价震荡上扬，截至10月21日新加坡航空煤油为83.18美元/桶，国内航空煤油价格为4770元/吨。航油价格的上升一方面使航空公司燃油成本有所上升，但仍大幅低于2008年的同期水平。随着国际航油价格的进一步震荡上扬，航空公司的成本压力将进一步加大。我国国有控股的航空公司约占3/4的市场份额，退出壁垒较高。在航空运力供给过剩的格局下，航空公司无法通过提高运价和增加额外收费转移成本。航空公司在既无法压缩成本又无法提高运价、无法退出市场的情况下，通过兼并重组获得规模经济以冲减成本上升带来的损失，或许是航空公司明智的战略选择。

4. 我国航空运输业重组整合的竞争压力驱动

境外航空公司的竞争压力驱动我国航空市场的兼并重组。2007年，《欧美天空开放协议》对外发布，根据该协议，欧洲的航空公司可以收购美国的航空公司最多49%的股权，享受25%的投票权。反之，美国的航空公司对欧洲的航空公司也享有同等的权利。另外，在航权方面，欧盟国家的航空公司可从欧盟境内任何一个城市飞往美国境内的任何城市；同样，美国的航空公司也可以开辟前往欧盟境内的任意航线。欧美航空公司目前占有全球航空运输市场60%以上的份额，欧美天空开放和欧美航空公司之间的资本合作，必然给亚洲等其他国家的航空公司造成巨大压力。

面对欧美航空业格局发生的新变化，我国政府也迅速采取了相应的"天空开放"措施。首先是股权的开放，2007年我国政府颁布《对外投资民用航空业规定》，允许外商投资中国航空运输业。其次是航权的开放，2007年7月10日，我国中部六省的天空全面对美开放。再次是承运人数量的开放，我国政府承诺，到2010年，获准经营中美航线的航空公司从4家增加到9家，中美航线上各自飞行的航班数量将从每周54班增加到249班。再其次是承运人资格的开放，中美航权开放不再有承运人的限制，国内所有航空公司都可以经营中美航线，包括民营航空公司。最后是关于全面开放的承诺，中美双方将在2010年重开航空谈判，为全面开放天空设立一个时间表，以完全消除在航线方面的限制。

美欧、中美和中欧航权开放将给中国航空公司带来巨大的竞争压力。我国航空公司的国际竞争力严重不足，在国际航线上甚至有被边缘化的趋势。中方承运人在国际航空货运市场上份额已经从2001年的38.6%快速下降到2006年的23.8%。2006年，我国航空公司在国际客运市场上的份额也只有44%，比外航低12个百分点。收入和赢利能力上的差距更大。天空开放潮流让世界航空运输市场越来越自由，为了应对强大的境外航空公司，提高我国本土航空公司的国际竞争力并参与航空运输企业间的国际性竞争和并购迫在眉睫。2007年我国南方航空公司加入天合联盟，随后国航和上航加入星空联盟，包括国泰和国航交叉持股以及"东新恋"都是我国航空运输企业参与国际航空运输业并购浪潮的实质性探索。虽然中国民航业现在已经形成了中航、东航、南航三足鼎立的局面，但是更要看到，中国航空公司与国际同行业的大企业相比，仍然势单力薄，没有一家航空公司的实力排得进全球航空公司前五名。通过企业联合重组提高市场集中度，从而增强航空公司参与国际竞争能力、抗风险能力和赢利能力，尤显必要。最近的情况更凸显了这一行动的紧迫性。2008年以来，全球经济整体性下滑让整个中国民航业出现少有的负增长。此后，金融危机、油价大幅波动、甲型H1N1流感疫情的扩散等，让民航业遭受一次又一次打击。经济环境恶化导致需求疲软，客运量、货运量双双下降，航空业遭遇20年来最寒冷的"严冬"。国际航线首先受到冲击，随着航空公司将国际航线的过剩运力转移到国内，再加上国有航空、地方航空、民营航空的激烈市场竞争，使得机票价格一度跌破火车票价，对于航空公司的赢利更是雪上加霜。在如此严峻的经济大背景下，全球航空公司都在经历着不同程度的变革，期望在行业低谷期增加自身抵抗风险能力与快速恢复能力。

5. 我国航空运输业兼并重组的行政推动力量

产业布局、政府指导，是我国航空运输业兼并重组的行政推动力量。2006年底，国资委出台《推进国有资本调整和国有企业重组的指导意见》，强调加快国有大企业的调整重组，培育一批具有国际竞争力的特大型企业集团，推进和完善民航等行业兼并重组。2007年初，国资委出台有关国家绝对控股7个产业的政策，民航业位列其中。要求7个行业中每个行业保留1~2家绝对的大型或者特大型企业。国航、南航、东航等三大航空都是由国资委控股的航空公司，上航等地方航空公司是地方国资委控股的航空公司，且都是A股上市公司。国有控股航空公司之间的兼并重组符合国家出资人的利益和国家行业指导政策。

行业不景气时期酝酿的最大变革,就是企业间由传统的竞争走向并购与重组,以期取得资源整合效应。在面临行业危机时,"抱团取暖"是航空公司走出困境的重要选择。正是在此背景下,出现了东航与上航的重组。但是从长期发展来看,这不应该是个案,联合重组做强企业有必要继续持续下去。

三 民用机场建设:干支线协作发展渐成趋势

(一)支线机场建设发展是中国民航的重要课题

机场作为航空运输和城市的重要基础设施,是综合交通运输体系的重要组成部分。经过几十年的建设和发展,我国机场总量初具规模,机场密度逐渐加大,机场服务能力逐步提高,现代化程度不断增强,初步形成了以北京、上海、广州等的枢纽机场为中心,以成都、昆明、重庆、西安、乌鲁木齐、深圳、杭州、武汉、沈阳、大连等省会或重点城市的机场为骨干以及其他城市的支线机场相配合的基本格局,我国民用运输机场体系初步建立。但机场总量不足、体系结构和功能定位不尽合理等问题仍比较突出,难以满足未来我国经济社会发展需要,特别是提高国家竞争力的要求。

1. 机场的数量规模和地域服务范围不能满足发展需要

我国绝大多数机场的建设和发展是以航空运输市场需求为基础,初步形成了与我国国情国力相适应的机场体系。但随着我国经济实力的增长、城市化水平和人民生活水平的不断提高,目前机场体系还不能适应全面建设小康社会的发展要求,如果将机场的服务半径降到1.5小时车程(100公里),目前的机场体系只能服务全国县级行政单位的52%,国土面积的37%,人口的61%和GDP的82%。我国民航运输机场的数量不足,与发达国家甚至一些发展中国家相比,还有较大差距。美国、日本、澳大利亚、巴西的机场密度均远高于我国。因此,有序增加机场数量、提高机场体系的地面服务范围仍是民航业发展的主要任务之一。

2. 航空网络不健全,发展不平衡

目前,我国民用运输机场数量不足,定期航班机场数量大致相当于美国的

1/4；干线航空与支线航空网络脱节，大型枢纽机场、区域枢纽机场、中小型机场之间航班衔接困难，支线航空的发展还处于初始阶段，基本上还只是依附于干线网络的边缘线路，尚未成为航空网络的有机组成部分。民航运输总体发展不平衡，80%以上的民航旅客运输量集中在东部；主力航空公司的运量配置也以东部地区为重点优先保证，造成西部地区机场运力不足，航线航班难以维持和增长，发展受到严重制约。

以2008年为例，2008年年旅客吞吐量排名前10的机场完成的旅客吞吐量占全部机场旅客吞吐量的56.87%。北京首都机场、上海虹桥机场、成都双流机场、深圳宝安机场、大连周水子机场、乌鲁木齐地窝铺机场等，由于其空域资源紧张以及有限的航站楼和机场设备资源，现在已经处于饱和或超负荷状态。而另一方面，全国还有50多个机场年旅客吞吐量不足10万人，这其中有30多个机场年旅客吞吐量不足5万人。一些支线机场的旅客年吞吐量甚至不足1万人。

我国枢纽机场和干线机场网络布局基本完成，建设支线机场是增加机场总量、完善机场体系结构和功能层次的重要一环。支线机场的建设和发展是今后较长时期内民航建设发展的重要课题。中国民航要实现从世界民航大国向世界民航强国的跨越，必须把支线航空作为优先重点发展的领域。

（二）干支线协作发展初现端倪

长期以来，我国机场业发展中存在区域机场密度、机场业务量、机场收入来源不平衡等现象。以机场业务量为例，2008年所有通航的机场中，年旅客吞吐量在100万人次以上的有47个，占全国机场总旅客吞吐量的95.49%；年旅客吞吐量在1000万人次以上的有10个，占全国机场总旅客吞吐量的56.87%；北京、上海和广州三大城市机场年旅客吞吐量占全国机场总旅客吞吐量的34.62%。各机场中，年货邮吞吐量在1万吨以上的有44个，占全国机场总货邮吞吐量的98.83%；北京、上海和广州三大城市年货邮吞吐量占全国机场总货邮吞吐量的57.42%。总体来说，大机场在全国机场业务量中的比重过高。

金融危机对全球民航业带来了严重冲击。2009年以来，全球民航业负增长，航空公司普遍陷入亏损局面。但中国民航国内旅客运输量1~9月同比增长23.6%，全行业赢利91亿元，尤其是中国支线机场出现了爆发性上扬。到2008年底，我国共有116个小型机场，占全国机场的73%。2009年上半年，我国小型机场的旅客吞吐量达到1487万人次,同比增长26.7%。比较突出的是,陕西榆林机场增长300%,江西九江机场增长237%,辽宁朝阳机场增长183%,山东潍坊机场增长163%,内蒙古赤峰机场增长118%,云南腾冲机场通航半年即达13万人次。青海玉树机场8月1日刚刚通航西宁,每周3班,就出现了"一票难求"的局面。2009年以来,北京、上海、广州三大民航枢纽的增长幅度低于省会城市的民航增长幅度,省会增长幅度又低于支线机场的增长幅度,中国民航业盼望了多年的均衡发展初见端倪。

2009年支线机场逆势上扬的动力主要有三个来源:第一,国家实施的西部大开发、振兴东北老工业基地、中部崛起等战略,促进了区域经济平衡发展,开始释放出效应,是支线民航大发展的根本因素。西部地区地广人稀,一直是民航发展的薄弱区域。但2009年1~8月,西北地区支线机场运输旅客量同比增长120%。第二,百姓对支线航空的需求增加,是助推支线机场大发展的直接推手。随着中国人均GDP走向3000美元大关,中国百姓的生活水平正在迈上新的台阶。特色经济、特色旅游、红色旅游兴起,给支线航空发展带来了广阔的空间。例如2009年1~9月,延安机场旅客吞吐量同比增长107%,榆林同比增长130%多,青海的机场吞吐量同比增长47%。第三,中国民用航空局2008年以来出台了一系列政策,是支线机场发展的直接动力。2008年2月28日,民航局出台《关于加强国家航空运输体系建设的若干意见》,对国家航空运输体系建设目标、原则、具体措施等进行了明确规定。其中,促进支线发展也是其中重要内容。文件指出,支线航空的发展有利于拉动国内市场需求、节能减排和环境保护。民航局按照机场布局规划,加快实施支线机场建设项目;积极引导企业开拓市场,投入约4亿元,落实并完善对航空公司和机场支线经营的各种资金补贴政策。2009年选择100条老少边穷地区有市场前景的支线航空追加补贴;支线地方政府、航空公司、机场共同开发支线市场,提高通达性;为支线机场提供至枢纽、省(区、市)机场航班的时刻倾斜。民航局出台了《民航中小机场补贴管理暂行办法》、《支线航空补贴管理暂行办法》等政策,支线机场和省内航段或距离小于600公里的支线都可以享受补贴,补贴标准向中西部地区、东北地区、新开辟航线以及尚处于市场培育期的航线倾斜,向欠发达地区和小机场倾斜,同时要求地方政府提供配套补贴。这些政策直接使支线航空的收益率上升,调动了航空公司开辟支线航空市场的积极性。

（三）干支线机场协调发展的驱动因素

1. 宏观经济发展驱动力

有效需求约束是我国支线航空发展受阻的根本原因。北美的支线市场主要由商务客构成，航程较短而收益水平高，有很强航班频率效应的支线飞机的成本优势比干线飞机高得多，因此骨干航空公司会与支线航空公司签约，使支线机航班加入干线的航线网络结构，直接为干线集散旅客服务。我国的支线航空目前主要是服务客流量偏低、收益率低的休闲旅游市场，营运地区又往往是运行条件严峻的西部，大部分中小城市消费能力不强，在这样的环境下，支线航空的运营成本会比干线高，大量潜在的航空运输需求并不能马上转化为实际需求。支线机场相对中心城市经济滞后，个人消费水平低，公商务旅客出行也有诸多限制。

有效需求的增长依赖于收入水平的提高和潜在需求的释放。从经济总量上来看，经济活动的增加和收入水平的提高将刺激消费水平的升级，带动旅游经济、和公商务活动的增加，从而促进支线航空的需求。

从经济活动的区域分布来看，东、中、西区域发展不平衡的经济基础条件决定了我国航空运输市场发展不平衡，制约了支线航空的发展。我国航空运输市场存在西部与东部严重不平衡，80%以上的民航旅客运输量集中在东部。目前国内150个民用机场中，年旅客吞吐量长期低于50万人次的机场就达98个，航班量太小乃至飞飞停停，使这些中小机场无一不陷入严重亏损、举步维艰的境地，这些机场多数集中在我国中西部地区，这不仅导致大量投资闲置，而且使这些地区的群众无法享受到方便的航空服务，成为制约这些地区经济发展的一个重要因素。因此，在某种程度上说，我国支线机场发展缓慢与支线航空发展滞后和民航发展的地区失衡有着密切的内在联系。

支线航空与中西部地区经济相互促进。中西部地区的特点是地域广大、地形条件复杂，因此陆路交通成本高，缺乏便利性；支线航空运输前期投入少（平均两公里铁路的投资即可建成一个支线机场），受地形条件限制较弱且方便快捷，是连接中、西部分散的人口及资源、促进偏远地区与经济发达地区沟通、刺激中西部地区经济发展的高效的方式。近些年来，中国一直重视区域经济的均衡发展，西部大开发和中部崛起战略稳步推进。随着投入的不断增加和东部地区产业向西部、中部的梯度转移，不断为中国区域经济均衡发展积累条件，中西部地区发展不断增快、经济活力不断提高,这客观上促进了中西部支线航空的发展。中西部地区另一个显著特点是旅游资源丰富,且多数尚未充分开发。旅游行业的发展也会进一步促进该地区航空运输业的繁荣。

2. 基础设施驱动力

支线机场基础设施建设和支线航空运输市场唇齿相依。合理的支线机场数量和网络布局是支线航空市场发展的重要条件。支线机场基础设施建设的不足,影响支线航空市场的发展,而后者又反过来制约前者的发展。《全国民用机场布局规划》指出机场布局上存在的主要矛盾和问题:一是机场数量较少、地域服务范围不广,难以满足未来经济社会发展的要求,尤其是"东密西疏"的格局与带动中西部地区经济社会发展、维护社会稳定与增进民族团结、开发旅游资源等的矛盾比较突出;二是民航机场体系内部未能充分协调,区域内各机场间缺乏合理定位和明确分工,机场对干、支航空运输协调发展的合理引导作用薄弱,参与全球竞争的国际枢纽尚未形成,难以有效配置资源和充分发挥民用航空资源整体优势和作用。

目前国内航线布局大环境存在着"东密西疏"、"沿海密内陆疏"的不平衡现象。由于绝大部分高客流量航线分布在东部沿海或其他经济发达地区,这部分地区的航线上航班频率高,航空服务质量高,航空服务资源集中,中西部则相对较少甚至无法享受航空运输资源及服务。这不但与国际航空运输业通行的"普遍服务原则"相悖,而且制约了中西部地区的经济、社会和文化的发展。目前在航空服务所覆盖的61%的人口和占全国GDP 82%的地区中,华北、华东、华中、华南地区占据绝大多数;中西部地区则相对较少。根据国家规划,到2020年,航空服务将要覆盖82%的人口和占全国GDP 96%的地区,其拓展部分将主要集中在中西部地区。与骨干航线和大型机场运力过剩形成鲜明对比的是,大量中小机场利用率非常低,运力配置严重不合理。支线发展严重滞后,这些中小机场未能成为科学合理的航线网络的节点,是其陷于困境的一个重要原因。

近年来,民航局、各级政府以及民航企事业单位为改变上述不平衡的局面做了很多工作。2007年2月22日,民航局正式颁布了期待已久的《关于进一步促进小型机场发展的若干意见》的文件。文件勾画了支线航空的定义和范围。文件定义的支线,是指根据民航机场规划的分类,在中、小型机场始发到达的省、自治区、直辖市的航线以及跨省、自治区、直辖市航程较短或运量较小的航线。

文件指出了发展小型机场的重要意义，支线航空是航空的重要组成部分，是民航发展需要培育的新的经济增长点，是落实科学发展观、构建和谐社会、促进区域经济社会发展的措施，有利于贯彻我国开发西部、振兴东北老工业基地、发展红色旅游方针的实施，是调整和完善航空运输网络、促进民航事业协调发展的具体体现。2008年2月28日，民航局出台《关于加强国家航空运输体系建设的若干意见》，对国家航空运输体系建设目标、原则、具体措施等进行了明确规定。其中，促进支线发展也是其中重要内容。《意见》指出要按机场布局规划，加快实施支线机场建设项目，落实并完善对航空公司和机场支线经营的各项资金补贴政策，支持地方政府、航空公司、机场共同开发支线市场，提高通达性，至枢纽、省（自治区、直辖市）机场航班时刻倾斜等。

以机场布局来说，"十一五"前三年，中国民航新建机场全部集中在中西部地区，贵州荔波、贵州黎平、甘肃天水、新疆哈密、新疆那拉提、新疆喀纳斯、广西百色、内蒙古东胜、西藏林芝和云南文山等一批机场的相继建成使用，在一定程度上平衡了区域之间的机场布局水平。2008年底出台的被称为"民航业十条"的《民航局应对金融危机带来巨大负面影响的十条措施》提到，要加大对支线航空的补贴力度。中国2009年新开工40多个支线机场工程，投资规模为2000亿元，此外还鼓励支线航空公司与地方政府和机场当局共同开发支线市场，扩大航空运输的服务范围，这些政策都将大大促进支线航空市场的发展。在国务院2009年出台的保增长十大措施中，特别提出要加强机场等重大基础设施建设，安排中西部干线机场和支线机场建设。民航局目前已会同财政部制定了中小机场补贴、支线航空补贴、基建贷款贴息和地方机场建设项目投资补助资金管理办法等四项政策。

2008年《全国民用机场布局规划》提出了"适度增加支线机场布点"的原则，在未来十年还将新建大量支线机场。根据该规划，到2020年我国将新建97个机场，民航运输机场总数将达到244个，分为北方、华东、中南、西南、西北5个机场群。这5个机场群中，新增的97个机场中90%为支线机场。届时，全国80%以上的县级行政单元能够在地面交通100公里或1.5小时车程内享受到航空服务，所服务区域的人口数量将占到全国总人口的82%、国内生产总值（GDP）将占全国总量的96%。全国省会城市（自治区首府、直辖市）、主要开放城市、重要旅游地区、交通不便中小城市等均有机场连接，形成功能完善的枢纽、干线、支线机场网络体系。今后，我国将加大对小型机场建设的资金投入，鼓励地方政府积极筹措资金参与机场建设，重点实施中西部及东北地区支线机场的建设项目，增加这些地区的机场密度。新建的机场将以支线机场为主。这些既有或待建的支线机场为中国未来支线航空运输业的腾飞奠定了坚实的基础及设施根基。在加强支线机场建设的同时，中国还将鼓励支线航空公司与地方政府和机场当局共同开发支线市场，提高国内航线航班的通达性，扩大航空运输的服务范围。这些政策都将大大促进支线航空市场的发展。

2009年，民航局将中央新增的55.9亿元国债全部用于中西部地区支线机场、西部干线机场的新建、扩建项目。同时提前启动了一批具备条件的"十二五"项目。

3. 行业发展驱动力

运力严重不足是我国支线航空运输大大落后于干线航空的主要原因之一。按照通行的说法，乘客座位在70座以下的飞机称之为"支线飞机"，以支线飞机为主要运输工具连接中小城市，旨在改变这些地区航空通达性的航线被称为"支线"。在西方，支线航空是航空市场的重要组成部分，在过去10年里，它以高于干线航空一倍以上的速度稳定增长，其运输总量也翻了一番。以美国为例，目前约有80家支线航空公司，运营着2100多架支线客机，每天飞行大约15000多架次航班，约占国内所有航班的40%；欧洲支线航空协会也有73家会员公司，1100架飞机在支线航线上穿梭往返。

在我国，随着曾经占据了我国民航支线机队主力地位的国产运七飞机全线退出，我国支线飞机出现了青黄不接的局面，多个小型机场由于没有合适的机型执行航班，被迫停航。目前，我国民航运输飞机总规模已经超过1000架，但航空公司拥有的各种型号支线客机仍不足80架，占我国航空公司飞机总数的比例依旧没有突破10%。这和欧美国家支线飞机一般占运输飞机总数30%的比例仍然有很大差距。

支线航空的生存和发展必须依赖支线飞机运营的利润。目前我国进口支线飞机的高购置成本和高航材关税一直制约支线航空运力的扩张。由于适合的国产支线飞机出现断层，目前国内的支线飞机以进口为主。50~70座的支线飞机不含关税、增值税的单座采购成本高达30万~40万美元，高出B737和A320等单通道干线飞机成本近一倍。此外，进口支线飞机及航材要缴纳22.85%的进口关税和增值税,而干线飞机只有5%,7%~10%的经营性租赁预提税等税收也加重了支线飞机的运营负担。同时,和干线飞机相比,支线飞机座位数少,单位客座采购成本高,运营成本也相对比较高。在航程偏短的支线上,单位座公里所分摊的起降费、地面服务费、空勤费和燃油费均高于干线飞机。支线飞机由于成本高、单位运营成本高造成支线航线的实际票价水平高,因此地面交通手段通常成为首选。

四 中国大飞机制造业:带动航空工业布局成形

大型飞机一般属于运输类飞机。按飞机最大起飞重量分为超大、大、中、小型4类。小型飞机的起飞重量为20吨以下,中型飞机的起飞重量为20~100吨,大型飞机的起飞重量为100~350吨,超大型飞机的起飞重量为350~600吨。起飞重量在100吨(或座位数100座)以上的运输类飞机统称为大型飞机。大型飞机按照用途又分为军用运输机、民用运输机和特种运输机三大类。

发展大型飞机及其产业一直是中国航空工业界的一个夙愿。早在20世纪60年代,我国就决意搞自己的大型飞机,不仅要出产品,更要建设一个实力雄厚的大飞机工业。从那时起,我们相继仿造了运7、运8、轰6等当时的大飞机,自主研制了运10大型客机,实施了通过国际合作发展中国大飞机产业的"三步走"战略。然而,所有这些尝试都没有圆中国航天人的大飞机之梦,中国大飞机产业始终没有形成。2009年,大飞机项目研发和供应商招标工作的不断推进带动了来自西安、沈阳、成都等地的航空工业企业和制造基地。随着国产大飞机飞上蓝天计划的步步推进,我国航空工业布局也在逐步成形。

(一)我国发展大飞机的历程

1. 初创阶段(1965~1980年)

中国大飞机产业的初创阶段是1965~1980年,从仿制中、小型飞机开始起步,到自主新型飞机的初创设计,逐步具备了一定的大、中型飞机的研制生产能力,初步建立了飞机研发的产业体系。期间的轰6、运7、运8飞机是参照苏联的飞机进行设计,遵循苏联的飞机设计规范,使用的是与苏联材料体系相近的飞机材料,并且按照军用飞机的设计定型程序下达研制任务、实施管理。轰6于1959年按照苏联提供的图样开始研制,1968年首飞,1969年小批量生产,此后有多个改型机,成为我军空中战略打击力量的主力。运7于1966年参照安-24开始研制,1970年首飞,1982年设计定型,现已销售200多架,主要用于国内民航和空军。运8于1969年参照安-12设计开始研制,1975年首飞,1982年设计定型,现已生产100多架,主要用于国内民航。运10飞机是我国自行研制的第一架喷气客机,主要参考波音707-320c客机进行全新设计。大胆跳出了苏联飞机设计规范的框框,采用美国的民航适航条例。运10于1971年开始研制,1980年首飞,后因多种原因于1985年停止研制试飞,未能定型和投入使用。纵观我国大飞机初创阶段,整个大、中型飞机工业是在仿制和初创设计中发展起来的,改变了我国一无所有的局面,具备了一定的设计、制造能力,但是没有从根本上形成飞机设计的理念和完善的飞机研发技术、飞机质量、飞机制造和配套产业体系。

2. 成长阶段（1981～1998年）

大型飞机产业的成长期为1981～1998年,经历了一些已有型号的设计定型、改进改型和艰难而曲折的国际合作探索。这期间通过国家的大量投资,研发手段和技术能力均有大幅度的提高,增加了部分技术储备。但始终没有研制出新的大型或干线飞机,没有培养出具有新型飞机设计理念的项目管理队伍和研发设计队伍。

（1）已有产品的定型和改进定型。

这期间主要是对已有的市场定位比较明确的产品,如轰6、运7、运8的定型和改进。通过改进定型,积累了一定的大、中型飞机的研制技术和经验,改造更新了原有的生产设施设备,大幅度提高大、中型飞机的制造能力,为大型飞机的研制奠定了一定的物质基础。

（2）国际合作之路。

转包生产。大中型飞机的转包生产从1979年承接100副麦道公司主起落架舱门开始,现已发展到涉及波音737、747、757、MD-90、A310/320等飞机,有机身部件、机翼构件、副翼、平尾、垂尾、复合材料组件和各种舱门等。

整机组装。1985年,上海航空工业公司、中国航空器材进出口公司与麦道公司签订了组装25架MD-82飞机的合同,由上海飞机制造厂组装,工作量占全机机体工作量的7%。1989年中方与麦道公司续签了组装5架MD-82和5架MD-83的合同，1994年10月，上海飞机制造厂组装的第35架麦道飞机交付中国北方航空公司。

合作生产MD-90飞机。1987年1月，航空部和中国民航局联合向国外6个飞机和发动机制造商发出招标书，提出中国需要150架干线飞机。经多年选型和谈判，1992年3月中方与麦道公司签订了合作生产40架MD-90飞机的协议。协议规定中国生产的工作量约占全机机体工作量的70%。1997年8月，麦道公司被波音公司兼并，波音公司于1997年11月宣布MD-90飞机将于1999年5月停止生产。仅生产的2架MD-90飞机，均交付中国北方航空公司运营。

"三步走"战略和100座飞机项目的失败。1993年12月，航空工业部提出了干线飞机发展"三步走"的总体思路：以40架MD-90飞机合作生产为基础，以国际合作发展100座级为突破口，实现立足国内研制生产180座级飞机的目标。1996年4月，中国航空工业总公司与法国宇航公司签署了合作意向书，1996年12月，欧洲方面新设立的空客亚洲公司参加100座项目谈判。1998年6月，欧方表示采用目前的假设条件，无法证明该项目在经济上可行。1998年9月，空客公司对外宣布自行投资5亿美元研制107座A318飞机。1998年6月，国务院第十次总理办公会议决定停止100座飞机项目的研制。经过了四年半的时间，"三步走"战略最终失败。

3. 低谷期（1999~2003年）

自100座飞机项目失败后，中国大型飞机产业的发展跌入了低谷，国家不再谈论关于大型飞机发展的话题。期间，为应对中国加入WTO的国家产业政策和竞争格局的调整，国家与1999年开始了军工部门和企业的大改革。在这一时期，航空工业部门对100座飞机项目进行补救，高举自主创新的旗帜。2002年，在新成立的国防科工委的支持下，用50%的国家投资和50%的企业自筹资金的方式，上马了70座级ARJ21支线客机项目。该项目走完全自主知识产权、国有单一投资的道路。

4. 探索期（2004年至今）

2003年11月，科技部组织的"大飞机项目论证组"开始对大飞机的上马进行调研和专家论证。2004年的"两会"上，中国工程院院士关桥、刘大响等人大代表向全国人大提交了《关于尽快开展大型飞机研制的建议》的议案。

中国航空工业第一集团公司的一位人士向记者透露，2006年1月初国家中长期科学和技术发展规划在科技大会上讨论通过的时候，对于民用飞机，一位国家领导人最后专门脱稿讲了几句话：关于如何发展民用飞机，他已经知道各方面有不同意见。

关于"十一五"期间将适时启动大飞机研制的信息，吸引了全国人的目光。这似乎昭示着中国大飞机项目终于迎来了一缕新的曙光。

2008年5月11日，中国商用飞机有限公司揭牌成立。中国商用飞机有限公司主要从事民用飞机及相关产品的设计、研制、生产、改装、试飞、销售等业务；与民用飞机生产、销售相关的租赁和金融服务业务；承接飞机零部件的加工生产业务等。公司下辖上海飞机设计研究所、上海飞机制造厂、中航商用飞机有限公司、上海航空工业（集团）有限公司等子公司和下属单位，在北京设有办事机构，并在欧洲、美洲设立代表处。公司按照"主制造商—供应商"运行模式，重点加强飞机总体设计、系统集成、市场营销、适航取证、产品服务等五种能力建设，走中国特色、自主发展的产业化、市场化、国际化道路。中国商用飞机有限公司的成立，标志着我国大型客机项目有了承担主体。

（二）我国航空工业体系的形成

1. 我国航空工业的初步形成

我国上一轮航空产业布局主要完成于20世纪50～70年代。当时主要根据国防的需求，国家全盘统筹在沈阳、西安、成都、贵阳、南昌、上海等地建设了一批航空工业骨干企业。这轮布局一直持续到本世纪初。

新中国成立初期，百业待举，经济困难。然而，为了建设强大的国防，发展中国的航空事业，中央人民政府人民革命军事委员会和政务院于1951年4月17日颁发《关于航空工业建设的决定》，航空工业管理委员会成立，新中国的航空工业在抗美援朝的烽火中诞生。

当时，国家组织了对航空工业大规模的重点建设，仅在第一个五年计划期间（1953～1957年），国家就投入大量资金，在苏联的技术支援下，组建了一批航空高等院校，建设了13个重点骨干企业，使航空工业迅速完成了由修理到制造的过渡。1953年5月，中苏两国政府签订了苏联援助中国建设141个重点项目（以后增加到156项）的协定。其中，航空工业项目包括飞机制造厂、航空发动机制造厂和机载设备制造厂，构成了航空工业的第一批骨干企业，也是航空工业"一五"计划大规模建设的重点。从1953年起，首先建设南昌飞机厂（制造活塞式教练机）、株洲航空发动机厂（制造活塞式发动机）、沈阳飞机厂（制造喷气式歼击机）和沈阳航空发动机厂（制造喷气式发动机）。其中，除沈阳航空发动机厂是依靠老厂支援建设的新厂之外，其余三个厂都是由原来的修理厂改扩建而成的。这几个主机厂，即飞机、发动机厂建成以后，从1956年起，建设重点转到配套的辅机厂，即机载设备厂，主要有西安的飞机附件厂和发动机附件厂、陕西兴平的航空电气厂和机轮刹车附件厂、宝鸡的航空仪表厂等。

进入"二五"计划和三年调整时期又有所发展。1965年初，根据中共中央批准的《国防工业一九六五年工作重点》中有关调整一线、集中力量建设三线的要求，航空工业部做出了坚决停缓一、二线建设项目，有计划、有步骤地把地处一、二线大城市的企业向三线搬迁的决定，航空工业的内地建设大规模地展开。大规模地开展三线建设是在20世纪60年代后期，以重点建设成套的贵州基地展开的。同时进行的还有西北、中南、西南地区的一些配套工程和研究所。进入70年代，建设重点又转向陕西、江西、湖北的飞机工厂。航空工业"三五"期间（1966~1970）和"四五"期间（1971~1975）的三线投资占总投资的比重分别为93.4%、83.2%。在这十年间，三线地区建设了大批航空工厂。在战略纵深的贵州地区和陕南一带的崇山峻岭之间，都建设起了包括主机、机载设备和专业化厂以及设计所、仓库、医院、学校在内的企业事业群。至此，中国航空工业不仅在东北、华北、华东有了比较强的飞机、发动机及机载设备的生产能力，而且在中南、西南、西北等地的三线地区建立起能够制造歼击机、轰炸机、运输机、直升机的成套生产的基地。航空工业的布局发生了重大的变化，形成了比较完整配套的生产能力。

2. 改革开放以来"军转民、内转外"的战略转变

改革开放以来，中国航空工业在全面推进各项改革的同时，开展了大规模的"军转民、内转外"的战略转变。通过"军转民、内转外"、建立现代企业制度，改革开放30年，中国航空工业已经完成了脱胎于兵工厂模式的第一次产业升级。提高了资产、管理、技术三方面的整体能力，形成了一定的品牌价值。

中国航空工业在全面推进各项改革的同时，开展了大规模的"军转民、内转外"的战略转变，取得了前所未有的成绩。军用飞机开展了近40个型号的研制,源源不断地向部队提供了大批航空军事装备;民用飞机开始改变长期发展滞后的局面,进行了20多个型号的研制与改进改型,广泛应用于国民经济各领域;非航空产品生产迅速崛起,销售额以每年30%以上的速度递增;广泛开展国际经济技术合作,先后同上百个国家和地区建立了贸易与合作关系,形成了工贸结合、技贸结合、沿海与内地结合、进出口结合的新格局,还成立了中国军工部门第一家外贸公司——中国航空技术进出口公司。到1999年,航空工业拥有员工50多万人,其中工程技术人员10万人,拥有100多家大中型企业,34个科研院所,7所高等院校,具有雄厚的航空科研技术实力和较强的试制生产能力,并在许多领域拥有稳定的市场份额。

3. 21世纪以来大力推进专业化整合,统筹优化资源配置

专业化是企业发展的必然方向,是国际先进航空企业取得成功发展的重要经验。我国航空工业进行专业化整合是合理配置现有资源、壮大主业的必然选择。近年来,航空工业以实现大集团战略为目标,着眼于做大、做强,按照价值链延伸进行专业化整合。实现了航空与非航空产业分业经营,努力打造军民用飞机研制平台、航空发动机制造平台、直升机和复合材料研制平台、通用飞机研制平台、重机制造平台、飞机起落架研制平台、航空产品转包生产专业平台。以力源液压为平台,整合燃气轮机资产等重机资产,打造重机资产运作平台;哈飞航空作为直升机研制资产的核心平台;洪都航空作为通用飞机研制的核心平台;中航光电公开上市作为光电连接器业务资产运作的核心平台。

2008年5月11日中国商用飞机有限责任公司(简称中国商飞)成立,原中国航空工业第一集团公司部分企事业单位划拨给了中国商飞。5月26日中国航空工业第一集团公司、中国航空工业第二集团公司开始进行了重组整合。2008年11月6日,重组整合后的中国航空工业集团公司正式成立,开始了建立新航空、大航空、强航空的征程。2009年3月,我国大飞机项目公开招标、择优选择国内供应商,这一招标面向国内各种所有制企业和港澳台地区开放。C919大型客机成为我国首个通过公众媒体向潜在供应商发布信息征询公告并公开招标选择供应商的飞机型号。目前,国产大飞机的国内供应商来自包括西安、沈阳、成都等中国主要飞机制造基地,一些与航空制造有关的国有企业,此外还有港澳台地区企业和大陆民营企业。2009年5月,中国商飞和首批9家国内供应商签订备忘录,将在涉及起落架、舱门、机翼等今后大飞机机体的制造中开展合作。供应商的选定意味着大飞机项目所带动的国内民用航空产业布局开始逐步成形。

4. 我国飞机制造业的区域分布情况

我国的飞机制造业主要分布在东北地区、西部的陕西和四川,以及东部的上海和江西地区,且西部地区占有较大的份额。2008年,东、中、西部地区的总产值分别为411.75亿元、275.2亿元和479.6亿元,分别占总产值的35.29%、23.59%和41.12%(见图13)。

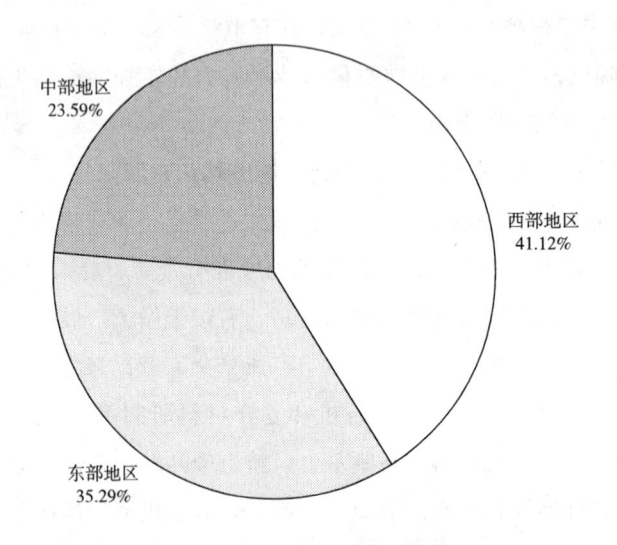

图13 2008年我国飞机制造和修理业总产值地区分布情况

我国飞机制造和修理业的行业集中度较高,前十个省的企业总产值占全国总产值的84.73%。由于陕西、四川、辽宁、黑龙江、江西分别是西飞、成飞、沈飞、哈飞以及洪都航空所在省份,因此占据着中国飞机制造的前五位(见表2)。

表2 2008年我国飞机制造和修理业总产值各省份分布情况

地　　区	累计(亿元)	同比增长(%)	占全国比重(%)
全　　国	1166.60	14.96	100
陕　　西	236.08	9.33	20.24
四　　川	169.46	22.72	14.53
辽　　宁	138.23	17.88	11.85
黑 龙 江	75.02	7.89	6.43
江　　西	70.84	1.59	6.07
五省合计	689.63	—	59.12

（三）主要基地建设情况

1. 上海飞机制造基地建设

随着中国商用飞机有限责任公司（下称"中国商飞"）在上海的挂牌，标志着大飞机项目正式落户上海。大型客机是目前世界上最为复杂、技术含量最高的产品，技术扩散率高达60%以上，能够拉动众多高新技术产业发展，被誉为"工业之花"。大型飞机项目落户上海，对于带动上海地区航空产业发展，打造航空产业基地具有十分重要的作用，未来将形成民用飞机设计集成、总装制造、客户服务、航空运营、金融租赁、维修改装、转包生产等较为完善的业务链和产业链。

上海已经开始了大飞机产业的谋篇布局，大规模的民用航空制造业版图已经在上海的浦东、张江、大场、闵行紫竹园区徐徐展开。设计研发中心将在浦东的张江正式开工建设，总体规划建筑面积近50万平方米，建成后将有3000名员工在中心工作。这个设计研发中心主要就是负责大型客机、支线飞机的研制和民用飞机相关设计技术的研究。上海飞机制造厂也正式由工厂制企业转型为公司制企业，将承担起国产ARJ21新支线飞机和大型客机的总装制造任务。为了大飞机项目的总装工作，上海飞机制造厂还与三所著名高校合作建立了复合材料、制造工艺和装配技术中心，为大飞机制造做好技术储备。大飞机的客服中心已经落户闵行紫竹园，至此，大飞机项目已经全部完成了在上海"总部基地和三大中心"的规划。

在刚刚公布的上海"2009~2012年高新技术产业化9个重点领域"中，飞机制造也名列其中，并明确提出，到2012年沪上民用航空制造业产业规模将达到200亿元，要形成大型客机的总装和研发基地、ARJ21-700支线飞机30架批产、商用飞机发动机研发中心和航电系统集成产业化等。

2. 天津"航空城"建设

2009年5月，包括总部及研发基地、产品总成基地和客户服务支持基地在内的中国航空工业集团直升机项目落户滨海。我国直升机产业将以天津滨海新区为中心，与哈尔滨、景德镇和保定市形成布局合理、结构优化、优势互补、协调发展的完整的直升机产业布局。天津总成基地总建筑面积27.3万平方米，计划分两期建设，将以轻型、中型和重型民用直升机型号为主体，到2017年预计年产各类直升机 300 余架，逐步建立覆盖直升机产品顶层研发、总成、销售、客户支持及通航运营的产业链体系，打造我国直升机产业核心聚集基地。

天津航空产业已初具规模，聚集了空客 A320 系列飞机总装线、中航工业直升机、美国古德里奇飞机短舱、法国左迪雅戈航空设备维修、泰雷兹雷达组装、STTS 飞机喷漆服务、加拿大 FTG 航空仪表盘、德国汉莎航空货栈和海航租赁控股、天津航空等几十个航空项目，涉及飞机总装、研发、零部件制造、航空租赁、物流和服务等领域。其中，空客 A320 系列飞机总装线是空中客车公司在欧洲大陆之外的首个总装生产线，2007 年 5 月天津项目开工建设，2009 年 5 月首架飞机试飞，6 月出厂交付国内航空公司使用，全年将组装生产 11 架，到 2011 年将达到月产 4 架的成熟速率。中航工业直升机项目将建设中直公司总部、研发基地、产品总成基地和客户服务支持基地以及相关配套设施，成为自主研发的航空产业核心聚集项目。正在紧张建设中的中航工业西飞公司 A320 项目机翼总装厂房已于 2009 年 8 月竣工。一个外向型、开放型、国际合作与自主创新相结合的航空产业发展格局正在形成。

3. 西安阎良国家航空高技术产业基地

西安阎良国家航空高技术产业基地，是国家发改委 2004 年 8 月批复设立，2005 年 3 月正式启动建设的国内首家国家级航空高技术产业基地。2006 年 11 月，航空基地被首批认定为"国家科技兴贸创新基地"；2007 年 10 月，《西安阎良国家航空高技术产业基地"十一五"产业发展规划》通过国家发改委批复。基地以民用航空产业发展为主，实施自主创新和国际合作相结合战略，整合国内外的航空运输业、制造业和服务业的资源。以大飞机为长线、支线飞机为中线、通用飞机为短线，带动零部件加工、改装维修、机载设备、航空新材料和航空教育培训等产业。重点建构由主干产业、分支产业和配套产业构成的产业发展结构。

2007 年，大飞机项目正式落户航空基地。2008 年 2 月，大飞机关键支撑装备——大型航空模锻液压机项目在航空基地开工建设。2008 年 10 月 9 日，新舟 60 飞机在西安阎良机场成功首飞。2008 年 10 月 19 日，新舟 60 飞机在天津滨海国际机场举行首航，从此新舟 60 飞机开始批量投入国内商业运营，结束了我国航空运营被进口飞机垄断的局面。2008 年 11 月下旬，国产新一代涡桨支线飞机新舟 700 的研制工作开始启动，并计划于 2014 年投放市场。

基地包括五个园区，具体如下。

阎良航空制造园——规划面积 40 平方公里，其中起步区 5 平方公里，重点发展整机制造、大部件制造、关键技术研发和零部件加工项目。

蒲城通用航空产业园——依托蒲城内府机场，规划面积 20 平方公里，重点发展通用飞机的整机制造、零部件加工、飞行员培训、航空俱乐部、航空旅游博览项目。

咸阳空港产业园——依托西安咸阳国际机场，规划面积 4.7 平方公里，重点发展民用飞机维修、定检、大修、客改货、公务机托管、零部件支援、航空物流项目。

宝鸡飞行培训产业园——依托西安咸阳国际机场，规划面积 4.7 平方公里，重点发展民用飞机维修、定检、大修、客改货、公务机托管、零部件支援、航空物流项目。

汉中航空制造园——依托陕飞公司等大型航空企业，重点发展整机制造、特种机改装和零部件加工项目。

"一基地五园区"有效整合了陕西的航空产业资源，形成了特色鲜明、内容丰富、配套完善、功能互补、五区联动的新型航空产业格局。

4. 哈尔滨哈飞空客复合材料制造中心

2009 年 1 月 30 日，中航工业哈尔滨飞机工业集团有限公司等中方合作伙伴与空中客车中国公司在西班牙马德里签署了《哈尔滨哈飞空客复合材料制造中心有限公司合资合同》，双方将共同在哈尔滨建设复合材料飞机零部件制造中心。

哈尔滨哈飞空客复合材料制造中心是空中客车公司与中航工业哈飞、哈飞股份、中航科工、哈尔滨合力共同建设的合资企业。空中客车中国公司拥有合资企业 20% 的股权，中航工业哈飞拥有 50% 的股权，哈飞股份、中航科工、哈尔滨合力分别拥有 10% 的股权。制造中心已于 2009 年 12 月开始为空中客车 A320 系列飞机制造升降舵。2010 年底，制造中心将开始 A350 XWB 宽体飞机主要部件的生产，采用最先进的复合材料制造技术。

5. 沈阳国家航空高技术产业基地

2009 年 1 月国家航空高技术产业基地建设在沈阳全面展开。目前，基地内已开工、签约和正在洽谈的重点项目达 20 余个，总投资约 500 亿元。

中航沈飞民机公司与支线飞机制造商庞巴迪合作的 Q400 飞机大部件转包项目即将正式投产。这个总投资达 11.6 亿元的项目将成为沈阳国家航空高技术产

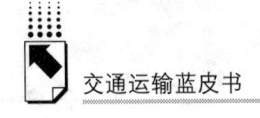

业基地的启动项目。

根据中国航空工业集团公司与沈阳国家航空高技术产业基地签订的合作协议，中国航空工业集团公司将在3年内投资百亿元以上，将庞巴迪C系列飞机、ARJ21飞机发动机总装、重型燃气轮机等12个拥有核心技术的重大项目引入基地，并计划在5年之内实现沈阳航空产业产值翻一番。同时，产业基地与南航集团达成合作意向，南航集团将投资30亿元对沈阳仙桃机场一号候机楼进行综合改造，开工建设一期建筑面积为10万平方米的3号候机楼，共同把沈阳建设成为东北亚航空枢纽。

6. 贵阳航空发动机产业基地

2009年3月20日，中航工业与贵阳市签订了航空产业基地投资合作仪式。产业基地占地5平方公里，总投资规模超过百亿元。2009年10月22日，中航工业贵阳航空发动机产业基地奠基典礼在贵州省贵阳市隆重举行。占地1500亩的贵阳航空发动机产业基地，将整合贵州航空发动机研制资源和技术优势，改善贵州航空发动机产业生存环境，促进中航工业与贵州省的战略合作，提高我国航空发动机研制水平。

7. 南昌航空工业城建设

2009年5月，江西省决定在南昌高新开发区瑶湖以东建设南昌航空工业城，2009年底前动工。2009年12月23日，江西省政府与中国航空工业集团公司签署战略合作协议，决定共同投资300亿元规划建设"南昌航空工业城"，开展航空及相关产业战略合作。

根据双方签署的战略合作协议，双方还将联合组建航空城科技开发公司，负责航空产业、项目的规划发展以及航空城的开发建设；努力将洪都商用飞机股份公司打造成为国产大飞机主要供应商和国际主流航空转包业务供应商；以及南昌通用飞机公司在航空城内大力发展高端公务机。

南昌航空工业城总占地面积25平方公里，选址按功能分4个板块，分别是大飞机零部件制造、洪都集团整体搬迁、航空相关产业园和配套生活设施，项目将分三期工程建设。一期投资71亿元建设大飞机部件研制生产区和国际航空转包生产区；二期规划用地13500亩，实施洪都集团生产线整体搬迁以及吸引相关航空产业项目，2018年全部建设完成；三期进一步完善配套服务体系，提升运行功能。目前，江西已有洪都、昌河两家企业入围C919大型客机机体供应商名单。2014年，大飞机零部件样机研制生产工作将在洪都集团老厂完成。2016年，大飞机零部件将在南昌航空工业城进行批量生产。

8. 济南航空维修与配套工业园

2009年5月济南航空维修与配套工业园揭牌，起步区占地3平方公里，致力于研发生产航空复合材料，维修和改装各型飞机，计划在2020年实现年营业收入80亿元的规模。

济南航空维修与配套工业园是省政府为加快山东航空工业及配套业发展而确定的高新技术工业园，由山东航空公司牵头，以中国航空工业集团济南特种结构研究所、山东太古飞机工程有限公司为主体，吸引了海尔集团、浪潮集团、南山集团等企业参与，将按照维修和制造一站式配套原则，致力于研发生产航空复合材料及维修、改装各型飞机。其中，山东太古飞机工程有限公司拥有同时容纳10架飞机停场大修的能力，已成为亚太地区领先的飞机维修基地。

该工业园起步区位于济南国际机场东北侧，将借助机场区位优势，着重发展飞机大修和改装、部件翻修、器材加工、工程设计、航空原材料、飞机部件和器材、特种设备、工装台架等八大板块，最终形成以飞机工程服务和航空工程制造为基础，以航空培训和航空工业旅游为补充的综合性航空主题工业园区。

9. 中航工业北京航空产业园

2009年7月29日，中航工业北京航空产业园正式开园，与此同时中航工业航空发动机产业基地也正式落户北京。中航工业北京航空产业园规划建设用地3000亩，规划建筑面积160万平方米，自2009年开始建设，计划分两期完成规划目标。一期项目建设投资超过100亿元，建成后将实现销售收入180亿元。其中，中航工业航空发动机产业基地投资90亿元。

北京航空产业园项目建设后，将形成我国航空发动机研发、制造、核心零部件生产与制造的核心能力，航空复合材料研制、开发的核心能力，航电产品研制、开发与制造的核心能力，成为我国航空技术发展的核心基地，世界航空产业链不可或缺的重要部分，首都经济产业升级的重要引擎。

中航工业首批进入北京航空产业园的单位有中航发动机公司、中航系统公司、中国航空基础技术研究院、中航国际工贸公司、中航国际物流公司等，建设的项目有中航发动机公司总部及发动机研究院、航空发动机核心零部件优异制造中心、航空复合材料工程中心、风电控制制造中心、特种车辆及新能源车辆核心控制系统制造中心等，部分项目将填补我国在相关技术领域的空白。

作为中航工业北京航空产业园的重要组成部分，航空发动机产业基地由中航发动机公司总部及航空发动机研究院、航空发动机核心零部件优异制造中心、物流中心和配套设施等组成。该发动机基地集航空发动机研发、试验、部件制造、维修和国际交流为一体，将成为具有世界先进水平的中心。航空发动机产业基地占地面积约1000亩，分两期建设，一期工程计划2012年建成，全部工程预计2017年完工。

10. 中航工业无锡发动机控制工程中心

2009年9月7日，中国航空工业集团公司旗下发动机公司与江苏省无锡市合资共建的中航工业无锡发动机控制中心在无锡市滨湖区隆重奠基。

中航工业无锡发动机控制工程中心是发动机控制系统的科研生产实体，也是中航工业发动机产业的重要业务板块，主要从事军民用航空、船舶及地面用燃气轮机等动力控制系统的研究设计、系统集成、销售服务等业务，将建设成为航空动力控制系统的研发基地、系统集成与系统试验基地以及配套的电子控制器批生产基地、控制系统技术衍生品（如燃气轮机控制、风电控制等民用产品）的研制生产基地。将为航空发动机、船舶和地面用燃气轮机等提供安全、可靠的控制系统，满足国防建设和国民经济发展的需求。

中航工业无锡发动机控制工程中心由中心总部、系统、电子部件、控制软件、电液机械、传感与信号处理及系统试验等技术研究室，电子装配、精密机加工等生产制造单元以及相关配套设施组成，集航空发动机控制系统研发、部件试制、系统集成、试验以及批生产交付、维修和国际交流为一体，将成为航空动力控制系统国家级重点实验室，并成为国内唯一、国际先进的航空发动机控制系统研究发展中心。

新组建的工程中心占地约309亩，总投资规模为22亿元，将以中航工业动控所为依托，整合中航工业发动机控制的专业设计和研发力量，充分发挥中航工业的技术、管理和人才优势以及完整的航空动力产业链，结合无锡较强的工业基础配套能力和资金优势以及地处长三角几何中心的区位优势，创新体制机制，打造面向市场、主业突出、竞争力强的国际一流企业集团。

中航工业无锡发动机控制工程中心计划分两期完成建设目标，一期项目将于2012年建成运行，预计到2015年完成全部工程。

11. 珠海航空产业园

2007年12月，广东省批准创设珠海航空产业园，并将其定位为广东省发展民用航空产业的制造业基地。2008年11月，珠海航空产业园在广东省政府的主持下正式开园。产业园位于珠海市金湾区珠海机场附近，规划总面积约为97.16平方公里，其中建设用地面积63.35平方公里。

2010年1月，国家发改委正式发文，对珠海航空产业园申报"国家高新技术产业基地"作出批复，原则上同意建设"珠海航空产业国家高新技术产业基地"。国家发改委的有关批复指出："珠海航空产业国家高新技术产业基地"的建设，要充分依托和发挥沿海经济特区现有产业基础和优势，优化整合国内外资源，进一步提升航空产业自主创新能力和技术应用及辐射能力，加快航空产业的规模化、集聚化发展，积极探索中国航空产业市场化运作、带动区域经济发展的有效途径，逐步形成以通用航空产业为主导的高新技术产业基地。航空产业园确定的近期重点建设项目包括中国航空工业集团通用飞机产业基地项目、中国民航飞行校验中心南方基地项目、北京航空航天大学微小发动机产学研孵化基地项目、雁洲轻型飞机制造项目、美国西锐通用航空FBO项目、蛟龙600大型水陆两用飞机制造项目等。其中，中航通用飞机产业基地项目总投资达160亿元，产品发展以公务机及水陆两栖飞机为主。预计在2015年，该通用飞机公司可在珠海年产各型通用飞机上百架。

五 中国民用航空行业发展展望

未来几年，中国民航业一方面全行业面临着高速增长与资源短缺的矛盾，面临着国际竞争力偏弱的不足，面临着保障能力需要进一步提高的压力，面临着其他交通运输方式发展带来的新要求，面临着节能减排的艰巨任务。另一方面，国家加大经济结构调整力度，扩大居民消费需求，稳定发展对外贸易，落实重点产业调整振兴规划、培育战略性新兴产业，促进现代服务业发展以及世界经济触底回暖，又为民航发展提供了不断攀升的空间。

（一）我国民航业将继续高速发展

在我国，改革开放30年来，民航的增长速度远远高于其他运输方式。1978～

2008年，从旅客周转量年均增长率看，铁路为6.7%，公路为11.2%，水运为-0.9%，而民航为17.2%；从货物周转量年均增长率看，铁路为5.3%，公路为13.7%，水运为10.1%，管道为5.1%，而民航为17.8%。目前，在国内中长距离旅客运输尤其是城际客运业务中，航空运输的作用大幅提升；在国际尤其是洲际旅客运输中，航空运输完全占据主体地位；在国际国内高附加值、鲜活易腐货物运输以及快递业中，航空运输具有绝对优势。我国人口大约是美国的4.3倍，国土面积比美国略多，而年人均乘机次数仅约为美国的1/17，年航空客、货周转量分别约为美国的1/5和1/4。这样的差距反过来说明，我国民用航空的发展潜力十分巨大。

2009年全行业完成运输总周转量、旅客运输量和货邮运输量分别为427.1亿吨公里、2.3亿人和445.5万吨，分别比上年增长13.4%、19.7%和9.3%。北京首都国际机场年旅客吞吐量突破6500万人次，预计列世界机场排名第4位或第3位；武汉、长沙、厦门、南京机场年旅客吞吐量首次超过1000万人次，全国年旅客吞吐量超过1000万人次的机场达到14个。运输增长结构发生积极变化，呈现四个特点：国内运输增长快于国际运输增长；客运增长快于货运增长；中、小城市机场业务量增长快于大、中城市机场增长；西部、中部、东北地区运输增长快于东部地区增长。2010年中国民航发展的主要预期指标：全行业运输总周转量493亿吨公里，旅客运输量2.6亿人，货邮运输量498万吨，分别比上年增长15.4%、13.1%和11.8%左右；通用航空作业飞行小时比上年增长15%左右；固定资产投资总规模900亿元。中长期来看，在经济平稳较快发展、国民旅游业和对外贸易的有力支撑下，预计全国机场运输总周转量、旅客吞吐量、货邮吞吐量将分别保持15%、13%和12%的年均增长速度（见表3）。

表3 2010~2013年我国民航业发展指标预测

年 份	GDP增长率（%）	总周转量（亿吨公里）	旅客运输量（亿人）	货邮运输量（万吨）
2009	8.7	427.1	2.3	445.5
2010E	9	493	2.6	498
2011E	9	569.1	2.9	556.7
2012E	8.5	656.9	3.3	622.3
2013E	8.5	758.2	3.8	695.6

三大因素支撑我国民航业持续高速发展。首先，国内经济形势。2009年下半年开始，全球经济触底回暖，但未来几年全球经济仍将处于深度调整的过程之中，外部需求难以成为经济提速的主要动力。然而中国经济的结构性推动力仍然存在，包括持续的城市化、增长强劲的劳动生产率、不断扩大的消费市场以及政府相关新政策，加大经济结构调整力度，刺激国内需求，促进现代服务业的发展。总体来看，"十二五"时期中国经济增速将难以达到10%的水平，有可能回落到8%~9%的增长速度，而且经济增长将呈现"前高后低"的态势。其次，进出口贸易形势。"十一五"中后期，受国际金融危机的影响，世界经济增速放缓，外部需求下降，中国的外贸增速也在放慢。"十二五"期间，我国外贸进出口增速有所放缓，但增量将不断增加，年增长率有可能保持在13%~15%左右。我国国际航空运输市场与外贸发展关系密切，国际贸易的逐步恢复将推动我国国际航空运输市场的发展。最后，旅游市场发展。世界旅游组织统计2006年中国已与美国并列成为世界第三大旅游目的地国家，预测2010年中国将取代西班牙居第二位，2020年将超越法国跃居第一位。联合国世界旅游组织预测，2015年中国将成为世界第一旅游接待国、第四大旅游客源国；中国入境过夜旅游者将达到1亿人次；国内旅游者将达到28亿人次；居民人均出游两次，出境旅游将达到1亿人次；旅游市场总量将达到30亿人次。尽管金融危机带来了全球总需求的疲软，并对我国旅游业带来不利影响，但我国旅游业面临的重大机遇和基本环境没有改变，旅游业总体发展趋势也不可能改变或逆转，旅游业发展的动力依然强劲。中长期看，旅游业作为现代服务业的重要组成部分，成为拉动第三产业快速发展的战略性支柱产业，具有广阔发展空间。

（二）优化航空公司的结构

航空公司是整个航空运输产业链的主体，具有强大国际竞争力的航空公司，是我国建设民航强国的首要标志。目前，我国航空公司总体规模仍然偏小，存在市场定位和战略同质化等问题，全球航空运输业形成了以洲际网络型、区域型和低成本型为主体的三种航空公司运营模式，传统的区域型航空公司面临前狼后虎的困境。中国民航局将全力支持我国航空公司做强做优做大，培育具有国际竞争力的大网络型航空公司。通过政府引导、市场运作，推动联合重组，壮大企业规模，形成二三家大网络型航空公司。通过完善市场准入制度，适当提高注册资本金，完善扶持政策，大力发展支线航空公司，推进低成本航空公司发展。通过鼓励大型航空公司和支线航空公司之间建立股权和非股权联盟合作关系，形成分工合理、共同发展格局。通过着力引导航空公司尽快形成差异化的市场和战略定位，打造具有不同运营模式的高品质航空公司。通过着力发展货运航空，鼓励货运航空公司进行并购、重组和业务合作。到2030年，我国要拥有一个以上全球知名品牌的航空公司，综合实力进入世界前5名；形成1家有国际竞争力的航空货运公司，综合实力进入世界前5名。

（三）机场总量、体系结构和功能定位不断趋于合理

2009年全行业完成固定资产投资总额约600亿元。民用机场航站楼总建筑面积增加66万平方米。新增腾冲驼峰、玉树巴塘、伊春林都、大庆萨尔图、鸡西兴凯湖和佛山沙堤（军民合用）等6个运输机场，全国颁证运输机场从2008年底的160个增加到166个。目前，我国近40个机场的设施容量，已经饱和或即将达到饱和状态。今后几年，随着经济总量的不断扩大以及经济活动区域分布的调整，对支线航空的需求将不断增大，我国将加快支线机场建设步伐，干支线之间将进一步协作发展。到2020年，我国机场布局基本完善，机场数量将达到240个以上。我国年旅客吞吐量超过3000万人次的机场将达到13个，年旅客吞吐量2000万~3000万人次的机场将达到6个，年旅客吞吐量1000万~2000万人次的机场将达到10个。到2030年，我国机场数量将达到300个以上，在100公里范围内，全国95%以上的县级行政区、95%以上人口将得到航空服务，所服务区域内的国内生产总值达到全国总量的98%以上。逐步形成功能完善的枢纽、干线、支线机场体系，大、中、小层次清晰的机场结构。到2020年，将建成2个以上国际枢纽机场。到2030年，将建成3个以上国际枢纽机场、10个以上全国性和区域性航空枢纽机场。按照现代综合交通理念，以机场为枢纽，把航空、铁路、公路有机结合起来，使机场与铁路干线网络、公路干线网络、城市轨道交通和城际铁路相连接，形成相互衔接、优势互补的一体化综合交通体系。

（四）积极应对高铁对民航运输的冲击

有关数据显示，中国2009年建成并且投入运营使用的高铁客运专线包括武

广、广深等客运专线共有 11 条。未来还有一批高铁项目待建，中国高铁对于民航的冲击还在继续。预计未来 3～5 年，中国几大客运专线将全线贯通。动车的出现，使国内交通运输格局发生了巨变。民航的看家本领"快速与便捷"，受到了高速列车的强劲挑战。800 公里，成为民航与高铁竞争的临界点。对于 800 公里以内的短程航空段来说，高速公路将进一步缩短与民航的行程时差，如果考虑地面转接时间，高速铁路的速度优势甚至更明显，再加上铁路具有发车频次高、受天气影响小、票价低等优势，都使得高速铁路的时效性和吸引力大大提高。因此，短程航段上高速铁路对民航的冲击效应和替代效应都较强。高速铁路对民航的影响不仅限于客运，对于民航货运业也有一定的影响。高速铁路建成后，既有线路将主要用于货运，既有线路的货运能力和运输速度都较目前有很大提升。例如，新建京沪高速铁路将使京沪高速铁路通道上实现客货分线运输，既有京沪线年货物输送能力可达 1 亿吨以上。再加上铁路运输的价格优势，铁路将对一些时间要求不是很高、附加值不高的货物具有更大的吸引力。特别是在中短途距离内，航空货运相对铁路货运的时间优势削弱，势必会导致大量普通货物转向价格低、运力大的铁路。

此外，中国的高速公路通车总里程已经达到 6.03 万公里，仅次于美国。按照 2005 年公布的高速公路网发展规划，到 2020 年，中国高速公路通车总里程将达到 10 万公里，形成由 7 条首都放射线、9 条南北纵向线和 18 条东西横向线共同组成的高速公路网。高路铁路接驳各地高速公路后将起到乘法效应。如果高速公路和铁路能够实现无缝贯通，将对航空运输业产生巨大的影响。未来的航空业需要重新定位，发挥自身长航线和中转的竞争优势，并积极与铁路和公路进行全方位的合作。

Air Transportation Industry: The Original Form of Modernized Civil Aviation System Emerged

Abstract: The civil air service has experienced heavy losses in financial crisis. The global civil air service has to face both the challenge of consistently losses and serious situation of reducing CO_2 emission, which urge the change of its market structure to fight against the crisis. Therefore, the market of civil air service in China will gradually restructure and integrate through competition. Moreover, the construction of civilian airport increasingly goes forward, and the cooperation of stems and branches has become the trend. With the strategy of large aircraft carried out step by step, China's air transportation networks steadily formed.

Key Words: Air Transportation; Civilian Airport; Large Aircraft Manufacturing

分报告四
水路运输业：调整后重新起航

宋 斌 水名岳*

摘 要：水路运输承担了中国90%以上的外贸货物运输量，为促进中国经济社会发展发挥了重要作用。本报告分析了2009年世界水路运输行业的运行态势，着重介绍了中国港口业、船舶制造业、航运业的问题，并作出了相关的政策建议和预测。

关键词：水路 港口 船舶 航运

一 世界水路运输行业发展分析与预测

2008年下半年开始，随着全球金融危机的蔓延，国内外水路运输受到较大冲击，尤其是水路集装箱运输业更受到空前挑战。面对危机，国内的港航企业同舟共济，进一步坚定信心，化危为机，加快调整步伐、强化内部挖潜等方式，在危机中把握了水路运输下一轮发展的先机，2009年，中国的水路运输仍保持了较快的增长。

（一）世界海洋航运行业发展概述

航运业为周期性行业。近年来，世界海洋航运市场高点使得船东增加了大量的船舶订单，新造船不断投入运营，形成运力严重过剩局面。即使不考虑需求下

---

* 宋斌，经济学博士，研究方向为产业经济学，曾参与多个省部级研究课题，在《财经科学》等期刊发表论文多篇；水名岳，中国社会科学院研究生院硕士，主要研究方向为制度经济学、能源经济学。

降因素,世界海洋航运市场也会因供求失衡而进入下行周期和结构调整期。自2008年9月以来爆发的全球金融危机使航运业更是雪上加霜,加速了水运业的下滑。在货运需求下降,航运运力过剩的双重打击下,航运企业经营状况普遍恶化。

1. 全球金融危机对海洋运输业三大细分市场的影响

干散货运输市场由于多种原因,在2009年上半年出现反弹行情,好于市场预期,也好于油轮和集装箱市场。但进入2009年第3季度后,市场开始步入下降通道。BDI指数从2008年10月初的3000点连续下跌至12月5日的663点。随后2009年1月5日从772点企稳回升。并于2009年11月19日达到2009年的峰值(4661点),但到2009年12月底,BDI指数再次回落到3000点左右(见图1)。

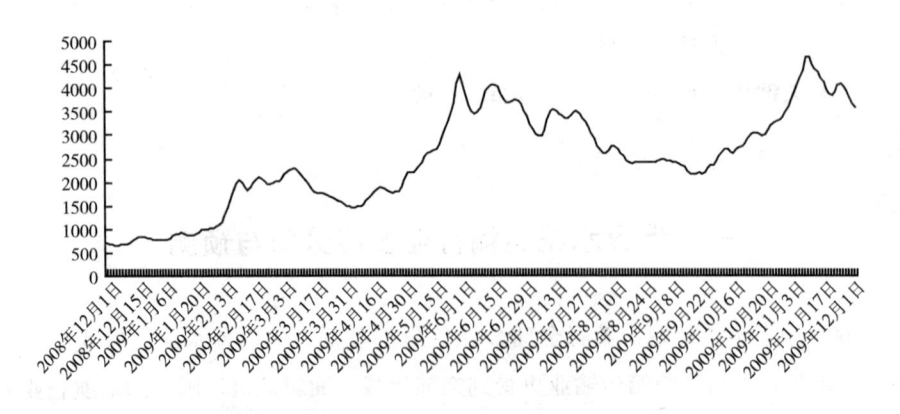

图1 2008年12月~2009年12月BDI指数

资料来源:Wind资讯。

油轮运市场低迷不振。由于金融危机对全球石油需求的影响逐渐扩散,发展中国家的石油需求由增转减,发达国家的石油需求则加速下降。与此同时,油轮运力增长加快。据克拉克森截至2009年7月1日的统计,全球现役油轮船队(万吨以上船)共5142艘,4.25亿载重吨,较年初增长4.5%。在运输需求下降和油轮船队规模加速增长的双重打击下,原油运价跌落底部。原油运价2009年1月2日~10月9日的平均指数为560点,最高为1月2日的849点,最低为4月15日的453点。2009~2010年是新船交付的高峰期。据克拉克森统计,截至7月1日,新船订单总计1.469亿载重吨,下半年还将交付3590万载重吨,占总运力的8.4%。其中，VLCC订单总计6480万载重吨，下半年将交付1070万载重吨，占VLCC总运力的6.7%。鉴于下半年在运输需求基本略高于上半年水平的同时，油轮运力保持较快增长并严重过剩，特别是主要船型VLCC船队增长明显，原油轮运输市场行情将低位徘徊。

集装箱运输市场受到的影响最为显著。国际金融危机全面爆发以来，美国、日本及欧元区等世界主要发达经济体对国际商品市场需求的大幅收缩使世界贸易大幅下滑，而日益加剧的贸易保护主义又使全球贸易雪上加霜，形势十分严峻。受此影响，2009年上半年全球集装箱运输需求大幅收缩。据德鲁里最新报告显示，亚欧西行航线货量出现自2003年以来的首次半年度负增长，货量较上年同期下降接近20%；泛太平洋东行航线货量也较上年同期大幅下降约18%；大多数次干航线货量也出现不同程度的下降。在全球集装箱运输市场供过于求的形势下，船东及船舶经营人的运力收缩措施已取得一定程度的效果，但现有运力封存幅度不及新运力增长幅度，运输市场总体运力继续增长。由于可用运力远大于运输需求，船公司为了争夺市场份额展开了激烈的价格战，班轮运价水平大幅下跌。据《国际集装箱化》统计，2009年一季度三大主干航线亚欧西行、泛太平洋东行和泛大西洋西行航线运价分别较上年第四季度下降37%、12%、17%，均创下1993年以来的单季度最大降幅。

由于三大市场形势严峻，导致航运企业利润普遍下降，部分企业经营状况趋于恶化。据德鲁里分析，2009年一季度亚欧、泛太平洋、泛大西洋航线承运人总体收益分别同比下降57%、20%、23%，由于航线收益大幅下降，部分船公司的经营状况已陷入亏损。二季度，航运公司赢利状况继续恶化。上半年一些班轮公司甚至倒闭。德鲁里海运咨询公司预计，由于银行收紧信贷，部分班轮公司的流动现金所剩无几，在2009年底前将有更多的船东和船公司倒闭。该机构此前预计，2009年集装箱海运货量只有4710万箱，全年大跌10.3%，全球班轮公司将合计亏损200亿元。多家班轮公司已陆续公布2009年上半年业绩，多数亏损。日本三大船公司2009年7月27日宣布当年4~6月全部亏损，合计净亏损468.2亿日元（5亿美元）。2008年共有4家小型船公司终止业务，2009年以来，已有多家航运企业申请破产保护或正式清盘。

2. 全球海洋运输业当前面临的严峻挑战

一是危机以来全球经济遭遇较为严重的衰退，全球经济的萎缩导致商品贸易

的锐减，全球海运从高峰到自由落体式的下降，出现明显的过剩。

二是世界范围内贸易摩擦和投资的争端近期有所增多，极大地限制了国际投资和贸易的活力，不仅不利于全球过剩产能的释放，还限制了全球海运的强势反弹。

三是世界各国消费结构的调整，不仅改变了全球需求的结构，而且在很大程度上影响到国际产业转移方向和分工的格局，加剧了产品本地化制造的趋势，削减了货物及货币全球性的大幅度流动。

四是当前世界经济对绿色低碳环保的要求大大增强，发达国家在全球征收碳关税一旦付诸实施，就会阻碍海运业规模化的发展，因此必须引起高度的关注。还有就是近几年频繁发生的海盗和武装抢劫船舶事件，这不仅对远洋海运构成了威胁，而且还增加了全球海运的运营成本。

（二）2009年中国水路运输业发展概述

2009年中国水运经济形势良好，强大的经济需求拉动运输量增长，推动港口、航道建设，刺激船舶运力增长。水运经济指标继续刷新，水路货运量、货物周转量、港口货物吞吐量等指标保持快速增长。国内沿海运输需求强劲，市场运力供应紧张，运价稳步上升，港航企业经济效益良好。水运经济在偏紧的运行中有力地支撑和保障着国民经济的快速发展。港口装卸任务繁忙，国内沿海运力偏紧，国家采取有力措施保障煤炭、石油等重点物资的调运，缓解了电力迎峰度夏期间出现的电煤供应紧张状况，基本满足了国内能源运输需求。

1. 水路货运、客运量小幅提高

2009年全年全社会水路货运量完成30.40亿吨，同比增长3.0%；货物周转量完成57439.90亿吨公里，同比增长14.0%；客运量完成2.22亿人次，同比增长2.9%；旅客周转量完成69.07亿人公里，同比增长5.8%（见图2、图3）。

2. 国家重点物资运输保障有力

2009年我国煤炭、石油、金属矿石等物资需求量巨大，水路运输依然繁忙。2009年末和2010年初的全国大面积降温使得全国煤炭存量急剧下降，多个省市煤炭告急。港航企业认真贯彻党中央国务院的部署，迅速启动应急预案，全力抢运电煤，确保了国家重点物资运输，为南方抗暴雪、斗严寒保驾护航。

秦皇岛港、天津港等北方主要煤炭发运港，宁波港、广州港等华东、华南主

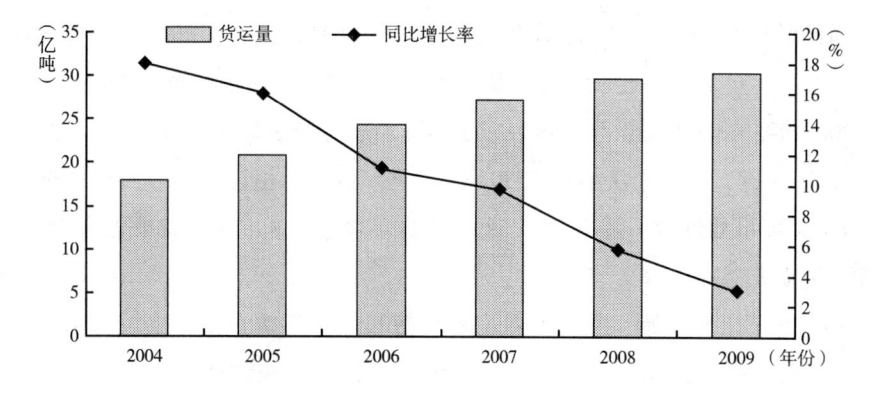

图 2　2004～2009 年中国水路货运量变化情况

数据来源：Wind 资讯。

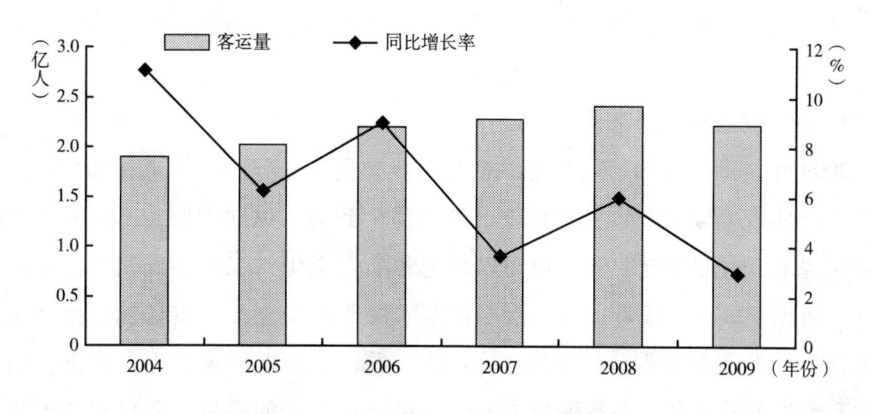

图 3　2004～2009 年中国水路客运量变化情况

数据来源：Wind 资讯。

要接卸港和中海、中远集团等航运企业，为满足国家重点物资运输需求，保障经济平稳运行和人民群众的生活稳定作出了重大贡献。

3. 长江黄金水道呈现新景象

2009 年，长江干线完成货运量 13.3 亿吨，同比增长 9%；干线规模以上港口完成货物吞吐量 11.3 亿吨，同比增长 11.7%；完成外贸货物吞吐量 1.4 亿吨，同比增长 21.5%；完成集装箱吞吐量 651 万 TEU；完成旅客发运量 408 万人次。三峡船闸货物通过量和断面货物通过量再创历史新高，三峡船闸通过货物 6089 万吨，同比增长 13.38%；翻坝滚装车辆 38.2 万台次，折合运量 1337 万吨；三峡断面通过货物 7425 万吨，同比增长 8.45%。长江引航中心引领船舶 51727 艘次，同比增长19.6%。长江干线货运量仍然居世界首位，长江成为世界内河运输最繁忙、运量最大的通航河流，是一条名副其实流金淌银的黄金水道。

2009年，长江航运发生一般及以上运输船舶等级事故42.5起，死亡失踪43人，沉船28艘，直接经济损失3780万元。与2008年相比，事故四项指标"三降一升"，即事故件数下降7.6%，死亡人数下降4.4%，沉船艘数下降26.3%，直接经济损失上升36.8%。

2009年下半年开始，由于受西南地区持续干旱影响，长江上游来水量较往年同期明显减少，长江中游段水位持续下降，部分航段航道尺度变浅、变窄，局部航段形成潜滩，给船舶航行带来了较大的安全隐患。截至2010年3月3日，长江汉口水位降至新低，为百年罕见低水位，仅为1.7米，10天内水位下降了0.72米，长江中游段水位还在继续回落，2010年上半年的长江航运将面临巨大挑战。

4．港口安全生产形势保持稳定

2009年，港口管理部门和港口企业按照交通运输部的统一部署和要求，对各个生产环节进行安全隐患大排查，做到横向到边，纵向到底，不留死角。按照会议要求，对照各自职责，全力以赴把各项安全生产工作落到实处；完善了建立一级抓一级、一级带一级，层层抓落实的领导安全工作责任制，推动了港口安全生产工作上水平、上台阶。从总体上看，全国港口未发生人员重大伤亡事故和突发公共事件，多数港口未发生人员重伤以上的事故，港口安全形势基本平稳。

5．2009年大宗货物运输情况

（1）煤炭运输

2009年全国煤炭市场供需经历了由总体宽松到基本平衡，再到供求偏紧的发展过程。受需求增加、恶劣天气等因素影响，进入2009年第四季度特别是11月份以后，煤炭需求迅速增加，煤炭市场形势从供应相对宽松、供需基本平衡迅速转为向大部分地区供不应求发展。12月末，秦皇岛5500大卡山西优混煤价格升至770~790元/吨，比11月末上涨80~100元/吨，比年初上涨220~225元/吨，创年内新高。2009年12月港口煤炭发运量强劲增长。当月沿海港口完成煤炭运量4464万吨，同比增长25.7%，发运量与增幅均为年度之最。下游电力与钢铁行业对煤炭的旺盛需求是重要的推动因素。

(2) 铁矿石运输

2009年，我国进口铁矿砂及其精矿6.28亿吨，同比增长41.6%。2009年铁矿石进口数量的大增，除了与国内钢铁产量不减反增有关，也与2009年上半年国产矿的优势大幅丧失有关。2009年上半年，由于现货矿价大幅下跌，国内矿山就曾经大幅减产，中小型矿山停产面积最高几乎达70%，而截至2009年10月份，国内矿山的开工率依然偏低。

(3) 石油及其制品运输

2009年，中国共进口石油1.99亿万吨，而国内石油开采量为1.89亿万吨，中国51.3%的石油需求依赖于进口，预计这种情况还将持续。2006年，进口需求占45%，到2020年时将达到65%。2009年中国的石油需求量创历史新高，达到3.746亿万吨，石油深加工总量与2008年相比，增长了7.9%。仅2009年12月份，石油深加工总量达3.46千万吨，同比增长25%。当前，我国80%以上的石油进口都是通过海路运输。石油进口来源国集中在中东地区和非洲，主要运输路线则是从波斯湾经印度洋，由马六甲海峡进入太平洋，最后运输到我国广东湛江港。

随着我国陆地油气管道建设加速，海路进口石油的方式发生了变化。例如，石油进口来源日益多样化，委内瑞拉、巴西、厄瓜多尔等中南美洲国家也加大向中国出口石油的力度；进口方式多样化，除了进口原油，液化天然气也开始通过海路运输。虽然海运比重会下降，但未来几年，海运仍将是我国石油进口的主要方式。

2009年主要下海单位下海资源总量为241.22万吨，与2008年的241.49万吨基本持平。华东和华南市场作为下海资源的主要输送地，石油产品下海价格走势自然和国内整体走势较为吻合。大连石化、锦州石化、青岛石化、镇海炼化和海南炼化仍是下海资源的主要来源，另外大庆炼化、大连西太、安庆石化和金陵石化也有一定量资源下海。其中北方地区资源多输送至华东、潮汕和珠三角各码头，而华东资源主要向潮汕和广东地区输送，海南资源部分运送至广西的一些二级码头。

2009年，大连石化总下海量为40.8万吨，锦州石化总下海量为24.2万吨，大庆炼化总下海量为14.32万吨。镇海炼化总下海量大约是48.2万吨，月数量较为稳定，只有9月份大榭库区排库数量有所上升。安庆石化总下海量为10.6

万吨，金陵石化总下海量为11万吨。安庆石化和金陵石化多通过内河航运的方式分流资源，多输送至江西、安徽、江苏省内的各二级码头。山东青岛炼化2009年下海总量为32.4万吨，单月数量均较为稳定，个别行情较好时段，下海价格和汽槽价格仅相差百元左右。海南炼化日商品量基本维持稳定，2009年下海总量在43.8万吨左右，其中7月份加工量下降导致其下海数量同步减少，其资源主要输送到广东和广西各个码头。

（4）水运基础设施建设成效显著

2009年全国又有江阴、厦门、湛江和湖州4个港口进入亿吨大港之列，这使得我国亿吨港的总数达到了20个。

从近年统计看，全国亿吨港的数量一直在增长。2006年底，中国拥有12个亿吨大港，2007年底增加到14个，2008年底达到了16个。在2009年新"晋级"的4个亿吨港中，江阴港和湖州港均为内河港口。内河航运有运能大、占地少和能耗低的比较优势，发展内河航运是交通运输部确定的2010年水运重点工作之一。根据2009年召开的全国内河航运发展座谈会的精神，2010年交通运输部将抓紧编制"十二五"内河航运发展规划，加强对长江、西江和京杭大运河等干支流的航道治理，支持以内河主要港口为节点的区域物流枢纽建设。

二 中国港口行业：进入"港口群竞争"时代

2009年中国港口行业的发展先缓后快。年初，受国内外经济基本面影响，持续向好的基础仍不稳定，成效还不够巩固，港口物流增长水平仍然落后于宏观经济增长。2009年前三季度，全社会物流总额同比增长6.9%，低于同期GDP7.7%的增长水平，港口物流增长水平略高于社会物流增长的同期水平。在物流业增加值构成中，交通运输业增加值为1.08万亿元，增长4.5%，其中港口航运物流贡献最大。

未来港口行业的核心竞争力是其便捷、高效、吞吐量大的货物运输能力，随着技术的不断发展在快速升级，但用户对货物的转运能力的考量依然是第一位的。在竞争日趋激烈的今天，货物转运能力的基础设施建设、信息化水平和服务体系是港口物流的三个必要条件。随着国家《物流业调整和振兴规划》的推进以及2009年国家批复的《支持福建加快建设海西经济区》、《江苏沿海地区规划》、《辽宁沿海经济带发展规划》、《促进中部地区崛起规划》等相关规划的实施,现在国家的港口行业逐渐形成港口群竞争的战略布局:从南到北,从沿海到内地,中国港口群已呈现多极发展、齐头并进的态势。中国新一轮的港口改革试验也由此进入一个深化的阶段,随着港口物流发展日益现代化、综合化,区域性物流资源一体化运作更是受到沿海、沿江港口城市的青睐。低碳经济时代,经济发展面临资源、环境等约束性压力在不断增大,给港口行业带来新的发展机遇和挑战。

(一) 港口的发展与经济的发展相辅相成

在近代,港口经历了三个重要的发展阶段(见表1),即内海区域发展阶段(第一代)、外洋沿岸发展阶段(第二代)和经济全球化发展阶段(第三代)。伴随着世界经济重心的转移,国际航运中心及其港口发展重心也从以大西洋为核心的欧美地区转移到了以太平洋为核心的亚太地区。

推动港口发展的两个基本动因是对外贸易的增长和国际分工的扩大。这是因为商品经济是以产品交换为基础的经济形态,社会生产力的发展使得可供交换的产品数量和范围扩大,其对货物运输的需求日益增长。与此相类似,随着国际分工的产品和地域不断扩大,需要进行配送和运输的原料、半成品和产成品的区域范围和数量急剧增长。目前,全世界每年的国际贸易货物运输量保持在50亿吨左右,其中80%以上是通过海上运输方式实现的。庞大的海上运输需求促进了海上运输业的发展,同时也不断推动着港口业的快速发展。

表1 港口发展的三个阶段

发展阶段	形成年代	主要货种	功能	空间范围	生产特点	服务方式	决定性因素
第一代港口	20世纪60年代前	一般散杂货	货物装卸、储存、航运服务	港区—码头装卸区	货物流动,简单分项服务,低增值	港到港	资源与劳动力
第二代港口	20世纪60年代后	杂货、成组件货、大宗干液散货	临港工业及相关产业	港区、临港工业社区	货物流动,联合服务,提高增值	部分联运,点到点	资源与资本
第三代港口	20世纪80年代后	大宗中转干液散货、商贸中转及集装箱货物	商贸中转及相关产业	港区、工商保税区、陆路分运带	货物信息流动,分运分拨和全程运输服务,高增值	多式联运,门到门	技术与信息

2009年，我国外贸进出口约90%是通过海运来实现。2008年以来，全世界经济趋缓造成我国对外贸易增速快速下降。2008年，我国服务贸易（按国际收支口径统计，不含政府服务，下同）进出口总额为3044.5亿美元，比2007年增长21.3%。2008年下半年到2009年初，受国际金融危机冲击，港口面临着巨大的需求下降压力，但是随着我国政府固定资产投资的加大和适度宽松货币政策的实施，国内经济的回暖和内贸的良好增长拉动了我国港口吞吐量增速企稳回升，港口行业从2009年3月起开始回暖。2009年全年我国服务贸易进出口总额为2862亿美元，比2008年下降6%。其中，出口1287亿美元，同比下降12.1%；进口1575亿美元，同比下降0.3%；逆差288亿美元。预计2010年我国港口行业将保持复苏势头，但是对外依存度较高的港口形势依然不容乐观。从港口的主要货种来看，集装箱业务由于对外贸的依赖性较大，受到的冲击最大。预计2010年，港口集装箱增长情况将根据出口地区分布、主要出口货种及内外贸箱量比例的情况而有所不同。而铁矿石、煤炭等大宗散货业务有望继续保持增长。

（二）港口资源整合是建设港口群的主要途径

建设港口群需要对邻近的各个港口进行资源整合。港口资源一般可分为四大类：一是有形的实体资源要素，包括岸线资源、水域资源、陆域资源和港口设施；二是无形的技能资源要素，包括货运组织方式、存货控制能力、融资能力、管理经验和工作团队等；三是客户资源要素，包括货物流量流向、货主、船公司和喂给港等；四是信息资源要素，包括港口、码头、船舶、货物、设备、人员及与之相关联的各类信息。

港口资源整合主要是实现资源优化配置，具体包括两方面：一是实现港口间的优势互补，拓展港口功能，调整港口结构，提供更好的物流服务；二是确保港口间分工协作，确保港口总体布局规划的顺利实施，避免港口间的过度竞争和因重复建设导致深水岸线资源的浪费，实现港口可持续发展。从国内外港口发展的经验和趋势来看，港口资源整合是港口发展战略调整的重要手段，是港口规划建设、经营管理的重要工作，也是提升港口竞争力的最直接而有效的途径。

近年来，我国的港口建设继续保持已经形成的热度，这种热度的具体体现是大型港口的扩张和中小型港口的规模升级。港口建设的相对过热，确实存在满足需求增长的合理因素，但规模过大也为今后可持续发展埋下了隐患。港口建设是在既有产业结构和重化工业超长发展的背景下进行的，随着产业结构和重化工业布局的调整，特别是重化工业产业升级和向大型港口附近的布局调整，各地盲目建设港口，特别是中小港口的规模扩张，必然造成港口资源的过剩，在投融资体制改革还不彻底，政府性或国有投资在很大程度上参与的情况下，会造成浪费和损失，也会影响各地港口的健康发展。

2005年，交通部提出了"沿海港口要加快资源整合，突破行政区划界限，充分发挥港口的群体优势"的思路。根据我国沿海主枢纽港的分布地域和特点，交通部提出重点整合长江三角洲、珠江三角洲、华南地区及环渤海地区港口资源，打造具有不同特色的港口体系。2006年，国家虽发布了沿海港口的布局规划，但目前这种缺乏协调的港口功能定位和布局现状，使贯彻和落实布局规划以及不同层次港口之间的分工成为困难。因此，需要在满足运输需求量急剧增长，港口规模不能适应发展需要的同时，促进不同层次港口之间的合理分工和有机衔接，防止功能的重复和布局的分散。同时，要理顺港口的管理体制、投融资体制，为港口功能分工和布局调整提供良好的外部条件。

港口合作不但可以共享航线、技术等方面的资源，解决发展空间不足的问题，而且也可利用好各港口的深水泊位、拖轮、过驳船舶等资源优势，实现港口间的优势互补，变竞争为合作，使港口整体优势明显提升。这种港口组合，也促进了临港工业的发展。强大的港口规模和品牌效应所营造的货物流串起了资金流、产业流、信息流和人才流，带动着水陆运输、修造船、制造、加工、贸易、仓储、配送、金融、保险等产业的发展。大型临港工业迅速崛起，形成了诸如石化、钢铁、造纸、修造船和能源等产业基地。

近年来，港口归属权管理下放到地方后，在经济形势良好导致港口回报高的利益驱动下，地方建设和发展港口的积极性被充分调动起来了。促进和顺应沿海港口整合的这种趋势，即可以减少盲目的港口扩张，利用已有设施提高港口的能力，提高存量资本效益。但是，从实际操作层面看，依然存在难以协调的因素，即中国的税制，它是妨碍地方间合作的一种因素。在具有充分合理利用港口资源的理由下，基于中国港口的发展现状，若这一因素协调不好，合作很可能成为港口升级和盲目发展的平台。

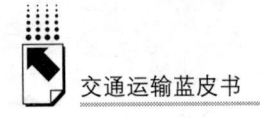

（三）国外港口群的成功经验

1. 美国纽约—新泽西港口群

美国纽约—新泽西港口群位于赫德逊（Hudson）河入海口，是北美东海岸最大的港口群，2008年集装箱运输量为526.5万TEU。该港口群位处美东大西洋中部全球最富裕的消费市场中心，在半径250英里范围内有6000万名消费者，年消费总额达8000亿美元以上。该港口群的港口行政区连通复杂的州际高速公路和铁路网络，是北美重要的海运集散中心。

纽约港和新泽西港分别隶属于纽约州和新泽西州，因此两港早期发展并没有整体的合作规划。进入20世纪后随着货物吞吐量的急剧增加，两港分割管理模式的弊端日益凸显，尤其是"一战"爆发以后，大批物资要运往欧洲，而纽约港效率低下的驳运体系根本无力担此重任，使得等待卸货的列车堵在新泽西一侧的铁路上绵延几百英里，直到宾夕法尼亚州。面对日益紧迫的交通压力，两港所在的两州政府于1921年协商共同组建了跨越州际管辖的联合港务局，共同管理纽约港和新泽西港。纽约—新泽西港务局（the New York-New Jersey Port Authority）拥有下列权利：

组成一个具有法人资格的在港区有权购买、建造、出租或经营任何站点或交通设施的政治团体，可以向使用这些设施者收费，还可以为拥有、保持、出租和经营动产或不动产的目的而借款、发行债券或抵押它所拥有或将会拥有的财产（ARTICLE Ⅵ）；

可以随时为该地区的发展制订规划，当这些规划得到两州的立法机关批准后，便对两州具有如同本协定一样的约束力（ARTICLE XI）；

可以随时根据调查和分析向两州的立法机关或合众国国会提出促进纽约港的贸易流通，改进交通设施和使贸易活动更经济有效的建议（ARTICLE XII）；

为改进航运和贸易制定不与合众国和两州的宪法冲突的适当的规章制度，该规章制度在得到两州的立法机关赞同或授权后，即对所有有关的个人和公司具有约束力（ARTICLE XⅦ）。

2. 欧洲港口群：欧洲海港组织

海港对于欧盟的国际贸易以及内贸市场起到了举足轻重的作用。然而随着世界制造业向发展中国家转移，欧洲与世界各国贸易量逐年上升，海港对于欧盟经济的作用也日益增强，欧共体制定的运输政策已不能适时地、完全地反映各个港口和欧盟整个区域地港口的利益。于是欧盟于1993年成立了欧洲海港组织（ESPO）来协调、管理整个欧洲地区的海港。

ESPO的组织结构是由会员大会（General Assembly）、执行委员会（Executive Committee）、技术委员会（Technical Committee）和秘书处四个部门构成。会员大会主要负责欧洲海港组织总体政策的制定以及主席的选举等重要事务；执行委员会每年召开5次会议负责日常政策的制定；技术委员会负责交通海运环境和统计方面的具体工作，为执行委员会提供技术建议；秘书处主要负责行政、财务、政策建议以及港口间交流等工作。

ESPO管理模式的主要特点是：一是不直接参与欧洲各个海港的发展建设以及日常运营业务，而是强调港口自主经营的法律地位，确保港口之间的自由竞争；二是通过会员大会的形式来协调各个港口之间的利益；三是用法律形式确保欧洲海港群总体利益其政策，主要包括多式联运、近洋运输、海运安全、环境等方面；四是为港口的特定项目提供技术咨询以及资金支持；五是主持特殊项目的研究，统计欧洲港口的各项数据。

3. 日本东京湾港口群

日本东京湾港口群占有极好的地理位置。三浦、房总两个半岛合抱，形成了袋状海湾，造就了深水浪小的优良的港湾环境。袋状口宽为8公里，袋状长为80公里。沿东京湾两翼延伸，首尾相连175公里。港口密布，工厂林立形成了日本最大的港口工业区和城市群。在这个著名的港口群中包含东京港、横滨港、千叶港、川崎港、横须贺港、君津港六大港口。其中千叶港、横滨港、川崎港都是排在世界前列的特大港口。

日本东京湾港口群竞争与合作的主要特点在于：一是运输省协调港口群发展，港口管理权下放给地方港口管理机构；二是内联外争，东京湾港口在运输省的协调下，错位发展，共同揽货，整体宣传，以提高整体知名度，从而同国外港口相抗衡；三是分工明确，港口建设与定位同临港工业相联系，从而达到港口群内各个港口的错位发展，避免港口间的过度竞争。

（四）我国港口整合资源构建港口群的建议

当前，我国港口资源整合的特点主要体现为更加激烈的港际竞争和港口发展的集群化、大型深水化、集约化、物流综合化趋势；港口发展呈现明显的集群化特征，我国沿海从南到北形成了珠江三角洲、长江三角洲和渤海湾三大港口集群。建议如下。

1. 分别组建组合港管理委员会

2006年通过的《全国沿海港口布局规划》，正式将我国沿海港口分为环渤海、长三角、珠三角、东南沿海以及西南沿海地区五大港口群。目前除了长三角港口群组建了上海组合港管理委员会外，并没有统一规划和管理其他港口群的组织。因此可以借鉴上海组合港管理委员会的经验，建立适应我国国情的区域港口组织来协调港口发展，最终目的是要实现区域内各地区的共赢发展。如可以考虑在沿海地区设立联合港务局，其运作之初可由政府推动进行，但最终要依靠市场化、专业化的服务，为这些区域经济的合作和发展奠定基础，并给国内其他地区合作提供经验。

2. 深化组合港管理委员会的职责

目前我国现有的上海组合港管理委员会的职责还在最基本的港口之间分工定位的协调上。依照国外港口群发展的经验，组合港管理委员会还必须以安全环境保护、多式联运、内河转运等为促进港口合作的新方向，制定相应的政策督促港口达成这一指标。组合港管理委员会还应以促进港口之间经验技术交流、负责港口群对外宣传等工作为己任，促进港口群整体实力的不断提升。

3. 进一步深化分工合作

政府对港口群规划除了传统的分工思路外，还将港口的发展同临港工业相结合，以港口的对外运输作用为工业的进出口业务提供便利，以工业的繁荣带动港口的发展，同时以工业的错位发展深化港口群分工。港口群的规划同国家交通运输规划相结合，充分发挥港口群的集疏运功能，推动多式联运以及内河转运的发展。随着港口群内港口间合作的深化，不断完善港口之间的公路、铁路、桥梁以及隧道等公共设施的建设，辅助港口间合作政策的实施。

国内的宁波—舟山港利用交通运输规划促进港口一体化建设的经验值得借鉴。浙江省改善宁波—舟山港的货运配套设施，建设完善、高效的集疏运体系，改善港口发展的外部环境，实现两港资源的整合，做到规划、建设、品牌、管理的"四个统一"，其整体竞争力大大提高。浙江省结合全省的交通建设情况，建设了一大批与港口集疏运相关的交通项目，主要有杭州湾大桥、舟山大陆连岛工程、浙江沿海铁路、杭甬运河改造工程等。其中杭州湾大桥和舟山大陆连岛工程分别于2008年和2009年建成通车，这对于宁波—舟山港的整体建设将起到至关重要的作用。浙江省针对舟山港自身的特点，确定舟山应以深水岸线资源的开发为重点，加大深水港口建设力度，确保大陆连岛工程顺利建成通车，加强舟山与大陆的交通联系，开通港口物流的绿色通道，实现与大陆基础设施的共享，全面实施水、电、交通、信息等基础设施的"登陆"战略。充分利用舟山丰富的深水岸线资源，建设大型现代集装箱运输基地，大力发展船舶修造业、临港重工业、临港大宗货物加工业、港口物流业等临港产业，以港口工业的发展来推动舟山经济的整体发展。

4. 维护港口经营的自主权

创造公平的竞争环境，制止任何妨害港口群自由公平竞争的行为。政府在对影响港口群整体利益的行为进行干涉的同时，还要保证港口运营的自主性，营造合理的公平竞争的环境。港口运营的自主性可以确保港口服务的竞争力，除了费率的优势外，优质的服务、高效的通关速度以及电子平台的建立，将成为港口间良性竞争的有力武器。

5. 推进信息化共享平台的建设

运用数字化信息系统提高码头管理水平，促进港口群货源共享，避免有的港口过分拥堵而有的港口过分闲置的情形，充分利用港口群内的资源，还要建立快捷、安全的国际电子数据交换平台，以先进的设备、高效的管理和优质的服务赢得货主和船东的信赖。

我国港口群内部港口之间的竞争、合作、协调和管理工作才刚刚开始，我国的港口还需要学习和借鉴国外港口群管理的经验，促进港口群内港口之间的竞争、合作与协调，促进整个港口群能力的不断提升，提高港口群的竞争实力。

三 中国船舶制造行业：机遇与风险并存

（一）2009年全国船舶工业运行基本情况

2009年，全国造船完工量4243万载重吨，同比增长47%；新承接船舶订单2600万载重吨，同比下降55%；手持船舶订单18817万载重吨，同比下降8%。中国造船完工量、新接订单量、手持订单量分别占世界市场份额的34.8%、61.6%、38.5%，比2008年底分别提高了5.3、23.9和3个百分点（见表2、图4~图6）。

表2　2009年世界造船业三大指标市场份额

指标		世界	韩国	日本	中国
2009年造船完工量	万载重吨/占比(%)	12203/100	4378/35.9	2899/23.8	4243/34.8
	万修正总吨/占比(%)	4872/100	1555/31.9	984/20.2	1523/31.3
2009年新接订单量	万载重吨/占比(%)	4219/100	1487/35.2	90/2.1	2600/61.6
	万修正总吨/占比(%)	1149/100	316/27.5	17.6/1.5	711/61.9
2009年底手持订单量	万载重吨/占比(%)	48884/100	17224/35.2	8831/18.1	18817/38.5
	万修正总吨/占比(%)	15313/100	5284/34.5	2322/15.2	5389/35.2

资料来源：中国船舶工业行业协会。

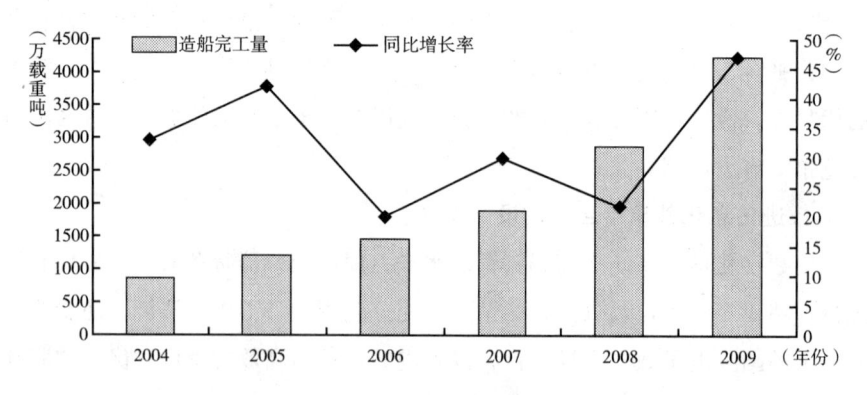

图4　2004~2009年全国造船完工量变化情况

资料来源：中国船舶工业行业协会。

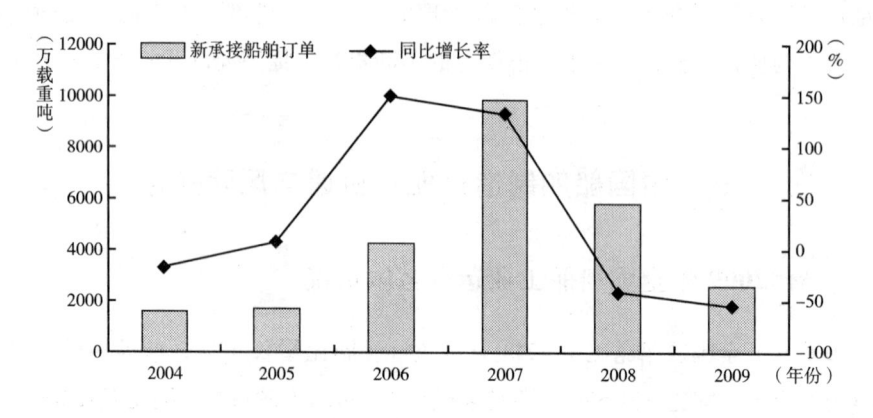

图5　2004~2009年全国新承接船舶订单变化情况

资料来源：中国船舶工业行业协会。

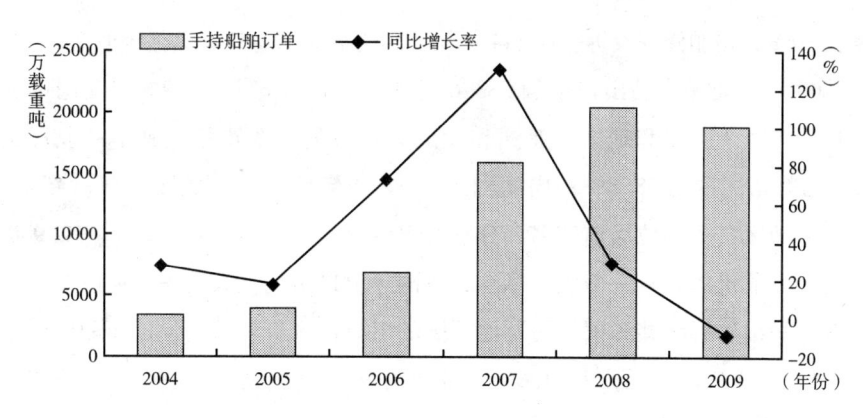

图6 2004~2009年全国手持船舶订单变化情况

资料来源：中国船舶工业行业协会。

2009年，全国规模以上船舶工业企业1839家，完成工业总产值5484亿元，同比增长28.7%。其中船舶制造业4176亿元，同比增长31.7%；船舶配套业620亿元，同比增长42.2%；船舶修理及拆船业677亿元，同比增长5%；其他企业11亿元。

1~11月，规模以上船舶工业企业实现主营业务收入4080亿元，同比增长30.9%。其中船舶制造业3061亿元，同比增长37.8%；船舶配套业490亿元，同比增长38.9%；船舶修理及拆船业520亿元，同比下降2.6%；其他企业9亿元。

2009年，船舶行业实现利润比2008年大幅增长了50.5%，并在此基础上继续保持增长。1~11月份，规模以上船舶工业企业实现利润总额316.4亿元，同比增长8.3%。其中船舶制造业242.3亿元，比2008年同期增加60.3亿元，占全行业利润的76.6%；船舶配套33.4亿元，比2008年同期增加15.4亿元，占全行业利润的10.6%；船舶修理及拆船业40.4亿元，比2008年同期下降44亿元，占全行业利润的12.8%；其他企业0.3亿元。

2009年，重点造船企业通过控制固定资产投资，采取集中采购物资、加强资金集中管理、拓宽融资渠道，企业降本增效成绩显著。1~11月份全行业成本费用增幅低于主营业务收入增幅，工业经济效益综合指数达247，超过同期全国工业经济效益综合指数。

2009年，规模以上船舶工业企业完成出口交货值2532亿元，同比增长17.8%。其中，船舶制造业2091亿元，同比增长24.4%；船舶配套业95亿元，同比增长30%；船舶修理及拆船业344亿元，同比下降12.4%；其他企业2亿元。

2009年，船舶产品出口金额283.6亿美元，同比增长44.9%。我国船舶产品出口到159个国家和地区，亚洲和欧洲为出口的主要市场。其中向亚洲出口138.3亿美元，占比48.8%；向欧洲出口82.9亿美元，占比29.2%。新加坡、中国香港地区、德国位居前三名，分别为50.4亿美元、46.4亿美元、22.9亿美元。受金融危机的影响，美国、日本、英国等出口市场大大萎缩，但巴拿马、利比里亚、马绍尔群岛共和国、马耳他等国的出口市场有较大增加。船舶出口中散货船出口达89.7亿美元，占31.6%；油船为54.2亿美元，占19.1%；集装箱船为33.8亿美元，占11.9%。

（二）中国船舶工业需要调整和振兴

2003年以来，我国船舶工业进入快速发展时期。产业规模不断扩大，造船产量快速增长，造船完工量、新接订单量、手持订单量已连续多年居世界前列。综合实力稳步提升，已经具备散货船、油船、集装箱船这三大主流船型的自主开发能力，在高技术高附加值船舶、海洋工程装备领域也实现了突破，大型船舶企业造船周期和质量管理达到国际先进水平。我国已经成为世界造船大国。但是，船舶工业在高速发展的同时，自主创新能力不强、增长方式粗放、低水平重复投资、产能严重过剩、船用配套设备发展滞后、海洋工程装备开发进展缓慢等问题日益显现。2008年下半年以来，受国际金融危机影响，国际航运市场急剧下滑，给我国船舶工业带来严重冲击：一是新接订单急剧减少。2008年第四季度我国船舶工业月均成交30万载重吨，与前三个季度月均成交量相比，跌幅达95%；2009年1~5月成交订单仅118万载重吨。二是企业融资出现困难。船舶企业资金贷款和获得保函难度加大，部分船厂生产陷入困境，船东融资也出现困难，一些船东要求撤单，甚至提出弃船。三是履约交船风险加大。随着航运市场的持续低迷，船东对造船要求更加苛刻，船舶企业面临推迟接船、撤单和弃船的风险加大。稳定船舶企业生产，避免出现生产断线，成为船舶工业的首要任务。对此，2009年国务院出台的《船舶工业调整和振兴规划》从指导思想、主要任务、政策措施等方面都提出了明确的意见。

经过多年发展，我国船舶工业已经形成了原材料配套强、劳动力素质高、制造业体系完备等综合竞争优势，世界造船业中心正逐步向我国转移，我国船舶工业发展前景依然十分广阔。当前,我国船舶工业正处在由大到强转变的关键时期,必须抓住机遇,积极采取综合措施,加快结构调整和产业升级,巩固和提升我国船舶工业的国际地位,为经济平稳较快发展作出积极贡献。

《船舶工业调整和振兴规划》的出台,对于船舶工业积极应对金融危机,推进结构调整和优化升级,提高国际竞争能力,促进船舶工业持续健康发展具有重要意义,是船舶工业保增长、促发展的综合性应对措施的行动方案。

(三) 船舶工业调整和振兴的政策建议

一是增强高技术船舶的市场竞争力。高技术船舶是指液化天然气船、液化石油气船、大型客滚船、万箱级以上集装箱船、大中型工程船、多用途船、化学品船等高技术含量的船舶,提高高技术船舶的市场占有率和竞争力,体现了一个国家的船舶工业创新实力和技术水平。为此,《船舶工业调整和振兴规划》提出高技术船舶新接订单市场份额由目前的10%提高到2011年的20%。把提升高技术船舶设计开发能力作为主要任务,并提出了增加高技术船舶科研经费投入、支持船舶企业和科研机构研发条件建设等措施。还要重视国际造船新规范、新标准对船舶工业的影响。日、韩等造船强国,针对中国船舶工业的崛起,正利用国际造船新规范、新标准的出台机遇,从政府和企业层面加强研究,力图以技术优势战胜我国船舶工业,目前已取得领先地位。为此建议我国船舶各有关单位必须加大对国际新标准、新规范的前瞻性研究,提高我国在规范制定中的话语权,强化对造船新标准的政策引导,加强IMO新规范标准的宣传、贯彻、培训和应对措施的研究。

二是支持发展海洋工程装备。《船舶工业调整和振兴规划》提出,要将海洋工程装备作为我国船舶工业新的经济增长点,发展海洋工程装备,为建设造船强国和实施海洋战略奠定基础。还提出要支持造船企业研发自升式钻井平台、深水半潜式钻井平台和生产平台、浮式生产储油装置、海洋工程作业船等海洋工程装备,鼓励研发海洋工程关键系统和配套设备,力争海洋工程装备的国际市场份额要从目前的约5%提高到2011年的10%。目前国际海洋工程装备产品市场主要为韩国、新加坡等少数几个国家所占据。我国具有发展海洋工程装备的基础、资源和条件,随着国际海洋油气等资源开发力度的不断加大,海洋工程装备具有巨大的潜在市场需求。发展海洋工程装备应成为我国船舶工业战略重点。

三是提高船舶配套设备本土化水平。配套设备的研发和制造能力是一个国家船舶工业做大做强的基础。长期以来，我国船用设备发展严重滞后于造船业的发展，船用设备本土化装船率不足50%，部分设备长期依赖进口，受制于人。为此，《船舶工业调整和振兴规划》提出要采取加快新型船用柴油机及其关键零部件、甲板机械、舱室设备、通信导航自动化设备的自主研发，提高船用配套设备水平，支持开展船用设备的技术改造，增加对重点配套设备的科研开发投入，提高我国船舶配套设备本土化水平。到2011年，三大主流船型国产化设备装船率要达到65%，其中低速柴油机、甲板机械等设备国内市场满足率要达到80%。

四是确保产品质量，保证船舶交付。各企业应加强生产管理，提高生产计划管理水平，用风险管理的思路编制计划，使生产计划更具有弹性。注重船舶及配套产品质量管理，提高产品质量控制能力和产品质量水平，避免因产品质量问题出现交单困难的现象出现。推进节能降耗，降本挖潜，提高生产组织管理水平。同时，要加强产品成本的预测和实际成本的分析工作，对影响产品成本的主要因素进行跟踪控制，抓紧货款回收，加速资金回流，努力将财务风险降到最低。2010年，船舶行业仍将面临市场低迷，船东推迟接船、改单、撤单甚至弃船的风险。同时我国船舶工业将进入产能集中释放期，已承接的手持订单将大量交付，保交船仍是船舶行业的重点工作。船舶企业要加强生产过程中的协调与监控，深入建立现代造船模式，推广先进工艺、深化精度造船，提高生产效益，全力以赴确保交船。《船舶工业调整和振兴规划》提出，要采取有效措施，支持大型船舶企业和航运企业按期履行合同，积极应对推迟接船、撤单、弃船等经营风险。指导船舶企业加强生产管理，合理安排生产计划，确保造船质量和进度，保持生产连续性。在承接新船订单方面，船舶企业不但要密切关注传统主流船东的动向，还要重视一些资源类、能源类公司的订购需求。通过加强技术储备，积极开发新产品，增加高技术船舶科研经费投入，加快产品升级换代，为抢占船市复苏后的市场做好充分的准备。积极运用出口买方信贷、银团保函、租赁融资等金融创新产品开拓市场。

五是大力推进产业结构调整。《船舶工业调整和振兴规划》针对我国船舶工业受前几年航运市场爆发式需求增长的影响，以及重复投资、产能严重过剩的形势，提出要通过严格控制新增造船产能，推进产业结构调整，提高大型企业综合实力，形成新的竞争优势；实施兼并重组，整合造船、修船、海洋工程装备生产资源，发展大型企业集团，促进船舶制造业和配套业的协调发展。《船舶工业调整和振兴规划》提出的产业结构调整内容，既包括产品结构、业务结构的调整和优化升级，也包括产业组织结构、生产能力的调整。通过推进结构调整，保持产业持续健康发展，实现产业振兴。

四 中国航运业：乍暖还寒

随着2008年末金融危机的集中爆发，航运业泡沫迅速破灭。在大规模经济刺激计划的推动下，2009年全球经济出现回暖，航运业走上复苏之路，但行业复苏的历程仍将漫长而曲折。在金融危机的背景下，中国航运业危中有机。

（一）三峡工程竣工推动国内长江黄金水道发展

2009年，三峡工程全部竣工。三峡工程自1993年开始筹备，工期历时17年，是一项具有防洪、发电、航运等巨大综合效益的工程。三峡工程极大地改善长江的航运条件，万吨级船队可从武汉直达重庆，充分发挥黄金水道的作用。660公里的宜昌至重庆江段落差120米，将淹没所有滩险、单航段和牵引段，航道平均扩宽至1100米，万吨级船队将通江达海，航运成本可降低37%，年单向航运能力超5000万吨。同时，经水库调节，宜昌下游枯水季最小流量，可从现在的3000立方米/秒提高到5000立方米/秒以上，使长江中下游枯水季航运条件也得到较大的改善。三峡工程成功蓄水后，三峡库区航道条件得到极大改善，形成了一股造船热，投入水运行业的资金成倍增长。湖北省宜昌市夷陵区，重庆忠县、云阳等地都有大型的造船项目在建，重庆、湖北争相建造、购置大型五星级游轮。2008年，通过三峡船闸的货运量逾5000万吨，远远超过三峡船闸通航前葛洲坝船闸年货运量1800万吨的历史最高水平。三峡库区航运业在以年均20%的速度增长，成为促进流域经济社会发展的助推器。三峡工程的全面竣工，将促成横贯中华东、西大地黄金水道的形成，对发展和繁荣长江两岸甚至沿海地区的经济，必将起到如虎添翼的作用。

（二）货物吞吐量结束高速增长势头

2009年，受国际金融危机和我国进出口下降的影响，港口货物吞吐量结束了前几年的高速增长期。全年全国规模以上港口完成货物吞吐量69.1亿吨，同比增长8.2%，增速回落1.4个百分点。其中，沿海港口完成货物吞吐量47.3亿吨，同比增长7.7%；内河港口完成货物吞吐量21.8亿吨，同比增长8.8%（见图7）。

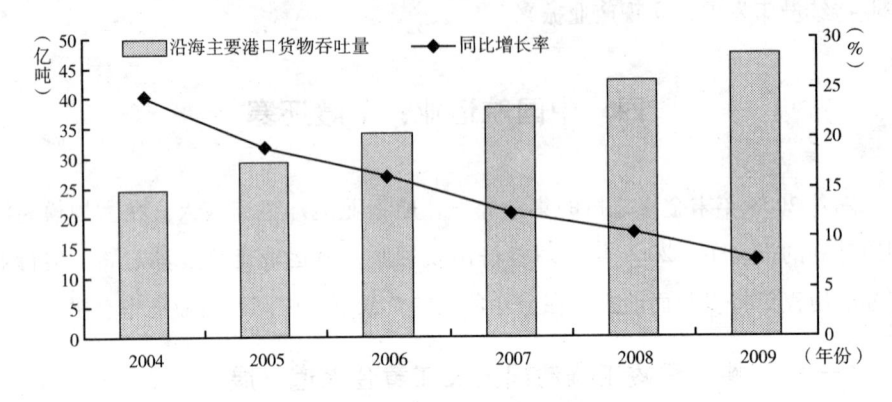

图7 2009年中国沿海主要港口货物吞吐量

数据来源：Wind资讯。

对外贸易的下滑对集装箱运输造成重大影响，集装箱运量锐减，尤其是外贸出口比重较大的长三角、珠三角地区，港口集装箱吞吐量下跌幅度更大，全国规模以上港口完成集装箱吞吐量12100万TEU，同比下降6%，首次出现负增长。其中，沿海港口完成10900万TEU，同比下降5.9%；内河港口完成1200万TEU，同比下降7.4%。国内第一大港上海港完成2500.1万TEU（见表3），同比下降10.7%，仍居世界第二，不过与世界第一的新加坡港港口集装箱吞吐量的差距在缩小。

港口和航运业与国际贸易具有很强的依存度，贸易的萎缩将直接传导并影响港口和航运业的经营，使航运和港口处于低迷的状态。航运业的景气状况受以下几个因素的影响。一是运价、二是船舶的供给、三是贸易。以集装箱为例，自2008年10月份以来，中国出口集装箱运价出现持续下跌。2009年2月份集运运价跌至历史最低点。2月份中国出口连续第5个月环比下滑，集装箱吞吐量连续第6个月环比萎缩。6月26日，出口集装箱运价指数降至763.31点，与2008年10月10日的1136.21点相比，下跌近33%。虽然从7月开始，出口集装箱运价指数出现连续小幅恢复性上涨。至8月28日，达到920.24点，与6月26日的前期低点相比，提高逾20%；但与2008年10月10日相比，仍低19%。

表3 2009年全国沿海主要港口完成货物吞吐量

排序	港名	2009年累计吞吐量(万吨)	排序	吞吐量(万TEU)
1	上海	59205.2	1	2500.1
2	宁波—舟山	57757.13	4	1050.303
3	天津	38111	6	870.4
4	广州	38386.08	3	1118.7842
5	青岛	31546	5	1026
6	大连	27202.5	8	457.6
7	秦皇岛	24942.06	22	33.0684
8	深圳	19362.96	2	1825.0067
9	日照	18131	14	82.0976
10	营口	17603.05	10	253.725
11	唐山	17559	24	24.1423
12	烟台	16926.08	11	140.1088
13	湛江	11838.24	25	23.1612
14	连云港	11378.34	9	303.1794
15	厦门	11096.28	7	468.0355
16	黄骅	837.64	—	—
17	福州	8084.9	13	122.2747
18	泉州	7666.4	12	125.1192
19	温州	5772.55	20	39.3489
20	锦州	5258.63	16	73.8402
21	防城	4500.28	26	20.3575
22	珠海	4419.7	18	55.579
23	丹东	4349.6	23	26.02

数据来源：中国口岸协会。

（三）绿色航运成为中国航运业转型的机遇

自2005年国际海事组织公布的《防止船舶造成大气污染规则》生效之后，海运已被纳入对节能、环保具有积极意义的产业。联合国的一项最新研究报告表明，商业航运的CO_2排放量几乎是以前估计的近3倍。据估测，全球航运每年排放约11.2亿吨CO_2，约占全球CO_2排放量的4.5%，而国际海事组织先前估计为4亿吨。

2008年2月22日，中国国家海洋局海洋发展战略研究所课题组发布的《中国海洋发展报告》指出，中国部分海湾和城市附近海域污染严重，近海海域污染范围在过去10年间扩大了近1倍,已超过16万平方公里。此外,原油运输和海上石油开发等造成的原油泄漏事故不断发生,给事发海域的生物和生态系统造成了不同程度的危害。

国内很多航运企业把金融危机看成一次产业结构转型的机遇。2007年11月,外企马士基物流公司宣布在全球推出名为"供应链碳控制"的全新碳减排咨询服务,帮助客户制订并实施旨在减少供应链碳排放的解决方案。同年,马士基航运公司宣布实施仓储运输质量与能源效率方案,大幅削减冷藏集装箱的能耗与CO_2排放量。国内一些企业以马士基为榜样,在节能减排上下工夫、见成效。如中远集团积极遵守并践行联合国倡导的关注气候宣言提出的应对气候变化的一系列基本原则和措施,积极遵守国际海事组织有关航行安全和海洋环保等规定,致力成为"绿色服务"提供者。

2008年12月19日,国资委正式批准中外运集团和长航集团的重组,重组之后更名为中国外运长航集团有限公司,并作为重组后的母公司,总部设在北京。在金融危机的影响下,双方重组进程以稳妥为主。中外运集团和长航集团业务互补性较强,因此,业务整合的重点将会是重合度较高的航运业务,比如干散货业务、油运业务等。原长航集团旗下的长航凤凰公司战略为"由江入海",拥有大量经营远洋和沿海散货运输的散货船订单;原中外运集团旗下的中外运运公司主要经营远洋散货运输,拥有丰富的远洋散货运输经验。两家集团合并后可在散货资产方面进行整合。长航集团的油运资产优势明显,油轮资产整合可以用另一家上市公司长航油运作为平台进行整合。

(四) 干散货运输业——中国影响占主导

BDI在2009年的变化趋势,一直追随中国经济形势。2009年1月30日,BDI报收于1070点,环比上涨38.2%,其背景正是国务院审议通过的钢铁产业振兴规划,钢价回升带动停产、限产钢厂恢复产能,进而激发了企业进口铁矿石的意愿;2009年4月30日,BDI报收于1786点,环比上涨11%,一改3月份的下跌势头,这种变化源于中国钢材价格经过一个多月的下滑后止跌微涨,刺激了铁矿石进口。

2009年7月31日,BDI报收于3350点,经过前期的火爆行情,国际铁矿石的高价位开始抑制需求,新增运力也在冲击航运市场,由此导致持续下降;11

月,国际干散货市场迎来了2009年的最大行情,BDI从3185点一路飙升至4661点,海关总署公布的同期数据显示,当月铁矿石进口量达5107万吨,同比增加57%,环比增加12.3%,1~11月已累计进口铁矿石5.6586亿吨,同比增加38%。

2009年,中国在全球干散货市场已经占有70%的份额,预计2010年还将进一步扩大,这将对BDI走势产生更大影响。

(五)中国航运业战略选择建议

面对我国经济继续保持快速发展、世界贸易大国地位不断巩固、港口不断发展的历史机遇,我国航运业应抓住机遇,迎接挑战。

(1)加快现代化

坚持在发展中推进航运结构调整,促进航运技术全面进步,加快实现航运现代化,有效提升中国航运业的科技创新能力、市场竞争能力、抵御风险能力,是我国航运业发展战略之首选。应以现代综合物流技术为核心,大力推进航运业的运输智能化、电子信息化、高新技术化的进程,努力提高发展航运的信息和科技含量,建立高效的运输系统,完善支持保障,强化行业管理。

同时,要加快航运企业现代化的进程,进一步转变经营机制,建立现代企业制度,提高经济效益,增强科技创新能力和自我发展能力。航运企业应按照国际市场供求关系组织生产和经营,全面提高决策和从业人员的管理能力以及经营水平,用现代化的经营理念和方式切实提高自身竞争力,扩大国内外航运市场的占有份额,以适应新形势需要,形成现代化的航运布局与生产特征。交通运输部也出台了《关于进一步促进公路水路交通运输业平稳较快发展的指导意见》,提出了鼓励和支持航运企业发展的政策措施,为行业应对国际金融危机的冲击和企业摆脱经营困难提供了良好的政策环境。2010年的全国交通运输工作会议明确提出转变发展方式,加快发展现代交通运输业,切实做到"五个努力"。这也为航运企业进一步转变发展方式、调整发展战略和结构、加强经营管理、提高市场竞争力创造了新的发展空间。

(2)加快国际化

处于经济全球化、市场一体化和信息数字化的时代背景下,中国航运业必须以革命性的开阔视野来审视世界对航运的需求,完成应负的历史使命。因此,应在确保传统运输核心服务的同时，努力延伸和完善多元化服务功能，构筑以海上运输为主干或核心的现代综合运输体系。此外，也要看到扩大对外开放、加强国际交流合作、实现双赢或多赢，是全球动态竞争环境下的最优国家策略。故而，中国航运业应进一步走向国际化，融入世界，与国际惯例全面接轨，在激烈和广泛的国际航运市场竞争中求生存、谋发展。

一方面，中国航运业应主动开放市场，吸引国外资本、技术以及人才，不要害怕"外人入侵"，这与旧中国被迫洞开门户完全不同。只有在与国外先进的航运企业的碰撞、较量中，才能真正转变经营理念，改善管理手段，提高竞争能力。"宝剑锋从磨砺出"，说的就是这个道理。另一方面，中国航运业也应大步走出国门，在世界各地建立商业存在，拓展"两头在外"的第三国运输，到世界航运市场去展示自我、锤炼自我，争取更多的国际市场份额。同时，还要进一步通过兼并、收购、联营等多种方式，建立国际化产权与经营纽带，使中国航运企业真正成为以世界为活动舞台的跨国航运企业。

（3）实现专一化

专一化战略可以使企业目标集聚，航运企业通过市场细分（减小市场广度、深化市场密度），集中力量，或主攻某一特定的客户群体，或主攻某一服务产品系列的一个细分区段，或主攻某一特定的区域市场，从而使企业的服务产品占领目标市场。

专一化战略关键在于"专"，体现的是纵向竞争力，企业可以利用航运政策的倾斜，在进行比较优势分析后，采取"扬长避短"和"在夹缝中获生存求发展"的竞争策略，在企业自身具有相对竞争优势的市场领域谋求发展。如，中远集运以中日航线和沿海航线经营为主体的上海泛亚航运有限公司的成功运作，作为中远集运的全资子公司，旨在进一步细化航线经营，更加迅速地把握市场变化和贸易需求，用专业化、品牌化手段发展区域性集装箱运输，并为主干航线提供更完善的支线服务。

（4）推进集约化、规模化

面对激烈和残酷的市场竞争，为了求得生存，各航运企业不断探索降低成本和提高服务的有效途径，同行业甚至相关行业内的企业战略联盟和企业兼并等集约化运作，已作为一种热门策略被广泛地运用于航运领域。

在推进中国航运业集约化的过程中，战略上可从三个方面进行考虑。

一是国内航运企业的集约化。从实际情况考察，目前除中远、中海、长航、中外运以及部分省市直属或管理的航运企业外，大多数中小航运企业规模较小，其中单船公司占相当大的比例。航运业是一个高风险的行业，企业规模偏小，在市场激烈的竞争中缺少抵御风险的能力，不能节约管理成本，也不能享受规模经济的利益。再者，单船公司比例过大，容易造成航运企业内部管理混乱，加剧市场的无序竞争。因此，对于从事国际航运的中小型公司，尤其是单船公司，鼓励企业之间进行联合、改组、兼并、扩大规模，逐步改变中国航运企业小、散、弱的局面，提升国际竞争力。

二是国内外航运企业的集约化。近些年来，国内少数大型航运企业已经或正在打造自己的全球物流服务网络，与外国航运公司开展各种方式的联营、合作，从结成大联盟到舱位租用，向合作要运力和市场份额，以加强国际市场竞争力。要继续鼓励和推进这些大型航运企业与国外航运企业的集约化经营策略，在这方面应注意与世界上不同体制与价值观的国家或地区的航运企业分别建立联营关系，以保证国家运输经济的安全。同时，还要探索和试验通过兼并、购买和参股等方式，与外国航运企业建立更为直接和强力的产权纽带，更有效地进入世界航运市场。

三是国内外跨行业的集约化。跨行业的集约化与企业经营的多元化有所不同。后者可以在与航运并行的领域，如房地产、旅游业、制造业等方向拓展；而前者则是以航运业为核心向其产业链的上下游延伸并形成产权结构。这对于提升航运企业的竞争力至关重要。因此，如中远、中海、招商、中外运等大型国有企业，应努力与国内外的大型港口、企业、货主单位、物流公司等建立集约化的经营模式，以"供应链"的集群方式参与市场竞争。与之同步，应朝着大权集中、小权分散的方向来调整管理体制，加强分工、协作，提高资金、资源利用率，制定新的全球化经营策略，不断提高满足市场的应变能力。只有这样，才能在激烈的市场竞争中立于不败之地，成为新世纪国际航运市场发展的主流。

五　中国港口航运业发展展望

中国的港口航运业与全球经济状况密切相关。金融危机以来全球经济遭遇较为严重的衰退，全球经济的萎缩导致了商品贸易的锐减，中国的港口航运业也从景气高峰回落到低谷，出现明显的过剩。近期世界范围内贸易摩擦和投资的争端有所增多，进一步限制了中国对外贸易的活力，不仅不利于中国港口航运业过剩产能的释放，还限制了中国港口航运业的强势反弹。

当前世界经济对绿色低碳环保的要求大大增强，发达国家在全球征收碳关税一旦付诸实施，会阻碍中国港口航运业规模化的发展，因此必须引起相关企业的高度关注。还有，屡屡发生海盗和武装抢劫船舶的事件，这不仅对远洋海运造成了威胁，而且还增加了中国企业的运营成本。日益严峻的水上安全问题，也是中国港口航运业面临的挑战之一。

国际货币基金组织（IMF）将2010年全球宏观经济增长预测为3.9%，2011年增长预测为4.3%。预计全球主要经济体进出口总量都将实现正增长，全球海运贸易量必将受益于这个进出口的恢复，因此本文认为，从需求的角度看，2010～2013年中国港口航运业的复苏和发展值得期待。

（一）干散货海运市场

从需求看，在主要需求方中国市场，2009年夏季钢价大涨的滞后效应使得2010年后的铁矿石进口维持在高位，且今后3年的铁矿石价格的谈判已经展开，有动力大量租船推高现货矿价格以造声势，这也是支撑BDI的重要支柱。煤炭运输方面，国内外价差的持续存在，预计2010～2013年煤炭进口量仍将持续增长。在2010年中国铁矿石月均进口5500万吨、欧洲以及日本铁矿石进口在低基数的效应下实现20%以上的同比增长、其他货种贸易量相对平稳增长的假设下，2010年预期全球干散货贸易量增长5%～6%。

从供给方面看，2004年以来的数据显示，当BDI低于3000点时，拆船量将会扩张，因此，预计2010～2013年在干散货船舶船龄结构相对较高的条件下，整个市场有向3000点趋近的动力。

从运力的角度看，由于船舶制造本身的周期，2010～2013年的运力增长基本维持在6%～7.5%，由于船舶制造2～3年的周期，因此增长的该部分运力大约为2007～2009年的订单，2008年年底曾有过一次订单的高峰。全球两大船舶经纪公司——英国ICAP与挪威Platou均预期，2010年船东推迟接收新船的风气仍持续，只有半数原定在2010年交付的干散货船能如期交付，2010年内约700多艘船舶下水。由于中国船厂手持干散货新船订单最多，因此受到延付的冲击最大，部分船厂须为付款时间安排而与船东周旋。2009年原定有991艘新干散货船下水，最终却只有521艘进入市场。

按照原来安排，2010年将有约1400艘新干散货船下水，折算运力1.25亿载重吨。不过，基于底蕴较浅的船厂造船、船东缺乏银行融资支持和新单干涸三大不利因素，2010~2013年仍会有大量新干散货船推迟下水时间，期内延付比例可能比2009年的47%更高。

由于2008年迅速增长的运力订单将在2010~2011年消化，运力的扩张使得干散货海运市场"类大宗商品市场"的特性不复存在，且高额的订单运力会使得市场对于未来的预期变得相对谨慎。未来美元指数的下滑将主要通过影响大宗商品的价格（包括原油、铁矿石以及煤炭等）和全球宏观经济来影响BDI。

在未来3年，在预期供求绝对量差额继续扩大的弱市中，市场将较难取得超额收益。一旦出现超额收益，过剩的运力便会重新释放，进而供给增加，运费下降。而当整个市场处于亏损状态时，船东则会采用各种方法控制运力，包括推迟甚至取消订单交付，增加拆卸运力以及降低运营船舶航速等，进而缩小供给，提升运费。因此，预计2010~2013年的BDI 3000点左右的位置将会是市场相对合理的均衡点。

（二）集装箱海运市场

2010~2013年中国集装箱海运市场进出口预计实现小幅度增长。

从目前的数据来看，2009年全球主要经济体进出口都有较大幅度的下滑。从同比增速的角度看，在2009年较低基数的影响下，预计2010年全球主要经济体进出口将实现2%~3%的小幅度增长。集装箱海运运费上涨的压力主要来自于运力供给方面，Clarkson预期2010年运力增长11%，考虑到船舶订单的推迟交付和拆卸量的增加，未来3年市场的情况有可能会好于Clarkson的预期。

从具体货种来看，外贸集装箱业务较其他货种受到的冲击更大，预计货种丰富、对外依存度较低、腹地经济增长潜力大的港口企业具有较强的抗风险能力。

从港口的主要货种来看，集装箱业务由于对外贸的依赖性较大，受到的冲击最大。预计2010年外贸有所复苏，对港口集装箱业务有一定积极意义，然而考虑到外围经济的复苏依然不稳固，以及传导至港口物流的时间相对滞后，预计港口集装箱业务的真正复苏仍然需要到2011～2012年。

近年来国内港口进入建设发展高峰期（见表4），港口投资增速远大于货物需求增速，预计2010～2013年我国港口将面临利用率下降、吞吐能力结构性过剩的风险，相邻港口间竞争将日趋激烈，建设投资较大的港口企业面临一定资本支出压力。

表4 2009年主要港口群投资计划

港口群	投 资 规 划
长江三角洲港口群	上海：投资48.7亿元建设上海港外高桥港区六期工程。建设规模为5个大船泊位，包括1个10万吨级和2个7万吨级集装箱泊位、2个5万吨级汽车滚装泊位；内侧2个长江驳泊位。 江苏：计划新增万吨级以上泊位26个，新增年通过能力7500万吨。重点加大连云港深水航道建设推进力度，确保年内主港区25万吨级航道开工建设；加快推进长江深水航道整治工程。 浙江：计划投资105亿元建设水运基础建设，其中内河航运项目计划投资18.9亿元，沿海港口和陆岛码头项目计划投资86.2亿元，全年将安排新开工水运基础项目33个。截至7月底，累计完成投资71.0亿元，占计划的67.6%。
环渤海港口群	辽宁：计划五年时间内向大连港注入100亿元，主要投资的方向是基础设施建设、航道疏浚、港口建设、企业资本金的增加等。大连港30万吨级国内最大原油码头开工，设计年通过能力2110万吨，可满足目前国内外最大原油船舶全天候靠泊作业。 山东：青岛港拟新投资30亿元，包括继续投资建设青岛新前湾集装箱码头、黄岛港区益佳油码头等；烟台港计划投资22.84亿元建设港口项目18个，包括集装箱码头工程、龙口港10万吨级通用泊位工程、西港区30万吨级油码头项目、龙口港区大型煤炭泊位项目等重大交通项目。
西南沿海港口群	广西：拟完成水运投资52亿元，加快右江渠化和西江扩能建设，打造西江亿吨"黄金水道"；改善港口集疏运条件，推进北部湾亿吨港口建设等。 广东湛江：2009～2011年，湛江港将重点开发霞山港区、宝满港区、东海岛港区"三大港区"，建设霞山港区30万吨级散货码头、液体化工品码头、成品油码头，宝满集装箱码头一期等工程。
东南沿海港口群	福建：投资13亿元开建三都澳集装箱码头2个10万吨级泊位。依据《福建省沿海港口布局规划（2008～2020年）》，将在2010年前建成2个亿吨大港，2020年前建成3个亿吨大港，并成为"两岸三通"的重要口岸。

资料来源：上海、江苏、浙江、辽宁、山东、广西、广东、福建省交通厅。

以上海港为例，2009年，上海港的集装箱业务已经初现产能过剩苗头，2009年上海港货物吞吐量完成5.92亿吨，同比增长1.8%；集装箱吞吐量完成

2500.1万TEU，同比出现了两位数的负增长。上海港产生的大量空箱也引起了有关部门的关注，其最主要原因是贸易结构不平衡，美国出口中国的多是技术含量较高的产品，而中国出口美国的却多以传统加工型产品为主，这就很容易产生空箱。

空箱也是港口争夺战中重要的一部分。自2009年初，上海港对船公司实行免费堆放空箱的商务计划后，船公司纷纷将可选择周边港靠泊的空箱留在了上海港。这其中有部分从码头靠泊过来的空箱量会推高上海港的吞吐量。但此举另外的意义在于，吸引空箱堆放可以使船公司在货量回暖时，尽可能选择上海港作为始发港。

港口建设更是出现空箱的深层症结。中国的港口在2009年由于政府出手制定公约，稳定费率，既避免了港口间的过度价格竞争，也逃脱了全球范围内大型船公司全面亏损的厄运。如果没有政府的干预，几年前地理位置如此近的洋山港和宁波港之间的价格战在外贸遭受严重打击时，更可能随时在各地上演。

近年来，上海周边的各地政府都靠以港兴市作为带动贸易发展的一个重要目标。江苏江阴和张家港码头仅相隔不到5000米的情况在各地屡见不鲜。仅在江苏境内，就有包括太仓、常熟、镇江、南京，一路延伸至江北的南通等地，不下几十个港口。上海周边码头供给在经济繁荣时不断增多，而一旦危机到来，产能过剩的局面就凸显无疑。港口吞吐量与腹地贸易需求之间的匹配程度被认为是衡量港口产能是否过剩的重要指标。

从近年来的数据可以看出（见图8、图9），上海港的货量增速也正在逐年放缓。从短期来看，港口需求很难恢复。

（三）油轮箱海运市场

预计2010～2013年油轮海运市场运费有上升趋势。

从需求角度看，国际能源机构（IEA）最新预测2010年全球原油需求增速为1.7%，Clarkson预期2010年油轮运输需求增速会达到3%左右。

从运力角度看，在全球石油需求温和回升背景下，油轮输运船队运力的控制显得尤为关键，这其中单壳油轮的拆解量又是核心。国际海事组织（IMO）在2005年4月生效的《MARPPOL73/78公约（2003修正案）》中出台了2010年单壳油轮强制拆解政策以进一步规避频发的单壳油轮海难事故，这一规定在2010

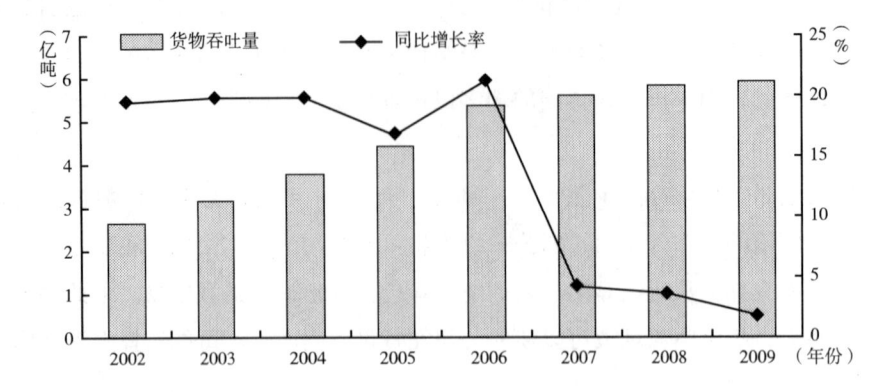

图8　2002～2009年上海港货物吞吐量变化情况

数据来源：上海港。

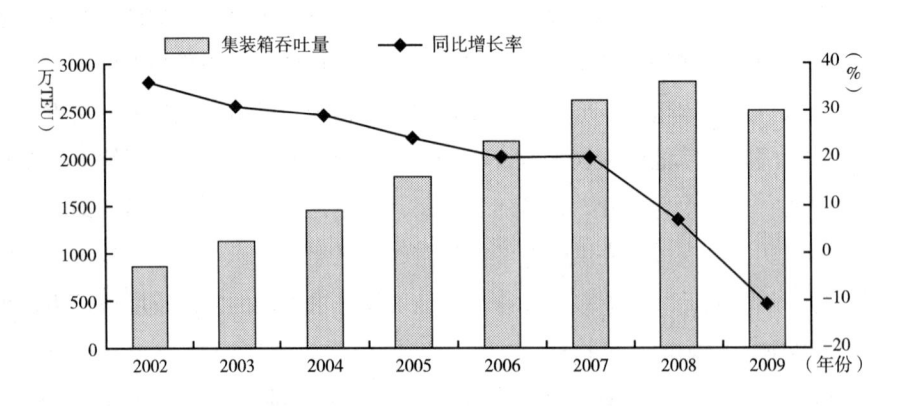

图9　2002～2009年上海港集装箱吞吐量变化情况

数据来源：上海港。

年强制淘汰超过2万载重吨的单壳油轮，各国有权在2010年后禁止单壳油轮停靠。相关条款也允许部分通过IMO评估的单壳油轮运营到2015年或船龄满25年。因此，2010年后预期单壳油轮将有较大规模的拆解。在运力交付方面，预计2010～2011年这两年分别交付53.8百万和52百万载重吨；运力退出方面，预计2010年油轮行业将逐步淘汰40.2百万载重吨。可以看出2010年由于单壳油轮等运力大规模退出市场，行业供给压力明显减小，而在2011年又将面临相当的运力供给压力。在此预期下，2010～2013年总体上全球油轮运力供给增速将与需求增速基本持平。

Waterway Transportation Industry: Re-start after Adjusting

Abstract: Waterway transportation undertakes more than ninety percent capacity of foreign trade goods, which plays an important role in promoting the economic and social development in China. This report analyzes the running situations of global waterway transportation industry in 2009, and mainly introduces the problems of ports, shipping manufacture, and shipping industry in China. And then, it forecasts the further development trends and proposes the corresponding policy recommendations.

Key Words: Waterway; Port; Shipping manufacture; Shipping

热点篇
Section for Hot Topic

分报告五
交通运输服务向现代物流转型

郭宝荣 刘柱*

  摘 要：现代物流业是现代服务业的重要组成部分，是提升企业和国家竞争力的重要保证。交通运输作为现代物流发展的基础，既是物流业的重要载体，又是贯穿物流供应链全程的重要因素。改造和提升传统运输服务业，加快现代物流的发展已成为推动经济发展的重要举措。本报告立足国内交通运输发展现代物流的现状，分析探讨国外发达国家的先进经验，系统阐述了我国实现交通运输向现代物流转型的主要对策建议。

  关键词：交通运输 现代物流 信息化

  现代物流业是现代服务业的重要组成部分，是促进产业结构优化升级的重要领域。交通运输服务作为现代物流产业最重要的组成部分，既是物流业的重要载体，又是贯穿物流供应链全程的重要因素。从长远的观点看，现代物流业的发展必然对交通运输业带来革命性的影响，在物流需求的广泛化、个性化和多样化趋势下，物流服务的发展、物流理论的丰富和物流模式的创新都会对交通运输业的经营和管理产生良好的示范和借鉴作用，进而促进交通运输业的观念更新与技术进步，成为交通运输业发展的新动力。从全球交通运输企业的发展经验来看，作为生产和流通两大经济活动领域的融合点与黏合剂，交通运输服务向现代物流转型是必然趋势。

---

* 郭宝荣，高级经济师，中欧工商管理硕士，任山西省工商联执委等职；刘柱，中国社会科学院研究生院硕士，主要研究方向为制度经济学、能源经济学。

一 向现代物流转型是交通运输发展的必然

现代物流发展水平已成为衡量一个国家综合国力和经济发展水平的重要标志。现代物流业的主体是交通运输企业，运输企业根据客户需求的变化，采用及时快速的经营策略，从单纯的运输服务发展到仓储、包装、分拣和配送等物流增值服务。同时，由于现代物流业的快速兴起，制造企业可以更加专注自身的主业，最大限度地降低企业运行成本，减少损失和浪费。在新经济时代，物流系统对经济发展更具支撑和推进作用，电子商务的兴起就是以发达的物流系统为支撑的。

（一）物流业在国民经济发展中的作用

物流业是工业发展中的重要基础产业，也是生产性服务业。物流业作为服务业的重要分支领域，与钢铁、汽车、船舶、石化、纺织、轻工、有色金属、装备制造业、电子信息九大产业密切相关。物流业既是九大产业之间的重要纽带，也是这些产业与国内外市场相连的重要纽带，物流业的调整和振兴，直接关系到九大产业竞争力的提升。物流是进行生产和建设的物质前提，是实现商品价值和使用价值的重要保障，是形成统一的国内市场的客观基础，是参与国际市场竞争的必要条件。现代物流业的发展已成为现代经济增长的新的利润源，对国民经济增长发挥支撑和带动作用。经济的全球化和科学技术的日新月异，是当代世界经济和社会发展的基本趋势和特点。现代物流业在国民经济中地位日益突出，是全球信息化发展速度最快的产业部门之一，已成为发达国家经济的重要组成部分。

1. 物流发展对国民经济的贡献不断加大

现代经济社会对物流业的依赖程度不断增强，分析其主要原因，一是物流业中竞争性的订单外包机制推动了优化升级换代，直接或间接地推动了产业结构调整，使资源优化配置的成本不断降低；二是从时间顺序来看，物流业中高质量的快捷服务，储备信息支配储备商品，快节奏、精确化、高效率的物流和系统化的物流供应链等，直接优化了相关产业的时间流程，使国民经济流程更加顺畅；三是物流业通过产业关联，直接或间接地增加就业、提高收入、增进消费，直接增加了物流业自身的就业和订单企业的就业，同时关联机制拉动相关产业的间接就业，从而增加收入和消费；四是物流业不仅属于生产性服务业，而且属于典型的民生产业，它通过城乡便利快捷、服务周到的消费品网络，使保障和改善民生的措施最终落到实处，使全社会、各阶层消费者的每一分钱转化为实实在在的即期消费，并可以最低的成本实现最终的消费过程。

2. 现代物流的发展，促进了经济流通效率的提高

现代物流快速发展成为推动我国流通速度加快、效率提高的重要因素。现代物流业的发展对经济流通所起的重要作用归纳起来就在于最大限度地减少各种"财富的沉淀和静止、资源的闲置和浪费"，提高所有时空节点中实际发挥作用的社会产品所占比重。我国由政出多门、条条块块的体制和政策约束所导致的流程粗放、迟滞耽搁、成本高昂的情况随处可见，而解决这些问题恰好是现代物流业的使命。推动我国现代物流的快速发展，可最大限度消除经济存量中的闲置、损失和浪费，切实解决国民经济发展过程中的结构扭曲、流程紊乱、高耗低效等问题。据测算，依托现代物流业的支撑，可加快经济节奏，节省至少1.5万亿~2万亿元的流动资本占用，提高物流效率，可降低至少1万亿~2万亿元的物流成本。

3. 现代物流作为国民经济的重要产业，直接推动 GDP 的增长

物流业的发展，不仅保证了经济发展的物流需要，也直接创造了巨大产出。目前，我国经济总量持续、快速增长，不仅带来了资源、能源和环境方面的巨大压力，而且越来越受制于陈旧、低效、粗放、高耗的商品流程，降低物流成本在经济规模急剧增大的情况下尤为迫切。我国社会物流总额绝大部分来自采掘加工制造业，相关的货运、仓储和管理等导致的社会物流总成本占当年 GDP 的比重始终偏高。根据国内有经验的物流服务商提供的资料，运用信息技术优化整合工业采购、库存、储运、销售流程，可降低现有物流成本的50%~60%。据匡算，现阶段物流成本占 GDP 的比重降低1%，则可在货物运输、仓储方面节能降耗3000亿~4000亿元。最新数据显示，2008年底全国社会物流总额已经从1991年的3万亿元上升到89.9万亿元，年均增长23%；当年物流费用支出占 GDP 的比重已经从1991年的24%下降到2008年的18.3%，绝对值达到5万多亿元。而美国物流费用一般占国内生产总值10%左右，假如我国物流管理水平达到美国的水平，则在2008年物流费用支出就可低于3万亿元，可减少支出2万多亿元（见表1）。

表1 2003～2008年我国物流业增加值统计

年 份	物流业增加值（亿元）	比上年增长（%）	占服务业比重（%）	占GDP比重（%）
2003	9112	15.0	16.2	6.7
2004	10776	18.3	16.6	6.7
2005	12271	13.9	16.8	6.7
2006	14120	15.1	17.1	6.7
2007	16981	20.3	17.6	6.9
2008	19965	15.4	16.5	6.6

资料来源：《中国物流发展报告（2009年）》。

4. 通过提高物流组织协调的水平，明显缓解了运输紧张的局面

中国铁路运输长期处于高负荷状态，以占世界铁路6%的营业里程完成了世界铁路运输量的24%。从各国的经验来看，通过加大投资、统筹兼顾、科学规划铁路、公路、水路、海上、航空和管道等运输方式在各时空转换节点上的有效衔接，可以大幅提高交通运输的运行效率。以2009年为例，我国多数地区交通运输的瓶颈制约有所缓解。近两年来一直比较紧张的铁路和水运在2009年出现了明显的宽松情况。2009年我国铁路全年完成基本建设投资6000亿元，比2008年增加2650亿元，增长79%，超过"九五"和"十五"铁路建设投资总和。截至2009年底，我国铁路营业里程达到8.6万公里，跃居世界第二位。目前我国已经建设客运专线2319公里，这标志着我国高速铁路运营总里程已位居世界第一。

2009年我国运输紧张的矛盾得以缓解，一方面得益于物流业投资增长，交通运输设施状况有了明显改善；另一方面也说明现代物流的理念和科学方法已经充分运用到宏观调控的实践中，并发挥了积极的调控效用。按照现代物流优化管理的方法，组织调配运输资源，加强各地之间运输资源的组织协调。避免了过去为突击抢运粮食、煤炭、化肥等重点物资，大量长距离抽调敞车、棚车，造成本来就很紧张的运输能力浪费，影响正常的运输秩序。使现有的运输能力得到充分发挥，能力利用率明显提高。并且按照多式联运的科学方法，加大了向公路运输分流的力度，在一定程度上缓解了铁路运输紧张的局面。

（二）交通运输业发展现代物流的必要性

物流是交通运输企业在经营方式上发展的高级阶段。物流业的不断发展将会冲击传统的交通运输业。因此，交通运输业如何较快同现代物流相融合，适应物流发展的需要，确立在现代物流体系中的地位和作用，是我国面临的非常现实的问题。国际经验表明，运输企业是物流服务的主体或主要提供者，具有发展物流服务的优势和条件。引导道路运输、水路运输、港口装卸、运输代理及多式联运企业大力发展现代物流，对于调整交通运输结构，优化交通资源配置，实现交通运输可持续发展战略，提高交通运输企业的竞争力，更好地为国民经济和社会发展服务，具有重要意义。

1. 交通运输业发展现代物流，将加速我国产业结构调整，提高生产力水平

交通运输业发展现代物流是降低我国经济运行成本，提高生产力水平的必然举措。我国一般工业产品从出厂经过装卸、储存、运输等各个物流环节到消费者手中的流通费用占商品价格的50%左右，而新鲜水果等易变质食品、某些化工品的流通费用高达商品价格的70%。我国汽车零配件劳动时间中90%以上是原材料、零配件的储存、装卸和搬运时间；在产品的生产和流通环节中大量的原材料、零部件和产品都存在不同程度的库存中转，增加了费用。这些费用和时间上的消耗和浪费，给企业和社会造成了巨大的负担。而运输成本是物流成本的最大组成部分，相关统计数据显示，我国交通运输费用在整个社会物流总费用中所占的比重一直在50%以上。交通运输业向现代物流方向转变不仅可以提供高质量的可靠的运输服务，同时还将提供全方位的物流服务，加速产品周转和流通，压缩库存，最终实现零库存的高效生产模式，优化经济结构。

2. 交通运输业自身的发展需要进入物流市场，提高竞争力和效益

我国货物运输业存在组织化程度低、企业规模小、管理手段落后和效益差等问题。要改变现状，就要发挥运输企业的规模经济优势，抓住市场机遇，开拓物流市场，提高服务的综合效益。

交通运输企业通过开展物流服务，进军物流市场，将实现"三赢三利"：第一，由于出现了高品质的物流服务，生产企业或销售企业可以更专注于自己的主业，将不擅长的物流业务交给专业的物流公司，提高了它们的竞争力，使这些企业获利；第二，由于交通企业开展的物流服务具有很高的增值能力，而且物流市场巨大，使运输企业找到了新的市场，在使用户获利的同时，也提高了运输企业自身的效益；第三，由于社会物流成本的降低和企业生产效率的提高，最终使消费者获益，真正享受物美价廉的服务和产品。集装箱多式联运代表了现代物流的综合性和高效益，通过陆海空综合运输服务为托运人提供优质的"门到门"甚至"点到点"的服务，包括运输、代理、仓储和流通领域，通过高效便捷的手段为客户提供增值和有效的运输服务。

3. 交通运输业向现代物流转型，是我国更好地应对国际竞争的挑战、抢占物流市场的需要

我国的港口和航运对外开放程度较高，在加入WTO后，航运业受到的冲击压力并不大，但道路货运业却要面临巨大挑战。发达国家近年来通过发展物流不仅使货运企业获得了较好的经济效益，还大幅度降低了工业产成品的流通费用，使工业企业、货运企业和消费者三方获益匪浅。我国道路货运业在物流方面尚处于研究和起步阶段，加上我国道路货运市场开放程度低，货运市场的快速开放将对我国道路货运业产生强大冲击，跨国性的物流企业将抢占中国道路货运市场。我国货运企业由于组织化程度不高、企业规模偏小，将面对严峻的挑战。

随着全球经济联系的日趋紧密，我国交通运输也要加快向现代物流的转型，积极抢占物流市场，促进物流业的有效规划和跨越发展，扩大我国的国际贸易份额，提升我国的国际竞争力。

（三）交通运输业发展现代物流的可行性分析

物流实际是为客户提供运输、包装、装卸、配送、加工等服务，物流服务过程包含多个环节，涉及交通、铁路、航空、仓储、商业、外贸、金融和信息等各个部门。从供应链的角度来看，物流服务引发第三方物流服务的概念。所谓第三方是指相对于生产企业为第一方，销售企业为第二方而言的，是为前两者提供物流服务的专业单位，在供应链中是生产和消费的中间环节。随着市场竞争日趋激烈，社会分工日益深化，传统运输企业面临一系列挑战，这些挑战给运输企业的生存造成很大压力，必然使传统运输企业拓展业务，寻找新的业务增长点。传统运输业是原始的第三方物流，从传统运输业的最终发展方向看，其向现代物流业的转化既具有必要性，也具有可行性。

1. 交通运输业向现代物流转型有其天然优势

从物流系统运作所需要的基本功能看，交通运输业向现代物流转型有其天然优势。一方面，运输是物流不可或缺的环节，运输是物流系统的基础功能之一。没有运输，就没有物质资料的移动，物流系统是通过运输来完成对客户所需的原材料、半成品和制成品的地理定位的。另一方面，运输成本是物流成本的最大组成部分（见图1）。企业在以降低成本、提高质量来提高经济效益的潜力已越来越小的情况下，纷纷将目标转向降低整个供应链的成本，尤其是其中的运输成本。统计数据表明，运输成本是目前物流总成本中最大的成本项。以美国为例，1994年美国的运输开支为4250亿美元，占当年美国物流总成本的58.2%。欧洲发达国家的运输成本，一般也占物流总成本的1/3以上。因此运输的合理化是物流组织的重要内容，是降低供应链成本、提高效益的主要手段。

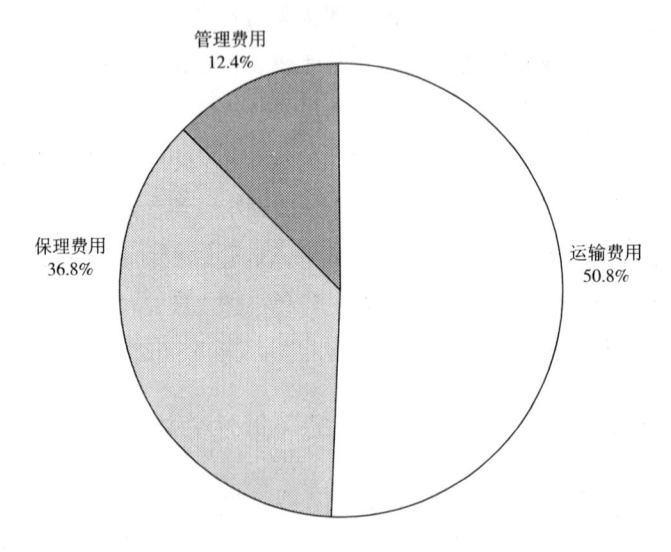

图1　2009年我国社会物流总费用构成

资料来源：中国物流与采购联合会。

传统运输业必须顺应客户需求的变化，从提供运输、装卸、搬运等单纯的运输服务向综合物流服务的方向发展。目前大多数航运企业所从事的运输服务实际上已经是物流活动，也就是说，航运企业已经介入了初级的物流服务，但这种服务是物流服务全过程的一个组成部分，有一定的局限性，无法满足产品从生产者向使用者转移全程多元化服务的要求。因此，以航运企业为代表的交通运输业开展物流活动将成为其今后发展的一个重要的经济增长点。

2. 交通运输业向现代物流业转化极具可能性

从物流系统建设的基础条件看，交通运输业向现代物流业转化极具可能性。我国综合运输体系由公路、水路、铁路、航空、管道五种运输方式组成，公路、水路交通运输则是现代综合运输体系的主要组成部分，是国家最重要的基础设施之一。

公路交通是一种服务范围广、承担运量大、发展速度快、对当代经济发展贡献大的运输方式,是促进综合运输体系形成和发展的基础;水路运输投资少、占地少、劳动生产率高、运输成本低,对促进沿河、沿海、港口城市和外向型经济发展有着先导性、基础性的贡献。经过改革开放以来的建设,公路、水路运输业的发展已经达到了一定的规模和水平,为进一步向物流业发展提供了必要的基础条件。

现代物流的主要功能是仓储、运输、装卸、搬运、包装、配送等,生产企业、运输企业、仓储企业、外贸企业及IT企业等均有可能成为现代物流的市场主体。由于各类企业在供应链中所处的位置不同,拥有的基础资源和条件也不同,跨入物流业所面临的问题也不尽相同。传统运输业是以运输与装卸、搬运为主要业务的行业,拥有遍布全国的运输网络和揽货体系,积累了丰富的管理、经营经验,在信息管理和信息传递上也有一定的基础,这些有利因素在交通运输业向物流业务的转化过程中将得以集成并不断发掘其潜力。

交通运输企业具有发展现代物流的比较优势。在发展现代物流的基础条件上,交通运输业与其他各类物流提供商相比较而言,具有很明显的业务优势、政策优势、资产优势等。这些优势资源会在交通运输业向现代物流的转型过程中,逐渐发展成其核心竞争力(见表2)。

表2 交通运输业与其他各类物流提供商比较

	传统的交通运输与仓储业	新兴的物流公司	生产与流通企业内部流通部门	国外物流公司
优势	大型国有企业拥有全国性的网络和许多运输、仓储资产;与中央与地方政府关系良好	私有和合资企业,业务地域、服务和客户相对集中;效率相对较高,增长极快	主要为内部客户服务,具有专长;资产有限,但网络覆盖性良好	有很强的海外网络;丰富的行业知识和实际运行经验;与国际物流客户有良好关系;先进的技术系统
劣势	冗余人员比例很高,效率低;注重内部企业文化建设而不是以客户和业绩为导向	只拥有有限的固定资产;对市场扩张缺乏有力的财务支持;内部管理和体系是高速增长的主要障碍	难以吸引更多的外部客户;战略和未来定位受到母公司的影响极大	在中国缺少网络系统,业务还很有限,成本相对较高
目标	借用广泛的网络和资产优势加速物流增长;通过重组以增加功能,提高效率	依靠引入战略合作伙伴或投资者保持高增长率	加强或剥离物流部门	通过收购或合作,加强在中国市场的地位

在全球十大物流企业中，绝大部分是资产密集型企业，大多数拥有物流设施和网络，以空运、快递、陆运为主要业务的公司居多。从业务结构来看，具备快运业务背景的综合企业拥有巨大的发展现代物流的潜力。交通运输业作为现代物流体系的一个组成部分，通过对现有交通运输企业的改造、改组等多种方式，将交通运输业转化为现代物流业，可以充分发挥行业特点，获取核心竞争力（见表3）。

表3　全球十大物流公司的业务分布表

国际物流公司	业务概况	业务分布
UPS 联邦快递	全球最大的包裹递送公司，主要是运输和物流服务的提供商，已建立了规模庞大、可信度高的全球运输基础设施	从运输方式来看，美国内陆运输占54%，空运占19%
FEDEX	环球运输、物流、电子商务和供应链管理服务供应商，提供一体化的物流解决方案。业务包括速递业务、包装与地面送货服务、高速运输投递服务、综合性的物流技术和运输服务	从运输方式看，空运业务占83%，公路占1%，其他占6%
德邮 DPWN	划分为四个自主运营的部门，即邮政、物流、速递和金融服务	邮政、快递、物流和金融的净收入分别占49%、21%、18%和12%
日通 NIPPONEX PRESS	汽车运输、空运、仓库等	汽车运输、空运、仓库分别占44%、16%和5%
RYDER	在全球范围内提供一系列物流、供应链和运输管理服务	运输服务、物流分别占收入的57%和32%
荷兰邮政 TPG	提供邮递、速递及物流业务	从净收入来看，邮递、速递和物流分别占42%、41%和17%；从运营利润来看，邮递、速递和物流分别占76%、15%和9%
EXPE DITO RS	一家无缝的国际服务网络，提供全球物流服务，服务内容包括空运、海运（拼箱货服务）及货代业务	主要集中在空运、海运和货代方面，其收入分别占63%、25%和12%
泛亚班拿 PANA LPINA	核心业务是综合运输业务，还提供跨国物流服务	从利润看，空运、海运、物流三大业务分别占44.9%、31.3%和20.3%
CNF	在空运、非货运型公路运输等领域占主导地位，提供全方位的运输服务	从业务类型来看，收入集中在空运、公路运输和物流管理及配送
EXEL	提供多式联运、地区配送、库存控制、信息技术和供应链解决方案等服务。业务主要集中在配送、运输管理和环境服务三个方面	配送、运输管理和环境服务三大业务按净收入分别占58%、39%和3%，按运营利润分别占62%、28%和10%

二 交通运输服务向现代物流转型的要求

现代物流主要是实现货物的高效流动,而这恰恰是运输的基本功能,没有运输物流服务就无从谈起。由于传统运输企业以运输、仓储、装卸、搬运为主,与现代综合物流服务相比,主要欠缺的是各项物流服务功能的有机衔接和提供各种有效的增值服务,在向物流业扩展中较之其他行业具有明显的可延伸性和可继承性。运输业利用自身优势,向上下游延伸,开展物流服务运输(含装卸、仓储等)是物流的基本环节,所以运输业面对的是两个层次的服务要求:一是全社会基本的运输需求,二是个性化的运输需求。运输业具有的优势可以向上下游延伸服务,扩展服务功能,开展物流服务,和服务对象建立战略伙伴关系,加强与产品上游企业(制造企业)和下游企业(销售企业)的联合,提供多样化的物流增值服务,创造利润。运输、仓储、货代、制造等行业,都可以通过业务的拓展成为物流的市场主体。

交通运输企业在物流中所处的地位、作用不同,拥有的基础资源和发展条件不同,其融入现代物流所面临的问题与难度也不尽相同,因此,未来我国交通运输企业发展物流过程中,各种运输方式的发展目标将不尽相同。根据我国交通运输发展现状和综合运输系统发展的目标,各种运输企业只有依托自身经营特征和市场开拓能力,才能得到相应的发展。根据物流及交通运输的特点,为实现良好的物流服务,交通运输企业作为物流服务的有机组成部分,必须满足运输时间、运输频率、运输安全、运输可靠性、运输可获得性、网络及运输方式的衔接便利性、信息的及时性与准确性等要求。

(一) 交通运输业发展现代物流所存在的问题

改革开放以来,我国把加快交通运输的发展作为一项战略任务,采取了一系列重大措施,改善了交通运输的基本条件,提高了运输能力和效率,运输紧张状况得到缓解,国民经济的"瓶颈"得到改善。据统计,我国铁路营业里程由1949年的2.18万公里增加到2008年的7.97万公里;公路里程由1949年的8.07万公里增加到2008年的373.02万公里;高速公路从无到有,2008年总长度已达到6.03万公里;农村公路快速发展,通车里程2008年达到312.5万公里;内河航道通航里程由1949年的7.36万公里增加到2008年的12.28万公里;民用航空已开通1532条国际国内航线，航线里程达到246.18万公里；输油（气）管道里程由1958年的200公里左右增加到2008年的5.83万公里。改革开放以来，交通运输基础设施建设逐年加强，数量不断增加，客货运输依赖单一或少数运输方式的运输结构有了很大变化，铁路和公路客货运输市场份额趋于稳定，民航客运和远洋货运持续稳定增长。随着经济全球化的发展，各类企业对物流服务产生不同程度的需求，运输企业要满足当今社会经济发展所产生的日趋复杂的流通服务需求。我国经济长期以来的持续快速发展使交通运输企业加速向现代物流的发展成为可能。但目前我国交通运输业在向现代物流发展过程中还面临较多的问题。

1. 物流企业规模小，市场占有率低

由于我国传统储运业没有形成规模经营，造成了我国最大的物流服务企业仅占有1.4%的市场份额，而这些收入也大部分是由传统储运业务构成的。但在物流发达国家中，物流服务企业的集约化程度非常高，往往几个大企业就占据了市场主导地位。从目前我国物流市场相对分散的特点来看，促进交通运输企业向现代物流业转变，可以扩大企业对物流市场的占有率，同时应当培育少数具备国际竞争力的大型物流服务企业。

2. 服务功能单一，增值服务薄弱

中国第三方物流供应商服务的功能单一，增值服务薄弱，赢利能力低下。物流服务商的收益85%来自运输管理和仓储管理等基础性服务，增值服务、物流信息服务与支持物流的财务服务的收益只占15%。交通运输企业可采用为客户不断推进延伸服务和增值服务的方法，不断扩展业务，逐步向现代物流迈进。如在运输过程中，增加包装、分发、仓储、售后服务、信息反馈等业务，开展货物拆拼箱、重新贴签/重新包装、包装/分类/零部件配套、产品退货管理、组装/配件组装、测试和修理等业务，为客户创造价值。

3. 物流设施设备落后，流通速度慢

物流运作的技术装备较为落后，缺乏如配送车辆、叉车、托盘、条码系统等现代工具，仓库货物拥挤，尤其是立体仓库很少，不能实现物流管理的机械化、自动化和信息化。从结构上看，物流设施不配套、不均衡，由于管理体制的原因，各部门、各地方分散投资，分头建设，各成体系，缺乏物流设施建设的统一规划，重复建设，导致物资流通速度慢、成本高、效率低、破损率高，不能满足客户及时送货的要求，使我国产品无法与国际物流支撑的产品相竞争。

4. 第三方物流商不发达，供给受到约束

社会分工日趋细化，物流服务向专业化、集中化方向发展，第三方物流已成为一个新兴行业。发达国家使用"第三方物流"服务的比例来衡量物流发展的专业化程度，美国近60%，欧洲为76%。而我国的物流服务还处于发展的初期，目前，第三方物流服务市场中，运费占50%，仓储费占32%，其他增值服务仅占18%，说明物流企业仍以传统仓储、运输企业为主体，还未形成真正意义上的"第三方物流"企业，物流专业化服务程度低，社会公共物流供应系统尚未形成。此外，绝大多数物流企业不具备为工商企业提供一体化物流服务的能力，更谈不上提供物流解决方案和管理物流、信息服务的能力，而一些转型比较快，在信息技术和物流管理技术方面取得较大突破的第三方物流企业，由于受到现代物流设施供给不足和技术装备落后等条件制约，运作效率也有待进一步提高。

5. 物流管理体制混乱，制约物流业的规模化、效益化

我国的物流管理体制比较分散、混乱，各部门自成体系，政出多门，多头领导。就水运来说，交通运输部有航运企业专门从事水上运输，一些大的企业也有自己的船队，各有各的政策，各有各的物流工作计划。由于没有统一的领导，没有统一政策，没有统一规划，真正意义上的大物流战略问题尚未提上议事日程。这是我国物流技术和管理工作远远落后于发达国家的一个重要原因，直接影响着我国物流的现代化、规模化。

（二）交通运输业发展现代物流的市场定位

物流领域给交通运输的发展提供了广阔的市场，而流通领域的一部分需求必须由交通运输来完成，物流与交通运输之间是密切联系、相互促进、共同发展的。随着经济发展，流通领域所产生的需求是多样化、个性化的，而运输业开展全方位的物流服务并不能满足所有的需求。由于物流资源的限制，使得物流服务具有一定的指向性和专注性，而开展全方位的物流服务要有完备的硬件条件。传统的运输服务领域利润不断下降，交通运输业为了在日趋激烈的国际化市场竞争中求得生存和发展，必须在保留并增强传统业务优势的基础上，拓宽发展其他有效增值服务的路子。同时，日趋旺盛的社会物流需求必然引导传统交通运输业向物流扩展，这也是交通运输业自身改革发展的需要。交通运输业发展物流的模式尽管有各种形式，但是可以根据企业间的一些共性，以物流服务的范围和机能整

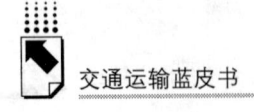

合性来分析物流企业的定位。

1. 以运输为基础的综合物流

不少运输企业把物流管理与实体分配结合起来运作，将各种运输方式作为物流活动的资源进行运作和管理，大大提高了企业整体效益，其综合业务范围往往是全国或全世界，因而也被称为超大型物流业者。超大型物流业者能对应货主企业的全球化经营而从事国际物流，因而服务能力强，它通过对运输、仓储和配送等各物流环节的控制和管理，实现了远高于单纯从事运输或仓储服务的整体效益和利润率。

交通运输业的优势主要在于利用原有的运输资产，以传统的业务为基础，在传统的运输能力基础上，扩展其运输功能，介入存货管理、仓储与配送等物流活动，提供更为综合的一套物流服务。综合物流服务的出现和发展，引起了国际航运企业的高度关注。中国航运企业从单一海洋运输向现代综合物流服务的转变显得更加紧迫。但是，必须解决国家交通运输统一管理的体制问题，彻底打破各种运输方式之间的界限，在宏观上真正实现各种运输方式统一、协调发展和经营管理的分工与协作。

2. 系统化、专业化的物流

机能结合型系统化物流是通过系统化提高机能整合，通常是以局部市场为运输对象，从事特定的物流服务，或运用特殊的运输工具，从事特定技能的物流活动。在特定市场拥有高水准、综合的物流服务机能，充分发挥竞争优势，也称为差别化物流服务。例如，外航船运公司就属于这种类型企业。机能结合型企业经营战略的特点是以对象货物为核心，导入系统化的物流，通过推进货物分拣、货物追踪系统来提供高效、迅速的输送服务，企业自身承担从集货到配送等全部物流活动，实现高度的机能结合。

尽管系统化、专业化企业较难达到差别化，但是也存在通过集中于特定顾客层提供的附加服务，进而成功实现差别化的事例。在经营资源数量和质量方面都受限制的中小企业，必须发挥在特定技能或特定物流服务方面的优势，在战略上实现物流服务的差别化和低成本化。从经营战略上看，对于市场需求的变化采取特定市场集中型的战略十分有效，正因为如此，在机能结合型物流企业，通常是进一步限定对象顾客层的企业数目，即通过再细分市场，突出物流服务的特色来追求企业的效益。

3. 以运输为基础的第三方物流

以运输为基础的第三方物流即柔性物流，具有物流服务范围广、机能整合度低的特点。它是综合运用铁路、航空、船舶运输等各种手段，开展货物混载代理业务，但实际上企业自身并不需拥有运送手段，因此，它是一种特定经营管理型的物流企业。这类企业由于不需投资于输送手段，因而经营具有柔性，能够适应市场环境的变化，可以根据货主企业的需求构架最适合的"一揽子"物流服务，然而，在输送机能管理不充分的情况下，往往缺乏物流服务的可信赖性。

交通运输企业的发展第三方物流的优点是：运输企业具有相对稳定的客户群、良好的软硬件设施、一定的管理和技术优势。很多运输企业在一些初级的物流服务上已经相当成熟。第三方物流业者中既有自己拥有货车、仓库等资产的企业，也有自己不拥有任何物流设施而采取租赁经营的企业。两种类型的企业物流服务范围都很广，前者逐渐向机能结合型企业发展，而后者成为纯粹的货主物流代理业者。物流分公司作为运输代理业者接受货主企业的物流要求，同时由于自身并不拥有经营资源，因而可以彻底实行物流效率化，如可以很快实现大幅度削减货车数量或物流中心集约化的目标。

第三方物流是航运、港口等运输企业的一个重要的发展方向。首先，要改善与当前外部的关系，与客户形成战略同盟，形成基于技术能力上的合作。与客户形成相互依赖的市场共存共荣的关系，互为战略同盟，并通过同盟的力量获得竞争优势。其次，要与客户利益一体化，一起在物流领域创造新价值，提供个性化的物流服务。再次，要加强物流信息的管理，建立一个快速反应系统，以实现供应链中信息的高速传递，降低整个供应链运作过程中未增值成本，整合上游、中游、下游企业，解决产销链冗长的问题，并将这些效率化的成果回馈消费者。

4. 以智能运输系统为依托，调整发展现代物流

目前，运输企业是多种多样的，运输服务的范围和层次千差万别，要实现全方位的物流服务，运输业必须不断地把先进的信息技术和管理理念融入其中，利用智能交通系统（ITS），使交通运输业向现代物流领域融合和拓展成为必然。在各国已建成四通八达的现代化道路网的同时，路网的通过能力满足不了交通量增长的需要，交通拥挤、阻塞等现象时有发生，而ITS的兴起，就很好地解决了这一难题，将信息技术引入交通系统，实现运输系统信息化，为运输、配送提供了良好的基础条件。公路、水运交通通过运用计算机技术、现代通信技术以及与交通紧密相关的全球定位系统、地理信息系统等技术，迅速改造传统交通运输业的生产、管理和服务，使其向以信息资源为基础的智能化新型交通运输业发展。

作为发达的物流管理体系，将现代的信息技术引入交通运输业，运输已无法与现代通信技术以及计算机系统相分离。物流技术必须有高水平的信息流与之配合，这就要求运输系统有高效、准确的指挥和调度系统。此外，在运输过程中，数据和凭证处理时间常常占据了运输时间相当大的一部分，使得准确而迅速的信息处理能力越来越重要，而运输系统信息化，成为以智能运输系统为依托，调整发展物流的基本前提条件，因此，每个企业都有必要简化贸易程序，实现数据和凭证的标准化，发展以互联网技术为通信手段的物流——运输系统的信息化。

（三）交通运输业发展现代物流的对策

发达国家的交通运输业对发展现代物流系统、拓展物流服务功能都比较重视，并已经将其相对完善的综合交通运输体系纳入现代物流的发展之中，取得了显著的社会效益与经济成果。我国现代物流的发展还处于起步阶段，为适应全球化经济发展的需要，适应现代物流发展的需要，应以综合运输体系的建设为主轴，以现代物流体系的发展为导向，大力发展我国的交通运输业。

1. 提升运输组织化水平，加快现代物流发展

促进运输组织的规模化和网络化发展，培育一批网络辐射广、企业实力强、质量信誉优的运输组织主体，有效整合社会零散运力，通过高效的组织，保障零散运力及时的货源供应，实现整体货运发展的集约化、高效化、有序化。着力提高运输效率和加强物流各环节的衔接，大力发展厢式运输、甩挂运输、滚装运输、江海直达运输、集装箱海铁联运等先进的运输组织方式，开展试点工程，总结试点经验，出台扶持政策。积极发展现代物流增值服务，推进运输服务业向现代物流产业链上下游延伸和拓展。引导运输企业由传统的运输生产者向全面提供运输增值服务的现代物流经营者转型，建立和完善仓储、运输、加工、城市配送等服务集成一体化的物流体系，加快构建农村物流配送服务体系，促进农村邮政物流发展。

一是要鼓励运输企业按照市场机制整合资源，提高产业集中度，提升运输的专业化、社会化服务水平。以市场为基础，以资产为纽带，通过资产重组和公司制改造等方式，积极培育并引导组建一批跨区域、跨行业、具有较强竞争力的大型运输企业或集团。深化国有企业改革，按照政企分开、规模经济和"抓大放小"的原则，对国有大型、特大型汽车运输重点企业进行重组和公司制改造。引导中小运输企业向"专、精、特、新"方向发展，发挥其在满足多元化运输需求、扩大就业等方面的重要作用。

二是拓展道路货物运输新的发展领域和空间,将采购、制造、运输、仓储、代理、配送、包装加工、销售、信息处理等环节有机地串联在一起,拓展服务功能,创新增值服务领域,形成新的经济增长点。将彼此分割的各有机环节结合起来,实现工商企业供应链的优化,为减少库存、加速资金周转和降低生产成本创造条件,确保运输企业有效货源充足、运输和仓储能力得到充分发挥。

三是引导运输企业由单一的道路运输承运人向现代物流经营人转换,支持运输企业做大做强。积极发展第三方物流服务,降低交易成本,为工商企业等提供优质物流服务,使其减少库存、降低成本。鼓励企业通过建立现代企业制度,提高企业管理水平;鼓励企业加快联合和联营,向大型化、集约化方向发展;鼓励企业与国外大型物流企业合资和合作,利用自身的有利条件参与国际竞争;鼓励企业应用现代运输组织技术、交通运输工具和通信工具,提高技术和装备水平;鼓励企业不断增加高附加值的增值服务项目,提高综合服务能力,逐渐向现代物流企业转型。

四是拓展港口功能,在现有区港联动试点和保税港区的基础上,提升保税物流园区和保税港区服务功能。发展国际中转、国际配送、国际采购、国际转口贸易和出口加工等业务,积极支持临港工业发展,探索向自由港方向发展的新模式;加快航运中心建设,大力发展以港口为依托的现代物流园区,形成以港口为中心的综合物流园区,延伸水运服务功能;大力发展现代海运服务业,提高海运服务贸易能力。

2. 加强统筹规划,完善物流网络布局

一是进一步做好港口、运输站场等物流节点的布局规划,货运场选址要充分考虑物流组织的需要,注重与其他运输枢纽的衔接。建设大型物流枢纽,发展区域性物流中心,推动长三角、珠三角和环渤海等地区的现代物流业发展。通过货运站场建设资金倾斜政策,引导综合性货运枢纽站场建设,支持运输站场向物流站场或物流园区转型。调整货运枢纽站场规划布局,注重不同货运枢纽之间及其与物流园区之间协调、统一建设。整合、改造利用现有的货运枢纽站场,不断拓展货运枢纽的现代物流服务功能,改造、盘活我国现已建成的货运枢纽站场。努力拓展货运枢纽包装、流通加工、配送、物流信息等综合物流服务功能,以及"以客户需求为中心"的一体化物流服务和供应链管理服务。加强现代信息技术、交通运输组织管理技术、仓储管理技术等先进物流技术的推广和应用,提高现有货运枢纽站场的现代物流服务效率和服务水平。加强港站、物流园区的集疏运体系建设,重点解决进出港集疏运通道的交通不畅问题。加快研究高速公路直接进港、交叉口立体交通改造、影响集疏运交通的堆场及停车场等设施搬迁改造、重点连接线道路的等级提升等措施。

二是探讨适应我国国情的物流发展模式，加强对中心城市、物资集散地和口岸地区大型物流基地（园区）的统筹规划，配合东部地区产业向中西部地区转移的趋势，推动物流业梯度发展，形成布局合理的物流网络和配送体系、完善的仓储设施、先进的物流信息网络平台等，为现代物流发展提供物质基础条件。加快构建农村物流服务体系，满足建设社会主义新农村的需要。

3. 加强物流技术研发应用，重视物流标准规范制定

充分利用现代管理、信息技术和金融工具整合物流信息资源，推动部门间管理信息系统联网，促进物流信息资源共享。加强对交通运输行业物流信息平台规划和建设情况的调查研究，尽快建立全国性物流公共信息平台和全国货运车辆信息库，推进通关信息系统与物流信息系统的整合，积极推动政府物流公共信息平台、车辆信息网、企业物流交易平台、商贸流通网之间的互联互通，实现政府部门之间、企业之间以及政府与企业之间的网络资源共享、数据共用、信息互通，提高物流效率和服务质量。开展省级交通运输行业物流公共信息平台政务信息服务系统建设试点工程。鼓励交通运输行业内从事物流相关经营活动的业户使用交通运输行业物流公共信息平台商务系统。

一是搭建公共物流综合信息平台，促进信息流、物资流、资金流的整合，实现货源、运力等信息的共享，使得物流运输企业以及运输、港口、海关、银行等各行各业协同工作，使物流能够真正畅通无阻地流动起来，提升运营组织管理水平，提高运输生产效率。

二是鼓励和引导交通企业加大技术创新投入，大力开展电子商务技术、射频识别技术（RFID）、卫星定位系统（GPS）、地理信息系统（GIS）、电子数据交换技术（EDI）、物流系统优化技术、物流智能终端技术等在交通行业中的研发和应用，加快建设及应用物流信息公用平台、物流在线服务平台、物流可视化跟踪平台，实现资源的连通和共享。

专栏 现代物流技术的应用

现代物流伴随着信息化时代的到来而产生和发展，可以说，信息技术是现代物流的基础和灵魂。下面介绍目前应用比较广泛的现代物流技术——RFID技术：

射频识别（RFID）是一种非接触式的自动识别技术，具有防水、防磁、耐高温、使用寿命长、读取距离大、标签信息可加密、存储数据容量大、存储信息更改自如等优点，是一种市场和应用前景广阔的高新技术。

Rosetta Net 标准：数据交换平台（i-Hub）通过 Rosetta Net Adapter 技术和功能模块，实现与其他应用系统的通信，从而帮助中小企业降低物流成本，快速与采用同样标准的供应链合作伙伴进行高效的电子商务活动，提高竞争能力。

现代物流优化调度与智能配送技术：现代物流运输调度可以为物流企业或企业管理人员提供决策支持，智能配送技术是一套基于 GIS/GPS 的物流配送技术。主要实现货物到站管理、最佳装载、最佳运输路径、车辆最优调度等。这些技术极大地提高了运输服务水平和工作效率，降低了运输成本。

物流信息平台技术：现代物流信息已成为提高营运效率、降低成本、提升客户服务质量的核心因素。在信息平台上，信息流的处理和利用水平决定着整个物流过程的运作水平。信息平台建设是发展现代物流的核心和关键，极大地推动着现代物流的发展。

4. 努力营造统一开放、竞争有序的市场环境

要坚持以市场为导向、企业为主体、政府为推手，为企业营造良好的市场环境。加强运输政策研究，提出操作性、指导性强的产业政策，修订《道路运输条例》等有关公路水路运输的规章制度，调整公路水路货运市场进入和退出的相关标准，建立全国统一的执法与处罚标准，强化公路水路运输安全监管，确保运输服务安全可靠。加强和改进运输市场监管，消除地方保护和制约运输一体化发展的制度及政策障碍，努力培育统一开放、竞争有序的市场秩序。加强准入退出机制研究，推进运输企业物流服务标准体系和诚信体系建设，引导企业规范经营，提供优质服务。严厉打击无证经营、违法经营活动，维护市场公平竞争环境。严格执行专用运输、大型物件运输和危险品运输的审批、管理和监督检查，研究危险品、冷链、集装箱运输的装备标准和作业标准，建立动态监管体系。

5. 要重视人才的培养

物流（包括采购与供应链）人才短缺，特别是高级物流人才短缺是我国目前面临的一个客观事实。要加快我国交通运输向现代物流的转型，必须要重视现代物流人才的培养，要充分发挥中国人力资源丰富的优势，鼓励采取多种方式加

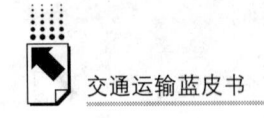

强培养高级物流技术研发与管理人才,特别要培养熟悉供应链管理的咨询专家和技术专家,为现代物流的发展提供充足的智力支持。

三 交通运输服务向现代物流转型的国际经验

发达国家伴随着其经济、技术的发展,形成了完善的现代物流系统和物流管理体系,研究和分析发达国家现代物流产业的发展历程,对于促进我国交通运输服务向现代物流转型具有良好的借鉴意义。

(一)美国现代物流产业发展及相关政策

美国经济高度发达,是世界上最早发展物流业的国家之一。美国政府推行自由经济政策,其物流业务数量巨大,且异常频繁,决定了美国多渠道、多形式的物流结构特征。美国物流业具有超前性和创新性,在全球现代物流业发展中发挥了引领作用。

1. 美国现代物流产业发展概况

美国是世界经济和贸易的中心,其经济的高度发达决定了其物流业发展的迅速。美国是世界最早提出"物流"概念并将其付诸实践的国家之一。1901年J. F. Growell 在美国政府报告"关于农产品的配送"中,第一次论述了对农产品配送成本产生影响的各种因素,揭开了人们对物流认识的序幕。1927年,R. Borsodi 在《流通时代》一文中首次使用 Logistics 来称呼物流,为后来的物流概念奠定了基础。从实践发展的角度看,1941~1945年第二次世界大战期间,美国军事后勤活动的组织为人们对物流的认识提供了重要的实证依据,推动了战后对物流活动的研究以及业界对物流的重视。1946年美国正式成立了全美输送物流协会,这是美国第一个关于对专业输送者进行考查和认证的组织。

20世纪60年代,随着世界经济环境的变化,美国现代市场营销的观念逐步形成,"顾客服务"成为企业经营管理的核心要素,物流在为顾客提供服务上起到了重要的作用。物流,特别是配送,得到了快速的发展。1960年,美国的 Raytheon 公司建立了最早的配送中心,结合航空运输系统为美国市场提供物流服务。1963年,美国成立了国家实物配送管理委员会。进入20世纪80年代,在美国,物流管理的内容已由企业内部延伸到企业外部,其重点已经转移到对物流的战略研究上，企业开始超越现有的组织结构而注重外表关系，将供货商（提供成品或运输服务等）、分销商以及用户等纳入管理的范围，利用物流管理建立和发展与供货厂商及用户的稳定、良好、双赢、互助的合作伙伴关系，物流管理已经意味着企业应用先进的技术、站在更高的层次上管理这些关系。电子数据交换（EDI）、准时制生产（JIT）、配送计划，以及其他物流技术的不断涌现以及应用发展，为物流管理提供了强有力的技术支持和保障。

  进入20世纪90年代，电子商务在美国如火如荼地发展，促使现代物流上升到了前所未有的重要地位。目前的发展表明，电子商务交易额中80%是商家对商家交易。据统计，1999年美国物流电子商务的营业额达到了80亿美元以上。电子商务是在互联网络开放环境下的一种基于网络的电子交易、在线电子支付的新型商业运营方式。电子商务带来的这种交易方式的变革，使物流向信息化并进一步向网络化发展。此外，专家系统和决策支持系统的推广使美国的物流管理更加智能化。目前，美国物流产业的规模已超过9000亿美元，几乎为高新技术产业的两倍之多，占美国国内生产总值的10%以上；1996年，美国物流产业合同金额为342亿美元，并在此后3年以平均每年23%的速度增长；1996～2000年，物流产业压缩了500多亿美元，分摊到美国公司每年支出的库存利息有40多亿美元，支付的税金、折旧费、贬值损失及保险费用有80多亿美元，仓库费用有20多亿美元；整个物流活动占制成品成本的15%～20%，运输成本占物流总成本超过60%，将近75%的美国制造商和供应商使用或正在考虑使用合同物流服务（见表4）。

表4 美国年度物流总成本的规模和结构（1999～2003年）

类 别	成本支出（亿美元）				
	1999年	2000年	2001年	2002年	2003年
存货持有成本	3330	3740	3390	2980	3000
运输成本	5540	5900	5810	5770	6000
物流行政管理成本	350	390	370	350	360
总 计	9220	10030	9570	9100	9360
年度增长率(%)	4.3	8.8	-4.6	-4.9	2.9
占当年GDP的比重(%)	10	10.2	9.5	8.7	8.5

数据来源：Armstrong & Associates Inc。

在美国，物流服务的外部化趋势与物流服务供需双方面临的压力有关。首先，从物流服务的需求方看，成本节省，获得高水平的服务，是美国企业把资本集中在主要的、能产生高效益并获得竞争力的业务上的主要原因。有近60%的公司认为物流不是其主业，使用外部物流合同承包商不仅减少了物流设施的新投资，而且解放了在仓库与车队上占用的资金，使其可以用在更有效率的地方。同时，采用第三方物流还可以使企业获得物流管理专业公司的专业服务，解决客服内部劳动力效率不高的问题。其次，从物流供给方的角度看，一方面随着第三方物流服务业的成长壮大，其提供服务的标准已大大提高，作业效率也有了较大改进，按客户需求定制的各类新型服务得到了充分发展；另一方面，由于公路运输等传统行业竞争越来越激烈，很多企业资金回报率下滑，利润率降低，通过改造成综合物流公司，大承运人能对服务增加价值，形成进入门槛较高的细分市场，以保证与客户的长期合同。这也是促成第三方物流综合服务业快速成长和增加利润的因素。第三方物流服务公司的营销能力也变得更加强有力和成熟，许多传统的运输和仓储公司都演变成了开展广泛物流服务的供应商（图2）。

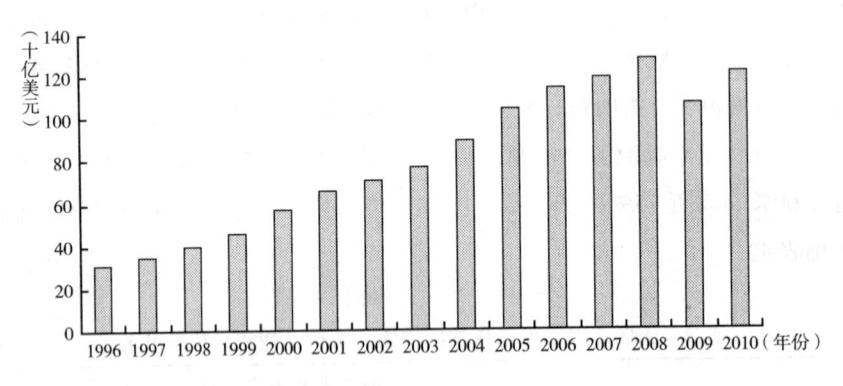

图2 1996～2010年美国第三方物流市场总利润增长情况

数据来源：Armstrong & Associates Inc.。

2. 美国物流的管理体制与政策

美国是西方资本主义国家中唯一长期实行运输、仓储等物流业私有化的国家。美国的物流市场错综复杂，又十分活跃，得益于它有一套完善的物流市场管理及法制管理体制。联邦层次的管理机构主要有各种管制委员会，其中州际商务委员会负责铁路、公路和内河运输的合理运用与协调，联邦海运委员会负责国内沿海和远洋运输，联邦能源委员会负责洲际石油和天然气管道运输，而联邦法院则负责宪法及运输管制法律的解释、执行、判决和复查各管制委员会的决定，各有关行政部门，如交通部、商务部、能源部和国防部等负责运输管理的有关行政事务。立法机构是总的运输政策颁布者、各管制机构的设立者和授权者，它们和州级相应机构一起，构成美国全国物流市场的管理机构体系。

美国自建国以来，一直设有州际商务委员会，其主要职责是制定法律之外的规章制度，协调州与州之间的贸易矛盾、商业与进出口事务、消费者权益以及交通运输方面的事宜，为交通运输企业提供咨询服务。美国联邦政府交通部负责公路建设、管理与维护等工作，而如何使用好公路，做到合理运输，确保运输安全等，则属州际商务委员会的职责。仓储设施建设安全由仓储公司自己规划决定，联邦政府不予管理。

美国政府在物流高度发达的经济社会环境下，不断通过政府宏观政策的引导，确立以现代物流发展带动社会经济发展的战略目标，其近期和远景目标十分明确。美国在其到2025年的《国家运输科技发展战略》中，规定交通产业结构或交通科技进步的总目标是：建立安全、高效、充足和可靠的运输系统，其范围是国际性的，形式是综合性的，特点是智能性的，性质是环境友善的。其远景目标是：适应经济增长和贸易发展的需要，通过建立高效和灵活的运输系统，促进美国经济的增长及在本地区和国际上的竞争力；改进机动性和可达性，确保运输系统的畅达、综合、高效和灵活等等。近期目标是：改进运输系统结构的完善性，使国家运输基础设施新增通行能力，与其运营效率保持平衡等等。

（二）日本物流的发展阶段及背景

日本的物流观念虽然在20世纪50年代才从美国引入，但发展迅速，并形成了自身独特的管理经验和方法，日本已成为现代物流的先进国家。

1956年日本开始从美国引入物流概念，在对国内物流状况进行调查研究的基础上，将物流称为"物的流通"。1964年日本通产省为了降低产业的总体成本，要推动除生产、流通的费用之外第三种成本的削减，即搬运、保管、包装等物流的成本。日本还把"物的流通"视为一种包括运输、配送、装卸、仓储、包装、流通加工和信息传递等多种活动的综合行为。这一时期，政府加强了物流设施建设，如1953~1958年交通运输投资占公共投资总额的19.2%，1959~

1963年交通运输投资已占公共投资总额的29.5%，从基础设施上为物流发展打下了良好的基础，同时日本比较重视有关车站、码头装卸运作的研究与实践。20世纪60年代中期至70年代初是日本物流业高速增长的时期之一，商品流通量大大增加。随着这一时期生产技术向机械化、自动化发展以及销售体制的不断扩充，物流业已成为企业发展的制约因素。因此日本在这一时期开始进行较大规模的物流设施的建设。在日本政府《中期5年经济计划》中，强调了要实现物流的现代化。作为具体措施，日本政府开始在全国范围内开展高速道路网、港口设施、流通聚集地等各种基础建设。与此同时，各厂商也开始高度重视物流，并积极推进物流基础建设。这种基础建设的目的在于解决仓库不足、出入仓库时间长、货车运输欠缺、大量生产的产品无法顺利流向市场等问题，并开始广泛采用叉车等机械化装卸设备和采用自动化仓库，灵活运用托盘和集装箱，实现货物单元成组装卸。同时建立物流中心，积极推进物流联网系统的建设，开发物流应用软件。1970年日本成立了两个最大的物流学术团体：日本物流管理协会和日本物的流通协会，开展全国性和国际性的物流学术活动。这一时期是日本物流建设大发展的时期，原因在于社会各个方面都对物流的落后及其对经济发展的制约性有着共同认识，这一阶段的发展直到1973年第一次石油危机爆发才告一段落。

20世纪70年代中期，日本经济发展迅速，进入了以消费为主导的时代。虽然物流量大大增加，但由于成本的增加使企业利润并没有得到预期的提高，因此，降低经营成本成为经营战略的重要课题，降低物流成本更成为其重要内容。物流合理化与最优化是这一阶段的主要特点。担当物流合理化作用的物流专业部门开始出现在企业的管理中，从而真正以系统整体的观点来开展降低物流成本的活动，同时物流子公司也开始兴起。这一时期的物流合理化主要是改变以往将物流作为商品蓄水池或集散地的观念，从而在经营管理层次上发挥物流的作用。这集中反映在"物流利润源学说"中，该学说认为物流并没有提升到管理范围，从而成为流通过程的"黑暗大陆"，因此只有去除这些阻碍因素才可能实现成本降低，为利润增加作出贡献。物流利润源学说揭示了现代物流的本质，使物流能在战略和管理上统筹企业生产、经营的全过程，并推动物流现代化的发展。

在推进物流合理化的过程中，全国范围内的物流联网也在蓬勃发展，其宗旨在于推进订货、发货等业务的快捷化，以及削减物流人员，降低劳动力成本。

1983年日本物流企业已发展到5万多家，从业人员约105万人，货运量达34亿吨，货物周转量4223亿吨，一般较大的物流公司都在全国各地设有自己的分公司或分支机构，面向全国乃至国外开展物流，形成了多渠道、多层次、多形式、工商齐办的现代化物流系统网络。在物流管理政策上，1977年日本运输省流通对策部公布了"物流成本计算统一标准"，这对于推进企业物流管理有着深远的影响。原因是当时许多企业正热衷于物流成本控制的研究，各个企业都制定了自己独特的成本控制体系，因而出现了成本概念不一致的状况，这样企业所计算出的成本就缺乏相互对比的基础。另外，在一般企业中，尽管物流成本的核定是以物流合理化为前提，但是由于缺乏统一明确的会计成本核算标准和方法，对物流成本的计算是不完全的，进而影响了物流合理化的发展。正是在这种状况下，日本运输省制定了"物流成本计算统一标准"。由于企业和政府的共同努力，使物流管理得到了飞跃性的发展，也使日本迅速成为物流管理的先进国家。这一时期日本物流学会成立，同时物流的科研工作也得到了较大发展，通过建立专门的物流研究所，日本召开全国性或地区性、国际性的物流会议、物流奖励大会等，宣传物流的重要意义，讨论和解决了理论及实践中的问题（见表5）。

表5 20世纪90年代日本物流成本占GDP的比例

单位：%

项　目	1991年	1992年	1993年	1994年	1995年	1996年	1997年
物流总成本占GDP的比例	10.59	10.13	9.84	9.57	9.68	9.47	9.58
运输成本占GDP的比例	6.65	6.38	6.38	6.13	6.47	6.24	6.21
保管成本占GDP的比例	3.46	3.28	3.02	3.02	2.79	2.81	2.94
管理成本占GDP的比例	0.49	0.47	0.44	0.42	0.42	0.42	0.43

资料来源：国际物流博览会。

20世纪80年代以来，日本的生产经营发生了重大变革，消费需求差异化的发展，尤其是90年代日本泡沫经济的崩溃，使以前那种大量生产、大量销售的生产体系出现了问题，产品的个性化、多样化和小批量成为新时期的生产经营主流，使市场的不透明性增加，整个流通体系的物流管理发生了相应的变化，物流开始向多频度、少量化、快速化发展。在销售竞争不断加剧的情况下，物流服务作为竞争的重要手段在日本得到了高度重视。但是，随着物流服务竞争多样化，物流成本的高昂已成为这一时期的特征，一些人把这一时期称为"物流不景气"时代。因此，如何克服物流成本上升、提高物流效率是20世纪90年代日本物流业面临的一个最大问题（见图3）。

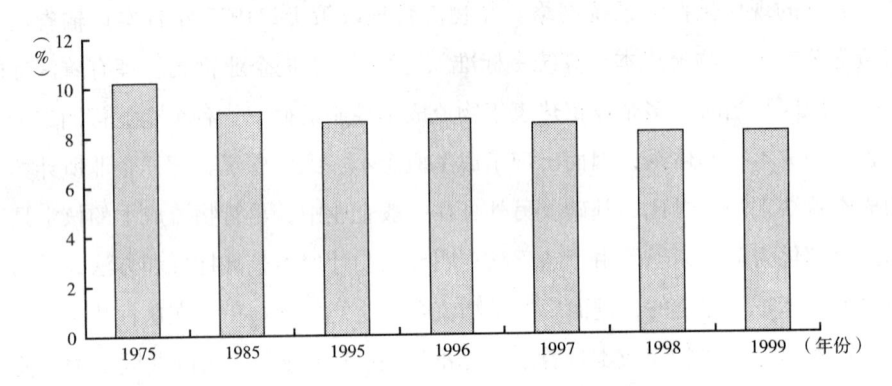

图3　日本主要制造业物流成本占销售额的比例

资料来源：国际物流博览会。

为此，1997年日本政府制定了具有重要影响力的《综合物流政策大纲》，大纲中提出了到2001年物流发展的基本目标是，在日本国内进一步完善物流基础设施建设，实现国际水平的运作。提出的三项具体目标为：第一，提供亚太地区最方便且有魅力的服务；第二，实现有利于产业竞争力提高的物流成本；第三，减轻环境负荷。为实现上述目标，大纲中还制定了实施措施的三项原则，包括：通过相互来制定综合措施；为确保适应消费者需求，以及创造良好的交通环境，道路、航空、铁路等交通机构合作共同制定综合交通措施；通过竞争搞活物流市场。大纲中提出的具体措施有：社会资本的合作与集中使用，消除物流瓶颈，建设国际港口、机场及相应的高等级干线铁路、公路，提高运输能力；提升大都市圈物流中心，进一步推动物流的效率化；物流系统要实现信息化、标准化；实施物质化交易；对城市内物流要建立道路交通的畅通机制，提高汽车装载效率，提高物流服务质量，减轻环境负担，对区域间的物流要进一步完善多种运输方式的竞争条件，实现多式联运；对国际物流要进一步缩短物流时间，降低成本，纠正内外价格差，提高产业地区的竞争力。大纲中特别提到要建立各部门合作的政策推进体制，推进各政府机关、地方团体、物流业者和货主联合体采取物流现代化措施，形成整体效应。

（三）欧洲现代物流发展状况及特点

同美国一样，欧洲在物流业发展方面走在了世界的前列。欧洲是引进物流概念较早的地区之一，而且也是将现代技术应用于物流管理领域的先锋。早在20世纪中期，欧洲各国为了降低产品成本，便开始重视企业范围内物流过程的信息传递，对传统的物料搬运进行变革，以寻求物流合理化的途径。经过近半个世纪的发展，进入20世纪90年代以来，欧洲的一些跨国公司纷纷在国外，特别是在劳动力成本比较低廉的亚洲地区建立生产基地，并采用在运输链上实现组装的方式，使库存量实现了极小化。目前，随着欧盟各国在物流基础设施规划与建设、物流组织与管理、物流技术创新与应用等方面的发展，欧洲物流企业呈现运作规范、管理严格、讲究效率，以及集约化、规模化、绿色化程度高的新特点。

1. 欧洲物流的"绿色变革"

欧洲物流企业高度重视环境保护和生态平衡，尽力降低CO_2排放量和实施具有环保功能的物流解决方案。欧盟15国交通运输所排放的废气量相当于欧洲地区温室气体排放总量的21%，其中没有包括国际航空和海运。而上述国家公路交通废气排放量相当于交通运输排放总量的93%。欧盟组织所制定的可持续发展战略明确要求从1990年起到2020年底交通运输废气排放量必须减少20%。物流企业也制订了有关降低CO_2等废气排放量的应对措施和保护生态平衡解决方案。

目前德国大部分物流集团和相关服务公司均在积极开发"生态物流"概念，其主要参与者是汽车制造商和汽车零部件供应商，从产品始发地到终点客户的全程中，按照相关环保法律法规严格实施包装品和废品管理，严禁使用容易造成环境污染的托盘和包装材料，促进木材、纸张和金属等包装材料循环使用和废品及时回收再生，减少CO_2等温室气体排放。主要目标任务就是鼓励使用经久耐用和具有环保功能的集装箱设备。努力在生态和经济两者之间找到和谐的平衡点。

欧洲物流企业还积极提倡CO_2减排的交通运输模式。世界著名物流企业TNT集团于2008年初在荷兰发起"行星与我规划"，其中包括不断扩大使用电动车辆，减少内燃机车辆，计划到2025年使该公司车辆CO_2废气排放量减少一半，进一步扩大该公司CO_2温室气体排放量透明度，主动要求政府、环保团体和社会公众密切监督。进一步大幅度提高物流效率，减少环境污染，公路和铁路一体化并用而不是各自为政，通过信息技术等高科技手段，全面实施环保的一体化，在物流服务全程，公路和铁路运输不分家，所有的集装箱和托盘等货运设备全部通用于公路和铁路，短途和远程等交通运物流服务效率至少提高50%，其中仅德国每年可至少节约580万张办公用A4纸的用量，从根本上控制温室气体排放，促进环境保护。

2. 欧洲的公路货运物流基础设施建设

目前，在欧洲货物运输市场中，公路运输占44%，近海航运占41%，铁路运输占8%，内河运输占4%。

德国是欧洲现代物流业起步较早的国家，其物流发展水平在欧洲也首屈一指。公路货运在德国一直占统治地位。同铁路、内河和航空运输相比，公路运输具有以下优点：最快的运输速度、最强的网络能力、最小的大宗货物运输能力、最强的适应能力和机动灵活性。因此在运输贵重、易损和对运输成本敏感的货物时，公路货运优于其他的运输方式。二战以后，在经济重建和居民供应方面，载重汽车的优点很快就体现出来，它因可以任意行驶而备受欢迎。

欧盟的建立意味着欧洲各国边界消失和障碍消除，这也要求欧盟各成员国加强运输市场的管理，以实现商品和服务的自由流通。没有公路货运的灵活性和极强的适应性，就不能满足由欧洲一体化带来的货物流量增长的需要。现代物流业的运作、政策和经验培养及建设货运中心是德国加强现代物流建设的一项重要举措。德国规划在2010年建设30~40个物流和货物集散中心，初步形成覆盖全国的综合物流网络体系。目前该物流和货物集散中心已建成16个。货运中心选点建设一般考虑三方面因素：①至少有两种以上运输方式连接，特别是公路和铁路；②选择交通枢纽中心地带，使货物中心网络与运输枢纽网络相互适应；③经济合理性，包括运输方式的选择利用、环境保护与生态平衡，以及在货运中心经营的成员利益的实现等。在物流中心的选址和建设过程中，由各地政府负责物流中心地面以下的基础设施和与物流中心连通的外围铁路、公路建设；在物流中心的招商过程中，政府要充分发挥政策调控的作用，引导企业从事物流专业化服务，吸引国外知名物流企业进入物流中心，为物流发展提供良好的外部经营环境。德国政府大力进行公路、铁路和港口的基础设施建设，在物流基础设施建设方面投入巨资，几乎所有的运输基础设施都由政府投资兴建。此外，德国政府大力引进多种运输方式，其公路和铁路网络体系在欧洲各国中最为完善。近年来，德国政府为缓解公路运输的压力，实行了以铁路运输和空、海、铁的多式联运业务来进行分流的战略。

3. 欧洲将努力建设统一的铁路体系

欧盟委员会在欧洲铁路建设规划上指出：在未来10年内，欧盟将努力建立欧洲统一的铁路体系，争取实现欧洲铁路信号等铁路运输关键系统的作用。

据国际铁路联盟介绍，目前欧洲各国的铁路体系不一，特别是各国采用的铁路信号系统不同，这是欧洲铁路建设发展中的严重障碍。为此，欧洲铁路行业代表与欧盟委员会日前共同制定了"欧洲2020年铁路研究共同战略"，双方一致认为，今后欧洲铁路系统的科学研究必须在整个欧洲范围内进行，以加速铁路运输技术和操作互用性的发展，提高设备使用的安全性，减少对环境的污染。

"欧洲2020年铁路研究共同战略"是由欧洲铁路工业联合会、欧洲铁路共同体、国际公共运输联盟以及国际铁路联盟等机构共同制定的。根据这项战略，在未来10年里，欧洲铁路研究的主要课题是技术设备的统一或互用、远程信息处理、铁路运输安全和环境保护。目标是在2020年以前，使欧洲铁路客运人数和里程提高一倍，使货运吨位和里程提高两倍，使建设能力提高两倍，使各种能耗减少50%，使有害物质排放减少50%，彻底消除可避免事故的发生，以及根据市场需要，不断提高欧洲铁路运输网的能力等。

4. 建立欧洲的多式联运枢纽

欧洲三大多式联运公司Kombiverkehr（德国）、Cemat（意大利）、Hupac（瑞士）达成协议，计划将意大利博洛尼亚市场作为连接北欧与意大利中南部的多式联运枢纽，以缓解米兰港的运输压力。日后开通的新的铁路线将迂回于米兰周围的意大利北部传统码头，以释放这些码头其他货物运输的压力，同时将博洛尼亚作为往返于意大利其他码头之间的多式联运通道。火车会分别从奥地利勃伦纳山口走廊、瑞士Gotthard和Simplon走廊、意大利Modane走廊发车。三家公司称，这次新制定的策略将"为南北欧洲间的运输提供更多的机遇"。公司经理认为由于开辟了从罗马、那不勒斯、巴里、布林迪西等南意大利重要城市到北欧更多地区的线路，博洛尼亚会受益匪浅。选用博洛尼亚港能减轻北意大利尤其是米兰和维罗纳周围多式联运码头的超负荷运量带来的压力，并为连接北意大利和北欧的往返火车创造更多的空间。首批运营的多式联运直达火车将增设从博洛尼亚到安特卫普、比利时、科隆、路德维希港和德国的新线路。另外的直达列车将连接博洛尼亚和罗马的Pomezia码头。

5. 欧洲物流的发展趋势

随着消费多样化、生产柔性化、流通高效化时代的到来，社会对物流服务的要求越来越高，物流服务的优质化是物流今后发展的重要趋势。5个亮点"Right"的服务，即把好的产品在规定的时间、规定的地点、以适当的数量和合适的价格提供给客户，将成为物流企业优质服务的共同标准。物流成本已不再是客户选择物流服务的唯一标准，人们更多的是注重物流服务的质量。物流服务的全球化是今后发展的又一重要趋势。荷兰国际销售委员会在最近发表的一篇报告中指出，目前许多大型制造部门正在朝着"扩展企业"的方向发展。这种所谓的扩展企业基本上包括了全球供应链上所有的服务商，并利用最新的计算机体系加以控制。同时，制造业不断加速其活动的全球化，对全球供应连锁服务业提出了一次性销售（即"一票到底"的直销）的需求。这种服务要求极其灵活机动的供应链，也迫使物流服务商采取了"一切为客户服务"的解决办法。

通过上述分析，美国、日本和欧洲各国同属于世界上最早开始认识现代物流理念并开展现代物流实践的国家，但其各自具有鲜明的特点（见表6）。

表6 美国、日本和欧洲各国现代物流发展概况

国家/地区	发展模式	特　点
美　国	全国物流体系的各组成部分均居世界领先地位，其中尤以配送中心、速递、企业物流等最为突出。物流模式强调"整体的物流管理系统"，是一种以整体利益为重，冲破按部门分管的体制，从整体上进行统一规划管理的方式	1. 配送中心高度发达 2. 跨地区速递。最典型的代表是反映世界运输和速递业务最高水准的美国UPS公司和联邦快递公司 3. 传统企业物流向第三方物流发展。第三方物流企业和生产企业之间建立同盟关系，双方作为实现产品价值的活动链中的不同环节，为降低成本、提高效益，在物流上共同管理
日　本	政府对物流基础设施建设高度重视，并通过宏观政策引导和统筹规划促进基础设施的发展建设。强调共同配送和物流标准化、信息化	1. 政府统筹规划，政策引导 2. 物流配送社会化程度高 3. 跨地区发展 4. 重视上流渠道建设 5. 物流信息系统发达
欧　洲	现代物流体现了一种区域整体化建设发展模式，它强调区域合作、统一建设、资源共享	1. 整个欧盟地区联手建设海、陆、空多式联运体系 2. 在欧洲主要经济贸易地区设立大型的欧洲国际物流配送中心 3. 欧盟组织之间采取一系列协调政策与措施，大力促进物流体系的标准化、共享化和通用化 4. 优化整个欧盟地区的物流资源，使之实现资源共享

四 交通运输服务向现代物流转型的实施要点

(一) 交通运输发展现代物流的国际经验分析

1. 物流技术高速发展，物流管理水平不断提高

国外物流企业的技术装备已达到相当高的水平。目前已经形成以信息技术为核心，以运输技术、配送技术、装卸搬运技术、自动化仓储技术、库存控制技术、包装技术等专业技术为支撑的现代化物流装备技术格局。其发展趋势表现为信息化、自动化、智能化和集成化。其中，高新技术在物流运输业的应用与发展表现尤为突出。

2. 专业物流形成规模，共同配送成为主导

国外专业物流企业是伴随着制造商经营取向的变革应运而生的。由于制造厂商为迎合消费者日益精细化、个性化的产品需求，而采取多样、少量的生产方式，因而高频度、小批量的配送需求也随之产生。目前，在美国、日本和欧洲等经济发达国家和地区，专业物流服务已形成规模。共同配送是经过长期的发展和探索优选出的一种追求合理化的配送形式，也是美国、日本等一些发达国家采用较广泛、影响面较大的一种先进的物流方式，它对提高物流效率、降低物流成本具有重要意义。

3. 物流企业向集约化、协同化、全球化方向发展

国外物流企业向集约化、协同化方向发展，主要表现在两个方面：一是大力建设物流园区，二是物流企业兼并与合作。物流园区是多种物流设施和不同类型的物流企业在空间上集中布局的场所，是具有一定规模和综合服务功能的物流集结点。物流园区的建设有利于实现物流企业的专业化和规模化，发挥它们的整体优势和互补优势。国际物流市场专家们认为，世界上各行业企业间的国际联合与并购，必然带动国际物流业加速向全球化方向发展，而物流业全球化的发展走势，又必然推动和促进各国物流企业的联合和并购活动。新组成的物流联合企业、跨国公司将充分发挥互联网的优势，及时准确地掌握全球物流动态信息，调动自己在世界各地的物流网点，构筑全球一体化的物流网络，节省时间和费用，将空载率压缩到最低限度，战胜对手，为货主提供优质服务。除了并购之外，另

一种集约化方式是物流企业之间的合作并建立战略联盟。

4. 电子物流需求强劲，快递业发展迅猛

基于互联网的电子商务的迅速发展，促使了电子物流的兴起。企业通过互联网加强了企业内部、企业与供应商、企业与消费者、企业与政府部门的联系沟通、相互协调、相互合作。消费者可以直接在网上获取有关产品或服务信息，实现网上购物。这种网上的"直通方式"使企业能迅速、准确、全面地了解需求信息，实现基于客户订货的生产模式和物流服务。此外，电子物流可以在线跟踪发出的货物，联机实现投递路线的规划、物流调度以及货品检查等。可以说，电子物流已成为 21 世纪国际物流发展的大趋势。一方面，电子物流的兴起，刺激了传统邮政快递业的需求和发展；另一方面，新兴的快递业发展迅猛，触角伸向全球各地。

5. 绿色物流将成为新的经济增长点

物流虽然促进了经济的发展，但是物流的发展同时也会给城市环境带来负面的影响。为此，21 世纪对物流提出了新的要求，即绿色物流。绿色物流主要包含两个方面，一方面是对物流系统污染进行控制，即在物流系统和物流活动的规划与决策中尽量采用对环境污染小的方案，如采用排放量小的货车车型、近距离配送、夜间运货（以减少交通阻塞、节省燃料和降低排放）等。发达国家政府倡导绿色物流的对策是在污染发生源、交通量、交通流三个方面制定了相关政策。绿色物流的另一方面就是建立工业和生活废料处理的物流系统。

6. 物流专业人才需求增长，教育培训体系日趋完善

在物流人才需求的推动下，一些经济发达国家已经形成了较为合理的物流人才教育培训体系。如在美国，已建立了多层次的物流专业教育，包括研究生、本科生和职业教育等。许多著名的高等院校都设置物流管理专业，并为工商管理及相关专业的学生开设物流课程。除正规教育外，在美国物流管理委员会的组织和倡导下，还建立了美国物流业的职业资格认证制度，所有物流从业人员必须接受职业教育，经过考试获得上述工程师资格后，才能从事有关的物流工作。

（二）促进交通运输向现代物流转型的措施

拓展交通运输服务领域、促进现代物流业发展，是发展现代交通运输业的重要途径。交通运输要紧紧抓住发展现代服务业的战略机遇，充分利用国家《物流业调整和振兴规划》的政策优势，以提升运输效率和服务水平、降低物流成本为核心，以市场为导向，积极拓展交通运输服务领域，延伸服务功能，满足向多层次、多样化的现代物流转型的要求。

1. 继续加大交通基础设施的总体投资规模

交通运输是国家的基础设施，它把社会生产、分配、交换和消费各个环节有机地结合起来，是现代物流体系乃至社会经济活动得以正常进行和协调发展的基础保证。改革开放以来，国家集中了大量的财力、物力，交通基础设施的建设步骤明显加快。但是交通运输滞后于国民经济发展的问题，仍然没有从根本上解决。我国的交通运输仍不能完全适应建立市场经济体系，进行经济结构、产业结构、产品结构调整乃至发展现代物流的需要。在完善现代物流系统的过程中，应继续贯彻"交通先行"的政策方针，以适度超前的指导思想，加大交通基础设施的建设力度，重点解决交通运输设施总量不足的问题，为现代物流的发展营造更加良好的基础环境。

2. 发展符合现代物流要求的综合运输体系

在社会经济不断发展以及运输技术不断进步的条件下，综合利用和协调发展各种运输方式的问题日益受到各国的重视。在各国综合运输体系的发展中，都很注意研究如何随着运输需求的变化，充分发挥各种运输方式的技术经济优势和功能，合理配置、协调发展，力求达到最合理满足运输需求、保证运输安全、合理利用自然资源与保护环境等目标。

综合运输体系的结构状态与社会经济发展的阶段性紧密相关，并与工业化进程相适应。在工业化初期，社会经济发展的运输需求主要表现在量的方面，这一时期交通运输建设的重点以铁路、水运等大运量方式为主，主要解决运输能力短缺问题。在工业化成熟阶段和后工业化阶段，社会发展的运输需求出现多样化趋势，由单纯的对"量"的需求转到"质"和"量"并重的局面，综合运输体系日趋完善，以公路运输为主的新兴运输方式逐渐成为综合运输体系的骨干，高等级公路成为运输大通道的重要组成部分。进入信息社会，交通运输业作为社会经济中的基础产业，开始融入现代物流业。

现阶段我国运输需求变化的主要特点是由单纯的量的增长发展到质、量并重，这在客观上要求，一方面必须重视交通基础设施及大通道能力的建设，满足社会经济发展对"量"的需求的进一步扩张；另一方面，要加快技术创新，调整运输结构，逐步建立完善、配套的综合运输体系，充分发挥各种运输技术的优势和作用，以适应社会经济发展带来的不断增长的对运输"质"的需求，即能够为现代物流的运营提供完好、无损、便利、快速、准时、多样、灵活的干线运输和中转服务。为达到此目标，一要加强各种运输方式、运输节点之间的协调配合，包括货物流量和运输线路的协调、各类货运枢纽间的协调、地区间的运输连接的协调、各种运输方式设备能力的协调、各种运输方式组织工作的协调；二是发展各种具有特殊功能的专用交通运输工具，实现运输的集装化、散装化、专用化，尽量减少货物的运输损失；三要采用现代化信息技术手段，实现整个运输系统的信息沟通。通过协调提高现代物流发展过程中货物运输的整体效率和经济效益，降低物流成本。

3. 提高交通运输业的整体技术水平

为更好地融入现代物流体系的建设，中国交通运输业的发展必须依靠科技进步，提高运输行业的整体技术水平，重点是提高基础设施、运输装备和组织管理的科技含量。在综合运输体系的各环节、各要素方面广泛地应用高新技术，缩短交通运输设施的建设周期，提高工程质量，改善运输装备的运输能力、运输效率、资源占用、物资消耗、运营成本、环境影响和服务质量等方面的技术经济特征，从而推动运输结构的优化与升级，充分利用发达国家的先进技术和成熟经验，实现我国交通运输业的跨越式发展。在这一发展过程中，尤其要注重利用高新技术来改造传统的交通运输产业，促进交通运输行业经济增长方式和管理规模的根本改变，缩短与发达国家间的距离，真正融入全球化浪潮中，为现代物流发展提供有力的运输技术支撑与保障。

4. 深化交通运输业市场化的改革进程

目前，我国运输市场已初步形成。在综合运输体系的建设中，已出现由市场机制来调节运输布局、运输结构变化的良性发展趋势，但这种调节和影响还是局部的和不成熟的，运输市场的许多方面还处于自然状态，管理手段落后，市场秩序混乱，地区之间、部门之间的条块分割、自成体系的管理体制还没有完全被打破。为了建设更加完善的运输市场，交通运输业的改革步伐还要加快，要结合全国经济体制改革进程与交通运输业自身的特点，在交通运输管理体制、经营机制、投融资体制、运价形成机制与运价管理体制等方面加大改革力度，力争在政企分开与经营机制改革中取得实质性的突破。政府要加强监督管理及政府导向的职能，推动公开、公平、公正竞争的运输市场的形成与完善；通过企业的战略性改组与体制、制度的创新，加快现代交通运输企业制度的建立；打破行业垄断，支持、鼓励、引导有资质条件的不同经济成分参与交通运输的建设与经营。同时，国家要加快交通立法，通过立法和必要的行政手段，改善和强化对运输市场的宏观管理和调控，规范运输市场，避免过度竞争；加强统筹规划，避免重复建设，引导和推动综合运输网结构、运输资源的优化配置，从而推动我国运输市场和综合运输体系不断走向完善，促进现代物流的发展。

5. 重视多式联运和集装箱运输

多式联运和集装箱运输是在发达国家运输发展到较高水平以后，在运输组织和运输技术方面所发生的重大变化。随着中国改革开放的深化，国家贸易量大增，以海运为主的国际贸易方式迅速得到发展，我国的外贸运输业从无到有，从小到大，得到了长足的发展，外贸进出口额在过去的10年间持续增长。外贸进出口的飞速发展，导致对外运输的需求加大，从而带动外贸运输量的增长。中国对外贸易中的90%的货物通过海上运输，加上船舶专业化、大型化以及货物成组化运输需求的影响，集装箱运输这一现代化运输方式得到空前发展。

首先，我国必须打破发达国家对集装箱多式联运的垄断，努力引进国外先进技术和经验，大力发展集装箱多式联运，改进传统的物流行业和运输系统网络，争取货源，加快多式联运和集装箱运输步伐。其次，进一步规范我国多式联运市场的秩序，将我国的集装箱运输的发展纳入科学化、规范化、系统化和法制化轨道，实现与国际物流业的有效对接。再次，国家也要制订好发展规划，贯彻落实政府颁布的各项规则，开辟更多的集装箱运输通道，并不断提高多式联运的组织管理水平，使之日臻完善，以此规范现代物流业的运作，提高效率，争取在国际物流市场占据一席之地。

6. 重视现代物流人才培养，消除人才瓶颈约束

现代物流在我国还是个新兴的产业，现阶段大部分物流从业者都是从原有的运输企业、仓储企业转型而来，大多没有经过物流专业学习和培训，知识结构和管理能力欠佳。在能力结构上，强调业务开发能力，但对方案设计、流程管理、质量控制、基层管理能力有所忽视，重视实际操作能力但关系维护能力和创新能力有所不足。物流专业人才短缺与现代物流业复杂化、综合化的矛盾十分突出。相对于物流业快速发展而言，我国物流教育相对滞后，致使我国物流人才在结构上的矛盾愈加突出。物流业是一门交叉性学科，它涉及运输学、管理学、金融学、信息学、运筹学、工程学、材料学等多门学科。各大专院校虽然积极开设物流专业学历教育，增加了物流专业毕业生的供给，但现有大专院校的物流专业毕业生，在专业知识结构上普遍存在着缺乏硬学科知识问题，如缺乏多学科的、综合科学知识等，而掌握物流专业知识同时又兼备金融、贸易等其他专业知识的复合型人才则更是少之又少。还需要国家、教育机构以及企业进一步加强职业培训，以不同方式为在职人员提供补短和充电的机会，充分发挥现有从业人员的潜力。此外，可以借鉴国外先进的物流人才培养机制和经验，由国家设立专门奖学金或留学计划，鼓励并资助一批具有一定从业基础和管理经验的物流人才到国外考察、培训、进修和学习，迅速提高他们的水平和能力，迅速缓解当前我国物流高端人才短缺的情况。

The Transformation from Traffic Service to Modern Logistics

Abstract: As a key part of modern service industry, modern logistics is the guarantee of promoting the competitiveness of enterprises and a country. As the foundation of logistics development, traffic transportation is a crucial carrier of logistics as well as vital element throughout the whole process of supply chain. Thus, in order to further push forward economic development, it is indispensable to renovate and upgrade the traditional traffic service, and to accelerate the development of modern logistics. Based on the current situations of traffic transportation and modern logistics, this report analyzes the special experience of developed countries, and systematically expounds corresponding measures and suggestions for the transformation form traffic service to modern logistics in China.

Key Words: Traffic transportation; Modern logistics; Informatization

分报告六
建设资源节约型、环境友好型交通运输业

孟宪威 苗 宏*

摘 要：本文在阐述我国交通运输业的发展、用能现状及面临任务的基础上，分析建设资源节约型、环境友好型交通运输业的主要问题，提出了解决问题的对策与措施，为相关单位开展节能工作提供参考。

关键词：交通运输 资源 能源 节能减排

一 交通运输是资源能源占用消耗大户

（一）水路运输业用能现状

在我国由公路、水路、铁路、航空、管道运输等组成的综合交通运输体系中，水路交通具有运能大、成本低、能耗少等比较优势。2009 年水路货运量完成 30.40 亿吨，货物周转量完成 57439.90 亿吨公里，客运量完成 2.22 亿人次，旅客周转量完成 69.07 亿人公里，我国的海上运输承担的外贸货物运量已达到 90% 以上；京杭运河江苏段、长江江苏段，其目前的货运量分别相当于 4~5 条沪宁高速公路、6 条沪宁铁路的运量。2008 年，长江水运货运量已突破 12 亿吨，远远超过了美国的密西西比河和欧洲的莱茵河，长江成为目前世界上内河运输最繁忙、运量最大的通航河流。有关资料表明，2005 年水运营业性船舶燃油消耗 1356.43 万吨，加上非营业性运输船舶油耗，估计燃油消耗在 2100 万吨左右。

---

* 孟宪威，深圳证券时报社常务副总，对资本市场、金融创新等有一定研究，发表多篇相关论文；苗宏，中国社会科学院人文公司副总经理、助理研究员。

2006年我国港口能源消耗总量约为270万吨标准煤,其中主要能源品种为柴油和电力。港口行业能源消耗在整个交通行业中占有一定的比重。图1、图2显示了我国"十五"期间水路运输和港口行业能耗变化情况。

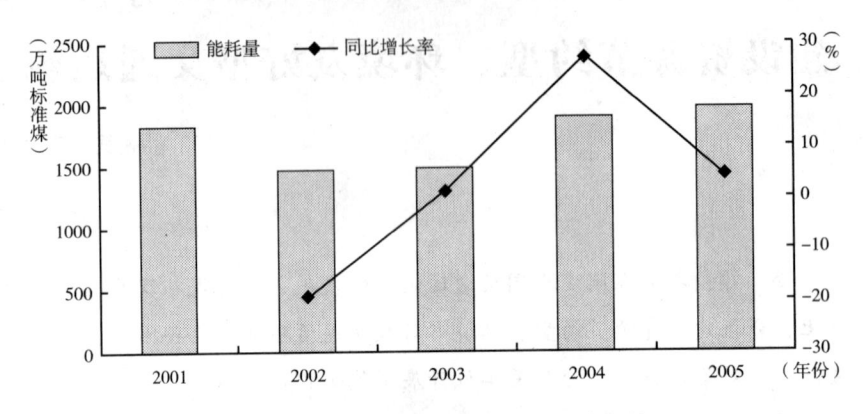

图1 "十五"期间水路运输能耗量变化情况

资料来源:《全国交通统计资料汇编(2001~2005)》。

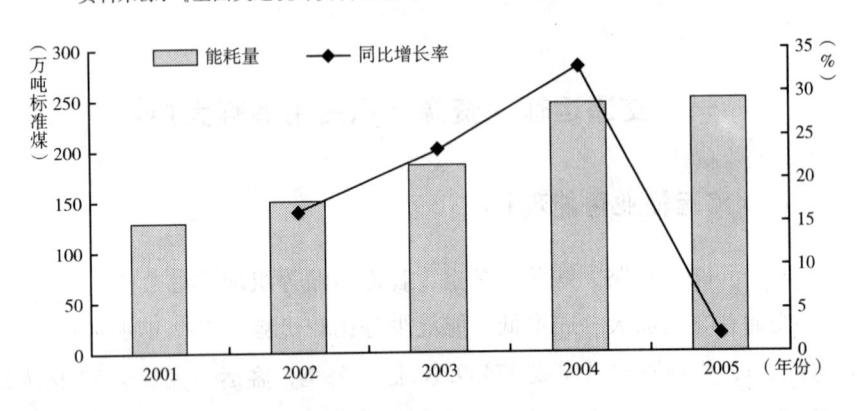

图2 "十五"期间港口行业能耗量变化情况

资料来源:《全国交通统计资料汇编(2001~2005)》。

(二)公路运输业用能现状

2009年我国全社会完成公路客运量278.00亿人,旅客周转量13450.73亿人公里;完成公路货运量209.69亿吨,货物周转量36383.52亿吨公里。公路客运量、公路货运量在综合运输体系中所占比重分别为93.4%和76.4%。公路运输有效支撑了国民经济的快速发展,而支撑公路运输业稳步发展的是大量消耗的有限的、不可再生的石油能源,同时产生了我们所不希望的 HC、CO、NO_x 等对人身健康有害的物质及 CO_2 等导致气候变暖的物质。显然公路运输的能源需求及人类生存环境的要求必将制约公路运输的发展,公路运输业的节能减排工作是公路运输发展的必然,且任重道远。

公路运输是消耗石油能源的大户。公路运输能源消耗主要品种为油品(汽油、柴油),"十五"期间全国公路运输燃油消耗总量为 2.272 亿吨(见表 1),其中约有 2/3 为柴油。公路运输燃油消耗总量占全国石油消费总量的 16.5%。

表 1 "十五"期间营运车辆油耗量

项 目	2001 年	2002 年	2003 年	2004 年	2005 年	总 计
全国石油消费量(万吨)	22828.3	24779.8	27000	31200	32166	137974.1
营运车辆油耗量(万吨)	3899.7	4266.8	4363.2	4770.6	5419.6	22719.9
占全国石油消费比例(%)	17.1	17.2	16.2	15.3	16.8	16.5

资料来源:交通部公路科学研究院,历年《中国统计年鉴》。

道路交通行业的能源消耗总量巨大,在全国能源总消费中所占比例高。据测算,1990~2008 年的 18 年间,全国道路交通部门机动车能源消耗从 1990 年的 3642 万吨标准煤增加到 2008 年的 22151 万吨标准煤,年均增长 11.0%。2007 年全国交通运输、仓储及邮电通信业的能源消费占总消费量的 7.77%,其中,汽油、柴油和煤油消费量占全国三类油品消费总量的 56.4%,其中汽油消费量 2763 万吨,柴油消费量 6794 万吨,煤油消费总量 1130 万吨,分别占全国总消费量的 50.9%、45.7%、81.9%。

近年来,我国道路交通运输车辆的单耗基本上趋于一个稳定的水平,但是我国汽车技术状况与发达国家相比还比较落后,汽车能源消耗水平与发达国家存在着相当大的差距。2009 年中科院的一项调查显示,我国是全世界自然资源浪费最严重的国家之一,在 59 个接受调查的国家中排名第 56 位。我国的能源使用效率仅为美国的 26.9%,日本的 11.5%。机动车燃油经济性水平比欧洲低 25%,比日本低 20%,比美国低 10%;载货汽车油耗 7.6 升/百吨公里,比国外先进水平高一倍以上。能源利用效率低,意味着能源浪费。在能源短缺的情况下,这种浪费问题显得更加突出。

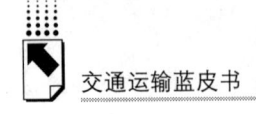

（三）民用航空业用能现状

根据中国民用航空局的数据，2006年航空运输企业燃油消耗已达1000.5万吨，2007年燃油消耗将近1200万吨。在可以预见的未来，中国民航仍将保持较高的发展速度，预计到2010年全行业燃油消耗在1500万吨左右。航空业的能耗低于道路运输业的能耗，但是航空业的温室气体排放对于环境的破坏备受全球关注。

2008年气候变化专门委员会（IPCC）第四次评估报告显示，民航业（含国内和国际航空）CO_2排放占全球CO_2排放的2%，占全部辐射强度的3%。航空业的排放量远低于道路运输。但有所不同的是，道路运输产生的温室气体扩散到平流层相比直接在平流层飞行的航空器的排放，需要更加漫长的时间，而飞行器是直接将温室气体排放到对流层上部和平流层，因此航空业排放的温室气体对气候有较大的影响。虽然航空器和发动机技术得到了改进，空中交通管理系统提高了效率，但这些却抵消不了由预计的航空增长而增加排放的影响。

巴西航空工业公司研究报告认为，中国需求将推动全球飞机制造业的快速增长，预计未来20年内，全球飞机制造业因中国需求而增加的产量将达4.9%。这预示着未来全球民航业航空排放将继续增加。

（四）铁路运输业用能现状

在等量的运输下，铁路、公路和航空的能耗比为1∶9.3∶18.6，铁路是最为节能的运输方式。另外，铁路也是最环保的运输方式，其CO_2排放量是公路运输的一半，是短途航空的1/4。按里程计算，铁路每公里CO_2排放量分别是飞机、汽车的1/6、1/3～1/20；电气化列车运行几乎没有污染，京津城际CRH3型"和谐号"动车组单程人均耗电仅1.5度，单位能耗是波音747飞机的3%，是私人汽车的20%。

2005年铁路单位运输收入能耗为1.14吨标准煤/万元，而2009年这一值下降到0.91吨标准煤/万元。"十一五"期间，铁路行业将实现以电代油1200万吨，"十一五"末铁路行业成品油消耗量将比"十五"末下降90万吨。

二 交通运输业未来发展资源成本加大

(一) 未来交通运输业资源成本加大

2008年11月国务院出台了十项具体的"扩内需、促增长"措施,4万亿元经济刺激计划拉开序幕,基础设施建设则是这次拉动内需的"火车头"。从数据看,公路建设固定资产投资持续走高,保持高速增长。公路固定资产投资在2008年末开始触底反弹,2009年累计投资额同比飙升,全年高速公路新建通车4719公里。一大批公路项目集体上马,未来几年建成通车的道路将进一步完善我国的路网,公路"7918"规划的进程也有望随之提速。届时,良好的路网给高速公路车流量带来的诱增效应是不可估量的,但由此带来的能耗也十分巨大。

近几年,我国汽车保有量增长较为稳定,但是增速有所放缓。2008年由于国内经济疲软导致需求不振,汽车保有量增速略有下滑。但是,汽车振兴规划的及时出台,有效地刺激了汽车销量的增长。

2009年以来,我国民用汽车销量急速增长,2009年7月份以后单月的增长都保持在70%以上,全年汽车产销分别达到1379.10万辆和1364.48万辆,同比增长48.30%和46.15%。宏观经济回暖,消费政策刺激,都是促使汽车销量增长的原因。汽车销量的高速增长,为公路行业车流量增长奠定了基础。

从长期来看,中国汽车保有率仍然远低于发达国家,甚至远低于发展中国家。目前,世界平均汽车保有率为139辆/千人,俄罗斯、日本乘用车保有率为101辆/千人。而中国汽车保有率不足40辆/千人,提高的空间巨大。按照目前中国各汽车生产厂商的规划,预计在2012年左右中国乘用车产能将超过1836万辆。

Skeer等通过分析中国客货运交通的发展趋势,同时基于需求弹性和能源强度的假设,设计了2020年中国石油需求情景,将中国交通部门的石油需求增量与世界能源需求预测对比,评价其可能对世界油价造成的压力。研究发现,参考情景下中国交通部门的能源需求将使世界石油价格增长1%~3%,如果石油供给投资受到限制,这个比例将变为3%~10%。

(二) 航空业发展给交通运输资源成本带来压力

受国际金融危机影响,2008年航空业出现萧条,但同时也给行业的健康发展作出了贡献，这主要表现在运力控制方面，航空公司一方面采用退租等方式退出了大量飞机，同时推迟了部分飞机的引进时间，从2008年三季度到2009年下半年，航空公司很少签订新的飞机引进订单。

2009年，中国国内航线的快速增长超过预期，航空公司的飞机利用效率得到大幅提升，如国航的飞机利用小时已经接近历史新高，至2009年四季度航空公司的客座率也已经接近2007年的高峰水平。飞机利用小时和客座率的大幅回升意味着行业过剩运能得到了很好的消化，2010年航空业不再像2009年一样还需要消化各航空公司上一年度的闲置运能，这将使得未来运力供给增长更多地取决于新增运力。在此背景下，航空需求必将快速增长，预计2010～2011年航空需求将保持15%以上的增长。

由于波音787和空客380均被推迟引进，因此2010年飞机运力将温和增长，2010年预计三大航空公司引进的飞机80%左右是窄体机，以320系列（占比约48%）和737系列（占比约32%）为主（见图3），而预计其他中小航空公司引进的也主要是窄体机，这与2010年国内航线的需求增速仍将高于国际航线需求增速的预期相吻合。航空业界正在忙于提高利润并且继续扩展，很可能变成我国未来资源消耗的大户之一，并可能成为全球变暖的最大祸首之一。

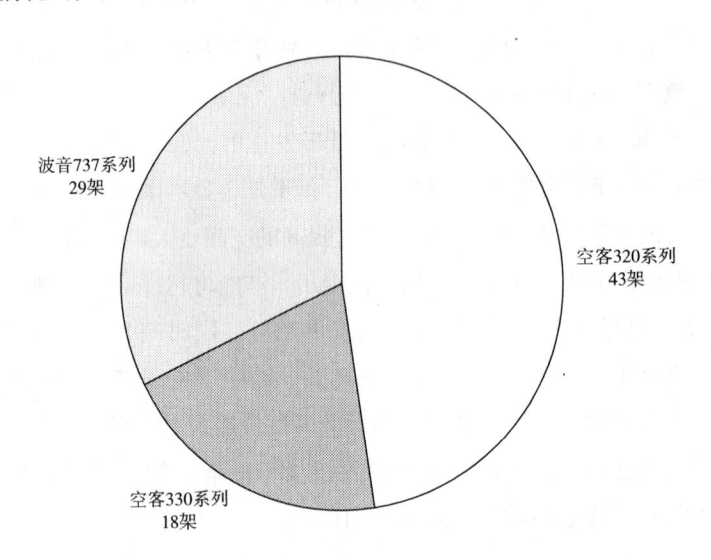

图3 2010年国航、南航、东航预计引进飞机型号及数量

资料来源：国信证券。

三 优化配置交通资源，转换交通发展方式

（一）建设资源节约型、环境友好型社会的必然要求

我国经济发展与资源环境的矛盾突出，石油资源尤为紧缺，人均可采石油资源仅相当于世界平均水平的 7.7%，石油消费大量依赖进口，对外依存度已接近 50% 的警戒线。交通运输业是全社会仅次于制造业的油品消费第二大行业，是建设资源节约型、环境友好型社会的重要领域之一。2005 年交通运输业的石油消费总量约占全社会石油消费总量的 29.8%，其中营业性公路、水路运输在各种运输方式中的比例分别约为 54% 和 21%。本世纪前 20 年，我国处于全面建设小康社会的历史时期，经济社会快速发展，客货运输需求旺盛，交通运输能源需求快速增长。当前我国交通行业能源利用效率与世界先进水平相比明显偏低，其中载货汽车百吨公里油耗比国外先进水平高 30% 左右，内河运输船舶油耗比国外先进水平高 20% 以上。因此，必须加快发展现代交通业，转变交通发展方式，不断提高能源利用效率，以最小的资源消耗和环境代价提供更多更好的运输服务。

（二）影响交通运输业节能的主要因素

1. 公路运输节能影响因素分析

影响公路运输能耗的结构性因素主要包括公路基础设施结构、车辆运力结构、运输企业结构和能源消费结构等；技术性因素主要包括车辆制造技术性能、在用车辆技术状况、车用节能技术（产品）应用、信息技术应用等；管理性因素主要包括车辆运输效率、车辆通行管理、驾驶员节能驾驶水平等运输组织管理水平，以及公路运输节能相关法规标准、激励政策、体制、机制等。

（1）运输车辆技术水平

公路运输部门是耗能设备的使用部门，车辆的能耗水平对公路运输的单耗起到了决定性的影响。虽然 2004 年我国出台了乘用车的强制性油耗标准，但对运输车辆的油耗仍没有采取控制措施。另外，随着汽车使用时间的增长，其性能也在逐步发生衰退，车辆的技术状况会变差、故障增多，对汽车的行驶油耗影响很大。有研究表明，

目前有许多车辆都带"病"运行,其油耗要比正常技术状况的车辆高出5%～30%。

(2) 道路状况

道路的几何条件和特性,如纵坡、路面平整度等对汽车能耗有很大影响,一般对于纵坡大、平整度差的道路,以相同的汽车完成同样的运量要比坡度小、平整度好的道路消耗更多燃料。目前中国高速公路的平均时速可达到80～100公里,车辆的油耗要比普通道路节约20%以上,道路设施水平对汽车能耗起着非常重要的作用。

(3) 驾驶员技术水平

我国汽车驾驶员培训过去基本上是采用师傅带徒弟的方式,学员仅掌握安全驾驶方面的基本操作技能,不涉及节油驾驶操作等技术训练,缺少系统性、科学性。这样培训出来的驾驶员,一方面存在的安全隐患较多,另一方面驾驶员的操作技能不全面。

2. 水路运输及港口节能影响因素分析

影响水路运输能耗的结构性因素主要包括航道技术等级结构、船舶运力结构和能源消费结构等;技术性因素主要包括船舶设计制造技术水平、在用船舶技术状况、船用节能产品、航运信息化水平及辅助设施的技术状态等;管理性因素主要包括航速管理、船舶载重量利用率、航运物流组织化、辅助用能管理和船员素质管理,以及水运节能相关法规标准、激励政策、体制、机制等。

(1) 船舶技术状况

我国内河航道实行了船型标准化制度,使得我国水路运输运力结构有了较大的改观。但是,由于种种原因,特别是资金问题,使内河船型标准化工作推行起来困难重重,我国水路运输运力老旧状况并没有得到根本改观。老旧船、劣质船普遍性能落后、油耗高、污染重。淘汰老旧船,控制劣质船、二手船,发展专用船应是今后水路运输运力结构调整的一项具体内容。

(2) 内河航道建设

我国内河航道建设已有了长足的进步,但内河航道基础设施仍处于相对薄弱状态,内河高等级航道里程短、数量少、未成网,主要干、支航道没有高标准贯通。航道等级偏低,造成大型船舶减载、亏载运营,不仅增加了运营成本、能源消耗和污染物排放,也限制了港口能力的发挥。

影响港口生产节能的结构性因素主要包括港口布局、码头类型结构、码头吨位结构和能源消费结构等；技术性因素主要包括港口设计水平、生产工艺及设备水平、港口节能技术应用情况等；管理性因素主要包括港口经营管理水平、港口装卸工艺管理、辅助用能管理、港口作业操作水平、信息化管理水平以及港口企业节能管理制度等。

3. 航空业节能影响因素分析

（1）航空器运行航路结构

当前，我国实行的是沿地基导航设备（导航台）组成的"折线式"的巡航航路进行飞行，因此，无法实施从起飞机场到目的地机场沿两点最短距离的"大圆"航线飞行，造成了多飞航程和多余燃油消耗。对于起降航路来讲，以北京首都国际机场为例，实行的是走廊口进近的运行方式，造成飞机必须从固定的"口"（导航台）进入飞行终端区，不能按照最短的距离飞行，也造成了多飞航程的问题。据中国民航第23期中青年管理干部研修班第五行动学习小组的研究估算，我国航空公司飞行中有9.45%的油耗属于航路结构不合理造成的。

（2）航空器地面运行时间

由于我国绝大部分机场缺少对不同机型从机位到跑道滑行时间的准确数据，未实施流量管理系统控制，加之几乎所有机场都缺少平行滑行道，联络道设计不尽合理，以及使用跑道、飞机停放机位安排、滑行路线管理等方面存在问题，造成飞机发动机地面工作时间过长，从而增加油耗。

（3）发动机工作效率

飞机在实际运行中，由于飞行航路高度层受空域管理规定的限制，常常不能在最佳高度层飞行，也不能选择最理想的飞行剖面，造成无法发挥发动机最佳的燃油效率，造成了燃油额外的消耗。

机场进近单向流量过大造成飞机调速等待，如北京首都国际机场，从南向来的飞机是北向的85%，南向跑道1小时只能容纳80架飞机，因此，高峰期经常在空中调速排队等待，无法使用高效率的飞行速度。

（三）优化配置交通资源，构建节约型交通运输业

1. 公路运输优化

（1）结构性优化

一是要加强公路网络化建设。加快国家高速公路网、农村公路建设，加强连接线、断头路等薄弱环节，发挥公路网络效益，提高路网通行能力和效率；优化公路站场布局，建设以公路运输枢纽为龙头、一般性汽车客货运站（点）为辅助，布局合理、结构优化、与其他运输方式有效衔接的公路站场服务体系。全面提升路网技术等级和路面等级。加快高等级公路建设，加大国省干线公路扩容升级改造力度。加快未铺装面改造，提高路网路面铺装率，强化公路路面养护，全面改善路面状况。

二是要优化车辆运力结构。加快调整、优化公路运输运力结构。加速淘汰高耗能的老旧车辆，引导营运车辆向大型化、专业化方向发展。加快发展适合高速公路、干线公路的大吨位多轴重型车辆、汽车列车，以及短途集散用的轻型低耗货车，推广厢式货车，发展集装箱等专业运输车辆，加快形成以小型车和大型车为主体、中型车为补充的车辆运力结构。

三是要优化车辆能源消费结构。大力推进运输车辆的柴油化进程，鼓励和引导运输经营者购买和使用柴油汽车，提高柴油在车用燃油消耗中的比重。

四是要积极推进车用替代能源的应用。因地制宜推广汽车利用天然气、醇类燃料、煤层气、合成燃料和生物柴油等替代燃料和石油替代技术。

（2）技术性优化

一是要大力发展智能交通技术。大力推进公路运输的信息化和智能化进程，加快现代信息技术在公路运输领域的研发应用，逐步实现智能化、数字化管理。重点加强以高速公路客运为骨干的现代客运信息系统、客运公共信息服务平台、货运信息服务网和物流管理信息系统建设，促进客货运输市场的电子化、网络化，实现客货信息共享，提高运输效率，降低能源消耗。

二是要强化车辆节能技术应用。推广柴油车辆、混合动力汽车、替代燃料车等节能车型；推广应用自重轻、载重量大的运输设备；开发、推广汽油发动机直接喷射、多气阀电喷、稀薄燃烧、提高压缩比、发动机增压等先进节油技术。鼓励使用子午线轮胎、安装导流板、安装风扇离合器等汽车节能技术和产品的推广应用，降低附属设备能耗；大力加强在用车辆的定期检测、维修与保养，改善营运车辆技术状况。

（3）管理优化

一是要提高公路货运组织化水平。优化运输组织和管理，引导运输企业规模化发展，充分运用现代交通管理技术，加强货运组织和运力调配，有效整合社会零散运力,实现货运发展的网络化、集约化、有序化和高效化。有效利用回程运力,降低车辆空驶率,提高货运实载率,降低能耗水平;大力发展先进运输组织方式,逐步培育一批网络辐射广、企业实力强、质量信誉优的运输组织主体;加快发展提供仓储、包装、运输等全过程一体化的第三方物流,以及提供完整物流解决方案的第四方物流;大力推进拖挂和甩挂运输发展,充分发挥其车辆周转快、运输效率高和节能减排效果好的优势。

二是要提升公路客运组织管理水平和服务品质。加强客运运力调控,对于实载率低于70%的客运线路不得新增运力;大力推进客运班线公司化改造,提高公路客运企业集约化水平;推广滚动发班等先进客运运输组织模式,提高客运实载率;完善公共客运服务体系,加快构建由快速客运、干线客运、农村客运、旅游客运组成的多层次客运网络服务体系,全面提升客运服务品质,积极引导私人交通转向公共交通,降低全社会的能源消耗水平。

三是要提高汽车驾驶员节能素质。强化节能驾驶培训管理,制定汽车节能驾驶技术标准规范,编制培训教材和操作指南,积极推广模拟驾驶,强化公路运输企业节能驾驶的培训力度,全面提升汽车驾驶员的节能意识与素质。

表2为交通运输部规划营业性公路运输中长期节能目标分解。

2. 水路运输优化

(1) 结构性优化

一是要提升航道技术等级。可以大力开发利用长江、京杭运河、淮河、珠江、黑龙江及水网地区水运资源,加快推进内河水运主通道建设,全面提高航道等级和改善航道条件,提高航道标准和通航保证率。

二是优化船舶运力结构。加快海运船舶运力结构调整,优化船队的吨位结构,推动海运船舶向大型化、专业化方向发展,重点发展大型集装箱运输船、原油运输船、散货运输船以及液化天然气船等,加快建成规模适当、结构合理、具有较强国际竞争力的海运船队。大力推进内河船舶运力结构调整。发展与航道技术标准相适应的大型化、标准化船舶,积极发展商品汽车、散装水泥等特种货物运输船舶,加快淘汰挂桨机船等技术落后、能耗高、污染大的老旧船舶与落后船型。积极引导运输企业和船户组建专业化内河运输船队,发展顶推船队,提高船舶吨位,发展规模化运输,降低燃料消耗。

表2 交通运输部规划营业性公路运输中长期节能目标分解

项目			2015年		2020年	
单位能源强度指标	营运车辆综合单耗		下降10%左右		下降15%左右	
	客车		下降3%左右		下降5%左右	
	货车		下降12%左右		下降16%左右	
分解目标	类别	主要任务	具体目标	节能效果	具体目标	节能效果
	结构性节能	优化路网结构（不含村道）	二级及以上公路比重≥20% 路面铺装率≥70%	3.0%	二级及以上公路比重≥21% 路面铺装率≥75%	4.5%
		优化能源结构（折算成标准煤）	客车柴油比例≥70% 货车柴油比例≥85% 客车替代燃料比重≥4%	1.1% 2.4% 0.2%	客车柴油比例≥73% 货车柴油比例≥90% 客车替代燃料比重≥6%	1.4% 3.1% 0.3%
		优化货运运力结构	普通货车平均吨位≥4.4吨，其中大型货车≥12吨，占总载重吨比重≥78%	3.0%	普通货车平均吨位≥4.5吨，其中大型货车≥14吨，占总载重吨比重≥80%	3.6%
	技术性节能	发展智能交通技术	ETC覆盖率≥45% 出行信息服务系统覆盖率≥65%	1.6%	ETC覆盖率≥60% 出行信息服务系统覆盖率≥90%	3.1%
	管理性节能	优化运输组织方式	拖挂甩挂运输承运比重≥12%	1.2%	拖挂甩挂运输承运比重≥15%	1.8%
		提高运输效率	货运里程利用率≥66%	5.1%	货运里程利用率≥67%	8.1%
		推广节能驾驶	节能驾驶比例≥65%	1.6%	节能驾驶比例≥70%	2.1%

注：1. 2015年和2020年下降幅度同比2005年（基年）数据。
2. 营运车辆综合单耗单位：千克标准煤/百吨公里；营运客车单耗单位：千克标准煤/千人公里；营运货车单耗单位：千克标准煤/百吨公里。
3. 表中仅列出了公路运输节能的主要途径及其效果，目标的确定还综合考虑了其他影响因素，如客车大型化、舒适化等，车辆单耗呈现上升趋势等。
4. 以2015年和2020年营业性公路客、货运输周转量的预测值为权重，计算得到营运车辆综合单耗的预测值。

三是优化船舶能源消费结构。研发推广新型船用替代燃料，适度在船舶上推广应用太阳能、燃料电池、生物质柴油、液化天然气（LNG）、液化石油气（LPG）等清洁能源，推广使用岸电、风力驱动技术，逐步改善船用燃油质量。

（2）技术性优化

一是研发推广新一代节能型运输船舶。通过建立健全船舶节能设计规范、评价体系和技术标准，大力发展船舶节能新技术，积极开发和采用节能新船型和先进动力系统，鼓励采用新技术、新材料、新工艺和新结构提高船舶设计制造水平，积极优化新船型及其主尺度线型，优化设计减轻船舶自重量，优选先进推进器、低转速大直径螺旋桨，采用节能型柴油机，提高燃油效率。加大双尾船型等节能新船型推广力度，提高节能船型比重。

二是大力研发和推广船舶节能新技术、新产品。加强机桨匹配节能技术改造，优化船舶运行参数，采用舵附推力鳍以提高舵效、减少船舶阻力；推广应用优化电子喷油控制装置、节油减烟器、精确导航系统设备、防污漆、新型燃油添加剂、燃油均质等先进实用节能技术（产品），降低船舶航行运营能耗水平；推广应用主机废气余热回收利用、主机排气管扩压、轴带发电机等节能技术，降低船舶辅助用能水平。

三是研发推广航标节能新技术。研究、开发并推广应用新型节能型航标灯器，鼓励在航标中应用新技术、新材料、新光源和新能源。

（3）管理优化

一是提升水路运输组织管理水平。加强水路运输组织管理。引导航运企业优化结构，加快培育规模大、信誉好、国际竞争力强的海运企业和一流的全球物流经营人，大力推进内河航运的公司化改造，促进航运企业向规模化、集约化方向发展；发展大宗散货专业化运输、多式联运等现代运输组织方式，鼓励发展海峡、海湾和陆岛客货混装运输及商品车辆集装多元化运输方式，推进江海直达运输，全面提升船舶营运组织效率和节能水平；加强货物集散地规划及建设，完善航运物流系统，优化航运发展规划与组织管理；充分运用信息化、网络化技术，合理组织货源，保持货流平衡，提高船舶载重量利用率。

二是强化船舶营运节能管理。加强船员节能教育培训，提高船员队伍节能素质。积极应用信息化、智能化等现代管理技术，综合运用船队规划、航线优化、气象导航、最佳纵倾、机舱自动化控制操作等管理技术，提升船舶营运管理节能水平；加强船舶经济航速航行管理，推广应用节油最佳航速显示器，在不影响船期的情况下推行经济航速；实行严格的船舶维修保养管理制度，加强在用船舶的维修保养，保持良好的技术状态。

表3为交通运输部规划营业性水路运输中长期节能目标分解。

表3　交通运输部规划营业性水路运输中长期节能目标分解

项　目			2015年		2020年	
单位能耗强度指标	营运船舶综合单耗		下降15%左右		下降20%左右	
	海洋船舶		下降16%左右		下降20%左右	
	内河船舶		下降14%左右		下降20%左右	
	类别	主要任务	具体目标	节能效果	具体目标	节能效果
分解目标	结构性节能	全国船舶吨位结构	内河船舶≥500吨 海运船舶≥10000吨	内河3.5% 海运3.7%	内河船舶≥600吨 海运船舶≥12000吨	内河5.2% 海运4.6%
		内河航道等级结构	三级以上航道比重≥9%		三级以上航道比重≥10%	
	技术性节能	燃油添加剂	应用率≥60%	1.6%	应用率≥80%	2.2%
		推广防污漆	应用率≥70%	3.4%	应用率≥90%	4.6%
		推广节能船型	应用率≥70%	1.4%	应用率≥80%	2.0%
	管理性节能	船舶载重量利用率	内河船舶≥65% 海运船舶≥69%	内河3.6% 海运1.7%	内河船舶≥70% 海运船舶≥72%	内河4.5% 海运2.2%
		海运加强经济航速管理、推行减速航行	海运集装箱船平均航速下降≥6%	5.3%	海运集装箱船平均航速下降≥8%	7.6%
		全国船舶维修保养率	维修保养率≥75%	1.2%	维修保养率≥80%	1.6%

注：1. 2015年和2020年下降幅度同比2005年（基年）数据。
2. 营运船舶单耗单位：千克标准煤/千吨公里。
3. 表中仅列出了水路运输节能的主要途径及其效果，目标的确定还综合考虑了其他影响因素。
4. 以2015年和2020年海洋和内河运输周转量的预测值为权重，计算得到营运船舶综合单耗的预测值。

3. 航空运输优化

（1）结构性优化

一是采用先进的飞机。应逐步淘汰老旧飞机，引进技术含量高、经济性能好的新飞机；通过改装、选装飞机，加强飞机日常维护等措施，提高飞行品质，提高燃油效率。

二是建设有利于飞机节能减排的绿色机场。应改进飞机在机场中滑行时间长的问题，建议政府通过制订民航局、地方政府、机场共同投资的方案，落实机场改造投资问题；建议修改现行机场建设和航路建设及其运行标准，制定运行的最低跑道数量要求、平行滑行道的设计要求、联络道的设计要求、流量控制系统使用要求，以及运行到此类机场的飞机必须具备星际导航设备和满足相应的仪表着陆系统的要求、备降场布局要求等等。

（2）技术性优化

一是加强新技术和新程序的应用，缩短航程，提高运行效率。取消走廊口，推广采用区域导航（RNAV）、所需导航性能（RNP）、航空器进离港排序等新技术；发挥协同决策在空中交通流量管理中的作用，增加航路可用高度层、缩小垂直间隔（RVSM）。

二是积极改善和优化现有空域环境，提高航路的运行容量。在航路上实行平行航路，提高航路容量，尽量满足飞机机载计算机计算的理想飞行剖面的要求。重新对中、东部航线进行评估，积极协调有关部门，将一些部队特殊训练才使用的航线先分配给民航使用，部队使用时再发航行通告，尽量在这些区域保证使用大圆航线飞行。

三是减少飞机的空中拥堵、空中等待和地面等待。对高峰期飞机排队的现象，积极收集运行数据，研究仿真评估系统，出台航路、跑道运行标准，为审批航班时刻提供依据。

四是加强与有关方面的协调，优选优化航路，缩短飞行时间。针对部分空域和航路日渐拥挤的现状，继续研究我国航路网的优化工作，研究优化部分班机航路走向，积极推广开辟临时应急航路、假日航线等现行行之有效的方法，用以缓解雷雨等恶劣天气和军方大范围活动时的航班延误情况。

五是建立星际导航系统。加大飞机机载设备的改装力度，尽快推行星际导航系统的运行。

（3）管理优化

一是通过机制创新，提高航班正常性。建立快捷的信息通报机制，搭建信息通报平台，解决好机场、空管、航空公司等部门之间航班正常性情况的信息通报关系，充分利用信息化技术，确保信息及时、畅通，如航班时刻、气象、配载、旅客离（进）港、货物装卸等信息及时得到沟通；继续完善政府领导下的多方联动机制，分层次建立由民航当局、空管、机场、航空公司等相关单位组成的航班正常工作协调领导小组，在遇到复杂天气和军方活动对航班飞行影响较大时，敦促地区空管局及时启动协调决策机制，通报有关信息。

二是制定空中交通流量管理规章、标准和工作程序。根据统一的全国空中流量管理要求，制订全系统飞行流量管理规章，明确各级流量管理工作职责、流量管理办法以及流量管理信息的发布与传递等，实施统一的空中交通流量管理；制定统一的流量管理工作的原则、标准和程序，对先期流量管理和实时流量管理的工作重点提出明确要求，不断提高流量管理的工作效率和工作质量。

三是加快航空气象建设，提高航空气象服务水平。加快全国气象中心建设步伐，完善全国航空气象服务体系，积极采用新技术，提高航空气象服务水平；加强与地方航空气象部门、国际航空气象部门的合作，充分利用现有的国内、国际气象资源，进一步增强民航航空气象服务保障水平；关注重要天气过程，完善会商机制，设立气象席位，及时发布预警信息，大大增强运行监控工作的主动性。

4. 港口生产优化

（1）结构性优化

一是推进港口结构升级。加快推进沿海港口结构调整和升级，加大港口资源整合力度，完善煤油矿箱专业化运输系统布局，完善港口集疏运设施，提升进港航道等级，提高集疏运效率；提高沿海港口码头泊位专业化、规模化水平，适当提高煤炭、矿石接卸港口泊位等级、能力和专业化水平，提高大型原油码头接卸比重；建设布局合理、功能完善、专业化和高效率的内河港口体系；全面推进港口技术改造工作，加大老码头更新改造力度，提升既有码头设施的专业化和现代化水平，提高港口通过能力和生产效率，降低港口生产能耗水平。

二是强化港口工程节能设计。倡导节能设计理念，优化港口总平面布置、港区布局和码头设计，优化装卸工艺、设备选型和配套工程设计，改进工艺流程，使系统各环节能力匹配，提高系统节能水平；优化港区电网设计，积极采用先进技术，降低高次谐波产生的附加损耗，提高港区电网供电质量，减少电能在传输过程中的消耗。

三是优化港口装卸设备结构。加快港口装卸机械技术升级改造，推进轮胎式集装箱龙门起重机"油改电"技术改造工作，淘汰高耗能、低效率的老旧设备；加快发展轨道式龙门吊等高能效港口装卸设备和工具，引导轻型、高效、电能驱动和变频控制的港口装卸设备的发展，提高能源使用效率。

（2）技术性节能

一是利用高新技术对原有港口设备、设施进行技术改造，建议在港口推广应用 PLC 控制与变频调速技术。

二是在港口应用轨道式集装箱龙门起重机。轨道式集装箱龙门起重机是较为先进的集装箱装卸设备，它直接利用电能做动力，避免了轮胎式龙门起重机的油电转换，环保节能。

三是大力开展集中供热改造工程，推广应用电伴热技术和冷凝水回收技术等。淘汰小型燃油锅炉等耗能较大的设备。

四是开展可再生能源的推广应用工作。将太阳能、地源热泵及海水源热泵技术用于采暖、制冷及洗浴等方面。

五是大力推广绿色照明技术，推广应用节能灯具，货场照明实现光控、遥控技术以及照明电路的智能化控制。

六是不断开展装卸工艺改进，提高作业效率和用能效率，降低生产能耗。进行装卸生产合理配机及资源优化的研究，研制各种货类的专用及高效的工具，提高机具与生产的科学配套水平。

七是在港口基本建设中，注意充分利用航道疏浚的淤泥开展围海造陆工程。这样不仅杜绝了抛泥对海洋环境的污染，又节约了建设成本及合理利用土地资源，一举两得。

（3）管理性优化

一是要强化港口生产运营管理。针对重点物资及大宗货物，加强港口生产组织、协调，做好与包括铁路运输在内的其他运输方式的衔接工作，提高车船直取的比例，提高港口物流效率。充分利用 GPS 等定位技术，以及射频、条码等识别、跟踪和调度技术，优化运输工具和货物的组织调度，加强货场管理和港区内运输组织管理，加强设备管理和生产工艺流程管理，使机械设备合理负载，提高货物集疏运效率、装卸设备利用率和港口生产作业效率，提升港口生产运营管理水平，降低港口生产单位能耗。

二是要加强港口企业节能管理。制定并实施严格的港口生产节能操作标准，加大对港口生产工作人员，特别是节能管理人员和港口机械操作人员的培训力度，提高全员节能意识和操作技能。

表 4 为港口生产中长期节能目标分解。

表4　港口生产中长期节能目标分解

项　　目	2015年	2020年
全国港口生产综合单耗	降低8%左右	降低10%左右
沿海港口生产综合单耗	降低8%左右	降低11%左右
内河港口生产综合单耗	降低3%左右	降低5%左右

注：1. 2015年和2020年下降幅度同比2005年（基年）数据。
　　2. 港口生产综合单耗单位：吨标准煤/万吨吞吐量。
　　3. 以2015年和2020年沿海和内河港口吞吐量周转量的预测值为权重，计算得到港口生产综合单位能耗。

四　低碳时代交通运输业发展展望

低碳交通是交通运输业可持续发展的必然选择，不仅不会制约社会经济的发展，反而可以增加社会发展的持久动力，并最终改善生态环境。低碳交通与构建资源节约型、环境友好型社会的目标相吻合，是对中国未来交通发展模式的新探索，对中国的交通、社会的发展具有深远的影响。我国的城市建设、经济发展将以低碳交通为契机，逐步走建设低碳城市、发展低碳经济，为公民营造良好低碳生活的道路。

（一）城市低碳交通发展

城市低碳交通的发展目标是要打造全覆盖的集约化市民出行网络，变革城市交通碳排放结构。

城市的机动车碳排放已经占到全社会大气碳排放的相当比重。低碳交通是城市交通发展的必然趋势，限制小汽车的不合理使用，大力发展公共交通，优化城市交通结构，鼓励智能技术、新能源的使用则成为城市低碳交通发展的方向。

以上海为例，2009年，上海汽车保有量为146万辆，道路交通量为1.2亿当量车公里/日，而在上海运输行业的能源消耗结构中，社会客车耗能占65%，出租车占17%，公共汽车占10%，轨道交通占7%，轮渡占1%，社会客车及出租车是城市交通运输行业能源消耗的主体，更是最大的碳排放源。

北京、上海、广州、深圳这些一线发达城市的交通规划应该形成以"地面公交为基础，轨道交通为主体，限制小汽车直达"的集约化交通运输结构，轨道交通应承担50%左右的抵达客流，地面公共交通承担40%左右的抵达客流，其他交通方式10%。开设公交直达专线，覆盖城市对外枢纽和城市主要活动场所；选择一些常规公交线路开设大站专线，保障对主要客流的运力；有条件的城市可以开设远郊地铁接驳线路，方便远郊市民在市区的出行；利用周边城市的旅游集散中心、城际长客网络，打造区域的直达包车网络；在城市外围结合高速公路出入口以及城市高架（环线）设置私家车—轨道交通的换乘系统，提供足够数量的换乘泊位及轨道、世博专线接驳服务，截流自驾车换乘集约交通抵达市区各个角落。

利用智能交通系统提高交通效率，最大限度消减无效碳排放。城市交通信息服务系统以交通综合信息平台为建设重点，为引导市民出行、支撑城市交通管理提供信息服务及支持。

使用新能源，控制尾气排放，发挥低碳交通示范效应。城市低碳交通非常重视新能源车辆的使用，拟采用纯电动、混合动力、燃料电池等新技术，注重发展电动交通工具，降低城市地面交通的尾气排放量，在城市内形成低碳交通工具的示范效应。

编写《绿色出行指南》。在国外一些城市，政府和非政府组织推广《绿色出行指南》，内容涉及市民和外来参观者如何高效选择绿色出行方式、合理规划参观出行线路的基本信息，以及如何计算出行碳排放量，如何购买碳信用额度抵消自己的碳排放等信息。《绿色出行指南》常常以印刷版、网络版和手机版三种形式出现，通过多种渠道覆盖不同的受众群体。

（二）港口低碳发展

抓好港口行业的节能降耗工作，是我国交通行业节能工作的重点之一。交通运输部提出：与2010年相比，到2020年，港口生产单位吞吐量综合能耗要下降5.2%。港口节能减排任务艰巨。2007年、2008年，交通运输部在交通行业先后推出了两批共40个节能示范项目，其中10个项目在港口。

1. 优化港口布局是主线

未来在港口领域，将会以优化港口布局为主线，以引导大型、专业化码头建设和研究、推广提高装卸设备效率的节能技术为重点，从制定政策、完善机制、强化管理着手。大型港口集团由于实力雄厚，目前已经率先走上了打造资源节约型、环境友好型、质量效益型港口的道路。例如青岛港集团牢牢把握制度、管理、技术三大要素，坚持管理创新与技术创新相结合，节能效果明显。该港用近七年的时间，共节电8218万度，节油14246吨。特别是该港RTG"油改电"工程，一年节约1265.4吨标准煤，节约资金1144.8万元，实现了将节能减排、节支增效和灵活转场作业集于一身的改造设想。

2. 煤炭枢纽港口节能任务艰巨

秦皇岛港等作为我国煤炭运输的枢纽港，在服务国民经济建设，保证电煤运输安全畅通的同时，环境保护和节能减排工作任务艰巨，从生态意识、生态制度和生态措施三个方面入手进行治理。以煤炭运输为主的港口应在未来设置环保专门机构，组建一支专职环保队伍，从事港口区环境综合管理、监测、分析、粉尘治理、污水处理等各项工作。

例如，秦皇岛港在2008年被列为河北省30个节能减排重点企业后，企业领导班子对此项工作高度重视，专门成立了由董事长任组长的节能减排领导小组，制定了节能减排分年度指标和实施意见，确定了实施节能减排工程、技术改造和加强管理并重的工作思路；同时，组建了节能减排效能监察小组，对基层相关单位节能减排工作的推进落实、实施进度情况进行专项监察，确保各项指标如期兑现。秦皇岛港煤五期工程拥有世界最先进的煤炭装卸设备，年通过能力达5000万吨，是秦皇岛港最具实力的"乌金"运输线之一。煤五期翻堆线皮带机跨度大，最长处接近5000米，最近距离也有3156米。由于煤五期原有翻堆流程为传统顺向方式，皮带机空载时间较长，以最近的一条翻堆线计算，启动一次流程，各条皮带累计的空载时间就达40分钟，不仅影响作业效率，而且造成的能源损耗大。为此，第九港务分公司组织相关技术力量，成立了技改攻关小组。技术人员大胆创新，调整改变了PLC程序，实现对装卸工艺流程的逆流程启动。在这种模式下，系统可以先启动上游皮带机，当煤流到达一定位置后再启动下游皮带机，大大缩短了下游皮带机的空载时间。经过技术人员反复的试验，对港口已经运行二十多年的翻卸流程方式"反其道而行之"，研制成功了堪称国内翻堆线作业革命的"卸车流程逆向启动工艺"。该工艺试运行半年以来，翻堆线设备运行平稳，装卸作业效率提高，节能效果明显。据现场测算，采用逆向启动工艺，卸车效率明显提高，平均每个作业循环可节省时间5~12分钟，而且每翻卸1吨煤将降低单耗2.5%。这一卸车工艺不仅在国内煤炭装卸行业中首开先河，而且经测试全年可节电 300 万度以上，直接实现经济效益 200 万元。

3. 长效管理机制是未来港口低碳发展的根本保障

尽管这几年我国交通运输行业在节能减排上做了大量卓有成效的工作，取得了阶段性成果，但是，单位能耗、能源利用效率、主要耗能设备效率等距世界先进水平仍有较大差距。

港口管理中主要有两方面对能耗影响较大，即港口企业能源管理的力度和生产调度水平的高低。充分利用港口区位优势、自然条件、腹地经济发展需求和发展潜力，建设层次分明、分工合理、大中小结合的港口体系，提高码头泊位专业化、规模化水平，提高港口通过能力和效率，从另一个角度来说也就是节能。发挥企业的主体作用是交通运输节能减排工作的关键环节。交通企业要提高经营集约化、运输组织化水平，淘汰高耗能、高排放的运输装备，建立严格的能源管理制度，制定能耗定额，加强考核，严格奖惩。

4. 技术创新是未来港口低碳发展的根本动力

影响港口能源消耗的主要因素可以归纳为港口的规划、设计，港口管理，装卸设备、工艺及辅助生产设施，工作人员操作技术水平，节能意识等方面，因此在未来，港口企业在节能减排中都是有潜力可挖的，港口企业及时采用节能新技术、新工艺、新产品，不仅能节能降耗，完成节能指标，而且可以提高港口装卸效率，提高经济效益。

例如，2008 年秦皇岛港通过实施东港供热整合、供热联网工程，推行高压节电技术、减电机运行方法、煤炭运输皮带机启动流程工艺改革；加强节能管理、采购低硫煤、加固硫剂、加大节能减排奖惩力度等管理措施，实现二氧化硫减排量 107 吨，为计划指标的 128.9%；全港生产单耗为 6.98 吨标准煤/万吨产品，比计划目标下降了 1.7%。秦皇岛港成为 2008 年秦皇岛市三个"双三十"单位唯一一个完成节能减排目标考核的单位。大连港集团在新码头的建设中，以创新思维和创新技术，结合国内外可再生能源技术发展的情况，利用海水源热泵技术实现地温空调，探索出一条合理利用新能源的绿色之路，获得了较好的应用效果。以矿石码头为例，采取海水源热泵技术，与常规方式比较，年节省运行费用约 7 万元左右。除矿石码头外，大连港还在散粮码头、杂货码头、集装箱第二和第三期的建设中推广海水源热泵技术，整个集团采用该技术的建筑物总面积已

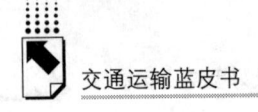

达到45000平方米。

交通运输部目前也正组织港口进行五大节能减排技术攻关，这包括应用技术、码头装卸设备、动力系统、调度管理、形成衡量节能减排的指标体系。目前，交通运输部联合大连港、秦皇岛港、天津港、青岛港、上海港、宁波港、广州港、盐田港等企业正在进行集装箱码头、散货码头节能减排关键技术研究。

5. 国外先进港口节能减排经验

（1）法律、法规上强制和引导节能

美国港口的节能政策、法规分为两类：

一是强制性要求，以法律、法规形式颁布执行。例如，在美国洛杉矶港推行了靠泊船舶必须强制使用岸电的要求，就是一项有代表性的强制性节能和环保措施；

二是通过财政激励措施鼓励用户使用更高能源效率标准的产品，属于市场行为。例如，各码头公司普遍使用具有节能标识的节能灯具，是一种企业自觉行为，但会受到政府财政激励。

发达国家通过上述做法，起到了明显节能效果。这种做法，减少了企业对周边居民的影响，有利于企业与周边居民的和谐共处，对于我国建设和谐社会有一定的借鉴作用。

（2）监管机构完善，保障节能

美国的节能监管机构十分完善，联邦政府设有能源部负责国家最主要的能源政策制定和节能管理。环保署从环保角度配合能源部开展燃料替代、清洁能源、地热能源、水电、可再生能源、节能、能源效率及温室气体减排等能源领域的工作。大部分州政府设置了能源工作委员会及其他相应部门，负责全国节能政策的实施及管理州政府的节能工作。另外，非政府部门在美国的节能工作中也发挥着非常重要的作用，一方面，他们帮助政府制定相关的能源政策；另一方面，在能源政策和节能标准的实施过程中也发挥着重要作用。这些非政府部门主要包括科研单位、大学、实验室，也包括一些相关的节能咨询公司。

（3）标准、规范上推动节能

美国政府在制定节能标准、规范方面有非常显著的特点。早在20世纪70年代末到80年代初，能源危机促使美国政府开始制定并实施能源效率标准，涉及最低能效标准的产品品种越来越多，而且每3～5年进行更新并且越来越严格。大部分州根据自身特点也制定了高于国家标准要求的最低能效标准。最低能效标准的制定一般采用政府组织、由相关第三方中介机构完成的方法。能效标准制定时，为保证能耗限额标准的先进性，通常考虑的不是当时市场已有产品的能耗水平，而是测算一种产品在采用更先进的技术后可以达到的能耗水平。这种方法与我国现行能效标准制定的方法有所不同，对于我国交通行业制定节能标准体系，实施行业耗能设备准入、退出制度具有一定的借鉴作用。

（4）合理的机制，促进节能

美国政府的节能政策得以实施的原因关键在于有一个合理的机制。该国政府在实施节能政策的过程中，采用了"小政府、大社会"的市场机制思路，充分重视节能工作参与各方的市场定位关系，明确节能参与各方的责、权、利；同时，通过基于市场的财政激励措施，使节能工作切实触动各方利益，从而能够调动各方推进节能工作的积极性。例如，长滩码头采取白天收费、夜间免费的调控措施，减少了白天道路拥堵现象，就是一个涉及多方的节能实例。美国政府在市场经济条件下建立的一套合理的节能机制，对于我国在社会主义市场经济条件下，如何建立合理的节能机制是一个值得思考的课题。

（5）加强用能管理和提高人员素质，保证节能

加强用能管理和提高人员素质保证节能，这一点在美国和加拿大均做得十分到位。首先，各码头公司在购置装卸设备时，其设备采购文件有明确的技术要求，特别是对进口设备，如进口我国振华港机厂生产的装卸桥，其技术要求会高于用于我国港口的振华港机同类产品，这样从源头减少了能源浪费现象；其次，港口装卸工艺设计过程中，根据其自身特点，采取了多式联运方式，减少了堆场中转作业环节，节约了大量能源；再次，码头运营过程中，加强设备维护、保养，确保装卸设备的完好率，有利于节能；最后，对提高操作人员操作水平也十分重视，如温哥华港，桥吊作业人员上岗操作前，桥吊司机需在桥吊作业模拟器上训练足够的时间，直至操作熟练为止。

（三）发展新能源汽车成为焦点

国家能源局数据显示，中国2009年生产原油1.89亿吨，净进口原油达到1.99亿吨，这意味着中国使用的石油有一多半需要从国外进口。我国原油对外

依存度目前已经达到了51.3%，首次超过舆论认为的50%心理防线。目前，中国多项涉及私人购车补贴、新能源汽车发展规划、新能源汽车相关标准制定等扶持新能源汽车的政策正拟密集出台。新能源汽车主要包括混合动力汽车、纯电动汽车和燃料电池汽车三种。无论哪种新能源汽车，其研发的焦点主要都集中在动力电池的材料、性能、参数上，而只有电池技术取得进步，新能源汽车才有转变能源需求的可能。

1. 国外新能源汽车发展成果和鼓励政策

国外各大汽车企业在研究各种新能源的核心技术方面都已经取得一些进展，而且对于新能源汽车的研究仍然在持续不断地进行。目前日本的弱混合动力汽车可以节能38%，而且为了适应未来新能源汽车的发展，日本已经开始进行道路、周边设施改造，包括居民住宅设施。日产汽车在电池方面也已取得实质性的进展，日本汽车公司在积极开展和推进各种新能源汽车研究和市场化工作，其混合动力汽车处于领先地位。在德国，目前已有依靠风能发电并制造出氢能的技术，这种完全绿色的制造氢气的方法对于宝马汽车一直致力开发的氢动力汽车具有很大的积极作用。欧洲汽车公司选择性开展新能源汽车研究，主攻柴油机、生物燃料、氢燃料市场化工作。美国通用汽车公司全面开展氢燃料电池、混合动力、生物燃料、柴油机、天然气等新型汽车的研发，福特汽车公司全面开展混合动力、充电式混合动力、E85乙醇灵活燃料、清洁柴油、氢气内燃机和燃料电池汽车的开发。从技术上来说，代用燃料技术——压缩天然气（CNG）和液化石油气（LPG）进入应用阶段，氢发动机已经研制成功，生物燃料的应用将会越来越多，特别是醇类燃料，灵活燃料发动机的研究将是一项很重要的方向；混合动力技术，国外公司都陆续推出量产车型；纯电动技术也在不断取得进步，现阶段区域运营是可行的方案，而且在重量相对较轻的车上应用。

不仅在技术领域，我国和国外汽车企业还存在差距。在优惠政策方面，中国还没有实质性政策，而其他国家已有很多支持新能源汽车发展的政策。在美国，对每辆轻型混合动力汽车给予的优惠最高可达3400美元，对天然气等代用燃料汽车成本增加部分给予50%~80%的财政补贴；日本对电动、天然气等清洁能源汽车给予50%减税，并给予与同级别传统车差价1/2的优惠补贴，另外天然气等燃料供给设备的装备费用可享受部分补贴；法国给予每一辆电动汽车1.5万法郎的补贴,其中1万法郎给汽车制造厂,5000法郎(含税)给购买电动汽车的个人或公司企业;在英国,如果驾驶混合动力车进入伦敦市区,将免收5英镑进入市区的费用。这些优惠政策对于新能源汽车的发展都具有强大的推动作用。

2. 国内新能源汽车出现政企合作趋势

目前,由于新能源汽车的广阔前景,已出现政企联手发展新能源汽车的势头。例如,广州市政府和日产自动车株式会社、东风汽车有限公司于2010年签署了《共同推进电动汽车产业发展谅解备忘录》,广州市将以发展新能源汽车为契机,引导未来汽车发展潮流,进一步提升政府和企业合作力度和水平,促进广州新能源汽车的发展。

预计到2020年,中国10%~20%的乘用车销量将来自纯电动车、充电式混合动力和其他新能源汽车。2010年,科技部和财政部联合出台了《节能与新能源汽车示范推广财政补助资金管理暂行办法》(以下简称《办法》),宣布为鼓励节能汽车发展,中央财政将对购置节能与新能源汽车给予一次性定额补助,鼓励全国13个试点城市率先在公交、出租车、公务、环卫和邮政等公共服务领域推广使用节能与新能源汽车。《办法》明确规定,中央财政对购置节能与新能源汽车将按同类传统汽车的基础价差,并适当考虑规模效应、技术进步等因素给予一次性定额补贴。其中,长度10米以上城市公交客车是此次补贴的重点,混合动力客车最高每辆补贴42万元,纯电动和燃料电池客车每辆补贴分别高达50万元和60万元。到2012年力争使全国新能源汽车的运营规模占到汽车市场份额的10%。这个设想的核心是通过扩大示范规模来推动新能源汽车的产业化进程。新能源汽车要攻克许多关键技术难题,因而加强联合研发,提高研发效率也是新能源汽车发展面临的重要环节。

应该注意的是,国内企业发展新能源汽车的热情很高,但众多企业分头研发,效率低、成本高,还有的企业是为了拿到国家补贴政策而上马新能源汽车,意在圈钱而不在造车。

大力发展新能源汽车还需要相应的配套建设,要建立健全配套的能源供应网络(充电站),性能上要满足消费者的需要,价格上要有竞争力。如果通过大量建设燃煤、燃油发电站来提供电动汽车的电力,反而会造成新的污染。因此,未来要通过太阳能、风能、核能来增加电力供应。

Establishing Resource-saving and Environment-friendly Transportation Industry

Abstract: This report is based on the elaborating the development trends of transportation industry, the current situations of energy use and the tasks that we face in China. And then, it analyzes the main problems encountered in establishing resource-saving and environment-friendly transportation industry. Meanwhile, the corresponding measures provide reference for relevant companies which carry out energy-saving projects.

Key Words: Transportation; Resource; Energy; Energy-saving and emission reduction

分报告七
构建综合交通运输体系

崔民选　赵　乐*

摘　要：本文系统阐述了综合交通运输体系的相关概念和内涵，回顾总结了我国综合交通运输体系建设的历程和现状。重点讨论了区域交通运输体系的发展和融合、综合交通枢纽的建设和功能完善等问题。简要讨论了城乡交通一体化建设与发展。

关键词：综合交通运输体系　综合交通枢纽　城乡交通一体化

一　综合交通运输体系发展战略

交通运输业作为承载国民经济发展的基础产业，是社会生产、流通、分配、消费各环节正常运转和协调发展的先决条件，对于保障国民经济持续健康快速发展、人民生活的改善和促进国防现代化建设具有十分重要的作用。

在我国，长期以来，交通运输基础设施的建设和完善，交通运输资源的合理配置和有效利用，与我国国民经济和社会的发展，形成相互依赖、相互促进或影响的紧密关系。面向可持续发展目标，构建和完善现代综合交通运输体系，对国

---

* 崔民选，经济学博士、研究员。现为中国社会科学院研究生院教授，兼任中国社会科学院民营经济研究中心副主任。曾主持国家社科基金课题"中国城乡收入差距研究"，参与主持"国家环境保护服务业'十一五'规划"（2006），负责中国社科院国情调研课题"中国中小型资源型城市转型研究"（2008）；主持"山西省物流'十一五'规划"（2007）等国家及省部级课题多项。主编、撰写著作50余部，先后在《人民日报》、《求是》、《中国工业经济》等报刊发表文章约200余篇。赵乐，中国人民大学经济学硕士，曾在国务院发展研究中心《中国经济时报》等长期从事采编、咨询及管理工作。主要研究领域为能源经济、经济转型和循环经济。

民经济和社会发展至关重要。

一方面，改革开放30多年来，随着国民经济和社会长期保持快速发展，社会经济系统中交通运输的内在需求迅速膨胀，我国交通运输得以迅速发展。现代综合交通运输系统所依托的交通运输基础网络规模不断扩大，网络布局和运输结构得到一定的改善和优化，设施装备水平得到较大提高，运输能力显著增强。

另一方面，经过全面深入的改革开放和长期持续建设，我国经济发展已处于一个方式调整、效率提高、资源—环境和谐可持续发展的历史新阶段，相对传统和滞后的规划建设、管理的交通运输领域，在适应度方面，与国民经济和社会发展大趋势的结构性矛盾更为突出。

为此，"十一五"规划以来，我国交通运输业以全面建设小康社会为方向，确立了"加快建立便捷、通畅、高效、安全的综合运输体系，以最小的资源和环境代价满足经济社会对运输的总需求"的发展思路。

（一）综合交通运输体系概述

1. 概念及内涵

综合交通运输体系，是指适应于一个国家或地区的经济地理要求，铁路、公路、水运、民航和管道五种现代运输方式分工协作、优势互补，采用现代先进技术在物理上和逻辑上实现一体化的交通运输系统的总称。构建综合交通运输体系，能够统筹协调各种运输方式，合理配置和有效利用交通运输资源，发挥综合交通的整体优势[1]。

所谓综合交通运输系统的可持续发展，则是指综合交通体系内部各运输方式在满足交通运输可持续发展的同时，从整体结构上亦要满足保证自身发展及社会大系统发展可持续要求的合理分工和协作的实现，以期达到综合交通运输系统与外部环境系统（经济、社会、人口、资源、环境）之间的长期动态协调发展[2]。

基于此，发展现代综合交通运输体系的目标应包括：综合运输能力增强，综合

---

[1] 一般认为，综合交通运输体系，由彼此协作、相互补充与紧密配合的各种运输方式的交通线路、站港和枢纽所共同组成，并以交通线路为连接线，交通枢纽和站港为连接点，是具有一定的组合结构与等级层次的、可进行直达运输或联合运输的交通运输体系。杨家其，2009。

[2] 胡思继等：《构建可持续发展综合交通运输系统的规划理论研究现状分析及任务》，《中国工程前沿研讨会——中国交通运输网络理论研究前沿》（未公开发表资料），2005。

运输效率显著提高,以及在能源消耗、污染排放、土地资源合理利用等方面,更有利于交通运输与资源—环境等外部性系统之间的和谐发展,共生促进。

"十一五"综合交通运输体系发展规划提出如下要求:按照国民经济和社会发展第十一个五年规划纲要明确的目标和主要任务,应充分体现发展作为交通运输第一要务的指导思想,体现优化、衔接、协调的综合运输体系发展理念,体现加快发展铁路运输、进一步完善公路网络、积极发展水路运输、优化民用机场布局的规划要求;体现以改革促发展,形成有利于转变经济增长方式、促进全面协调可持续发展机制的时代主题。

2. 发展简要回顾

综合交通运输体系在国家建设和国民经济社会发展中具有极其重要的地位,因而,一些发达国家早在20世纪40～50年代即开始相关研究。美国20世纪40年代起提出了"运输系统"这一名词;20世纪50年代,前苏联通过计划经济手段将各种运输方式的整合优势发挥出来,提出了"综合运输"的概念、思路;日本则在1955年制定的经济发展计划中明确采用了"综合交通体系"的术语,并于1971年在综合计划厅综合计划局内设立了"综合运输问题研究会",1981年日本运输政策审议会特别强调了实施综合交通政策对保持经济长期稳定增长的必要性[1]。迄今,各国对于综合交通运输系统的发展和完善仍在积极探索中。

在我国,现代意义上的综合交通运输体系的理论研究起步较晚。尽管受到前苏联计划经济体制配置交通资源的影响,1959年我国已成立了综合运输研究所,但综合交通运输体系的系统的理论思想,则是从20世纪80年代后期才逐步发展起来的[2],具

---

[1] 唐锡晋等:《构建综合交通运输体系研究中综合集成方法的应用》,中国工程院咨询课题总报告《构建我国综合交通运输体系的研究》之专题技术报告之五(未公开出版资料),2004。

[2] 以20世纪80年代为历史划界,中国科学院的研究者将综合交通运输理论的研究与实践划分为两个阶段。之前的第一阶段,以苏联为代表,在计划经济体制框架下以高效配置运输资源为目的,综合交通运输体制处于研究和初步实践阶段。之后,随着苏联的研究和实践基本搁浅,以欧美等西方发达资本主义国家为代表,在市场经济体制下对综合交通运输体系的理论研究和实践,进入一个新阶段。研究认为,20世纪80年代以后,欧美国家的相关研究与发展,是在交通运输基础架构完善,运能相对富余,重视交通运输质量和服务水平,并追求运输成本最小化以及运输效用最大的市场化诉求的基础上发展起来的。其中,具有历史里程碑意义的是,美国国会于1991年通过《综合地面运输效率法案》,指出:美国运输政策的目标是发展经济高效、环境友好的国家运输系统,为国家参与全球经济竞争奠定坚实基础;欧盟也于1997年制定了"欧洲统一运输基础设施发展战略"。唐锡晋,2004。

体包括：从各种运输方式之间的流量或运力分摊，以及运输方式之间协作的理论和应用研究，走向全面系统研究综合交通运输系统建设规划的制定和实施的历史新阶段。而实践层面的努力则贯穿了"九五"计划、"十五"计划以及"十一五"规划时期。

其中，"九五"计划中有关交通运输业的发展政策明确指出：要加快综合交通运输体系的建设，形成若干条通过能力强的东西向、南北向大通道。从而明确了此后近20年指导我国交通运输建设的战略方针。"九五"计划、"十五"计划以及"十一五"规划时期，建设五纵五横运输大通道、面向四大国际区域经济（东北亚、东南亚、中亚以及东部沿海）建设综合运输网络，以及国家级、区域交通运输主枢纽站场、联运系统等，分别成为我国在中长期全面发展现代综合交通运输系统的重点。

目前，随着我国交通运输领域"大部制"改革取得阶段性进展和逐步深入①，以优化中国的交通运输布局，加快形成便捷、通畅、高效、安全的综合运输网络体系为方向，在公路、水路、民航、邮政等交通运输领域制订和实施行业规划、政策和标准，协调综合运输体系规划的落实，促进各种运输方式相互衔接等方面，已初具制度基础和前提条件。

而"游离"在交通运输部之外的铁路的资源规划、建设及管理，也逐渐积极实现与国家综合交通运输体系建设总体规划，以及与其他交通方式的主动协调和衔接。

3. 发展战略及相关规划

（1）规划

与发达国家用上百年走过的交通运输业现代化建设的历程不同②，我国完善

---

① 2008年3月，按照国务院提请的"大部制"改革方案规划，将交通部与中国民用航空总局，以及建设部的指导城市客运职责整合，成立交通运输部，意在优化中国的交通运输布局，加快形成便捷、通畅、高效、安全的综合运输网络体系。同时，为加强邮政与交通运输统筹管理，国家邮政局拟改由交通运输部管理。而作为我国最重要的客货交通运输承载的铁路的主管部门铁道部，"考虑到我国铁路建设和管理的特殊性"，其行政部门管理仍以保留。因此，"大交通"意义上的行政管理整合仍任重道远。

② 与发达资本主义国家不同运输方式基础设施建设在不同发展时期进行、不可能有效组织综合规划的情况不同，目前我国综合交通体系各种运输方式处于同一建设时期，完全有可能走我国综合交通体系建设和发展的新路，亦即完全有可能通过综合规划工作，避免运输方式间重复建设、重复配置运输能力，以最小的投资建成我国各种运输方式协调发展、运输结构合理、线网高效且带有资源节约型、环境友好型特征的综合交通运输系统。胡思继等，2005。

综合交通运输体系建设，应着重从四个方面考虑中国国情的特殊性：从经济性出发提高运输组织效能的交通运输一体化建设问题；内涵为市场和政府关系的"交通运输资源如何有效配置"的问题；考虑到新世纪以来我国经济领域在能源、环境等多方面的客观制约，交通运输结构的优化和调整涉及可持续发展的问题；以及在人民群众日益增长的运输需求之下，应提高交通运输方式高效衔接与提高运输服务质量的问题（具体应落实到客货运输中的"无缝衔接或零换乘"，体现安全、快捷、方便、舒适的基本要求）。

以上几方面国情因素，可概括为"以人为本"、"可持续发展"以及"面向全球化构建现代高效综合交通运输体系"。

在我国交通运输发展过程中，各种运输方式基础设施发展始终占据交通运输发展的主导地位，由于基础设施的发展是以政府为主导，因而构建和完善我国综合交通运输体系，应首要关注战略规划。

2005年，国家发改委组织编制了"中国交通发展战略和综合交通网中长期发展规划"，构成了中国交通发展的战略规划体系，为我国交通运输发展设定了一个长期的战略目标，即"以市场经济为导向，可持续发展为前提，建立客运快速化、货运物流化的智能型综合交通运输体系"。近期目标则是"以加快建设交通基础设施为主线，统筹规划、合理布局交通基础设施，做好各种运输方式相互衔接，发挥组合效率和整体优势，建设便捷、通畅、高效、安全的综合运输体系"[1]。

（2）基本思路[2]

"十一五"期间，我国综合交通体系发展的基本思路是：坚持以发展为主题，全面提升综合交通体系有效供给能力和服务水平。坚持以改革促发展，突出

---

[1] 同时，制订综合交通发展战略规划，"十一五"以来，协调和配合交通运输业复杂的行业多头管理格局的渐进式改革步骤，国家发改委在对铁路、公路、水路和民航等交通行业规划的审批过程中，开始重视和协调各种运输方式基础设施的规划工作。仅就"十一五"交通运输业相关规划，国家发改委即组织审议和向国务院上报了《铁路网中长期发展规划》、《国家高速公路网规划》、《农村公路建设规划》、《全国沿海港口布局》、《全国内河航道与港口布局规划》和《全国民用机场布局规划》等发展规划。这些规划一方面注重与经济发展约束指标以及能源的相关产业的协调和衔接；另一方面则通过从交通战略规划的角度审视和评价各种运输方式自身系统发展规划，从通道和枢纽节点资源优化配置的角度统筹各种运输方式的协调发展，积极促进了各种运输方式发展的组合效率和整体优势的提升。

[2] 国家发改委交通运输司，2006。

抓好铁路体制创新和机制创新，建立综合交通运输管理部门，完善监管制度，推进运输市场化进程，促进交通运输大发展；坚持效率优先，兼顾公平，突出抓好综合运输大通道的建设，进一步健全财政性资金管理和使用制度，加大落后地区和农村交通的政策扶持力度，促进协调发展；坚持以科技应用创新为动力，加快信息化和智能化建设，提升运输质量和服务水平，推进交通增长方式的转变。坚持新建和改扩建相结合，解决网络结构的层次性矛盾，全面提高运输的机动性和通达性。

"十一五"期间，我国综合交通体系发展的阶段目标是：通过大力发展与深化改革，使综合交通运输网络规模大幅扩展，结构进一步调整，公平与效率充分兼顾；管理体制获得创新，运输服务水平明显提高，交通安全得到有效保障；初步形成布局更合理、结构更完善、能力更充分、质量更可靠的综合交通体系；有效缓解运输紧张状况，基本适应经济社会发展要求。

按照这一阶段目标要求，我国综合交通运输建设的重点是：加快铁路的建设速度和扩大规模，加强能源运输大通道、集装箱运输系统的建设；在大的经济圈间注重建设结构合理的运输大通道，扩大运输能力，特别是城市群间快速旅客运输专线的建设；在经济圈内要加强城际快速轨道交通系统的建设；要重视与东南亚、东北亚和中亚地区的地面交通建设；要认真解决大城市交通堵塞现象，重视城市轨道交通的建设；要重视农村交通的建设。同时，要加强交通枢纽和综合交通信息网络建设，构建现代化的智能交通系统（见表1）。

（3）措施安排

交通运输部部长李盛霖撰文指出，党的十七大明确提出探索实行职能有机统一的大部门体制，2008年3月，组建了交通运输部，在推进综合运输体系建设方面迈出了积极的步伐。当前应紧抓国务院机构改革的历史机遇，加快发展综合运输体系，推进各种运输方式有机衔接，实现交通运输资源优化配置，发挥各种运输方式比较优势和组合效率。

新组建的交通运输部针对加快构建现代综合运输体系，提出四项措施安排①：

一是加强公路、水路、民航交通运输规划的衔接，做到"宜路则路、宜水则

---

① 李盛霖：《我国交通运输改革发展的经验与展望》，2008年12月16日《人民日报》，第14版。

表1 到2020年我国综合交通运输网建设目标

项　　目	规划目标
综合交通网总规模	338万公里以上(不含空中、海上航线、城市内道路和农村公路村道里程)
公路网总规模	300万公里以上(不含村道),其中二级以上高等级公路65万公里,高速公路10万公里左右
铁路网总规模	12万公里以上,复线率和电气化率分别达到50%和60%,其中铁路客运专线和城际轨道交通线路1.5万公里以上
城市轨道交通线路	2500公里
民用机场数量	244个
输油气管道	12万公里
内河航道里程	13万公里,其中国家高等级航道1.9万公里,五级以上航道2.4万公里
沿海主要港口	25个
港口能力(沿海港口货物吞吐能力)	65亿吨以上(其中集装箱吞吐能力达到2.4亿TEU,沿海及沿江港口煤炭吞吐能力达到12亿吨以上,港口的铁矿石接卸转运能力达到3.5亿吨以上)

注:2007年确定的《综合交通网中长期发展规划》,则以现有主要交通规划为编制基础,统筹包括公路、铁路、民航、水运、管道在内的五种主要运输方式,规划在2020年左右形成全国性的综合运输网络。
资料来源:国家发改委交通运输司,《综合交通网中长期发展规划》,《交通运输系统工程与信息》,2008年2月第1期(第8卷),第17~28页。

水、宜空则空",使各种运输方式有效衔接配合。

二是加强中心城市综合交通运输枢纽规划建设中各种运输方式的衔接,综合考虑市内交通的方便和进出城区的快捷,使各种运输方式之间和某种运输方式内部有机衔接,实现客运"零距离换乘"和货运"无缝衔接","人便于行、货畅其流"。

三是加强城市客运和农村交通的衔接,统筹规划,合理布局,消除分割,建设统一协调的区域和城乡交通运输网络,实现公共服务均等化。

四是整合交通运输资源,加强公路、水路、民航等几种运输方式的有效衔接,为邮政业的发展搭建便捷、通畅、安全、高效的综合运输平台。

(二) 我国综合交通运输体系的发展现状

就规模、结构和效能来看,进入新世纪以来,尤其是经过"十一五"时期的深化改革和迅速推进建设,我国综合交通运输体系建设取得了长足进展,主体

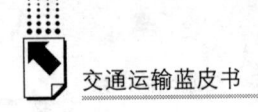

框架已基本形成，发展上了一个新台阶。

1. 我国综合交通运输体系已初步建成

我国交通基础设施建设完成巨量投资，综合交通运输体系规模能力快速形成，客货运量大幅度增长；运输结构向高效化、网络化、信息化方向优化；全国范围内的运输大通道基本建成；区域综合交通运输枢纽进入初建阶段；从总体上看，我国综合交通运输体系已初步建成。

总体而言，交通运输严重滞后的局面得到扭转，综合交通体系初具规模。改革开放以来，中国交通运输体系发展迅速，交通设施总量、运输装备数量、运输质量等方面大幅度提高，有效地支持了经济发展和社会进步。改革开放初期和中期面临的交通干线运输能力严重不足、沿海港口压船和堵塞局面基本得到改观，目前已经进入能力扩张和质量提高并进、各种运输方式协调发展和全面建设现代综合交通运输体系发展的新阶段。

30年来交通运输网络布局和运输联系的时空分布都发生了巨大变化，多种现代运输方式组成的综合交通运输体系逐步形成。各类交通方式全面发展，我国交通基础设施网络总体框架已基本形成。截至2009年底，我国综合交通体系的运网规模已经超过400万公里。综合交通运输系统运能快速增长。

（1）公路方面

我国公路交通步入快速发展轨道，公路网络实现全覆盖和细密化，"五纵七横"的国道主干线已基本完成。高速公路网发展迅速，城市交通公路基础设施全面优化，农村公路网现代化交通水平明显提升。

截至2008年底，全国公路总里程达373万公里，其中高速公路里程为60302公里，居世界第二位。一级公路为54216公里，二级公路为285226公里，二级及以上公路占总里程的比例为10.72%。全国农村公路通车里程达333.56万公里，农村公路路网已经覆盖高原、山区和边疆。

（2）铁路方面

铁路网络逐步合理化，通过实现8次大提速，铁路运输呈现高速化趋势；城市内部公共交通轨道化和城际间快速轨道化成为当前和中长期建设主流。

铁路已经覆盖内地所有省、直辖市、自治区，"八纵八横"的铁路路网基本形成。截至2009年底，我国铁路营运里程达到8.6万公里，跃居世界第二位。目前我国已建设客运专线2319公里，这标志着高速铁路运营总里程已位居世界第一。

（3）民航方面

随着技术自主创新，以及辅助站场等地面设施的建成，航线四通八达，地方支线迅猛发展，民用航空业面临大发展的新机遇。

我国民航业在航空运输、通用航空、机队规模、航线布局、法规建设，以及运输保障等方面实现了持续快速发展。目前，已初步建成以北京、上海、广州为枢纽机场，省会和主要城市为干线机场，干、支线机场相配合的机场布局，基本形成连接各省、直辖市、自治区主要城市的国内航线网，以及通达世界各主要国家的国际航线网。

截至2008年底，我国民航全行业累计完成运输总周转量361亿吨公里、旅客运输量1.85亿人次、货邮运输量396万吨，分别是1978年的120.5倍、80.5倍和61.9倍[①]。

2009年，我国境内民用航空（颁证）机场共有166个（不含香港、澳门和台湾，下同），其中定期航班通航机场165个，定期航班通航城市163个。

2009年我国机场吞吐量各项指标再创历史新高，其中旅客吞吐量为48606.3万人次，比2008年增长19.79%。完成货邮吞吐量945.6万吨，比2008年增长7.04%。飞机起降484.1万架次，比2008年增长14.52%。

（4）水运方面

在可持续发展以及构建和谐环境的绿色交通思路引领之下，富有优势内河航运和港口能力的各省市地方，大力投资建设航运基础设施。

截至2008年底，全国内河航道通航里程12.28万公里，其中等级航道6.11万公里，占总里程的49.8%；三级及以上航道0.88万公里，占总里程的7.2%；五级及以上航道2.46万公里，占总里程的20.0%。全国内河航道共有4128处枢纽，其中具有通航功能的枢纽2329处。通航建筑物中，有船闸836座、升船机42座。

截至2008年底，全国港口数量为413个。年吞吐量在1000万吨以上的沿海

---

① 航空运输总周转量和旅客周转量（不含香港、澳门、台湾地区）在国际民航组织（ICAO）缔约国中的排名均从1978年的第37位直线上升，2005～2007年连续三年高居第二位。王晓，2010。

港口有36个，200万吨以上的内河港口有87个。全国港口拥有生产用码头泊位31050个，其中万吨级及以上泊位1416个。

水运方面已形成以长江、珠江、淮河和京杭大运河、黑龙江、松花江等水系为骨架的内河航运网，古老的交通方式焕发生机；以环渤海地区、长三角地区和珠三角地区港口群为主的沿海航运网，以及通达世界各主要港口的远洋运输航线网，为我国进一步融入国际经济、贸易、运输体系，全面迎接全球化竞争与挑战，奠定了坚实基础。我国的内河航运及远洋航运的发展举世瞩目。

2. 区域交通运输体系初步形成

从促进区域经济发展，统筹城乡经济的思路出发，我国区域综合交通体系的规划、建设和布局，在传统经济区域中分别展开，各经济区域经济结构优化，地区比例呈现均衡化态势。以综合运输大通道为骨干网络，以各地区省会等"增长极"城市为核心，综合交通运输能力呈现梯度扩散布局。区域综合交通体系统筹经济资源，促进区域经济实现快速、可持续的发展。

（1）交通大通道骨架逐步形成

综合运输通道基本形成。综合运输大通道是指综合交通网在跨地区客货流集中的方向上，由两种或两种以上运输方式线路组成的承担区域间大量客货运输任务的运输走廊。这些综合运输大通道构成了综合交通网的主骨架，也是国家的运输大动脉。

目前，我国基本形成了"五纵五横"十条综合运输通道。其中"五纵"为南北沿海运输大通道、京沪运输大通道、满洲里至港澳运输大通道、包头至广州（湛江）运输大通道、临河至防城港运输大通道；"五横"为西北北部出海运输大通道、青岛至银川运输大通道、陆桥运输大通道、沿江运输大通道、上海至瑞丽运输大通道。

经过多年建设，全国已基本形成"八纵八横"铁路主骨架。"八纵"包括京哈通道、京沪通道、东部沿海通道、京九通道、京广通道、大湛通道、包柳通道、兰昆通道；"八横"包括京兰通道、煤运北通道、煤运南通道、大陆桥通道、宁西通道、沿江通道、沪昆（成）通道及西南出海通道。

"五纵七横"国道主干线已全部建成[①]。为加快我国高速公路的发展，1992

[①] 其中"五纵"为同江—三亚、北京—福州、北京—珠海、二连浩特—河口、重庆—湛江；"七横"为绥芬河—满洲里、丹东—拉萨、青岛—银川、连云港—霍尔果斯、上海—成都、上海—瑞丽、衡阳—昆明。

年，交通部制定了"五纵七横"国道主干线规划并付诸实施，并于 2007 年底已经全部建成①。公路国道主干线合计 3.5 万公里，大部分路段为高速公路。

在运输结构的优化中，运输大通道的作用日趋明显。

经过长期建设和积累形成的沿海、沿江、京沪、京广和能源基地外运通道（北中南）、区域之间的干线综合运输通道等，承担了主要的大宗客货运输，有力地促进了区域经济联系，促进了国家开发战略与社会和谐的发展。

（2）以构建现代综合运输体系为主线，运输结构得到优化

"十一五"交通运输发展，突出区域经济发展中城际运输和区际运输两大主线，分别以中长距离的铁路运输和短距离的轨道交通建设为重点，加快了铁路客运专线（高速铁路）和城际轨道交通建设，充分体现了"铁路快速客运"的阶段性发展特点。同时，分别通过市场化手段和规划手段，促进和完善了公路网络，积极投资发展水路运输，以及进一步优化民用机场布局，交通运输结构得到优化（见表 2）。

表 2 2009 年各种运输方式完成客货运输量及运输结构

运输方式	旅客运输周转量（亿人公里）	比上年增长（%）	货物周转量（亿吨公里）	比上年增长（%）
	24773.6	6.8	121211.3	9.8
铁路	7878.9	1.3	25239.2	0.5
公路	13450.7	7.8	36383.5	10.7
水运	69.1	5.8	57439.9	14.0
民航	3374.9	17.1	126.3	5.6

资料来源：国家统计局：《中华人民共和国 2009 年国民经济和社会发展统计公报》。

（3）综合交通运输系统的构建和完善，有力地促进和拉动了交通运输业规模增长

公路方面。2009 年全年，全国共完成旅客运输 297.74 亿人次，累计同比增长 3.8%；旅客周转量合计为 24764.7 亿人公里，累计同比增长 7%。在货运量方面，2009 年全年，全国公路货运量为 209.69 亿吨，同比增长 9.4%；而在货

---

① 《国家高速公路网规划》于 2005 年出台，包括了"五纵七横"国道主干线。

物周转量方面，全国公路货物周转量为36383.5亿吨公里，同比增长10.7%（见表3、表4）。

表3 2009年全社会客运量及其增长情况

名称	单位	累计	同比增长（%）	2008全年增长（%）
铁路	亿人次	15.212	4.5	10.6
公路	亿人次	277.999	3.6	7.6
水运	亿人次	2.2241	2.9	6
民航	亿人次	2.3023	19.6	3.3
客运量合计	亿人次	297.7374	3.8	7.7
铁路	亿人公里	7870	1.8	7.1
公路	亿人公里	13450.7	7.8	9.8
水运	亿人公里	69.1	5.8	-3.8
民航	亿人公里	3374.9	17.1	2.6
旅客周转量合计	亿人公里	24764.7	7	7.9

资料来源：交通运输部、中咨公司。

表4 2009年全社会货运量及其增长情况

名称	单位	累计	同比增长（%）	2008全年增长（%）
铁路	亿吨	33.2988	0.8	4.6
公路	亿吨	209.6882	9.4	10.9
水运	亿吨	31.4015	3	5.7
民航	万吨	443.9	8.9	0.3
货运量合计	亿吨	274.4329	7.5	9.3
铁路	亿吨公里	25238.8	0.5	3.7
公路	亿吨公里	36383.5	10.7	14.5
水运	亿吨公里	57439.9	14	1.5
民航	亿吨公里	126.3	5.6	1.9
货物周转量合计	亿吨公里	119188.5	9.9	3.5

资料来源：交通运输部。

（4）我国交通运输服务质量全面提升

一方面，我国高速公路网络建设突飞猛进，城际客运专线全面建设，民航网络向北、中、西全面扩展；汽车工业大发展，私人汽车快速进入家庭，我国综合交通运输业进入现代化阶段。另一方面，以"货运物流化"、"客运快速化"为目标，客运系统优化升级；集装箱运输体系建设富有成效；我国全面进入交通运输服务一体化新阶段。

①我国已进入"汽车消费时代"，对公共交通体系提高服务质量形成挑战。

随着国民经济的发展，国民可支配收入水平稳步提高，城市化急剧扩张，使我国"汽车时代"快速到来。

目前我国在汽车拥有量的总量规模和普及率指标上，并不是很高。但是，发展势头迅猛，个人拥有汽车并逐步实现"个体机动交通"的时代正在来临。尤其从产业政策方面考虑，"汽车时代"的发展空间极为广阔。2009年，为应对国际金融危机、确保经济平稳较快增长，国家出台了一系列促进汽车、摩托车消费的政策，有效刺激了汽车消费市场，汽车产销呈高增长态势。2009年，我国汽车产销量超1360万辆，首次跃居世界汽车产销第一大国。我国经济企稳回升，产业结构调整初见成效，其发展前景看好，国内人均收入水平和消费倾向，以及国内汽车产业的发展方向等，均对汽车个人消费时代极为有利。总体来看，中国的汽车消费将不断增长。

②现代物流业的长足进步对传统交通运输业"生产与服务分离"的营运模式形成挤压和挑战。交通运输业正处于与现代物流融合和竞争的新阶段。

随着我国经济社会逐步进入工业化中后期，国内各区域经济体的交通和要素交换诉求增长迅速；同时，我国已是世界经济体系中规模和体量最为庞大的经济体之一，全球化的经济要素正在以梯度方式和综合网络方式逐渐传导入各个区域经济内部。中国正处于要素全面市场化的新的历史阶段。这一阶段，综合交通运输体系的基本形成，将极为有力地促进现代物流业的全面发展，为全社会经济发展提供降低运营成本、提高全社会生产力水平的技术平台。

（5）低碳经济大潮涌动

以统筹资源、节能减排为目标，我国综合交通运输业以发展城市公共交通、促进城乡交通统筹发展、推动区域交通"同城化"为重点，走上绿色交通的发展道路，为我国建设资源节约型、环境友好型社会奠定先导产业基础。

交通运输业总体上开始注重发展绿色交通、低碳出行，可持续发展、节能减排从理念落实到实践中。

一方面，交通运输行业本身是一种具有资源高占用、能源高消耗、环境高排放高污染的行业，其快速发展给能源、土地资源以及环境容量带来压力。

另一方面，随着区域交通运输一体化的全面发展，路网细密化、经济活跃程度增加，并更多集聚在区域中心城市以及国际性大都市，区域经济不平衡加剧，城市交通和生活质量降低。

对此，优先发展城市公共交通，积极倡导和切实推行低污染、低能耗的绿色交通方式，以及在区域交通体系规划建设中，规划和资源向效率高、排放低的水运、铁路运输等倾斜，并结合各区域经济发展特点，在完善区域综合交通运输体系建设中，注重低碳、环保、可持续发展的原则。

（6）交通管理体制改革步伐加快，取得重大进展，"大交通"理念深入人心

"十一五"期间，按照精简、统一、效能的原则，以转变政府职能为重点，由交通部、中国民用航空总局、国家邮政局组建成立交通运输部，并整合了建设部指导城市客运的职责。交通运输部的成立，是我国交通运输事业谋求新的发展的一个重大改革举措。

从综合交通网的运行机制看，总体上，随着交通管理体制改革的逐步推进，运输市场化程度不断提高。铁路运输实现了主辅业分离，公路、水运、民航和管道运输实现了政企分开。除铁路外，以政府调控与市场调节相结合的运输价格形成机制初步建立。交通运输领域的投资主体多元化、资金渠道多元化的基本格局初步形成。

二　区域交通运输体系的发展与融合

（一）我国区域交通运输体系发展现状及特点

发达国家百多年来的经济发展经验显示：随着经济体系内在需求的扩张，扩大的市场机制体系中，降低交易成本，促进经济要素更大范围自由流通的内在动力，使经济系统内部既有交通资源实现"无缝衔接"，全面整合以及高度组织化。因而，在经济迅速成长的周期内，多式联运的全面开展，高效区域综合交通运输体系的构建和完善，成为缓解交通运输供需矛盾，促进区域社会经济快速发展的重要手段。

我国目前正处于全面深入经济全球化的大背景之下，区域对外交通能力和要素流动效率水平，成为该经济区域的经济发展、财富效应积累的"生命线"和关键。

从经济要素组合及分工角度看，区域交通运输是区域经济实现专业化协作的

手段，是承载区域内、区域之间商品交换和信息交换的平台和通道，我国自"九五计划"以来大量实践显示，区域交通运输的发达程度以及运输线路和资源布局的铺展，直接影响到区域经济发展水平。

目前，在我国区域经济发展格局中，区域内综合运输体系的主体基础设施相对完善，基本格局业已形成，但由于区域的行政划分和经济区划分割，区域之间综合运输体系的交通不畅，衔接不利，尤其在客货流通方面表现为单一运输方式的衔接。

经过近20年的建设，目前我国区域交通运输体系已经初步形成。区域内部综合交通体系的建设，呈现综合运输通道化，运输网络化，并基本形成以"经济发展走廊"或"经济发展轴"为核心的区域经济发展体系。

可以我国东南地区的珠三角区域交通运输体系为例。

作为世界级制造业基地，珠三角的发展需要大量的原材料输入，同时向外部市场输出产品。而对世界重化工业向中部转移的重大机遇，珠三角对资源的消耗和对市场的依赖性将会越来越大。因此，联系市场和原材料产地的对外交通就成为珠三角赖以生存和发展的生命线。为此，珠三角不仅要充分利用航空和航海的优势，开拓国外市场，积极承接世界重化工业的转移，同时要加强与大西南地区、泛珠地区、东南沿海地区等原材料供应地和内地市场的联系，构建中国与东南亚、世界经济交往的中枢。

国内有研究者认为：在两个增长极或增长极与港口之间构建和完善便利的联系通道，促进物流等经济要素的流动，有效降低交易成本，能够起到刺激和促进本区域经济快速发展的"经济发展走廊"或"经济发展轴"的作用。因此，在城市群形成过程中，作为区域交通运输系统骨干的城际运输通道的"主动脉"作用将会越来越明显[①]。

根据经济地理特征，以及珠三角地区和泛北部湾区域一体化发展的大趋势，珠三角与香港、澳门的合作将得以进一步深化；珠三角及港澳地区将有条件形成以深圳—香港、珠海—澳门、广州—佛山为核心城市区域的东岸、西岸、中部三

---

① 以美国为例。美国东北海岸地区城市群的快速陆上交通通道，包括铁路干线和高速公路，将美国首都华盛顿与波士顿、纽约、费城、巴尔的摩这四个美国最重要的海港和主要工业中心连接起来。主流研究认为，在这一地区城市群的形成过程中，交通通道的形成，带动了城镇群空间结构的主骨架，在经济扩张中起到地域组织的作用。刘罗军：《构建多式联运的珠三角区域综合交通运输发展新格局》，2008

大"都市经济发展轴"。深港经济发展轴将合力打造金融、物流、航运等生产者服务业中心和高新技术产业基地；珠澳经济发展轴能够依托旅游业基础及香港的辐射，打造区域商贸、会展中心；广佛经济发展轴则是中国先进制造业中心，以及珠三角通向国内市场的交通枢纽和物流中心。以三大核心经济发展轴为核心的经济发展区域，不同发展水平和经济诉求的社会经济交流进一步密切，将产生大量的客流、物流、信息流，以及资本、人才的交换。因此，构筑联系三大核心区域的交通通道的建设，将成为未来珠三角交通发展的重点（见图1）。

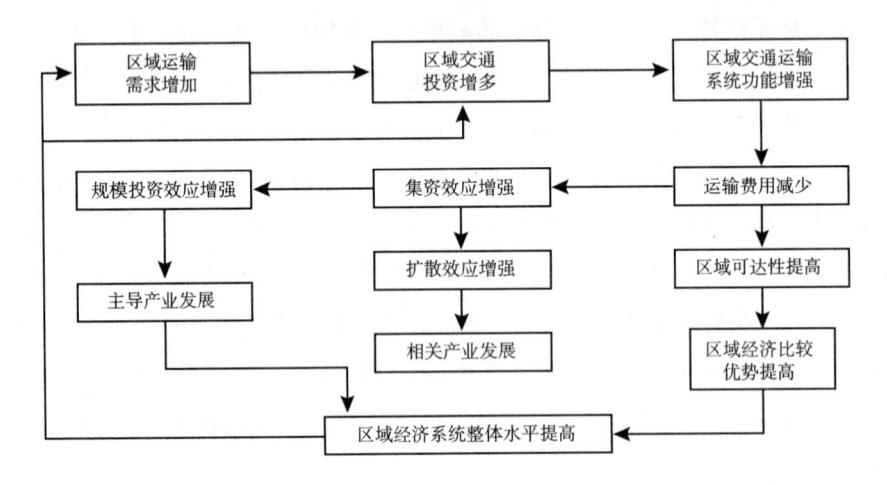

图1 综合交通运输系统与区域经济协调发展的内在关联

专栏 区域综合交通系统对长三角地区经济一体化的促进

根据2008年9月出台的《国务院关于进一步推进长江三角洲地区改革开放和经济社会发展的指导意见》，"长江三角洲地区包括上海市、江苏省和浙江省。"从国家层面上界定了长三角地区的地理范围。2003年，随着浙江台州的加入，长三角"15+1"的基本格局确立。迄今，新长三角规划扩容至2省1市，包括：上海市，浙江的杭州、温州、绍兴、舟山、金华、台州、嘉兴、宁波、丽水、衢州、湖州等城市，以及江苏的南京、无锡、徐州、常州、苏州、南通、连云港、淮安、盐城、扬州、镇江、泰州、宿迁等城市。从16市至2省1市，长三角的大门终于向苏北、浙南打开。

长期以来，受到交通条件限制，长三角地区的城市体系与经济空间结构之间，存在很多的局限性。一方面，逐步实现全面对外开放在全球化的巨大经济体系中已经成为东西方物流、资金、人才、信息流动的核心枢纽；而另一方面，毕竟局限于一个有限的经济地理空间，各种经济要素的活跃程度受到限制，作为城市经济圈首位城市，上海不能有效地将增长极的能级能量辐射和梯度扩散出去，却因强大的经济凝聚力而聚集和吸纳周边城市和区域的有利经济要素，反而形成极化效应。整个城市群经济活力的整体发育滞后，经济动力不足，发展不均衡。

随着区域综合交通体系的建设，这种局面到20世纪90年代中期开始逐步被打破。20世纪90年代中后期，长三角地区交通运输网络建设突飞猛进。沪宁高速公路和沪杭甬高速公路率先相继建成通车，将该地区大部分城市连接在这两条交通主动脉上，形成了高速运输主轴线，有效缓解了与其平行的两条铁路运输能力的不足。迄今，围绕这条财富通道和经济增长轴线，长三角已逐步实现有效的经济要素梯度扩张，长三角区域经济一体化获得坚实有力的交通基础。

（二）我国区域交通运输体系面临大融合

30多年来，我国在规划和落实综合交通运输体系战略的过程中，长期注重区域交通布局的均衡，以及交通资源网络化建设对区域经济体系的促进。

1. 区域交通运输体系趋向均衡化发展

区域交通布局的稳健铺展，长期与我国三大经济地带和六大经济区域的非平衡发展战略相互促进和引证。

在与经济发展规划相衔接和匹配的不同发展阶段，区域交通运输体系的建设任务不同。30年来，我国区域交通运输体系的建设经历了从非平衡发展战略到统筹发展、全面促进的转变。

由于经济发展内部、外部客观历史条件的制约，"九五"之前，我国交通建设战略与规划，总体上遵循"沿海地带率先对外开放"的非平衡发展战略。进入"九五"中后期，由于我国对外开放和主体产业在全球化经济格局中的地位基本确定，全面、均衡、统筹发展成为时代主题；相应的，我国区域交通运输体系的建设先后在"西部大开发"、"振兴东北"、"中部崛起"的区域开发战略部署中，都分别完成了港口码头、铁路干线、国道公路和高速公路、长大油气管道、空港等建设项目。

进入新世纪,东部、西部、中部等不同经济带,尤其是中西部各经济区以至省级区域的交通网络都先后得到了加强,交通资源的分布趋向均衡化。区域交通运输网络细密化,区域综合运输通道和区域交通运输枢纽建设取得一定进展。我国区域交通运输体系的建设进入区域发展平衡的历史新阶段①(见表5~表7)。

表5 我国东部、中部、西部区域交通密度对比

单位:百公里

区域	铁路	公路	高速公路	内河航运
东部地区	2	54	1.7	5
中部地区	1.6	35	0.7	2.3
西部地区	0.4	11	0.2	0.4

表6 我国铁路里程区域分布变化

区域	里程(公里)		增长率(%)	分布比(%)		增减幅度(%)
	1980年	2006年		1980年	2006年	
东部	14627	24155	65	29.1	31.3	2.2
中部	23754	32958	39	47.3	42.8	-4.5
西部	11832	19944	69	23.6	25.9	2.3
全国	50213	77083.8	54	100.0	100.0	—

表7 我国公路里程区域分布变化

区域	里程(公里)		增长率(%)	分布比(%)		增减幅度(%)
	1980年	2006年		1980年	2006年	
东部	283.8	1083.8	282	31.9	31.4	-0.5
中部	319.9	1331.3	316	36.0	38.5	2.5
西部	285.3	1041.9	265	32.1	30.1	-2.0
全国	889.0	3457.0	289	100.0	100.0	—

---

① 有研究分析了1980~2006年东、中、西三大地带增加里程的排序:铁路方面,东部和西部增加幅度大,中部增加幅度小。铁路营业里程增加值依次为:东部9528公里、中部9231公里、西部8112公里;按照同期增长率计算,东部和西部分别增长了65%、69%,中部只增长了39%;按分布比来看,东部和西部上升了2.2个百分点和2.3个百分点,中部下降了4.5个百分点。公路方面,中部增加幅度大,东部和西部增加幅度小。公路通车里程增加依次为:中部101万公里、东部80万公里、西部75.7万公里;按照同期增长率计算,中部增长3.16倍,东部和西部分别增长2.82倍和2.65倍;按分布比来看,东部和西部分别下降了0.5和2.0个百分点,中部上升了2.5个百分点。

2. 促进城乡交通一体化成为交通运输业核心重大问题

随着经济总量扩展到一定规模,能源、资源和社会和谐要求抵达一定边界,我国经济增长方式面临全面转变的新契机。其中,面对固有的城乡二元经济分割的局面,统筹资源,构建城乡交通服务一体化平台,促进城乡一体化的实现,成为"十一五"以来交通运输领域的核心重大课题。

在区域骨干运输网络进一步完善的同时,城乡和区域交通网络的细密化以及提高交通运输技术等级,提高交通服务能力和质量水平,在中西部地区尤其得到全面加强。

铁路方面,2006年青藏铁路全面通车,标志着我国铁路现代化时代全面到来。

公路方面,"十五"中后期以来,国家大规模投资,强化农村交通基础设施建设,主要以公路建设为主,农村公路通车里程近5年增加52万公里,通达乡村的比例大幅度提高。技术状况明显改善,除西藏外,基本实现了东部地区"油路到村"、中部地区"油路到乡"、西部地区"县与县通油路"。

民航方面,根据《综合交通网中长期发展规划》,"十五"以来,在现有东部和华北较为发达、中部和西部相对薄弱的运力部署结构基础上,加强对西部和中部民航基础设施和运力资源的匹配和倾斜。在新建66个民航机场中,56%部署到中部和西部省会以下的地区核心城市。

专栏 西部区域综合交通运输体系建设概述

西部重点经济区是指成渝、关中—天水、环北部湾(广西)三个经济区。这三个区域是西部地区经济相对比较发达的地区,地理区位条件优越,自然生态环境相对较好,人口密度大,知识资源丰富,工业化水平比较高,具有加快发展的基础和条件,是西部地区最重要的经济增长极。

这三个西部重点经济区,区位条件不尽相同,区域经济增长方式和比较优势有所区别,相应的配套交通运输发展路径也各有特色。但总体而言,其发展特点具有一些共性。

首先,西部三个重点经济区发展区域综合交通体系,以对外大通道为基础交通框架。

成渝经济区位于长江上游,成渝铁路、成渝高速公路连接成都、重庆两大城市。成渝经济区的配套交通运输的发展既充分利用长江这条"入海通道",又充分利用既有铁路、公路干线及网络,并随之不断完善和加强,而进一步密切与华东、华南地区的联系。

关中—天水经济区内,有陇海铁路干线的中段及西宝高速公路横贯东西,区内拥有西北地区的航空中转枢纽——西安咸阳机场。该经济区呈现典型的中部通衢型发展特点,经济区内外的交通联系和运输发展主要依靠陆路和航空运输。

环北部湾经济区位于我国西南地区对外开放的前沿,具有沿海、沿江、沿边三位一体的特殊优势,并面向经济活跃的东南亚地区。环北部湾经济区的区域综合交通体系的比较优势极为明显,拥有环北部湾组合港,组合港水域开阔,是西部地区方便、快捷的出海口。环北部湾经济区成为未来新的经济增长带,指日可期。

其次,西部三个重点经济区发展区域综合交通体系,以中心城市为依托,充分发挥经济增长极城市发展能量的扩散效应。成渝经济区、关中—天水经济区分别是我国西南、西北地区经济实力最强、社会经济各项指标发展较快的地区。经济区内的成都、重庆、西安三市已成为我国西部地区重要的商贸中心和交通枢纽,交通运输十分繁忙,经济能量极为活跃。

而环北部湾经济区的"南北钦防"城市群地处东南沿海经济圈、大西南经济圈以及东盟经济圈的结合部,目前区域经济发展势头强劲,经济发展的前景十分看好。

再次,西部三个重点经济区发展区域综合交通体系,以提高运输体系现代化水平为核心。

西部三个经济区内拥有众多的经济开发区、高新技术产业区、产业园区、临港工业区等,吸引了国内外不少企业从事生产和加工生物制药、电子信息、新材料、光电仪一体化设备以及轻工机械等产品,产业的发展将产生大量的适箱货源,要求建立和健全集装箱运输系统,运输体系现代化水平不断提高。

诚然,限于经济地理的制约和经济能量存量水平,尽管目前西部三大重点经济区的交通运输体系建设已初具现代化发展水平,但与西部地区整体情况类似,与国民经济和社会发展的整体需求相比,仍处于相对滞后的状态。主要表现为交通基础设施规模仍然不足,对外运输通道数量少、能力低,综合交通枢纽衔接程度不高,综合运输体系建设仍不完善,等等。

为有力促进我国统筹东西、统筹城乡经济和社会发展,建设高水平的全面小康社会目标的实现,必须持续改革和完善机制,加大财政投资扶持,统筹规划和战略,从而进一步加快推进西部重点经济区交通运输发展。

三 综合交通枢纽建设与功能完善

(一)综合交通运输枢纽发展概述

1. 综合交通枢纽体系的内涵

综合交通枢纽体系,是指一个相对独立的区域内各种类、各规模交通枢纽通过一定方式的联系所构成的交通枢纽系统①,枢纽体系的系统特征要求各枢纽间是相互独立而又紧密联系的。作为交通运输的生产组织基地和交通运输网络中客货集散、转运及过境的场所,综合交通枢纽的建设,应具有运输组织与管理、中转换乘及换装、物流、多式联运、信息流通和辅助服务六大功能。

根据我国综合交通枢纽建设经验,一个完整的综合交通枢纽体系,应包括三个基本要素:①由不同规模的交通枢纽节点组配而成。②由不同功能的交通枢纽节点协作构成。③不仅包括枢纽港站,还包括枢纽港站之间以及各城市枢纽之间的衔接通道。

2. 积极规划建设综合运输枢纽的总体思路

进入"十一五"规划时期以来,我国发展综合交通运输的建设重点,逐渐从构建全国性或区域经济内的综合运输大通道,转向建设以现代综合运输枢纽为核心和纽带的区域综合交通运输系统(见表8)。

---

① 交通枢纽是一种或多种运输方式的交叉与衔接的节点,共同办理客货的中转、发送、到达所需的多种运输设施的综合体。我国城市交通建设中,由同种运输方式两条以上干线组成的单一交通枢纽或换乘站居多。一般认为,两种以上运输方式的干线组成综合交通枢纽。苏小军等,2008。

表8 主要节点城市综合交通枢纽建设布局重点

综合交通枢纽类型	核心运输方式	节点城市	建设目标
城市对外综合交通枢纽	结合铁路客运专线、国家高速公路网和机场建设	北京、天津、哈尔滨、长春、沈阳、大连、青岛、济南、上海、南京、杭州、厦门、广州、深圳、郑州、武汉、长沙、重庆、成都、西安	布局建设与高速公路、客运专线和民航机场相衔接的综合交通枢纽
区域综合交通枢纽	结合铁路客运专线、国家高速公路网和机场建设	北京、上海、广州等特大城市	初步形成多种运输方式协调配合,城市交通与城际交通紧密衔接的综合交通枢纽
以港口为枢纽的货物集疏运配套体系	港口、后方铁路网、公路网以及油气管网等	大连、秦皇岛、唐山、天津、青岛、上海、宁波、连云港、福州、厦门、广州、深圳、湛江、武汉、重庆	重点提高煤炭、矿石、油气、集装箱专业港口的后方铁路、高速公路和管道集疏运能力
集装箱中转枢纽	促进内陆多式联运	北京、天津、上海、重庆、哈尔滨、沈阳、大连、青岛、宁波、广州、深圳、郑州、武汉、成都、西安、昆明、兰州、乌鲁木齐等	重点建设18个集装箱中转枢纽,并在技术标准上与国际标准相统一,在管理和信息上一体化
国际航空枢纽	航空	北京、上海	—
特大城市轨道交通枢纽	城际轨道(磁悬浮)交通系统	42个节点城市,以及北京、上海等超大型城市	积极推进节点城市公共交通发展,加快建设北京、上海等城际轨道交通系统,改善城际间公共交通状况

注:2010年前,应做好主要节点城市综合交通枢纽建设布局。
资料来源:国家发改委交通运输司:《综合交通网中长期发展规划》,2008。

根据国家发改委主持编制的《综合交通网络布局规划研究》,规划的具有全国意义的交通运输枢纽包括:哈尔滨、沈阳、大连、北京、天津、石家庄、太原、包头、济南、青岛、郑州、徐州、西安、南京、杭州、上海、阜阳、厦门、武汉、成都、重庆、贵阳、柳州、广州、深圳、昆明、兰州、长沙、乌鲁木齐、南昌、格尔木等城市。

现代综合运输枢纽建设,特别是连接航空、铁路、公路、水运、城市公交等各种运输方式的中心城市综合枢纽建设,是实现合理配置运输资源,促进各种运输方式的有效衔接,逐步实现客运"零距离换乘"和货运"无缝隙衔接"的有效手段。

在城市公共交通现代化建设方面，目前，我国的综合交通运输体系建设重点，应以中心城市为试点，进行综合交通运输枢纽站场布局规划研究，指导综合交通运输枢纽站场规划建设。按照"政府主导、统一规划、联合建设、共同使用"的原则，确定若干综合交通运输枢纽站场建设示范工程，加大投资、项目审批等方面的扶持力度，加快建成一批功能完备、布局合理、集疏运体系完善的现代综合交通运输枢纽站场。

以成都市规划的主城区三大综合运输枢纽为例，包括站北综合运输枢纽、城东综合运输枢纽和航空港综合运输枢纽。同时按照成都市现代物流业发展规划，规划建设国际性、枢纽型物流园区。其中，沙河堡综合客运枢纽，是以铁路新成都站为中心，集铁路、公路、地铁、城市公交、出租车和私人交通于一体的现代化大型综合客运枢纽，集中布设了公路一级长途汽车站、公交站和出租、社会停车场以及地铁2号线和7号线换乘站。该综合客运枢纽通过一体化设计和功能优化，基本实现了枢纽内旅客"百米换乘"、"一分钟换乘"，其规划理念、交通组织效率和换乘服务水平，均为国内领先。

（二）我国综合交通枢纽建设现状

截至"十一五"末，我国综合交通枢纽建设进入初步铺开阶段，体现为区域经济范围内传统运输站场改建扩建升级形成的交通运输枢纽建设完善，省级和地市综合货运及客运交通运输枢纽建设取得一定进展。而现代意义上具有辐射全国能力的、具有"无缝接驳"以及"零换乘"、快速集疏运能力的现代大型综合交通运输枢纽建设，尚处于规划建设初期，目前仅有上海、天津、北京等地区核心城市或特大城市等少数建设案例。

2010年3月16日，我国首个从发展战略、规划、建设到管理运营完全意义上的现代综合交通枢纽——上海虹桥综合交通枢纽建成投入运营，服务上海世博会。

上海虹桥综合交通枢纽是集航空港、高速铁路、磁悬浮列车、城际铁路和城市轨道交通、地面公交于一体的国际一流的现代化大型综合交通枢纽。枢纽的建设将进一步强化上海对内、对外的交通联系，更好地服务长三角、服务长江流域、服务全国，是建设上海"四个中心"的又一重大骨干工程[①]。

---

① 根据《上海市城市近期建设规划（2006～2010年）》，确定在规划期末基本建成虹桥综合交通枢纽的主要功能，服务2010年世博会。

上海虹桥综合交通枢纽的规划原则是：以旅客为本，换乘便捷，运转高效；突出交通功能，地区功能和谐；集约利用土地，地上地下协调发展；应兼顾前瞻性、系统性以及具有可操作性。

上海虹桥综合交通枢纽的建设思路与经验，具有典型的国际性大都市或区域经济中心城市构建城市现代综合交通枢纽的特征。概而言之，具有如下几大特点：一是综合考虑交通综合能力供给与需求的平衡，适当超前供给；二是与城市经济规划和发展密切衔接，注重核心土地资源的多种经营和全面开发；三是在统筹规划的基础上，考虑城市核心交通运输枢纽对周边区域经济的拉动和扩散效应，以满足本市区际交通和区域主要城际快速、大流量、多种交通服务需求为主线，为各种现代经济要素在所在经济区域内充分、低成本、高效率流动，提供充分的交通能力供给[1]。

公共交通换乘枢纽是交通网络的交会点和转换点，对于衔接各种不同交通方式，实现乘客中转换乘，提高交通系统综合效率，改善城市交通状况和缓解城市交通拥挤具有重要意义。作为现代城市交通发展的关键节点，面对的是经济迅猛发展和城镇化快速演进带来的交通需求膨胀，以及交通运输服务多元化需求的增长，特别是"大力提倡公共交通优先"已成为城市交通发展的主题，以客运换乘为主，我国亟待发展城市公共交通综合枢纽。

然而，我国大城市的综合交通枢纽功能目前尚不完善，与国外发达城市的先进枢纽有不小的距离。我国目前的公共交通水平还比较低，其服务质量也不能很好地满足乘客要求，公交客流流失严重，造成行业发展缓慢，交通供给能力、服务质量水平远远滞后于需求[2]。当然，导致这种差距的原因是多方面的，包括管理体制、投资体制以及经济发展水平制约交通运输需求等。

（三）经验借鉴及发展思考

分析认为，综合交通枢纽既是综合交通运输体系建设和完善的核心与重点，

---

[1] 结合上海、北京、天津的发展经验看，现代综合交通枢纽的建设必须同时具有经济发展水平、区内外交通需求水平以及现代公共交通及物流组织管理水平等一定约束条件。

[2] 据不完全统计，在城市居民出行交通结构中，大部分城市公共交通客流量只占到5%，多数中等城市只占到0.4%。原因是多方面的，但换乘枢纽建设不足，交通资源衔接效率低，应是重要原因之一。

也是当地区域经济及交通运输业发展内在需求客观决定的。广大范围内交通运输枢纽的建设与完善需要一些有利的支撑条件,包括多种交通方式基础设施建设的完善,当地区域经济的内在活力,以及良好的市场运行机制,等等。

国内客运交通枢纽主要存在"换乘难"等问题,主要体现为:①换乘衔接不方便,车站周边环境陌生,指示信息及服务不足,换乘地点之间需要经历一个漫长的步行过程,且步行过程很少有自动扶梯等辅助设施[1];②车站分散,功能单一;③站点之间缺乏与交通流量相对应的交通方式衔接等[2];④公共交通与私人交通之间接驳困难或功能缺失[3]。

目前我国正处于产业结构和经济增长方式发生双重变革的关键时期,保持了近30年的能源、矿产、粮食等基础性大宗资源在广袤领土上东西、南北走向的大规模运输,以及以快速城镇化和外向型沿海加工贸易为驱动力的人口定向大规模流动,短期内,仍将保持惯性。而同时,固有的粗放型、高碳排放、环境资源高等外部性的交通运输业发展模式,正在遭遇经济性、安全性以及以能源—环境制约为主的可持续发展的挑战。此两方面原因,使不同区域经济之间的分割仍然严重,区域经济内主体交通运输结构仍保持固化和惯性,大型综合交通运输枢纽建设内在动力不足。

此外,由于资源、资金和发展机遇过度集中于省级以上规模或核心城市,城市经济带财富和发展的扩散效应逐渐弱化。沿着交通运输网络输送人力、物力资

---

[1] 我国一些特大城市往往不止一个单一功能的客运站,而各客运站之间距离相对较远,换乘资源难以整合。如首都北京,有东、南、西、北4个铁路客运站,各站相隔10公里左右。而北京西到北京站之间的地铁规划建设,远远迟滞于北京西站的规划和建设;其间大量的旅客流的汇集及疏散,长期成为影响该地区交通效率、社会秩序及安全的重大隐患。而铁路客运站与公路客运站相距甚远则更为常见,使广大旅客换乘其他交通工具时面临困难。

[2] "北京西站与北京站一直没有地铁相连接",是一个典型的例子。机场与城市中心之间缺乏适合的交通方式衔接也同样突出。如北京的首都机场,年吞吐量在4000万人次以上,2008年之前,长期缺乏大容量的快速轨道交通等公共交通方式与之相匹配。

[3] 随着社会经济的发展和城市化进程的加快,城市小汽车的拥有量已初具规模;我国正在悄然进入"个性交通"时代。国外的发展经验显示,600~800公里的交通半径是个人汽车交通与公共中长距离的切换区间。然而,在我国城市交通内部,以及城际交通环节,有些铁路、公路客运站或地铁车站在其规划设计中基本不考虑停车位等个人交通工具辅助设施。多种交通方式整合等设施的缺乏,给个人汽车交通与其他交通工具切换的乘客带来了极大不便。而在中长途旅行中,由于切换难度很大,极其不方便;我国的个人汽车交通甚至远达1000~1200公里。

源的方式，呈现核心城市之间点对点的跳动。市场经济因素的流动不活跃，反而降低了交通运输资源整合的动力。

从规划建设角度看，目前我国区域综合交通运输体系建设中，各个枢纽站场的规划建设缺乏协调衔接。

一方面，体制因素造成统筹和衔接不利。由于主要运输方式仍由不同部门分头管理，相互之间在规划层面缺乏有机协调。公路客运主枢纽规划及客运站点布局规划不能落到实处，城市公交枢纽规划与公路客运枢纽规划衔接不畅，道路客运边缘化现象随处可见。新的交通运输部成立，相关交通运输资源实现有效整合后，资源分割，各自为政的现象应当有所好转。

另一方面，城乡二元结构的经济障碍和历史习惯的积淀，造成城乡交通资源之间难以实现统筹和顺利衔接。大多数城市，城郊公交站点与城市主要公路客运站点分离，导致旅客换乘距离远，换乘时间长，造成重复建设，资源浪费，效率降低，限制了客运站场和枢纽功能的完全发挥。难以形成贯通畅达、衔接紧密的城乡综合交通网络，影响了综合交通运输网络的组合效益与整体均衡发展。

从国外成功经验来看，虽然各客运枢纽各具特色，形式多样，但具有以下一些共同特点：布局集中紧凑；多层衔接，立体换乘；机械化代步设施完善；人车分流，互不干扰；标志清楚明显；换乘距离短，方便舒适；换乘枢纽内各种服务设施完善等。

以美国和欧盟等发达经济体的交通运输政策及发展综合交通运输体系的经验，新世纪以来，发达经济体或成长中迅速膨胀的新兴经济体，普遍面临了交通运输体系外部性内部化不足，以能源短缺和高碳排放为核心的资源—环境制约，城市交通拥堵，现代化扩散效应减弱，交通运输安全性降低等问题。对此，欧美进一步发展和完善现代综合交通运输体系，遵循了"以人为本"、"面向全球化提供运输能力"以及"可持续发展"的原则，值得我国在客运、货运综合运输枢纽建设和发展中予以借鉴。

专栏　国际性都市综合交通枢纽建设的主要经验

国际上，历经100多年发展的大都市，均重视现代综合交通运输枢纽在构建城市现代公共交通体系中的核心作用。通过对旧金山的港湾枢纽（Trans Bay）、巴黎的拉德芳斯（La Defence）换乘枢纽以及柏林的来哈特枢纽（Lehrter Bahnhof）的比较研究，可见现代综合交通运输枢纽布局设计特征、交通资源统筹与整合以及提高交通效率的一些成熟经验。主要包括：交通资源零接驳（客运零换乘）；立体化换乘；因地制宜发挥交通地理优势；充分发挥交通促进土地资源综合开发效益的优势，等等。

（1）多种交通方式之间的换乘设施应实现一体化布置，各种交通方式之间在平面和立面布局方面应高度"综合"，换乘距离要短。

旧金山港湾枢纽的高速铁路、普通铁路、通勤铁路在同一平面内平行换乘，而长途汽车、公共汽车、出租车在同一立面内平行换乘，换乘距离均在60米以内。巴黎拉德芳斯换乘枢纽的轨道交通线路之间平行换乘，其公共汽车、长途汽车、轨道交通之间的平均换乘距离也不超过60米。

（2）综合交通换乘设施应立体化布置，用作交通的空间层数可达四层甚至六层。

巴黎拉德芳斯换乘枢纽尽管全部在地下，但分为四层：地下一层为地面公交车站，地下二层为轨道交通换乘大厅，地下三层为长途汽车车站，地下四层为轨道交通站台。旧金山港湾枢纽有两层位于地下，用作轨道交通换乘站；其地面层用作地面公交站；其地面以上的三层用作长途汽车换乘站。

（3）铁路、公路等对外交通方式进入车站可以是地面、地下或地上若干层，具体的平面及立面位置应根据换乘便捷的需要及周围建筑环境等条件进行选择。

旧金山港湾枢纽结合车站换乘及海湾大桥高程要求，选择地上三层作为长途汽车站，而将高速铁路、普通铁路、通勤铁路全部引入到地下二层。

（4）在保证客流集散便捷的前提下应对车站周围空间进行综合开发。

根据车站远期的集散客流规模，优先保证并预留足够的客流集散空间。在换乘设施周围进行商业、旅游、居住等空间的开发，充分发挥客流集散的商业价值。旧金山港湾枢纽的综合开发面积仅占总建筑面积的27%，但其预计的收益达到3.25亿美元，占总投资的37%。

良好的枢纽布局设计是提高综合交通换乘效率的关键，对换乘站人流资源的商业价值进行利用也有着至关重要的影响。

我国在城市综合交通枢纽的规划设计中，应借鉴国外典型综合交通枢纽的规划设计经验，不断创新，以形成换乘便捷、经营效果好的综合交通枢纽。（邱丽丽，2006）

四 城乡交通服务一体化建设与发展

（一）概述、发展条件

胡锦涛主席在党的十七大报告中明确指出："要加强农业基础地位，走中国特色农业现代化道路，建立以工促农、以城带乡长效机制，形成城乡经济社会发展一体化新格局。"在推进城乡一体化进程中，作为经济的先导性、基础性产业，全面建设和发展城乡交通服务一体化自当先行。

城乡客运交通一体化，是指公路客运交通与城市公交实行统一管理、合理分工、衔接有序、资源共享、有利发展的一种交通模式。城乡交通一体化包含道路建设、站场建设、线路规划、管理制度和经营模式等多方面。城乡公交一体化发展的最终目标是建立统一的公共短途客运系统。

随着"十一五规划"和城市化战略的实施，社会主义新农村建设及农村经济的发展，我国小城镇建设的步伐和城市化进程逐渐加快，农村公路的等级逐渐提高，乡镇之间、城乡之间的联系日益紧密，其间人员流动的规模和范围逐渐扩大，从而带来城乡之间、乡镇之间客流量的增加，以及客流密度的增大。

将城乡公路短途客运[①]纳入城市公共交通体系，实施运价标准、税费政策、技术标准等的统一管理，本质上，意味着公路短途客运可以享受到与城市公交一样的规费优惠。城市公共交通服务具有公共产品属性，长期受到政府财政支持，是对社会不同群体间利益的一种调节手段，是"兼顾公平"原则下的一种财政转移支付手段。

支持城乡公交一体化的实施，一定程度上是将公交这种"城里人"专享的公共社会福利惠及广大的农村地区，改变目前依靠农民的自身积累来提供交通公共产品的供给制度。

城乡交通服务一体化的出现，具有历史机遇特征。

---

① 目前城乡公交一般有两种运输方式：按照传统班线性质运行的城乡线路，目前大多农村地区采用这种形式；以及按照城市交通方式运行的城乡线路，如江浙等经济发达地区多采用的运输形式。

（1）城镇化快速发展，城镇空间扩展，城乡间经济活动及交通联系密切。

近年来，在政策的指引下，我国的城镇化进程一直呈现快速发展的态势。城镇化水平从1995年的29.04%提高到2009年的46.6%。随着我国城镇化进程的加快，区域经济发展迅猛，使得城镇空间及产业布局急剧变化，城乡间交通联系日益密切，迫切要求建立大公交体系，城乡公交一体化是大势所趋。

（2）农村公路体系全面建设，农村交通服务供给能力有所提高，服务水平得以提升。

随着农村公路建设的推进，城乡公交一体化发展的道路条件正逐步具备。截至2006年底，我国农村公路总里程已达到302.6万公里，其中县道50.6万公里、乡道98.8万公里、村道153.2万公里；98.27%的乡（镇）、86.40%的建制村实现了通公路；近年来，随着公路网的逐步完善，80.63%的乡（镇）、60.39%的建制村实现通沥青、水泥路；83.2%的建制村实现了通客运班车，城乡公交一体化发展体系逐渐在农村道路建设较为完善的地区进行了试行。

（3）城乡经济活动频繁，城乡经济一体化趋势明显，城乡居民交通活动方式呈现多层次、多元化，交通半径增大，出行需求增大。

随着社会主义新农村建设的不断深入，城镇化已步入快速发展阶段。在这个阶段，每年有1000万~1500万人进入城市，城市形态及人口结构急剧变化，城市规模不断扩大，引起客流与物流在城市内部空间和边缘运动范围扩大，从而使城市内部交通需求问题日益突出。而现代交通工具的使用，郊区城市化进程的加快，使城市间、城乡间及城市内部的人与物的运输达到空前的规模。

城市出行模式由原来的单纯的核心区交通活动，转变为市域内核心、向心、环绕及穿越等交通活动并存的出行模式，迫切需要相应的公共交通运输系统相配套。

尤其随着城乡一体化的发展，农民不再单纯地从事农业生产活动，越来越多的农村劳动力资源向其他产业转移，导致农村居民的生活轨迹从"日出而作，日暮而息"的简单的两点一线，转向经济活动多样化，出行日趋频繁，交通半径日益扩展，因而推行城乡公交一体化系统十分迫切。

综上，城乡交通服务一体化的需求，是我国当前工业现代化、城市经济现代化发展到一定历史阶段和经济水平时自然出现的交通资源整合趋势。

城乡交通服务一体化建设，是适应城乡经济社会一体化的需要，通过城乡公路和城市道路公共客运诸元素的合理配置，使管理体制、经营机制、网络布局、站场建设和车辆运行等成为有机结合的整体，使城市区域内的城市公交、城间客运、出租客运、城市与农村之间以及城市周边农村的各种客运方式协调发展。通过对各种运力的合理调控，实现统一、高效、协调发展的公共客运系统模式。

各地的实践显示，现阶段，建设城乡交通服务一体化网络，以城乡综合交通基础设施和运输服务网络为依托，以城市客运枢纽及换乘站场为核心，以市域区县城镇（新城）为节点，形成市区内、市中心区—县城（副中心区）、区县之间、县城—乡镇、乡镇之间、乡镇—行政村、村与村之间、各级各层次之间，形成连接畅通的城乡一体化交通服务网络，实现真正的"村村通"和农村与城市的同城化交通。

目前，实现城乡交通服务一体化的乡村，能够实现城乡客运资源共享，以及所有乡镇、行政村通公交，使公共交通成为农村居民主要的出行方式，使城区、郊区、卫星城、经济开发区、小城镇和农村的居民都能够享受到与城区居民均等化的基本公共运输服务，让城乡交通发展的成果惠及全体人民。

（二）建设现状、典型模式

经过"九五"、"十五"时期的全面建设，在综合运输大通道建设基本完成的大背景下，我国交通运输业的发展重点，转向区域综合交通系统建设，以及城乡交通服务一体化建设。其中，经济发展水平、要素流动需求、增长方式各不相同的地区，形成了较为典型的三种城乡交通服务一体化建设模式。

主要包括：以"大交通大规划"为特征的成都郫县模式，以"交通运输生产性服务优先依靠客运与货运一体化枢纽拉动发展"为特征的石家庄模式，以及"立足区域经济布局和发展考虑在城乡、城际范围内提供同城服务"为特征的"北京城乡交通服务一体化"模式。

其中，北京城乡交通服务一体化具有典型特征。

进入新世纪，北京的经济社会已进入工业化中后期，城市现代化建设和扩展进入加快建设的新阶段。2004年10月修订的《北京城市总体规划（2004~2020年）》，结合北京城乡经济加快发展的实际，在总体规划中充分考虑到城乡经济一体化的新形势，提出了北京城乡交通一体化交通发展战略：北京城乡交通一体化体系是核心，即全面落实公共交通优先政策，大幅提升公共交通的吸引力，实施区域差别化的交通政策，引导小汽车合理使用，扭转交通结构逐步恶化的趋势，使公共交通成为城市主导交通方式。突出交通先导政策。根据"两轴—两带—多中心"的城市空间结构，加大发展带的交通引导力度，积极推动东部发展带综合交通运输走廊的建设，构筑以轨道交通、高速公路以及交通枢纽为主体的交通支撑体系。同时，在体系中要充分实现《北京市交通发展纲要》提出的构建"新北京交通体系"的目标。

北京城乡交通一体化发展模式具有如下典型特征：

（1）随着经济社会的持续发展，城市交通需求的"质"和"量"一直处于相互促进、不断提升的过程中①。交通是影响社会与经济进步的一个关键因素。因此，解决北京等超大国际性都市的交通问题关键在于：优化城市交通基础设施的配置，确定城市交通高效运行的合理模式，从而建立起畅达、安全、舒适、生态的交通体系。北京城乡交通一体化发展迎来全面发展的良好契机。

（2）作为祖国的首都，北京市不仅是行政、文化、教育中心，而且以其在环渤海城市经济群中首位城市的地位，也承担着集聚和向经济区域其他城市和地区扩散经济资源及财富效应的区域功能。按照环渤海地区经济一体化发展的需要，北京市的城市公共交通包括市区公共交通、城乡公共交通，以及城际间的交通运输。

目前我国综合大通道建设，以及华北经济区"经济走廊"的建设，整体呈现以北京为核心，向其他各个方向呈现放射状网络化布局的模式。在这个巨大的网络中，大量经济资源既以北京城乡为起点，也以之为终点。这使北京城乡交通资源在时间和空间上的合理配置面临复杂的系统挑战。一方面，在时间指标考虑下北京市城际、城乡、市区公共交通面临的规模越来越庞大，客流、物流、信息流迅速膨胀，必须确立"以公共交通优先为主导"的交通结构模式，以提高整个城市的交通出行效率。另一方面，位于区域经济范围的核心，北京市城际、城乡、市区公共交通所依托的基础设施和管理体系，必须实现综合布局、协调发展以及高效服务的发展建设目标。

（3）北京城乡交通一体化发展也面临管理机制改革不彻底，城乡基础设施、

---

① 尤其是2005年以来，随着北京城市布局特征从环状扩展向城郊布局呈现多功能、多中心、放射分布转型，北京城市公共交通出行模式呈现分区域、多层次、差别化的新特征。

城际交通运输设施规划和建设协调不利,以及传统工业时代沉淀积累的公共交通资产管理方式落后等挑战,亟待彻底改革。

城乡交通一体化发展模式的最终目标是实现交通基础设施在城乡、城际间、城市内部的合理分布,实现交通资源的效能最大化目标。

针对北京城乡交通,存在多个层次的矛盾,亟待解决:个体交通与公共交通有效联系、协调发展的矛盾,城市经济布局扩展方式与综合交通能力规划超前发展的冗余度平衡的矛盾,快速发展、多层次的个性化交通出行需求与规模巨大的市民日常出行需求的交通资源匹配的矛盾,以及滞后的传统交通服务理念与日益增长的交通服务需求的矛盾,等等。

总体来看,城乡公共交通一体化,具有城乡经济统筹发展的时代特征,也是我国城镇化发展的现实需要。城乡公交统筹规划有利于整合城乡公共交通资源,克服传统城市与农村地区公共交通相对独立、低效率、高消耗的问题。通过城乡公共交通系统重构与自身的良性发展,在区域经济范围内,充分发挥交通基础设施的支撑作用和对经济要素流动的引导作用,有力推动城乡一体化的深入发展,加快社会主义新农村建设的进程,进而促进我国朝向全面小康社会建设的可持续发展。

Building the Integrated Traffic Transportation System

Abstract: This report systematically elaborates the related concepts and connotations of integrated traffic transportation system, and conclusively reviews the process and current situation of it. Meanwhile, this report mainly discusses the issues of the development and fusion of regional traffic systems, the building and improvement of integrated transportation hub. Finally, it concisely approaches the building and development of the integration of urban-rural public transportation.

Key Words: Integrated traffic transportation system; Integrated transportation hub; Integration of urban-rural public transportation

分报告八
交通大建设亟待金融服务模式创新

韩 峰 朱伯军 陈 曦*

摘 要：本报告回顾了我国交通建设管理体制和投融资体制改革的历程及现状，指出中国铁路已经进入大建设大发展时期，巨额的投资带来的成本压力使铁路投融资体制改革势在必行。同时，介绍了民生银行在交通金融服务模式方面进行探索与创新的经典案例。

关键词：交通投融资 民生银行 交通金融服务

2009 年，为应对金融危机，中央作出进一步扩大内需促进经济增长的决策部署，把加快交通运输基础设施和民生工程建设作为扩大内需的重要举措，既注重投资拉动，又注重民生工程；既注重有效扩大投资，又注重有利于扩大消费；既注重促进经济增长，又注重推动结构调整；既注重拉动当前经济增长，又注重增强经济长期发展后劲。这是加快交通运输基础设施建设的又一次重大历史机遇。

中央实施的政策措施中，包括加快高速公路、农村公路、机场、邮政设施建设和灾后交通基础设施恢复重建。加快基础设施建设，资金筹措是关键，也是难题。中央增加的国债资金和预算内资金投入，是政策性和引导性资金，交通运输

---

* 韩峰，经济学博士，高级经济师，现任中国民生银行交通金融事业部总裁、党委书记。曾任中国民生银行北京管理部处长、中国民生银行杭州分行副行长、中国民生银行广州分行副行长、中国民生银行天津分行行长和党委书记等职。撰写过 20 余篇交通融资方面的文章。朱伯军，新加坡国立大学管理学硕士，有资产管理公司、大型国有商业银行多年从业经历，风险管理及资产运作经验丰富，现任中国民生银行交通金融事业部客户管理部总经理。陈曦，吉林大学经济学博士，曾就职于国内金融监管机构，现就职于中国民生银行交通金融事业部。

基础设施建设资金需求有较大缺口。传统的融资模式已不能满足交通运输大发展的需要，金融服务模式亟待创新。

一 交通建设投融资体制改革

（一）我国交通投融资体制改革的历程

交通运输业是国民经济的基础部门，长期以来其基础设施的建设主要由国家政府投资。经济发达国家的发展经验表明，在工业化过程中，大都经历了一个对交通运输业大量投资的阶段，这期间用于发展交通运输的投资占有较高比重，从而形成超前发展的强大的综合交通运输体系，为工业现代化和经济腾飞创造了先决条件。

改革开放初期，中国交通投融资建设基本上由国家拨款，国家投资占80%以上，仅有少量的自筹资金，筹资渠道单一，资金短缺严重。20世纪80年代以后，国家投资大部分转为"拨改贷"，并积极引进外资，鼓励地方自筹等。从资金来源的绝对数看，公路和水运在交通系统固定资产投资中，1985年自筹资金超过国家投资，1986年国内贷款超过国家投资，1993年利用外资超过国家投资，投资主体逐步走向多元化；铁路和民航在投融资体制方面尽管作了一些改革，也取得了一些成就，但基本上仍以政府投资为主，其他资金来源为辅。目前，中国交通运输业基本上形成了"国家投资、地方筹资、社会融资、引进外资"的投融资局面。

改革开放以来，中国交通投融资发展的历程大致可以分为三个阶段。

1. 1978~1985年

改革开放伊始，全党把工作重点转移到社会主义现代化建设上来，我国采用经济手段管理投融资（主要是国家政府投资），实行投融资体制改革。在这一阶段，中国交通运输业将交通运输基础设施的建设作为突破口，逐步建立较为稳定的财政来源。当时仍以政府拨款为主，极少部分实行有偿投资（银行贷款），并开始尝试引进外资进行交通运输业的建设，主要表现在积极推广和实施"合同制"、"承包制"和"拨改贷"，同时在利用外资方面也进行了大胆的尝试。

这一时期，采取的很多措施都是针对传统计划体制下所表现的明显弊端，进行试探性改革，但交通投融资体制中两个核心问题基本没有触及：一是该体制仍以政府高度集中为特征；二是决策者的责任制仍未确立。

2. 1986~1997年

20世纪80年代中期开始，中国交通投融资体制进行了市场取向的一系列改革，经过10多年的发展，公路比重不断上升，水运、民航也有相应的发展。在此期间，中国政府对此作出一系列政策予以引导和扶持。

1986年，国务院颁发了《关于鼓励外商投资的规定》，实行全方位对外开放和鼓励外商投资；同年6月，国务院批准了国家计委《关于投资管理体制的近期改革方案》，标志着中国投融资体制改革形成了第三次高潮。该《方案》指出："一般性的建设投资，放给企业或市场，重大的长期性的建设投资，必须依靠国家计划调节，但要建立中央和地方的分工负责制，以及投入产出挂钩的投资包干制。"按照"以计划经济为主，市场调节为辅"的原则，逐渐实施计划与市场投融资双轨制。1996年8月，国务院正式颁布了《关于固定资产投资项目试行资本金制度的通知》，从1996年起，对各种经营性投资项目，试行资本金制度，投资项目必须首先落实资本金才能进行建设。

在公路、水运交通行业领域，1993年交通部发布实施了《外商投资道路运输业立项审批管理暂行规定》，道路运输市场再次对内、对外进一步开放，市场化进程加快；1995年交通部印发了《关于搞好搞活国有大中型汽车运输企业若干意见》，国有大中型道路运输企业改革进入了新的阶段。

在民航领域，1993年民航总局颁布了《关于国内投资经营名优民用航空企业有关政策的通知》，鼓励国内资本投资民航，航空公司数量空前上升。

随着经济体制改革的深入进行，中国政府颁布实施了积极的财政政策，对投融资的管理也与市场化的步伐合拍，实行多种计划管理形式，逐步缩小指令性计划范围，固定资产投资项目的决定权逐步分散。特别是在20世纪80~90年代，各地政府纷纷成立自己的城市建设或城市投资公司，由政府授权对交通运输基础设施建设和维护资金进行筹措、使用和管理，从而使交通基础设施特别是城市交通基础设施由政府直接投资转向间接投资。

3. 1998年至今

1998年，为应对亚洲金融危机，政府开始实行积极的财政政策和稳健的货币政策，对从事基础设施建设及能源、交通等重点领域的国内外投融资，采取了

一系列具体政策和改革措施加以鼓励和推动。2001年我国加入WTO后，对外开放的全面扩大促进了经济特别是外向经济的快速发展，交通基础设施投融资领域也取得了重大突破。

2004年7月，国务院正式颁布了《国务院关于投资体制改革的决定》，标志着中国投融资体制改革再一次高潮的到来。《决定》的出台，标志着适用于社会主义市场经济的投融资体制框架雏形基本形成。自《决定》颁布以来，交通投融资体制不断创新发展，公路投资迅速增长。2004年、2005年、2006年，中国公路重点建设项目（主要是高速公路）投资分别为1883亿元、2783亿元、3116亿元，国内贷款（商业银行贷款）和自筹方式迅速增长，已成为主要的资金来源。

2006年，国资委出台了《关于推进国有资本调整和国有企业重组指导意见》，民航、航运等七大行业通过股份制改制、引入战略投资者、重组上市等方式，实现国有产权多元化，增强了企业的活力和竞争力，建立了现代企业制度，促使其成为投融资市场上的真正竞争主体。

2005年，铁道部制定发布《关于鼓励支持和引导非公有制经济参与铁路建设经营的实施意见》，进一步放宽了铁路行业的所有制准入政策，鼓励、支持和引导非公有制经济参与铁路建设。2006年，按照"政府主导、多元化投资、市场化运作"的思路，铁道部制定并实施了《"十一五"铁路投融资体制改革推进方案》，初步形成了投融资主体多元化、资金来源多渠道、投融资方式多样化、项目建设市场化的铁路投融资体制新格局。

2006年，交通部发布的《建设新型交通行业指导意见》中指出，要完善多元化投融资政策，进一步健全交通投融资体制，强化资金监管，为交通发展提供资金保障。

2005年初，民航总局颁布实施了《公共航空运输企业经营许可规定》、《国内投资民用航空的规定》，放宽了民航非公有制经济的市场准入，出现了民营资本投资航空业的浪潮。

改革开放30年的中国交通投融资发展历程，是由计划经济转向市场经济的过程，是交通投融资活动由一切听从政府指令转向市场引导的过程，是投融资主体由单一型转向多元化的过程，是投融资决策权由高度集中转向权限下放的过程，是投融资项目审批由范围宽广到逐渐缩小，手续由复杂到简化的过程，是投融资宏观调控由以行政手段为主转向以经济手段为主的过程，是投融资效果由不计成本转向承担风险的过程。

（二）我国交通子行业投融资现状

1. 我国公路建设投融资政策现状分析

当前，我国公路建设的投融资政策，主要归纳为以下几个方面。

（1）实行以地方政府为主筹措公路资金的政策

目前我国公路实行以地方为主的管理体制。所谓以地方为主的公路管理体制，就是指公路的建设、养护和管理由地方政府负责，中央主管部门负责国道的规划，省干线公路由各省规划，报中央主管部门审批。因此，在地方为主的公路管理模式下，我国基本实行"以地方政府为主筹措公路资金"的政策，即各地（省、直辖市、自治区）公路建设和养护事业的资金原则上由各地方政府自行筹措，省道、县乡道路的新建和改建也是由地方政府立项、筹措资金。对于国道改、扩建资金的筹措，也主要由地方政府负责，交通部利用所掌握的"车购费"等根据具体情况对项目给予补助，补助的比例约为投资总额的五分之一左右。

（2）实行公路用户费（税）为主筹措公路资金的政策

在地方为主的公路管理体制下，我国实行的是公路建设、养护及管理的资金主要来自于公路用户费（税）的政策。当前我国公路用户费（税）主要包括公路规费和通行费两大类。其中，公路规费包括两项，一项是作为地方公路用户费（税）的养路费，另一项是作为中央公路用户费（税）的车辆购置附加税；通行费，是指公路用户除交纳公路规费外，在使用收费公路、桥梁时，还需缴纳过路过桥费——一种即买即付账的用户费。目前，我国公路用户费（税）主要是上述三种，它们是我国公路建设养护资金的主要来源。

（3）实施多种筹资方式并存的政策

上述三项公路用户税（费）构成了我国公路资金中最稳定可靠的部分。由于我国公路资金需求巨大，仅仅依靠以上几种筹资方式还远不能满足需要，为此，目前我国公路事业实行多种筹资方式并存的政策，即除以上三项公路规费外，主要还有以工代赈政策、引进外资的政策和使用国内贷款的政策。引进外资政策基本可分为两种方式：一种方式是利用国际金融组织或机构的贷款建设收费还贷公路，另一种方式是吸引国外财团和企业的资本进行公路建设项目的投资，或直接购买收费公路的经营权（即经营权转让）。我国公路建设资金来源中，国内贷款所占数额和比重最大。这表明：①公路建设资金短缺率很高；②以银行为代表的金融机构加大了对交通基础设施建设支持的力度；③贷款利率水平可为公路建设所接受。

2. 我国民航业融资结构

2007年，我国民航业的固定资产投资资金来源总计552.34亿元，比2006年增加52.42亿元，同比增长10.49%。民航业固定资产投资资金来源总额的增速远高于同期GDP的增速，说明近年来，我国民航的融资规模较大，呈现较快增长的态势。

我国民航业的资金来源主要是自筹资金，其次是银行贷款。2007年，我国民航业投资的资金来源中，自筹资金占52.19%，较2006年提高25.46个百分点；贷款资金占28.62%，较2006年下降1.75个百分点；利用外资占8.44%，较2006年下降9.86个百分点。

航空公司方面，作为民航业的主体，其融资方式比较灵活，主要有国家预算安排（中央和地方财政拨款）、国债及银行贷款、外资以及企业自筹等几种方式，其中以银行贷款、外资和企业自筹为主。根据国家统计局的数据，2007年民航客货运输投资的资金来源中，自筹资金占48.85%，较2006年提高了26.39个百分点；贷款资金占25.65%，较2006年下降3.89个百分点；利用外资占20.78%，较2006年下降23.29个百分点。

机场方面，作为民航业的重要的基础设施，在实施属地化管理后，大部分机场的资金来源由以前的以中央财政投入为主转为以地方财政为主。同时，在政府投入不足的情况下，一些大型机场通过国债、银行贷款、外资等方式来自筹资金以满足机场自身发展的需要。2007年机场投资的资金来源中，自筹资金占51.88%，较2006年提高23.92个百分点；贷款资金占33.37%，较2006年提高2.53个百分点；国家预算内资金占12.54%，较2006年下降4.71%个百分点。

再来考察贷款资金，2007年民航运输业投资使用国内贷款158.10亿元，其中，约60%投向了机场建设，约40%投向了航空公司，与2005年相比，贷款投向比例已经发生了很大的变化，2005年民航业的贷款总额中，有76.42%投向机场建设，23.38%投向了航空公司，这表明随着航空公司购置飞机需求增加，对贷款的依赖性增强，银行也从过去的主要支持机场建设逐步转向支持航空公司发展。另外，一些新成立的航空公司以及支线机场，迫切需要外部资金支持，但由于其规模小、效益差，往往难以获得银行的贷款，这是当前我国民航业发展面临的一个难题。

3. 我国水路交通投融资现状

目前，水路交通在固定资产投资方面的融资渠道有预算内资金、专项资金、国内贷款、发行股票、发行债券、利用外资、自筹资金等。从20世纪90年代初以来，在水路交通投资方面，虽然国家投资即中央财政资金在数额上和比重上下降了，但交通部专项资金在数额上与比重上却增长了；虽然贷款等间接融资的资金在数量上与比重上下降了，但发行证券等直接融资的资金在数量上与比重上增加了；企事业单位自筹资金与地方自筹资金在数额上与比重上都稳定快速增长，国外资金成为水路交通建设的一种重要资金来源。

总体来看，我国水路交通建设投资主体主要是国家和当地政府，投资机构也相对单一。融资方式主要包括财政拨款、征收费税和银行贷款。财政拨款、征收费税为政府行为，但资金规模要受到一定的制约；而银行贷款除了国内政策性银行的贷款外，主要通过政府行为，向世界开发银行和亚洲开发银行申请贷款，采用"贷款修路，收费还贷"的模式进行。随着我国交通建设需求的日益增加，资金渠道明显不足，筹资方式也显得单一。

因此，要探寻拓宽融资渠道、创新融资方式的措施，改善我国目前的水路交通资金渠道不足、筹资方式单一的现状，进而解决水运基础设施建设的资金来源问题，推进水路交通现代化。

二　铁路投融资体制是改革的重中之重

（一）中国铁路进入大建设大发展时期

2008年11月，国务院常务会议提出了扩大内需、促进经济增长的十项措施，铁路建设是其中的重点措施之一。随后，铁道部也适时出台了《中长期铁路网规划（2008年调整）》方案，拉开了中国铁路新一轮大规模建设的序幕。通过此次大规模铁路建设，国家将实现两个方面的目的，一个方面是拉动经济增长，另一方面则是希望解决困扰国家多年的铁路发展难题。从解决铁路建设资金入手，加快铁路建设的步伐，缓解铁路运能不足的问题，为铁路体制改革铺路，通过铁路的市场化操作，吸引社会资金参与铁路建设，从而达到铁路发展的良性循环。

随着大规模基建的开展，我国铁路建设力度空前。2009 年，全国铁路基本建设完成投资6005.6 亿元，累计同比增长77.9%；铁路全行业固定资产完成投资7013.2 亿元，累计同比增长69.1%。

根据国务院批准的《综合交通网中长期发展规划》，2020 年我国铁路网营业里程将达到12 万公里以上，在 2008 年 8 万公里的基础上新增 4 万公里，相当于1978 年改革开放以来累计建设铁路里程2.83 万公里的1.4 倍。其中：复线率达到50%以上，电气化率达到60%以上，客运专线达到1.6 万公里以上；规划建设新线4.1 万公里，增建二线建设1.9 万公里，既有线电气化建设规模2.5 万公里。2010 年阶段目标为：全国铁路网营业里程9 万公里以上，客运专线建设规模7000 公里，复线率、电气化率均为45%以上。这预示着我国未来几年铁路建设将持续高增长。而根据铁道部于 2009 年全国铁路工作会议提出的工作目标，2009～2012 年基本建设投资将达到年均6000 亿元以上；2013～2020 年路网完善阶段年均投资达到3000 亿元以上，铁路固定资产投资总额达到 5 万亿元。由此可见，我国铁路建设未来的投资规模是空前的，对资金的需求是巨大的（见表1）。

表1 2020 年中长期铁路网规划目标与各阶段性目标

单位：万公里

项 目	2008 年	2010 年	2012 年	2020 年
铁路营业里程	7.96	9	11	12
其中:客运专线	0.0927	0.7	1.3	1.6
复线	2.89	4.05	5.5	6
电气化	2.81	4.05	6.6	7.2

（二）巨额投资带来日益增长的成本压力

1. 铁路建设资金构成中债务融资比例快速上升

铁路建设的资金构成分为两大部分：权益性融资和债务性融资。权益融资主要包括铁路建设基金，每年500 亿～600 亿元；铁路税后利润和折旧每年约500

亿元每年；合作建路方如政府、企业、社会的资金投入，2008年大约600多亿元。其中，铁路建设基金和铁路固定资产折旧合计每年1000亿元左右，较为稳定；铁路税后利润2008年亏损129.51亿元，2009年预计亏损200亿元左右，若运营效率无法提高，随着债务增长，财务费用日益增高，则日后铁路将继续严重亏损。权益融资中最有上升空间的为企业、社会的资金投入，而这部分将主要靠投资回报率的拉动，从我国铁路目前超低的投资回报率来看，该部分投入明显动力不足（见图1）。

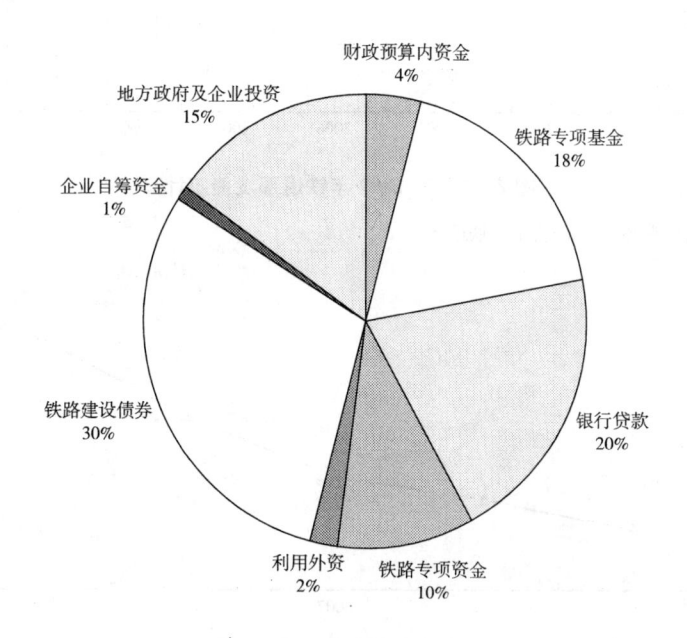

图1 中国铁路的资金来源

财政预算内资金 4%
铁路专项基金 18%
银行贷款 20%
铁路专项资金 10%
利用外资 2%
铁路建设债券 30%
企业自筹资金 1%
地方政府及企业投资 15%

债务融资主要包括铁道债、中期票据、短融券、银行贷款等。自1995年起，铁道部开始陆续发行铁路建设债券，2006年进入大规模发行时期。截至目前，铁道债共发行2987亿元，已兑付157亿元，尚未到期2830亿元；短期融资券共发行600亿元，已兑付300亿元，尚未到期300亿元；中期票据共发行600亿元。银行贷款也由2005年的369亿元增加至2008年的1217亿元，2009年猛增到3000亿元以上。从历史数据可以看出，铁道债务融资额越来越大，这与近年来快速发展的铁路建设密切相关，由于现有条件下的权益融资极其有限，大规模的建设融资不得不靠增强发债和贷款力度来支撑，这也使铁路建设资金来源中债务融资比例快速上升,由 2005 年的 48.83% 上升至 2008 年的 64.26%,2009 年占比在 70% 以上(见图 2、图 3)。

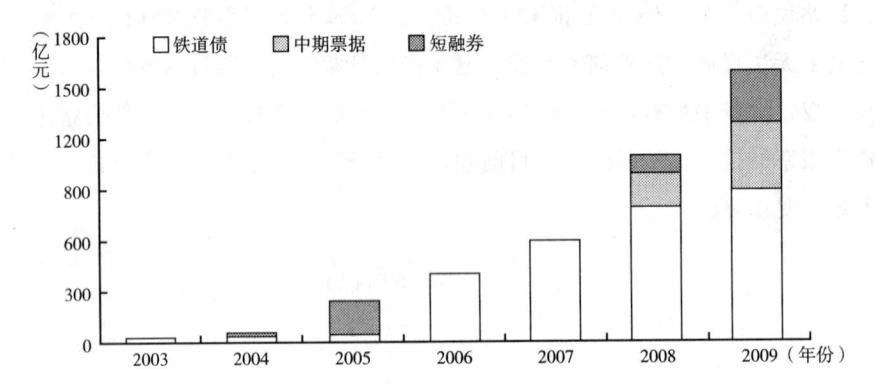

图 2 2003~2009 年铁道部发债统计

数据来源:Wind 资讯、铁道部。

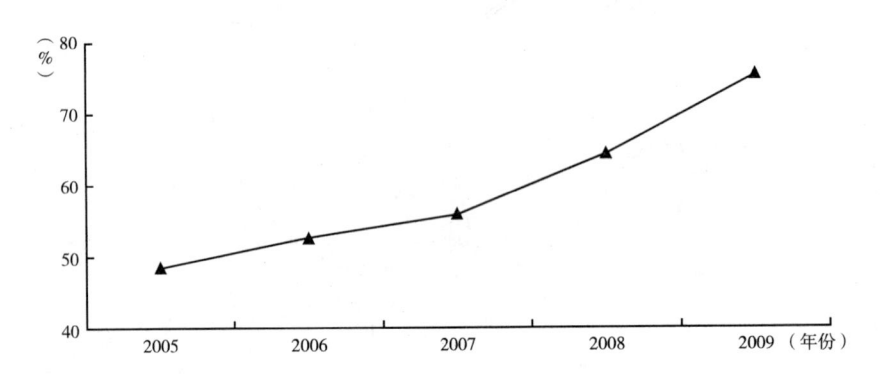

图 3 2005~2009 年铁道部债务融资占比

数据来源:铁道部。

2. 巨大的债务融资规模将令财务压力日益增加

快速增长的债务融资规模令铁道部的资产负债率逐年上升,2009 年负债合计预计超过 1 万亿,资产负债率达到 55% 以上(见图 4)。若日后的铁路建设资金仍旧靠发债和贷款来筹集,则铁道部的资产负债率 2012 年将超过 70%。

日积月累的巨额负债也将令铁道部的利息费用快速增加。截至目前,铁道部的铁路债、短期融资券、中期票据存续期内每年需分别支付利息 130.93 亿元、4.31 亿元、21.51 亿元,合计 156.75 亿元。再加上银行贷款利息,2009 年的利

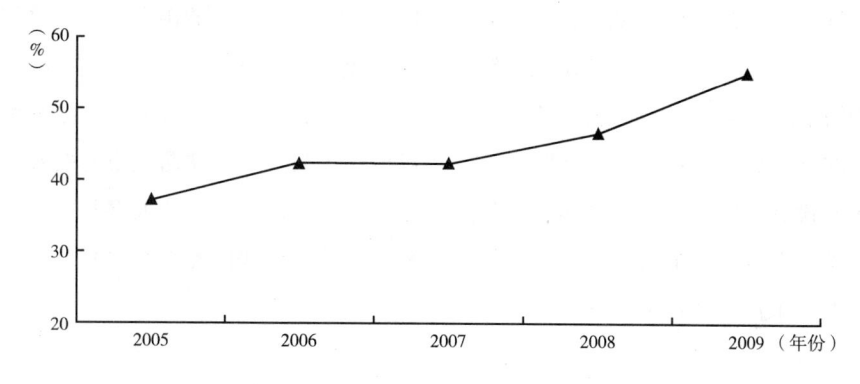

图4 2005～2009年铁道部资产负债率

数据来源：铁道部。

息支付在400亿元以上。而随着日后债务融资的巨额增长，预计铁道部的利息费用很快将超过1000亿元，铁路赢利能力将更加脆弱。

（三）铁路投融资体制改革势在必行

长期以来，中国铁路一直处于建设、管理和投资的困局之中。由于铁路建设进展缓慢、运能严重不足，为保障铁路的安全运营、保证国家重点物质的运输，铁路管理一直沿用了计划经济时代的管理体制，全国铁路统一调度、统一管理，铁路运价实行国家管制，这种管理体制导致铁路系统赢利能力低下，社会资金对参与铁路建设缺乏积极性，从而使得铁路建设资金来源比较单一，建设资金严重不足，进而导致铁路建设缓慢，中国铁路就在这种困局之中艰难前进。

铁道部"十一五"铁路投融资体制改革推进方案明确了七个方面的改革重点：扩大合资建路规模、积极推进铁路企业股改上市、扩大铁路建设债券发行规模、研究建立铁路产业投资基金、扩大利用外资规模、研究探索铁路移动设备的融资租赁、合理使用银行贷款。总体的目标是大力吸引地方政府和境内外各类社会资金直接投资铁路建设，积极引进战略投资者，大幅度提高项目直接融资比重；扩大铁路建设债券发行规模，建立"滚动发债"机制；研究建立铁路产业投资基金，开辟保险、社保等大额资金投资铁路基础设施建设的有效途径；探索铁路移动设备的融资租赁；积极推进铁路股份制改革，组建若干股份公司在境内或境外上市融资，以优质存量资产吸引增量投资，实现持续融资、滚动发展。

随着铁道部《中长期铁路网规划（2008年调整）》方案的出台，中国铁路新一轮大规模建设的序幕已经拉开。铁道部部长刘志军在全国铁路工作会议上称，2010年铁路将继续加大投融资体制改革力度，扩大合资建路规模，广泛吸引社会资本参与铁路建设，支持保险、信托等机构和民间资本对铁路建设的投资，构建多元投资主体共同建设铁路的格局。铁道部还计划进一步规范大秦、广深、铁龙等铁路上市公司的管理，充分发挥融资平台作用，加快已经成熟的股改项目上市的准备工作，择机上市融资。

三 交通金融服务模式的创新与发展

（一）汽车金融

汽车金融服务是在汽车的生产、流通与消费环节中融通资金的金融活动，主要包括资金筹集、信贷运用、抵押贴现、证券发行与交易，以及相关保险、投资活动，它是汽车业与金融业相互渗透的必然结果。在当今世界，发展汽车金融服务业已经成为主流趋势。近年来，汽车产业已经成为我国经济增长的支柱性产业之一。金融作为现代经济的核心，必然成为支持汽车产业发展的重要力量，同时，汽车产业的发展也对金融业提出了新的要求。从国外的经验看，发展汽车金融服务业是促进汽车业和金融业良性互动最有效的途径。因此，我国也应当加快汽车金融服务业发展的步伐，以此促进汽车业和金融业的良性发展。

1. 我国汽车金融业发展的历程

汽车金融业在我国的发展还处于初创阶段。自1995年上海汽车集团首次与国内金融机构联合推出汽车贷款消费以来，十几年的发展可以总结为4个阶段。

第一阶段是1999年以前的起步阶段。由于缺少相应经验和有效的风险控制手段，已开展的汽车消费信贷业务问题逐步显现，因此中国人民银行于1996年11月停办汽车消费贷款。直到1998年9月中国人民银行出台《汽车消费贷款管理办法》，中国才重新开始了汽车消费贷款。该阶段金融机构基本上不从事汽车金融服务，购车人主要是公务用车者，私人购车很少，基本都是全额付款。

第二阶段是1999～2003年上半年的"井喷"阶段，中国汽车产量增长速度呈直线飙升的势头。这主要是由于私人购车数量增加，各商业银行大力开展汽车消费信贷业务，并且保险公司的车贷险业务也得以迅速开展，各种因素共同促成了汽车消费"井喷"。截至2003年底，中国个人汽车信贷总额超过了2000亿元，在新增的私家车中有近1/3都是贷款购车。尽管2003年以后，增长速度有所回落，但由于基数大，增长的绝对数量还是比较大的。

第三阶段是2003年下半年到2004年8月的速冷阶段。由于车价不断降低、征信体系不健全等原因，拖欠贷款、骗贷的现象屡见不鲜，出现了大量坏账。2004年3月31日，车贷险也被中国保监会正式叫停。因此，从2004年2月份开始，全国各大银行的汽车消费信贷业务开始急剧萎缩，由商业银行主导的从"商业银行+保险公司+汽车生产商和销售商"到汽车消费者这样一种并不稳定的汽车金融服务业模式基本瓦解，国内汽车金融服务业进入阶段性低谷。

第四阶段是从2004年8月18日开始，中国首家汽车金融公司——上海通用汽车金融有限责任公司在沪开业，标志着中国汽车金融业开始向汽车金融服务公司主导的专业化时期转换。监管部门尝试通过批准由大型跨国汽车公司组建的专业汽车金融公司来引入成熟市场的汽车消费信贷管理和运营模式，以促进中国的汽车金融服务业的发展。随后，福特、丰田、大众汽车金融服务公司相继成立。

2. 我国汽车金融运行模式分析

在我国，汽车金融主要内容是汽车消费信贷业务，该业务的主体主要涉及银行、汽车经销商、汽车集团财务公司以及其他非银行金融机构。按照各主体在信贷业务过程中所承担的职责不同，以及与消费者的关联程度不同，目前的国内汽车消费信贷运作模式可以分为三种：以银行为主体的直接模式、以销售商为主体的间接模式和以汽车金融公司为主体的直接模式。

（1）以银行为主体的直接模式

该模式是银行直接面向客户开展业务，是各个业务流程的运作中心。例如，银行委托律师进行客户资情调查、评价，并直接与客户签订信贷协议等。要求客户到指定的保险公司买保险，到指定的经销商处买车。与此相对应，相关风险也主要由银行和保险公司承担。该模式可以充分发挥银行资金雄厚、网络广泛、资金成本较低的优势。但银行直接面对客户，工作量会大大增加，另外银行还要去做资金运作之外的其他很多工作，比如对汽车产品本身的性能、配置、价格、经销商及其服务等方面的情况有比较全面和及时的了解。这样势必加大相应的人力、财力的投入。由于汽车市场变化很快，汽车生产企业或商业企业的竞争策略、市场策略也在不断调整，但是银行对这种变化的反应往往滞后，从而影响金融产品的适应性，影响服务质量。因此，在汽车消费信贷规模还不是很大的情况下，这种运作模式还能适应，但随着汽车信贷业务量的不断增加，这种模式将遇到极大的挑战。

（2）以销售商为主体的间接模式

在这种模式下，由经销商直接面对客户，与客户签订贷款协议，销售商通过收取车价2%~4%的手续费，完成对客户的信用调查与评价，办理有关保险和登记手续，并以经销商自身资产为客户承担保证责任，为客户办理贷款手续，代银行向客户收取还款。该模式的最大特点是方便客户，实现对客户的一门式服务。与此相对应，信贷风险也主要由经销商和保险公司承担。由于经销商对市场最了解，对汽车产品和服务反应最直接也最及时，所以他们能够根据市场变化，推出更合适的金融服务。由于放贷标准上的差异，该模式更有利于扩大贷款范围，从而起到培育市场、稳定销售网络、锁定客户群体的作用。但是，经销商的资金来源和自身资产规模有限，资金成本较高，而且信贷业务也并非其主业，所以在信贷业务上经验相对缺乏，因此该模式只适用于一定的范围内（见图5）。

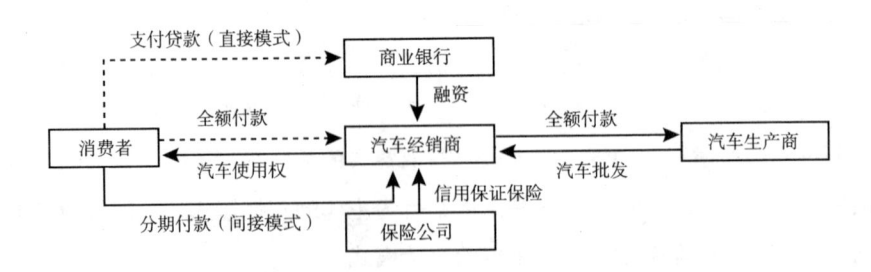

图5 我国汽车金融运行模式图

（3）以非银行金融机构为主体的直接模式

该模式与银行的直接模式运作基本一致，但是放贷主体通常是汽车集团所属的汽车财务公司，由汽车财务公司行使放贷主体职能，业务范围基本只针对本集团的汽车产品，经营风险由汽车财务公司和保险公司承担。以汽车金融公司为主体的汽车消费信贷模式是世界上通行的运作模式。汽车金融公司有效地连接汽车生产企业、商业企业和银行，并以金融为其主业，可以将银行和企业的优势较好地联系在一起。

目前这种模式在我国还处于起步阶段，业务量非常小，经过几年的摸索，我国已经具备了大力发展这种模式的条件，2008年颁布的新《汽车贷款管理办法》对我国汽车金融公司的准入条件、业务范围和风险管理等作出较大修改和调整，此举有望促进我国汽车金融公司全行业实现又好又快发展，有望促进我国汽车产业和汽车消费信贷市场快速发展。

自2004年成立第一家汽车金融公司以来，截至目前，跨国汽车巨头已在我国成立了9家合资汽车金融公司，包括通用汽车、大众汽车、福特汽车、丰田汽车、戴姆勒—克莱斯勒、标致雪铁龙、沃尔沃、日产汽车、菲亚特汽车等。截至2007年12月底，已开业的8家公司资产总额284.98亿元，其中贷款余额255.15亿元，负债总额228.22亿元，所有者权益56.76亿元，当年累计实现赢利1647万元，不良贷款率为0.26%。

虽然以汽车金融公司为主体的直接模式进入我国的时间不长，但经过这两年的市场导入与"适应"后，目前各大汽车金融公司在我国的业务均呈现很好的上升趋势。该模式能很好地分担汽车金融风险，与其他模式相比，有不可比拟的优势，我国汽车金融市场的运行模式也会从以商业银行为主体的模式，过渡到以汽车金融公司为主体的模式。

（二）我国内河航道建设融资模式

1. 水路交通投资项目分类

水路交通投资项目根据其功能和经济效益差别以及项目建设中政府与企业的融资职能，可以划分为公益性项目、经营性基础项目和经营性一般项目三大类。

第一类是公益性项目，主要包括水路交通基本条件的内河航道、进港公用航道等航道设施，公共的非经营性的防波堤、护岸、港池、锚地、浮筒、航标、临港道路、港口给排水、环保等港口设施，水路交通支持系统的水上安全监督、通信、救助、打捞、公安消防、教育、科研和信息等设施。公益性项目的功能在于为水路交通创造必不可少的条件，其投资是以获得社会效益而不是直接的经济效益为目的，投资额巨大但不能取得直接的投资回报。

第二类是经营性基础项目，主要包括与港口企业经营有关的基础性项目，如码头、夏船、栈桥、港内道路（铁路）、客运站等设施。经营性基础项目的功能在于为港口和船舶提供经营基础，融资活动部分体现为社会效益，部分体现为直接的经济效益，投资规模相对较大，具有一定的垄断性质，能够取得一定的投资回报。

第三类是经营性一般项目，主要包括与港口企业经营有关的一般经营设施项目，如装卸机械、设备、车辆、船舶、仓库、堆场、水上过驳平台等设施或设备；与航运企业经营有关的运输船舶、集装箱等设施或设备。经营性一般项目的功能在于为社会生产进行水上运输活动，融资活动主要体现为直接经济效益，部分体现为社会效益，投资规模相对较小，具有半竞争性质，投资回报相对较高。未来一个时期，我国水路交通的融资应按项目类别确定投资主体，实施相应的融资政策。

2. 水运基础设施建设的融资模式

根据不同时期生产的社会化程度、经济发展水平及市场化水平，水运基础设施建设有几种可供选择的融资模式。

（1）财政主导型的融资模式

这种模式具有以下特点：第一，政府以双重身份参与水运设施融资活动，即一方面是作为投资主体，另一方面是作为投资活动的管理者。第二，财政控制着水运设施建设资金供给渠道并主要依靠财政的无偿拨款筹集资金，非财政资金在整个水运设施建设中所占的份额很小。第三，政府对水运设施实行垄断式的计划调控和行政管理。这种融资模式在社会资本总量短缺、生产的社会化程度不高、水运设施供给总量明显不足的经济运行状态下，具有一定的积极作用。它有利于在一定时期集中投资，确保水运设施领域的优先发展；同时，也能够在一定程度上克服市场投资的自发性和盲目性带来的弊端，防止无政府状态的投资所造成的社会性巨大浪费。但是，随着生产社会化程度的不断提高和经济的持续发展，特别是私人储蓄力量的增强，这种运作体系与经济持续发展间的矛盾逐渐突出。由于投资主体的垄断性存在，水运设施建设明显缺乏效率，融资方式单调，资金短缺矛盾日益扩大。由于资金的无偿使用以及资本极低的收益率，使得水运设施领域资金的自身积累和再投资的积极性受到很大的制约。水运设施领域政企不分、产权不清、责任不明、管理混乱的情况不可避免地存在，政府对水运设施的行政性管理容易导致决策的随意性和投资的盲目性。

（2）银行主导型的融资模式

随着社会财富的增长以及由此带来的银行业的发达，政府储蓄和私人储蓄的总量增加，银行集聚了相当的储蓄，水运设施建设对银行具有很强的依赖性，银行成为水运设施融资方向和规模的主导者。

这种运作模式具有以下特点：第一，银行既是市场经济中的货币资本经营主体，又是水运设施融资的主体。第二，银行主要控制着水运设施建设资金的供给渠道，并主要依靠企业贷款的形式转化为水运设施领域的直接投资。第三，政府主要依靠银行系统实行宏观调控与管理：企业若负得起债务，控制权就掌握在企业手中，反之控制权就自动转移到银行手中。银行作为外部投资者，就要对水运设施建设企业进行干预，因此企业要努力经营。这种融资模式在资本市场欠发达的经济运行条件下，利用相对发达的银行业，能够推进水运设施融资的商业化进程和整个社会基础设施的发展，但是，它也存在很多自身难以克服的缺陷。由于银企间利益的冲突，银行投资很容易转化为不良资产，甚至成为银企间的呆账，银行再投资的积极性将不断受到打击，水运设施产业资本因此不能形成良性循环。此外，银行在水运设施融资活动中的特殊地位制约了企业和其他组织作为投资主体自主决策、自我发展、自行经营的投资积极性的发挥；同时，也抑制了资本市场的进一步发展。水运设施融资范围的不断扩展和融资工具的不断创新，最终由于政府对水运设施融资的宏观调控与管理行为的失效而导致投资不足，供给短缺。

(3) 政策主导型的融资模式

所谓的水运设施政策主导型融资模式，即在经济高速增长，水运设施供给明显滞后，政府财政拮据，资本市场和银行业又处于欠发达的状态下，利用政府信用，实行相关的政策和措施，开放水运设施投资市场，采取各种直接或间接的融资方式吸引社会各投资主体，以实现水运设施建设目标，解除经济增长中的"瓶颈"制约，推进市场发展。世界上许多国家如日本、韩国在国家经济高速发展时期曾利用这种方式发展基础设施，并创造了经济发展的奇迹。

这种模式具有以下特点：第一，投资主体是以政府信用为依托，包括政府和民间投资在内的多层投资体。第二，政府通过信息诱导、政策诱导、利益诱导等方式，广泛调动社会各投资主体的积极性和主动性参与水运设施投资。各投资主体间采用各种灵活而有效的投资组合方式开展投资活动，投资资金既表现出政策性，即不以赢利为主要目的，又体现出有偿性，即一手以有偿方式筹集资金，一手以有偿方式使用资金。第三，政府对水运设施的融资活动实行以市场为主，政府管制为辅的准政府性运行方式。

显然，这种运作模式在我国当前经济的转轨时期乃至未来一定时期，具有很大的参考和借鉴意义。它一方面可以弥补我国当前市场化水平不高而引致的市场缺陷，更多地把社会储蓄吸引到水运设施领域；另一方面又可以加速推进我国的市场化进程，减轻财政负担，减少政府行为。但是，这种运作模式必须符合国家当期经济运行的实际和长远利益目标，在坚持水运设施建设的服务性原则、融资行为的国家信用原则、融资方式的创新原则以及政府介入的间接性原则等前提下开展活动，以便真正发挥政策性融资的作用，实现当期水运设施建设的最优目标。

(4) 市场主导型的融资模式

在以市场自我调节作为资源配置主要形式的经济模式中，水运设施领域的市场主导型融资模式是一种必然的趋势。

这种融资模式具有以下特点：第一，企业和个人成为社会最主要的水运设施投资主体，政府对水运设施建设的直接投资规模较小。第二，水运设施的融资主要依赖于发达的资本市场而采取直接融资的方式。第三，所有在水运设施领域内的各投资主体严格按照健全而完善的市场规则处理相关关系。第四，政府通过市场机制的传导和宏观经济政策的改变调控及监管水运设施。很明显，这种以市场为基础的水运设施融资模式，必须要有相当发达而成熟的市场体系和公平的市场竞争环境。

(三) 航运金融服务正值发展的新时期

据有关资料统计，全球每年与航运相关的金融交易规模高达几千亿美元，其中船舶贷款规模约3000亿美元、船舶租赁交易规模约700亿美元、航运股权和债券融资规模约150亿美元、航运运费衍生品市场规模约1500亿美元、海上保险市场规模约250亿美元。而上海在全球航运金融市场的份额不足1%。

在保险方面，与从事海上保险的国际大保险公司相比，中资保险公司创新能力不足，保险产品匮乏，风险管控能力不高，国际网络少，国际认可度较低，缺少遍布全球主要港口的服务网络，也缺乏与国际大公司之间的合作。国际大型保险公司在全球主要港口设有分支机构，或与当地最好的保险公司合作，一旦承保的船只出事，其分支机构的工作人员或代理人员就快速赶到现场，及时掌握第一手资料，协助开展事故处理，并及时理赔。

在银行方面，外资银行比中资银行具有明显的技术、管理和专业人员方面的优势，可以提供更高效的服务和市场化的优惠贷款利率。相比之下，我国银行内部缺少具有相关海事、船舶和海商法知识的专业技术人才，大大限制了银行船舶融资业务的开展。但在国际航运业仍处于低谷的时候，我国航运金融服务正步入快速发展的新时期。

第一，世界航运的运输业务重心已由欧洲转至亚洲，包括航运金融在内的世界航运服务业的发展重心也必将转至亚洲。2008年世界十大集装箱港运输中，亚洲占了9个，而中国就占了6个，传统欧美著名港口，如鹿特丹、汉堡、洛杉矶等排名继续下降。可是国际航运的相关服务业务，包括船舶注册、管理、买卖、融资、保险、仲裁等，其中心目前仍在欧洲。随着国际航运业务的重心由欧洲转至亚洲，亚洲正需要一个能为船东及船舶管理者提供包括金融服务在内的一站式服务的航运中心。环顾亚洲，只有香港、上海和新加坡具备发展航运服务业的条件。尤其是世界各国各地区的经济和金融机构几乎都遭受了金融危机的严重冲击，相比之下，中国的经济和金融机构"一枝独秀"。我国政府在加快推进上海"双中心"建设的《国务院关于推进上海加快发展现代服务业和先进制造业建设国际金融中心和国际航运中心的意见》中，明确提出要大力发展航运金融服务。这无疑为包括民生银行在内的中资金融机构发展航运金融提供了难得契机。

第二，中资金融机构面临发展航运金融的较好机遇。2009年以来，国务院出台了两个与航运业相关的产业振兴规划——《船舶工业调整振兴规划》和《物流业调整振兴规划》，为我国航运业的长期发展提供了有力的政策支撑。另一方面，当前国际金融机构在金融危机冲击下实力大减，国际航运产业和航运金融步入低谷，航运业急需资金，一些从前不搭理中资银行的国际大型优质航运企业现在转而求助于中资银行，为中资金融机构进入航运金融领域并扩大市场份额提供了较好机遇。

第三，随着上海国际金融中心和国际航运中心建设的升温，我国航运金融发展开始提速，中资银行对发展航运金融的重视程度高于以往任何一个时期。比如，交通银行率先提出突出航运金融服务特色，并组建了航运金融部；中国银行上海市分行成立了国际航运金融服务中心；工商银行上海市分行正积极筹划建立专业航运金融平台，根据方案，工行将在沪成立专业的航运金融服务队伍，将联合总行航运金融产品设计及工银租赁等部门，在上海成立专业化分支服务机构。

第四，航运产业关联度高，航运金融业务可以进一步拓展到更为广阔的相关金融领域。据统计，在106个行业中，造船业与97个行业有关联。另一方面，航运产业由内到外可以拓展为多个层次。通过找准业务切入点，金融机构可以将航运金融业务进一步拓展到更为广阔的相关金融领域。

第五，我国沿海区域发展战略的实施为我国航运金融服务提供了巨大的发展空间。2009年以来，国务院陆续通过了一系列沿海区域发展战略规划。这些战略的实施将首先带动相关港口、临港工业等相关产业的迅速发展。

四 民生银行交通金融服务模式创新

（一）中国民生银行简介

1. 历史沿革

中国民生银行于1996年1月12日正式成立，是中国首家主要由非公有制企业入股的全国性股份制商业银行，同时又是严格按照《公司法》和《商业银行法》建立的规范的股份制金融企业。民营经济成分和规范的现代企业制度使民生银行有别于国有银行和其他商业银行，为国内外经济和金融界广泛关注。中国民生银行成立14年来，业务不断拓展，规模不断扩大，效益逐年递增，并始终保持良好的资产质量。

2000年，中国民生银行A股股票（600016）在上海证券交易所挂牌上市；2003年，民生银行40亿元可转换公司债券在上交所正式挂牌交易；2004年，中国民生银行通过银行间债券市场成功发行了58亿元人民币次级债券，成为中国第一家在全国银行间债券市场成功私募发行次级债券的商业银行；2005年，民生银行成功完成股权分置改革，成为国内首家完成股权分置改革的商业银行，为中国资本市场股权分置改革提供了成功范例；2009年，在顺利完成海通股权处置和发行人民币50亿元混合资本债的基础上，成功实现H股在香港联交所发行上市，募得资金折合人民币267.50亿元，补充了资本金，保障业务稳定健康发展。

截至 2009 年年末，中国民生银行总资产规模达 14264 亿元，实现净利润 121 亿元，存款总额 11279 亿元，贷款总额（含贴现）8830 亿元，不良贷款率 0.84%，保持国内银行业领先水平。股票每股收益 0.63 元，较 2008 年增加 0.21 元；2009 年年末总市值达 1752.96 亿元；平均总资产回报率达 0.98%，较 2008 年提高 0.18 个百分点。民生银行在北京、上海、广州、深圳、武汉、大连、南京、杭州、太原、石家庄等地设立了 29 家分行，在香港设立了 1 家代表处，机构总数量达到 434 家。民生银行的快速发展受到公众和业界的高度关注和认同，获得越来越高的知名度和美誉度。十多年来，中国民生银行不断回报社会，积极参与社会公益事业，获得了公众和媒体的广泛关注和赞誉。

2. 战略目标

2007 年，中国民生银行董事会审议通过了《中国民生银行五年发展纲要》。发展纲要的出台是民生银行经过 10 多年快速发展后，重新进行市场定位和战略转型的重要标志，第一次系统、全面地规划未来三至五年的发展愿景、业务指标和实施方式。董文标董事长在民生银行战略转型时指出：做民营企业的银行，做小、微型企业的银行，做富人的银行。

中国民生银行战略转型的总体目标是：按照最有竞争力的特色银行的办行方针，将民生银行办成符合国际先进银行规范、管理先进、成长迅速、成本节约、效益和公司价值最大化的现代化商业银行，同时顺应全面经营的潮流，在五年时间内构建以商业银行业务为龙头的综合化金融产业集团。

未来三至五年，民生银行董事会与经营层将以股东价值最大化为根本目标，将民生银行逐渐发展成为以商业银行业务为核心的国际金融控股集团，向客户提供全方位的金融产品和服务。同时，积极推进业务转型和结构优化，确保依法合规经营，继续完善法人治理结构，加强风险管理和控制，稳步推进国际化战略，将民生银行打造成国际市场的合格竞争者。

3. 事业部制改革

近年来，银行业外部经营环境发生深刻变化，经济形势更加复杂多变，利率市场化进程加快，客户金融需求发生变化，金融脱媒现象普遍。民生银行连续多年保持较快的发展速度，但核心竞争力指标距离国际先进水平尚存在一定差距。此外，同业竞争加剧，外资银行的全面介入国内银行业务领域，其他专业金融公司的迅速发展，均给民生银行业务发展带来巨大挑战。艰难困苦育新生，面对机遇和挑战，民生银行以"敢为天下先"的魄力和智慧在国内率先选择了实行公司金融事业部制的改革之路。

2007下半年，民生银行董事会着手进行事业部制改革。改革伊始，管理层首先选择从贸易金融部、投资银行部、工商企业金融部、金融市场部四个产品部门入手，中国首例商业银行事业部制改革自此拉开大幕。此后，公司银行部又进一步按行（产）业板块划分成地产、能源、交通、冶金四大行业金融事业部。2008年初，民生银行的整个事业部构架已经完全搭建成形，各项业务稳步开展（见图6）。

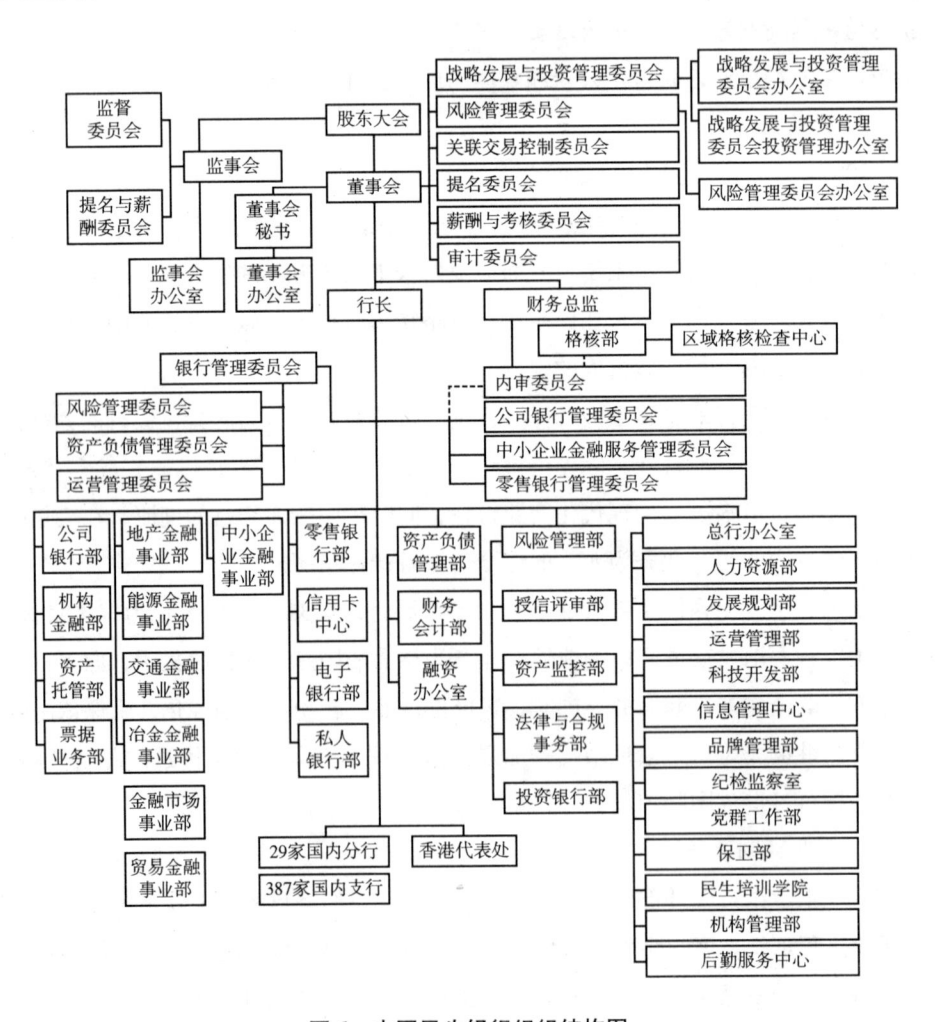

图6 中国民生银行组织结构图

资料来源：中国民生银行网站 www.cmbc.com.cn。

事业部制度建立以后，民生银行中间业务收入增长速度提高，制度优势逐步显现。据统计，人员数量占比20%的事业部创造了全行利润的50%。在加快业务专业化方面，事业部的集中经营发挥规模优势，更好地实现专业化分工和决策，有利于最佳商业实践的迅速推广和应用。在改善客户服务方面，各部门以客户为中心制定流程，通力合作为客户提供优质便捷的服务。各项业务操作流程化，人员"责、权、利"规范明晰，确保流程的顺利实施，提高服务水平。事业部制给予业务部门更大的经营自主权，贴近市场，有利于将资源配置到最有利于业务增长的地方。这种制度安排不仅释放了各业务单元的能量与活力，激发了业务单元的成长，而且在激励机制上有更大的自主权，有利于吸引和稳定一流的服务团队。

（二）交通金融事业部服务模式

1. 定位及经营理念

作为民生银行四大行业事业部之一的交通金融事业部，致力于服务交通行业的中高端客户，以实现利润最大化为价值取向，力争成为国际化的企业融资智库和准公司制的金融产品批发商及交通行业的投资银行经营机构。事业部以汽车、铁路、港口航运、航空、公路等为细分行业，以上述各子行业内大中型客户为主要细分市场，以具有产业链和集团性的客户为核心目标客户。充分利用事业部"总部优势、专业化优势、资源全国配置"三大优势，为客户提供针对特定需求的专业化金融解决方案，并使本行客户可接触和享用银行多样化的产品和服务，包括流动资金贷款、项目贷款、承兑汇票、短期融资券、中期票据、电子汇票、现金管理、财务顾问及托管服务等。

目前，交通金融事业部已在全国设立21家分部，及隶属于总部的客户管理部、金融产品部、铁路业务部、汽车业务部、船运业务部、公路业务部、航空业务部、新兴市场部，以及风险中心、资产监控中心和运营管理中心，主要从事业务规划、组织推动、风险管理和运营支持工作。客户管理部与金融产品部是以客户为中心的支持服务平台。几大总部业务部门以行业为条线提供总对总以及自上而下的条线专业化支持。

2. 行业规划

交通行业子行业众多，客户结构多样。事业部改革前，原有机构对交通行业客户需求的理解普遍缺乏深度，产品单一，重点方向不够明确，综合收益较低。事业部改革后，交通金融事业部经过系统规划研究，提出了"专业化、差异化、标准化"的战略方针，在铁路、汽车、公路、船舶、航空五大子行业中，明确了不同的细分市场，以产业链、集团化、模式化开发为基本方式，制定了不同的准入标准和商业模式，形成了独具特色的交通金融服务体系。

交通金融事业部将与具有自主知识产权或品牌、具有一定市场占有率、民生银行有机会成为主办银行、从而可以获得较高综合收益的重点民营企业建立战略合作关系，并以该类客户作为重点目标市场，提供专业化的团队、产品和业务绿色通道，力争将中国民营企业培育出多个"世界500强"，以客户价值体现民生价值，以客户的成长实现民生的成长。在此基础上，通过"产业链"和"公私联动"的方式带动分行微小企业和私人业务的共同发展，实现协同效应。

3. 商业模式

交通金融事业部对机构发展蓝图进行了全面勾画。

在铁路行业，交通金融事业部力争成为铁路行业核心客户市场融资主渠道的组织参与者和顾问银行。交通事业部抓住政企分开、网运分离改革产生的多元化、多渠道的融资需求，全面加强与铁道部的业务合作。通过铁道部在铁路行业的主导地位，有步骤地介入铁路路网建设和铁路运输两个基础市场，承销短期融资券、中期票据等直接融资工具，再通过将低利率的资产转让提高整体收益水平。此外，对于铁路枢纽建设、路网物流、地方铁路、机车供应商将增加金融支持。

在汽车行业，交通金融事业部力争成为国内领先的汽车行业金融服务及时供应商和系统供应商。交通金融事业部以建店融资为突破口，大力发展集团授信。在土地4S店抵押、股权质押担保模式下，将"特许经营权"质押或出让作为进一步提升授信额度的切入点，提高对汽车经销商的支持力度。汽车建店贷款整体收益水平明显提高，对存款和中间业务收入拉动能力较强。

在船舶行业，交通金融事业部力争成为全国知名的船运行业专家团队、船运专业银行。交通金融事业部"船生船"模式已经基本成熟，着眼于未来近海开放和富人阶层消费潮流，交通金融事业部将产业链融资继续向上游和下游延伸，介入船舶工业园贷款和游艇消费贷款。基础设施现代化建设中的港口资源整合、空港城连接、业主码头建设将带来较大金融机会。

在航空行业，交通金融事业部力争成为专业化的航空产业链融资供应商和咨询机构。交通金融事业部将进入公务飞机和支线飞机的按揭贷款和融资租赁领域，也将从航空企业的并购重组中寻求金融机会。在稳定的客户群体初步建立、产品与服务体系相对完善的基础上，对交通金融事业部航空行业板块的营销策略、产品组合方案进行归纳提升，并结合案例形成标准化的操作手册；同时积极参与业内交流和形象展示，树立交通金融事业部航空行业中心的统一品牌。

在公路行业，交通金融事业部重点关注公路并购贷款。在准确、科学的客户分类的基础上，进一步优选目标客户，扩大战略、核心类客户在交通金融事业部各项业务中的比重。改变传统和粗放的经营方式，打造崭新的商业模式；积极探索成熟的商业模式、科学的运行机制，架构事业部稳定有效的发展根基。

对于工程机械经销商和畅销车型经销商，交通金融事业部后续还将跟进融资租赁和批发型消费贷款，真正做到"1+N"。

4. 机构及团队

民生银行的事业部制改革在中国是初次尝试，合理的组织机构设置和人力资源安排为这项重大改革提供了保障。交通金融事业部以"总部条线化，分部区域化"为改革思路，总部层面在"市场、风险、运营"三条线的框架下，分别设立了客户管理部、金融产品部、铁路业务部、汽车业务部、船运业务部、公路业务部、航空业务部，以及风险中心、资产监控中心和运营管理中心，主要从事业务规划、组织推动、风险管理和运营支持工作。分部层面，目前交通金融事业部共有21家分部，遍布我国交通事业的重点区域，在各自所辖区域内，以专业化营销和客户服务、贷前、贷中、贷后管理为主要职责。为顺利实现业务的组织和推动，交通金融事业部建立了专业化为主导的人才机制，为专家型人才铺设职业晋升通道；提高管理水平和管理效率，以现代公司制理念进行管理；加强风险管理，以优秀的行业风险识别和控制能力缔造交通金融事业部的核心竞争力。按照"抓大放小"的原则确立市场定位，将资源集中运用于高附加值的细分行业市场；研究、学习先进的金融产品，结合交通金融事业部的特点，设计出适合不同客户的商业模式。重点项目按首席项目经理制运作，实现区别于传统银行的经营方式。按照民生银行的统一要求，建立标准化的服务体系；按照交通行业的特点，设计清晰规范的业务流程；以行之有效的规章制度来保障各项业务的顺利推进。

5. 考核和激励

交通金融事业部建立了经济资本考核机制，全面提高产出效率和员工收入。明确经济资本考核制度，采用扣减资本成本之后的净利差和 EVA 相关联进行考核的方式，由总部统一核算财务顾问费用及重点业务类中间业务收入，加强中后台管理、支持与考核，并根据资本占用以及权责发生制配置费用。全面调动人、财、物等综合资源，通过项目经理制进行集约化开发和管理，针对高收益项目、民营战略客户、集团客户设立台账，建立专项流程，实行"一户一策"的动态管理。同时，将以提高重点业务的费用支持和员工收入为工作重点，确保战略转型的实现。

6. 核心竞争力

交通金融事业部持续发挥优势和特长，以商业模式推动快速增长。2009 年以来，加快"汽车建店贷款"的营销和推广，同时抓紧对"船生船"、"公路并购"的开发和落实，主动降低以土地、财政为主要还款来源的政府类业务和边界外客户的营销。对处于不同收益率层级的客户通过公司信托理财、债项融资（短期融资券、中期票据）、贸易融资、资产托管、银团贷款、票据业务、财务顾问等业务进行多层次开发，带动中间业务收入的增长。以资产经营的理念，实现客户和收益结构的调整。加强价格管理，盘活存量资产，通过对民营类战略客户的全过程营销和支持，以及建立资产转让、内外部银团等渠道，逐步实现存量业务结构的优化，交通行业客户由低收益结构向高收益结构转型。

发挥事业部在营销重点客户方面的优势，打造强大的总部，实行项目经理制，形成几个稳定的重点客户"总对总"服务营销团队。通过团队组合，集中优势资源，自上而下地开展营销工作。项目经理制按客户经理、风险及产品经理组成项目经理团队；逐步改变现行的营销和考核体制，培育专业、高效、战斗力强的项目经理团队。转变分部职能定位，形成区域相对优势和特色金融；着力扶持分部拓展特色业务，并做好"总对总"客户的延伸服务。重点引进国际化专业人才和领军型客户经理；特别是铁路、港口航运、航空行业，需要既了解行业运行特点又通晓银行业务的复合型人才。

（三）展望

金融危机爆发以来，国家为刺激内需、拉动经济增长，启动了新一轮交通运输基础设施建设的热潮。铁路方面，大规模铁路建设已全面展开，以高速铁路为重点的客运专线、煤运通道和西部铁路干线将继续加快建设。全国铁路未来三年投资增速将超过50%，计划投资规模将超过3.5万亿元。公路和港口方面，有国家高速公路网、农村公路、灾后交通基础设施恢复重建、国省道干线公路改造及重要港口干线航道、防波堤等公共设施建设及长江、京杭运河等内河航道建设。预计未来两年固定资产投资规模年均将达到1万亿元的水平。汽车方面，已出台《汽车产业调整振兴计划》，将实施积极的消费政策，稳定和扩大汽车消费需求，以结构调整为主线，推进企业联合重组，以新能源汽车为突破口，加强自主创新，形成新的竞争优势。2009年国家安排50亿元，对农民报废三轮汽车和低速货车换购轻型载货车以及购买1.3升以下排量的微型客车，给予一次性财政补贴。今后3年中央安排100亿元专项资金，重点支持企业技术创新、技术改造和新能源汽车及零部件发展。民航方面，一大批枢纽和干线机场、支线机场项目将很快启动。2009年建设项目投资规模为2000亿元，2010年将达到2500亿元。船舶方面，国务院通过了《船舶工业调整振兴规划》，提出加快船舶工业调整和振兴，稳定造船订单，化解经营风险，确保产业平稳较快发展；控制新增造船能力，推进产业结构调整，提高大型企业综合实力，形成新的竞争优势；加快自主创新，开发高技术高附加值船舶，发展海洋工程装备，培育新的经济增长点，并鼓励金融机构加大船舶出口买方信贷资金投放。

从宏观环境上看，交通行业属于经济周期中典型的防御型行业，近年来一直处于高速增长期，同时国家将加快交通运输基础设施和民生工程建设作为扩大内需的重要举措，为交通行业以至交通金融的发展带来了蓬勃商机。其中，以铁路建设为核心和龙头，以机场、港口、公路等行业为重点内容，交通行业将迎来基础建设的新一轮"全面大提速"，交通金融事业部也将充分发挥专业化优势和机制优势，实现战略发展目标。

Large-scale Construction of Traffic Calls for Pattern Innovation of Financial Service

Abstract: This report reviews the reform course and current situation of management system as well as investment and financing mechanism in traffic construction of China, and points out that the railway steps into a period of large scale construction and rapid development. Therefore, the cost pressure of substantive investments makes it imperious to promote the reform of investment and financing mechanism in railway. We take China MinSheng Banking Corp. LTD as a classic case, which has explored the innovative patterns of financing service in traffic.

Key Words: Investment and financing in traffic; CMBC; Financing service in traffic

参考文献

1. 白雪洁、王燕：《南开大学交通经济研究丛书》，经济管理出版社，2010。
2. 鲍鑫荣：《交通运输促进现代物流业发展的对策建议》，《交通世界》2010年第1期。
3. 边浩毅：《道路运输业节能减排的研究与实践》，浙江大学出版社，2009。
4. 蔡凤田：《公路交通运输领域节能减排对策》，《交通环保》2008年第2期。
5. 蔡凤田等：《公路运输能源消耗现状及其节能降耗对策》，《节能环保》2007年第6期。
6. 曹炳宇：《燃油税费改革对公路投融资的影响》，《河南科技》2009年第12期。
7. 陈传德：《高速公路：社会经济的快车道》，山西教育出版社，2008。
8. 陈建军、周斌：《上海港和宁波——舟山港的整合研究》《南通大学学报》（社会科学版）2009年第1期。
9. 陈文玲：《我国建立和完善现代物流政策体系的选择》，《中国流通经济》2009年第1期。
10. 陈元：《现代综合交通运输体系建设研究》，研究出版社，2008。
11. 仇逸、杨金志：《完善铁路运价形成机制》，2010年3月9日《新华日报》。
12. 丁俊发：《中国物流业的经济学思考——纪念改革开放以来中国物流业发展30年》，《中国流通经济》2008年第11期。
13. 高慧斌：《大连国际航运中心龙头劲舞》，2009年7月9日《辽宁日报》。
14. 高自友、孙会君：《现代物流与交通运输系统》，人民交通出版社，2005年8月。
15. 公维洁：《再创铁路建设新辉煌——全国铁路建设工作会议在北京召开》，《中国铁路》2001年第3期。
16. 官辉：《低碳风暴对航空运输业的影响及对策》，《运输管理》2010年第1期。

17. 管楚度：《交通区位分析范型例说》，人民交通出版社，2006。
18. 郭忠印：《交通运输设施与管理》，人民交通出版社，2005。
19. 韩立波、刘莉：《国外道路运输行业节能管理经验》，《汽车节能》2008年第2期。
20. 何黎明等：《中国物流发展报告2007~2008》，中国物资出版社，2008。
21. 胡鞍钢、石宝林：《中国交通革命：跨越式发展之路》，人民交通出版社，2009。
22. 胡思继：《交通运输学》，人民交通出版社，2001。
23. 黄民、张建平：《国外交通运输发展战略及启示》，中国经济出版社，2007。
24. 贾顺平、彭宏勤、刘爽、张笑杰：《交通运输与能源消耗相关研究综述》，《交通运输系统工程与信息》2009年第3期。
25. 焦健、唐林、许书权：《我国汽车节能产品现状分析》，《汽车节能》2007年第4期。
26. 隽志才：《运输技术经济学》（第三版），人民交通出版社，2003。
27. 李家祥：《世界民用航空与中国民用航空的发展》，2009年6月19日《中国民航报》。
28. 李雷：《我国道路运输节能减排研究》，长安大学2009年硕士学位论文。
29. 李莉：《中国物流产业发展》，中国地质大学出版社，2003。
30. 李勤昌：《关于东北亚国际航运中心竞争策略》，《东北亚论坛》2006年7月。
31. 李庆瑞：《高速公路政府监管》，人民交通出版社，2009。
32. 李庆祥：《交通水运行业节能工作难点和对策》，交通部水运科学院网站，2007年7月5日。
33. 李庆祥：《我国水路运输节能现状与对策》，《中国水运》2008年第7期。
34. 李维斌：《公路运输组织学》，人民交通出版社，1998。
35. 李玉涛：《高速公路投融资机制与管理体制问题》，《改革》2005年第10期。
36. 李忠奎：《公路货运业的市场与制度分析》，经济科学出版社，2009。
37. 连义平：《综合交通运输概论》，西南交通大学出版社，2006。
38. 林家彬：《日本的特殊法人改革——日本道路公团的案例解析》，《经济社会体制比较》2008年第3期。

39. 刘南：《交通运输学》，浙江大学出版社，2009。
40. 刘巧：《港口竞争国际背景下的港口物流发展对策研究——以烟台港为例》，中国海洋大学 2007 年硕士学位论文。
41. 刘瑞波、赵宁：《欧美国家高速公路融资模式及其借鉴》，《世界经济与政治论坛》2008 年第 4 期。
42. 陆江：《大力发展现代物流 提升流通现代化水平》，《中国流通经济》2009 年第 6 期。
43. 罗仁坚：《中国综合运输体系理论与实践》，人民交通出版社，2009。
44. 聂育仁、邱尊社：《国外典型公路建设投融资体制及启示》，《市场研究》2009 年第 1 期。
45. 潘海鸿等：《高速公路投资效益的变化趋势》，《中国公路》2005 年第 15 期。
46. 秦四平：《运输经济学》（第二版），中国铁道出版社，2007。
47. 舒洪峰：《集装箱港口发展动态研究》，中国社会科学院研究生 2007 年博士学位论文。
48. 宋则：《应对危机 降低物流成本 彰显物流业影响力》，《中国流通经济》2009 年第 6 期。
49. 佟立本：《交通运输设备》（第二版），中国铁道出版社，2007。
50. 王锦连、王文军：《解读〈船舶工业调整和振兴规划〉》，东台市东方船舶装配有限公司网站。
51. 王庆云：《交通运输发展理论与实践》（上、下册），中国科学技术出版社，2006。
52. 王任祥：《我国港口一体化中的资源整合策略——以宁波—舟山港为例》，《地理经济》2008 年第 9 期。
53. 王炜等：《交通工程学》，东南大学出版社，2000。
54. 魏际刚：《发达国家现代物流发展的特点、经验及启示》，《中国流通经济》2006 年第 10 期。
55. 翁孟勇等：《发展现代交通运输业》，人民交通出版社，2008 年 8 月。
56. 吴卫锋、安迎泽、高康、刘军、王盛利、刘玮：《民用航空器运行节能减排研究》，《航空管理杂志》2008 年第 8 期。
57. 吴新华：《建立高速公路与普通公路统筹发展新机制——日本公路投融资体

制对我国的借鉴》,《交通财会》2009 年第 9 期。

58. 吴兆麟:《综合交通运输规划》,清华大学出版社,2009。

59. 武洲宏、马湘山:《中国民航业控制航空排放政策研究》,《环境与可持续发展》2008 年第 5 期。

60. 项安波、周伟华:《中国物流企业并购概况、问题及建议》,国研专稿,2001 年 1 月。

61. 徐文学:《高速公路与区域社会经济发展》,中国铁道出版社,2009。

62. 薛万里:《虚拟企业与港口整合问题的研究》,河海大学 2004 年硕士学位论文。

63. 严新平、徐佑林:《交通运输业的现代物流》,经济管理出版社,2005。

64. 杨家其:《现代物流与运输》,人民交通出版社,2001。

65. 杨建勇:《现代港口发展的理论与实践研究》,上海海洋大学 2005 年博士学位论文。

66. 杨仁法:《国外内河集装箱运输发展现状及趋势分析》,《世界海运》2006 年第 6 期。

67. 杨咏中、牛惠民:《中国道路运输及综合运输体系改革与发展研究》,人民交通出版社,2008。

68. 余艳春等:《提高我国道路运输装备水平的政策建议》,《综合运输》2010 年第 2 期。

69. 喻新安:《中国高速公路建设模式研究》,经济管理出版社,2009。

70. 张文尝等:《新中国交通运输 60 年发展与巨变》,《经济地理》2009 年第 11 期。

71. 张馨:《加快建设大连东北亚国际航运中心的思考》,《现代商贸工业》2007 年第 10 期。

72. 张耀光、王宁、赵永宏:《大连港在建设东北亚国际航运中心中的作用》,《地域研究与开发》2006 年第 2 期。

73. 张荫芳:《关于支持发展我国支线航空的建议》,《财经界》2009 年第 4 期。

74. 张元方:《燃油税费改革涉及的交通运输行业六费取消后对公路交通基础设施建设投融资的影响》,2008 年 12 月 12 日《中国水运报》。

75. 张周堂主编《现代物流与道路货物运输》,人民交通出版社,2003。

76. 赵淑芝：《运输经济分析》（第二版），人民交通出版社，2008。

77. 周国光、卫静：《中国公路投融资体制改革探索》，《经济问题探索》2009 年第 6 期。

78. 朱益民：《中国民航干线支线协作发展的趋势和政策建议》，2008 中国民航发展论坛，2008 年 5 月。

79. 〔日〕菊池康也：《物流管理》，清华大学出版社，2002。

80. 《对我国支线航空运输事业现状的分析以及展望》，2009 年 3 月 31 日《中国民航报》。

81. 《国外新能源汽车发展现状及动向》，汽车市场网。

82. 《空客波音商飞发展格局将决定世界航空业未来》，2009 年 9 月 28 日《经济参考报》。

83. 《全球航空运输业发展趋势研究》，2007 年 8 月 14 日《中国民航报》。

84. 《中国铁路建设回眸》，2010 年 1 月 19 日《中国经济导报》。

85. 《中国新能源汽车如何追上发达国家》，2010 年 2 月 2 日《经济参考报》。

86. 国务院：《船舶工业调整和振兴规划》，2009 年 6 月 9 日。

87. 铁道部：《中长期铁路网规划》，2004。

88. 铁道部：《铁路"十一五"规划》，2006。

89. 铁道部：《中长期铁路网规划（2008 年调整）》，2008。

90. 交通运输部：《中国交通运输 60 年》，人民交通出版社，2009。

91. 交通运输部：《2008 中国道路运输发展报告》，人民交通出版社，2009。

92. 交通运输部：《中国交通年鉴 2008》，中国交通年鉴社，2008。

93. 交通运输部：《中国交通年鉴 2009》，中国交通年鉴社，2009。

94. 交通运输部：《公路水路交通节能中长期规划纲要》，2005。

95. 交通运输部：《中国交通运输改革开放 30 年——公路卷》，人民交通出版社，2009。

96. 国家统计局：《中国统计年鉴 2008》，中国统计出版社，2008。

97. 国家统计局：《中国统计年鉴 2009》，中国统计出版社，2009。

98. 中国航空运输协会：《中国航空运输业发展蓝皮书 2008》，2008。

99. 中国民航局：《中国航空运输发展报告（2007/2008）》，2008。

100. 中国船舶工业行业协会：《2004~2009 年全国船舶工业经济运行分析》。

101. 亚洲开发银行：《中国道路运输政策改革》，中国经济出版社，2007。
102. 国家发展和改革委员会综合运输研究所：《中国交通运输发展改革之路》，中国铁道出版社，2009。
103. 长江证券研究所：《铁路装备行业：在跨越式铁路建设中前行的中国机车车辆行业》，2008。
104. 牛津经济研究所：《航空业：连接现实世界的全球网络》，2009年9月。
105. 中国三星经济研究院：《中国铁路跃入高速时代》，2010。
106. 《现代交通运输概论》编委会：《现代交通运输概论》，中国铁道出版社，2007。
107. 渤海证券研究所：《航运业2010年投资策略报告》。
108. 中诚信国际：《中国港口行业展望》，2009年10月。
109. 长江证券有限责任公司：《2010年交运（水运/港口/航空）行业投资策略报告》。
110. 宁波海运集团有限公司：《我国航运企业国际化竞争策略的选择》。
111. 天津港（集团）有限公司节能办公室：《树立科学发展观，努力构建节约型港口》，2007年4月28日。
112. 青岛港（集团）有限公司：《转变港口发展方式，走资源节约、环境友好、质量效益型发展之路》，2008年6月24日。
113. 摩根士丹利·史丹利亚太投资研究组：《中国物流报告》，2009年6月。
114. 美国联邦公路管理署：Highway Statistics 2006，2006。
115. 新华社上海2010年1月28日电：《09年全国亿吨港增至20个》。
116. 新华社天津2009年9月9日电：《天津明确提出2015年建成中国北方国际航运中心》。
117. 第一财经网：《交通运输部：09年港口集装箱吞吐量首次负增长》。
118. 锦程物流网：《危机下的2009年航运业的新视角》。
119. 中国国际海运网：《2009第四届全球海运峰会演讲文集》。
120. 俄罗斯官方网：《2009年中国进口石油量占总消耗量的51%》。
121. 中国投资咨询网：《2010~2015年中国水运行业投资分析及前景预测报告》，2009年11月。
122. 我的钢铁网：《港口行业2010年1月跟踪报告》。

123. 振兴东北网：《大连国际航运中心建设取得积极成效》，2009。
124. 国际海员人才网：《中国航运业面临的发展机遇与战略选择》。
125. 长江航运网：《建立港口节能减排长效机制》。
126. 交通运输部网：《加拿大、美国港口能源管理及节能技术考察报告》，2007。
127. 新浪网、搜狐网、腾讯网等网站的财经新闻。
128. 交通运输部、国家发改委、国研中心、中国物流与采购网等网站相关资料。
129. 中国民用航空局网站 www.caac.gov.cn 相关资料。
130. 铁道部网站 www.china-mor.gov.cn. 相关资料。
131. http://www.iata.org 相关资料。
132. http://www.icao.int/相关资料。

后　记

受金融危机影响，中国经济于2008年下半年开始增速下滑。危险与机遇总是相伴而行。为刺激经济，中央采取了积极的财政政策，大量资金投入了交通运输基础设施建设，交通运输业进入了一个大建设、大发展的历史机遇期。在此大背景下，我们在《交通运输蓝皮书：中国交通运输业发展报告（2010）》的编写过程中，更加注重了对当前时事的分析与研究，着重讨论了经济结构调整与经济增长方式转变给我国交通运输行业带来的机遇与挑战，并分享了我们对于当前状况的理解以及对未来发展的预期和判断。

本报告由中国经济技术研究咨询有限公司组织，崔民选博士主持编写。报告共分为第三部分，第一部分由统领全书的总报告作为开篇；第二部分为行业篇，以"铁路、公路、民航、水路"四大主要交通运输行业为对象，展开较深入、细致的专项分析；第三部分则是专题篇，特别选取了当前大家所关注的一些热点问题，进行有针对性的专题研究。考虑报告中的各个章节都加注了执笔人的情况说明，在此不再对分工情况进行赘述。

在本书即将付梓之际，我们要向参与本书编写的全体研究人员表示感谢！在本报告的编写过程中，我们得到了中国社会科学院领导的悉心指导，得到了民生银行交通金融事业部的鼎力支持，得到了社会科学文献出版社领导和各位编辑的大力支持与帮助，在此一并表示衷心的感谢！

本书是我们关于交通运输业的第一本蓝皮书，也是我们对一个全新行业的探索与尝试。由于受到数据、时间等客观条件的限制，加之我们认识水平有限，本报告中难免会存在这样或那样的疏漏、不妥之处，敬请读者给我们提出宝贵的批评指正意见，我们将在今后的工作中不断改进。

2010年5月3日

图书在版编目（CIP）数据

中国交通运输业发展报告.2010/中国民生银行交通金融事业部课题组主编. —北京：社会科学文献出版社，2010.7
（交通运输蓝皮书）
ISBN 978-7-5097-1550-5

Ⅰ.①中… Ⅱ.①中… Ⅲ.①交通运输业-经济发展-研究报告-中国-2010 Ⅳ.①F512.3

中国版本图书馆 CIP 数据核字（2010）第 107165 号

交通运输蓝皮书
中国交通运输业发展报告（2010）

主　　编／中国民生银行交通金融事业部课题组

出　版　人／谢寿光
总　编　辑／邹东涛
出　版　者／社会科学文献出版社
地　　　址／北京市西城区北三环中路甲 29 号院 3 号楼华龙大厦
邮政编码／100029
网　　　址／http://www.ssap.com.cn
网站支持／（010）59367077
责任部门／财经与管理图书事业部（010）59367226
电子信箱／caijingbu@ssap.cn
项目经理／周　丽　王莉莉
责任编辑／赵学秀　蔡莎莎
责任校对／李向荣　曹艳浏
责任印制／蔡　静　董　然　米　扬
品牌推广／蔡继辉

总　经　销／社会科学文献出版社发行部
　　　　　　（010）59367080　59367097
经　　　销／各地书店
读者服务／读者服务中心（010）59367028
排　　　版／北京中文天地文化艺术有限公司
印　　　刷／北京季蜂印刷有限公司

开　　　本／787mm×1092mm　1/16
印　　　张／20.75
字　　　数／353 千字
版　　　次／2010 年 7 月第 1 版
印　　　次／2010 年 7 月第 1 次印刷

书　　　号／ISBN 978-7-5097-1550-5
定　　　价／59.00 元

本书如有破损、缺页、装订错误，
请与本社读者服务中心联系更换

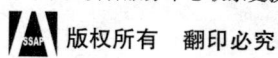

版权所有　翻印必究

专家数据解析　　权威资讯发布

社会科学文献出版社 皮书系列

皮书是非常珍贵实用的资讯,对社会各个阶层、各种职业的人士都能提供有益的帮助,适宜各级党政部门决策人员、科研机构研究人员、企事业单位领导、管理工作者、媒体记者、国外驻华商社和使领事馆工作人员,以及关注中国和世界经济、社会形势的各界人士阅读。

及时　准确　更新

"皮书系列"是社会科学文献出版社十多年来连续推出的大型系列图书,由一系列权威研究报告组成,在每年的岁末年初对每一年度有关中国与世界的经济、社会、文化、法治、国际形势、区域等各个领域以及各个行业的现状和发展态势进行分析和预测,年出版百余种。

该系列图书的作者以中国社会科学院的专家为主,多为国内一流研究机构的一流专家,他们的看法和观点体现和反映了对中国与世界的现实和未来最高水平的解读与分析,具有不容置疑的权威性。

咨询电话:010-59367028
邮　　箱:duzhe@ssap.cn
邮购地址:北京市西城区北三环中路
　　　　　甲29号院3号楼华龙大厦
　　　　　社会科学文献出版社 学术传播中心
银行户名:社会科学文献出版社发行部
开户银行:工商银行北京东四南支行
账　　号:0200001009066109151

中国皮书网全新改版，增值服务大众

中国皮书网
http://www.pishu.cn

规划皮书行业标准，引领皮书出版潮流
发布皮书重要资讯，打造皮书服务平台

中国皮书网开通于2005年，作为皮书出版资讯的主要发布平台，在发布皮书相关资讯、推广皮书研究成果，以及促进皮书读者与编写者之间互动交流等方面发挥了重要的作用。2008年10月，中国出版工作者协会、中国出版科学研究所组织的"2008年全国出版业网站评选"中，中国皮书网荣获"最具商业价值网站奖"。

2010年，在皮书品牌化运作十年之后，随着皮书系列的品牌价值的不断提升、社会影响力的不断加大，社会科学文献出版社精益求精，力求为众多的皮书用户提供更加优质的服务，出版社在原有中国皮书网平台的基础上进行全新改版。新改版的中国皮书网在皮书内容资讯、出版资讯等信息的发布方面更加系统全面，在皮书数据库的登录方面更加便捷，同时，引入众多皮书编写单位参与该网站的内容更新维护，能够为广大用户提供更加增值的服务。

www.pishu.cn

中国皮书网提供：
- 皮书最新出版动态
- 专家最新观点数据
- 媒体影响力报道
- 在线购书服务
- 皮书数据库界面快速登录
- 电子期刊免费下载

盘点年度资讯，预测时代前程

从"盘阅读"到全程在线，使用更方便
品牌创新又一启程

·产品更多样

从纸书到电子书，再到全程在线网络阅读，皮书系列产品更加多样化。2010年开始，皮书系列随书附赠产品将从原先的电子光盘改为更具价值的皮书数据库阅读卡。纸书的购买者凭借附赠的阅读卡将获得皮书数据库高价值的免费阅读服务。

·内容更丰富

皮书数据库以皮书系列为基础，整合国内外其他相关资讯构建而成，下设六个子库，内容包括建社以来的700余种皮书、近20000篇文章，并且每年以120种皮书、4000篇文章的数量增加。可以为读者提供更加广泛的资讯服务；皮书数据库开创便捷的检索系统，可以实现精确查找与模糊匹配，为读者提供更加准确的资讯服务。

·流程更方便

登录皮书数据库网站www.i-ssdb.cn，注册、登录、充值后，即可实现下载阅读，购买本书赠送您100元充值卡。请按以下方法进行充值。

充值卡使用步骤：

第一步
· 刮开下面密码涂层
· 登录 www.i-ssdb.cn
  点击"注册"进行用户注册

第二步
登录后点击"会员中心"进入会员中心。

第三步
· 点击"在线充值"的"充值卡充值"，
· 输入正确的"卡号"和"密码"，
即可使用。

社会科学文献出版社 皮书系列
卡号：34576438729431
密码：

（本卡为图书内容的一部分，不购买刮卡，视为盗书）

SSDB
社科文献资源库
SOCIAL SCIENCE
DATABASE

如果您还有疑问，可以点击网站的"使用帮助"或电话垂询010-59367071。